湖北省高等学校"十二五"规划教材

经济学基础

总 策 划：李友玉
总 主 编：李友玉
主　　编：方　旭　　夏薇薇
副 主 编：陈大桥　　陈晓燕　　何丽丽
参研人员：（以姓氏笔画为序）
　　　　　方　旭　　方　芳　　王　飞
　　　　　甘朝阳　　李友玉　　陈大桥
　　　　　陈晓燕　　何丽丽　　夏薇薇
　　　　　黄　蕾

武汉大学出版社

图书在版编目(CIP)数据

经济学基础/方旭,夏薇薇主编.—武汉:武汉大学出版社,2014.9
(2015.12重印)
湖北省高等学校"十二五"规划教材
ISBN 978-7-307-14046-2

Ⅰ.经⋯ Ⅱ.①方⋯ ②夏⋯ Ⅲ.经济学—高等学校—教材 Ⅳ.F0

中国版本图书馆 CIP 数据核字(2014)第 182014 号

责任编辑:韩秋婷   责任校对:鄢春梅   版式设计:马 佳

出版发行:**武汉大学出版社**　 (430072　武昌　珞珈山)
　　　　　 (电子邮件:cbs22@whu.edu.cn 网址:www.wdp.com.cn)
印刷:武汉中科兴业印务有限公司
开本:787×1092　1/16　印张:24.75　字数:570 千字　插页:1
版次:2014 年 9 月第 1 版　2015 年 12 月第 2 次印刷
ISBN 978-7-307-14046-2　　定价:35.00 元

版权所有,不得翻印;凡购买我社的图书,如有质量问题,请与当地图书销售部门联系调换。

前　言

目前，有关经济学的教材版本非常多。特别是近年来，随着国家大力发展高职教育，一批专门为高职高专学生编写的经济学教材也应运而生。但是这些高职高专经济学类教材有一些基本相同的不足。第一，不太符合高职高专教育特色。高职经济学教材的体系大多沿用了传统本科教材《西方经济学》的体系，教材基本上是本科教材的压缩版，理论偏深，实践性内容严重不足；有的沿用了专科、原成人高校、中专教材，在以"应用"为主旨和特征构建课程与教学内容体系上严重不足；有的是自编讲义，存在转抄内容居多、编写质量不高、加工不细、印刷质量低劣等问题。第二，教材编写体例陈旧。高职高专经济学教材大多沿用传统的章节目编排方式，实操类练习题或案例分析题很少。第三，实践性不强。在教材编写过程中没有真正做到校企合编，产学研结合，与高职高专设置紧密联系生产服务管理一线的要求不相适应。第四，教材内容与职业资格证书考试之间缺乏衔接。"双证制"是高等职业教育特色所在，但目前经济学高职教材内容与经济师职业资格证书考试之间缺乏有效衔接。

为此，我们在新编教材中严格遵守高职高专教材编写要求，大胆创新编写模式，紧密联系理论与实际，加入经济师职业资格证书的考试内容。在我们的新编经济学教材中，充分考虑高职学生的认知特点，采用任务驱动和案例导入的方式编写，本教材的编写顺应了高职教材建设的需求。

《经济学基础》是高职院校经济管理类专业基础课程，重在培养学生在实践中对经济学原理的理解和运用能力，而"以项目为导向，以任务为驱动"的编写体系正好可以解决"目前高职高专经济学教材难以提高学生知识的实践运用能力"这个问题，让老师们能在教学实施过程中，很好地使理论和实践相结合，利用具体任务在"教"、"学"、"练"中使学生达到教学目标，使学生通过本课程的学习掌握经济学的基本思维方式，以体现高职应用型人才的培养要求。

本教材全体内容有1个导论知识和11个项目，共41个任务。项目1至项目7为微观经济学的内容，主要介绍：隐藏在经济背后的"市场先生"，理性消费之诀窍，探知企业生产、经营背后的一笔账，竞争压力下的市场决策，认识生产要素分配奥秘，市场中的政府作用。项目8至项目11为宏观经济学的内容，主要介绍：推开宏观经济之窗，认识失业与通货膨胀，认识经济周期与经济增长，逆向行事的宏观调控。

本教材是作者们共同努力的集体成果，由咸宁职业技术学院方旭教授、夏薇薇老师担任主编，咸宁职业技术学院陈大桥老师、武汉商务服务学院陈晓燕老师、武汉东湖学院何丽丽老师担任副主编，武汉商务服务学院黄蕾老师和方芳老师、武汉东湖学院王飞老师、康明斯(中国)投资有限公司甘朝阳经理等参加了编写工作。具体编写分工如下：

前言

方旭负责全书的整体设计并编写项目一，夏薇薇编写项目二和项目九，陈大桥编写项目八及全部单项实训，陈晓燕编写项目三和项目四，何丽丽编写项目五和项目六，方芳编写项目七，王飞编写项目十，黄蕾编写导论，甘朝阳编写项目十一。全书最后由方旭、夏薇薇负责改稿、统稿、定稿。

本教材特色与创新：

1. 精选教学内容，重构编排体系，符合高职学生认知特点。

首先精选内容，化解难点，降低难度。删除了以往教材中一些较难且与现实联系不紧密的经济学知识和一些繁琐的经济学理论推导，用了大量的图形和表格来直观说明，在编写过程中做到了通俗易懂、降低难度，适应高职学生的认知水平和特点。

其次重构编排体系，变"章、节"为"项目、任务"。在每个项目上采用案例导入，每个项目有多个任务，在每个任务上采用"任务描述"提出问题，然后通过"任务精讲"来讲述每个任务对应的经济学知识点，最后用"任务分析"来解决"任务描述"中提到的问题，这样的体系更符合学生的认知规律，具有很强的实用性。

2. 新增多环节，强化思维能力，提高学习兴趣。

为培养思维能力，增加学习兴趣，扩大知识面，在原有教材基础上加入了大量的"小案例"、"小知识"、"注意"、"想一想"等环节。本教材本着"提高学生学习兴趣，让学生学到实用且必要的经济学理论"的宗旨来编写。

3. 案例导入，融理论于实际，内容更有实用性。

每个项目采用案例导入到任务的形式，每个任务穿插大量经典案例，案例均来自于历史上重要的经济学事件，或是身边普通的经济学现象，或是企业中的经济学问题，有很强的针对性和现实意义。通过这些案例的学习，有助于加深学生对经济理论的认识和理解，提高他们的学习兴趣。

4. 校企合作编写，作者队伍实力强，为编好教材提供保障。

本教材作者有来自高职教学一线的教师，他们具有多年讲授经济学及相关课程的经历，也有来自企业的专家，他们具有丰富的工作实践经验。主编方旭是咸宁职业技术学院教务处处长，是省级教学名师、经济师，拥有教授职称。编写团队中还有来自企业的精英干将，他们为本教材提供了丰富的案例，多所兄弟院校教学骨干精诚合作，完成了本书的编写。

5. 为考证打基础。

本教材的编写参考了"中级经济师考试大纲"，每个项目后配备的"项目技能训练"选用了经济师题库中的习题，为学生参加中级经济师的考证奠定基础。

本书在编写的过程中借鉴了目前已出版的国内外西方经济学的优秀教材、专著和相关资料，引用了一些有关的内容和研究成果，在此我们一并表示感谢。由于编者水平有限，加上时间仓促，书中难免有很多不足甚至错误，敬请批评指正。

编　者

2014.7.5

目 录

导 论 走进经济学 ·· 1
  任务一 认识经济学 ··· 3
    1.1 任务描述 ··· 3
    1.2 任务精讲 ··· 3
    1.3 任务分析 ··· 10
  任务二 熟悉经济学的主要内容及其发展 ··· 11
    2.1 任务描述 ··· 11
    2.2 任务精讲 ··· 11
    2.3 任务分析 ··· 17
  任务三 掌握经济学的研究方法 ··· 17
    3.1 任务描述 ··· 17
    3.2 任务精讲 ··· 17
    3.3 任务分析 ··· 23
  技能训练 ·· 23

项目一 隐藏在经济背后的"市场先生" ··· 25
  任务四 需求理论分析 ··· 26
    4.1 任务描述 ··· 26
    4.2 任务精讲 ··· 26
    4.3 任务分析 ··· 32
  任务五 供给理论分析 ··· 33
    5.1 任务描述 ··· 33
    5.2 任务精讲 ··· 33
    5.3 任务分析 ··· 38
  任务六 均衡价格分析 ··· 38
    6.1 任务描述 ··· 38
    6.2 任务精讲 ··· 39
    6.3 任务分析 ··· 47
  任务七 弹性理论分析 ··· 47
    7.1 任务描述 ··· 48
    7.2 任务精讲 ··· 48

目 录

    7.3　任务分析 ……………………………………………………………………… 57
  技能训练 …………………………………………………………………………… 57

项目二　理性消费之诀窍 …………………………………………………………… 61
  任务八　认识效用与欲望 …………………………………………………………… 62
    8.1　任务描述 ……………………………………………………………………… 62
    8.2　任务精讲 ……………………………………………………………………… 62
    8.3　任务分析 ……………………………………………………………………… 68
  任务九　学习基数效用论——边际效用分析 ……………………………………… 68
    9.1　任务描述 ……………………………………………………………………… 68
    9.2　任务精讲 ……………………………………………………………………… 69
    9.3　任务分析 ……………………………………………………………………… 77
  任务十　学习序数效用论——无差异曲线分析 …………………………………… 78
    10.1　任务描述 …………………………………………………………………… 78
    10.2　任务精讲 …………………………………………………………………… 78
    10.3　任务分析 …………………………………………………………………… 90
  技能训练 …………………………………………………………………………… 90

项目三　探知企业生产 ……………………………………………………………… 94
  任务十一　熟悉厂商与生产函数 …………………………………………………… 95
    11.1　任务描述 …………………………………………………………………… 95
    11.2　任务精讲 …………………………………………………………………… 95
    11.3　任务分析 …………………………………………………………………… 103
  任务十二　学习短期生产及其函数 ………………………………………………… 103
    12.1　任务描述 …………………………………………………………………… 103
    12.2　任务精讲 …………………………………………………………………… 104
    12.3　任务分析 …………………………………………………………………… 109
  任务十三　长期生产函数 …………………………………………………………… 109
    13.1　任务描述 …………………………………………………………………… 109
    13.2　任务精讲 …………………………………………………………………… 109
    13.3　任务分析 …………………………………………………………………… 123
  技能训练 …………………………………………………………………………… 123

项目四　经营背后的一笔账 ………………………………………………………… 128
  任务十四　熟悉成本和成本函数 …………………………………………………… 129
    14.1　任务描述 …………………………………………………………………… 129
    14.2　任务精讲 …………………………………………………………………… 130
    14.3　任务分析 …………………………………………………………………… 138

任务十五　短期成本分析 ··· 139
　　15.1　任务描述 ··· 139
　　15.2　任务精讲 ··· 139
　　15.3　任务分析 ··· 146
任务十六　长期成本分析 ··· 146
　　16.1　任务描述 ··· 146
　　16.2　任务精讲 ··· 146
　　16.3　任务分析 ··· 152
任务十七　厂商收益分析 ··· 153
　　17.1　任务描述 ··· 153
　　17.2　任务精讲 ··· 153
　　17.3　任务分析 ··· 159
技能训练 ··· 160

项目五　竞争压力下的市场决策 ··· 165

任务十八　熟悉市场及其结构 ··· 166
　　18.1　任务描述 ··· 166
　　18.2　任务精讲 ··· 166
　　18.3　任务分析 ··· 168
任务十九　完全竞争市场分析 ··· 168
　　19.1　任务描述 ··· 168
　　19.2　任务精讲 ··· 169
　　19.3　任务分析 ··· 182
任务二十　完全垄断市场分析 ··· 183
　　20.1　任务描述 ··· 183
　　20.2　任务精讲 ··· 183
　　20.3　任务分析 ··· 191
任务二十一　垄断竞争市场分析 ··· 192
　　21.1　任务描述 ··· 192
　　21.2　任务精讲 ··· 192
　　21.3　任务分析 ··· 197
任务二十二　熟悉寡头垄断市场 ··· 197
　　22.1　任务描述 ··· 197
　　22.2　任务精讲 ··· 197
　　22.3　任务分析 ··· 202
技能训练 ··· 202

项目六 认识生产要素分配奥秘 204

任务二十三 熟悉生产要素的需求与供给 205
23.1 任务描述 205
23.2 任务精讲 205
23.3 任务分析 214

任务二十四 掌握劳动市场与工资 214
24.1 任务描述 215
24.2 任务精讲 215
24.3 任务分析 221

任务二十五 熟悉资本与利息 222
25.1 任务描述 222
25.2 任务精讲 223
25.3 任务分析 226

任务二十六 掌握土地与地租 226
26.1 任务描述 226
26.2 任务精讲 226
26.3 任务分析 231

任务二十七 熟悉洛伦兹曲线与基尼系数 231
27.1 任务描述 231
27.2 任务精讲 232
27.3 任务分析 236

技能训练 236

项目七 市场中政府的作用 239

任务二十八 认识垄断与反垄断 240
28.1 任务描述 240
28.2 任务精讲 240
28.3 任务分析 243

任务二十九 熟悉外部效应 243
29.1 任务描述 243
29.2 任务精讲 244
29.3 任务分析 250

任务三十 熟悉公共物品 251
30.1 任务描述 251
30.2 任务精讲 251
30.3 任务分析 259

任务三十一 认识不完全信息 259
31.1 任务描述 259

31.2　任务精讲 ··· 260
　　31.3　任务分析 ··· 265
技能训练 ·· 265

项目八　推开宏观经济之窗 ·· 268
任务三十二　掌握国民收入核算理论与方法 ·· 268
　　32.1　任务描述 ··· 269
　　32.2　任务精讲 ··· 269
　　32.3　任务分析 ··· 281
任务三十三　熟悉国民经济运行总流程 ·· 282
　　33.1　任务描述 ··· 282
　　33.2　任务精讲 ··· 283
　　33.3　任务分析 ··· 288
任务三十四　掌握简单国民收入决定模型 ··· 289
　　34.1　任务描述 ··· 289
　　34.2　任务精讲 ··· 289
　　34.3　任务分析 ··· 300
技能训练 ·· 301

项目九　认识失业与通货膨胀 ·· 305
任务三十五　熟悉失业理论 ··· 306
　　35.1　任务描述 ··· 306
　　35.2　任务精讲 ··· 306
　　35.3　任务分析 ··· 314
任务三十六　熟悉通货膨胀理论 ·· 314
　　36.1　任务描述 ··· 314
　　36.2　任务精讲 ··· 315
　　36.3　任务分析 ··· 328
技能训练 ·· 328

项目十　认识经济增长与经济周期 ··· 333
任务三十七　熟悉经济周期 ··· 334
　　37.1　任务描述 ··· 334
　　37.2　任务精讲 ··· 334
　　37.3　任务分析 ··· 344
任务三十八　熟悉经济增长 ··· 344
　　38.1　任务描述 ··· 344
　　38.2　任务精讲 ··· 344

34.3 任务分析 …… 350
　技能训练 …… 351

项目十一 逆向行驶的宏观调控 …… 354
　任务三十九 认识宏观经济政策的目标及其类型 …… 355
　　39.1 任务描述 …… 355
　　39.2 任务精讲 …… 355
　　39.3 任务分析 …… 358
　任务四十 财政政策分析 …… 359
　　40.1 任务描述 …… 359
　　40.2 任务精讲 …… 359
　　40.3 任务分析 …… 370
　任务四十一 货币政策分析 …… 371
　　41.1 任务描述 …… 371
　　41.2 任务精讲 …… 371
　　41.3 任务分析 …… 383
　技能训练 …… 384

参考文献 …… 386

导论　走进经济学

学习目标

知识目标：
1. 了解经济活动和经济问题，了解经济学要解决的基本问题。
2. 熟悉经济学理论的发展历程及其研究的主要内容。
3. 理解经济学在现代社会的地位及作用，掌握经济学的主要研究方法。

能力目标：
1. 理解经济学基本框架及研究内容，学会运用经济学方法来思考、分析社会经济问题。
2. 能运用机会成本理念对经济行为作出决策。

在日常生活中，每个人其实都在自觉不自觉地运用着经济学知识。比如在自由市场里买东西，我们喜欢与小商小贩讨价还价；到银行存钱，我们要想好是存定期还是活期。下面给大家讲一则经济学家和数学家的小笑话。

这个笑话说的是三个经济学家和三个数学家一起乘火车去旅行。数学家讥笑经济学家没有真才实学，弄出的学问还摆了一堆诸如"人都是理性的"之类的假设条件；而经济学家则笑话数学家们过于迂腐，脑子不会拐弯，缺乏理性选择的能力。最后经济学家和数学家打赌看谁完成旅行时花的钱最少。于是三个数学家每人买了一张票上车，而三个经济学家却只买了一张火车票。列车员来查票时，三个经济学家就躲到了厕所里，列车员敲厕所门查票时，经济学家们从门缝里递出一张票说，买了票，就这样蒙混过关了。三个数学家一看经济学们这样就省了两张票的钱，很不服气，于是在回程时也如法炮制，只买了一张票，可三个经济学家一张票也没买就跟着上了车。数学家们心想，一张票也没买，看你们怎么混过去。等到列车员开始查票的时候，三个数学家也像经济学家们上次一样，躲到厕所里去了，而经济学家们却坐在座位上没动。过了一会儿，厕所门外响起了敲门声，并传来了查票的声音。数学家们乖乖地递出车票，却不见查票员把票递回来。原来是经济学家们冒充查票员，把数学家们的票骗走，躲到另外一个厕所去了。数学家们最后还是被列车员查到了，乖乖地补了三张票，而经济学家们却只掏了一张票的钱，就完成了这次往返旅行。

这个故事经常被经济学教授们当做笑话讲给刚入门的大学生听，在包括经济学初学者在内的大多数人看来，经济学既枯燥又乏味，充满了统计数字和专业术语，远没有这则"笑话"生动有趣；而且经济学总是与货币有割舍不断的联系，因此，人们普遍以为，经济学的主题内容是货币。其实，这是一种误解。经济学真正的主题内容是理性，其深刻内涵就是人们理性地采取行动的事实。经济学关于理性的假设是针对个人而不是团体。经济学是理解人们行为的方法，它源自这样的假设：每个人不仅有自己的目标，而且还会主动地选择正确的方式来实现这些目标。这样的假设虽然未必总是正确，但很实用。在这样的假设下发展出来的经济学，不仅有实用价值，能够指导我们的日常生活，而且这样的学问本身也由于充满了理性而足以娱人心智，令人乐而忘返。

尽管我们在日常生活中时常有意无意地运用了一些经济学知识，但如果对经济学知识缺乏基本的了解，就容易在处理日常事务时理性不足，给自己的生活平添许多不必要的烦扰。比如，刚刚买回一辆车，没过两天，这辆车却降价了，大部分人遇到这种情况的时候都垂头丧气，心里郁闷得很；倘若前不久刚刚买了房子，该小区的房价最近却上涨了，兴高采烈是一般购房者的正常反应。这些反应虽然符合人之常情，但跌价带来的郁闷感觉却是错误的。

经济学认为，正确的反映应该是：无论是跌价，还是涨价，都应该感觉更好。经济学认为，对消费者而言，最重要的是你消费的是什么——房价、车价是多少以及其他商品的价格是多少。在价格变动以前，你所选择的商品组合（房子、车子，加上用收入余款购买的其他商品）就是对你来说最好的东西。如果价格没有改变，你会继续这样的消费组合。在价格变化以后，你仍然可以选择消费同样的商品，因为房子、车子已经属于你了，所以，你不可能因为价格变化而感觉更糟糕。但是，由于房子、车子与其他商品的最佳组合取决于房价、车价，所以，过去的商品组合仍然为最佳是不可能的。这就意味着现在还有一些更加吸引人的选择，因此，你的感觉应该更好。新的选择虽然存在，但你却更钟情于原来的最佳选择（原来的商品组合）。

在日常生活中，我们还常常烦恼于别人为什么挣得比我多，总是觉得自己得到的比应得的少，而经济学却告诉我们这样的感觉是庸人自扰，也是错误的。经济学家认为别人比自己挣得多是正常的，自己得到的就是应得的，如果自己不能理性地坦然面对，只会给自己的生活带来不必要的烦恼和忧愁。

我们之所以在日常生活中遇到这样那样的烦恼，主要还是因为对经济学有一些误解，这可能是经济学说起来比较简单的缘故。"供给与需求"、"价格"、"效率"、"竞争"等都是大家耳熟能详的经济学词汇，而且这些词汇的意思也是显而易见的，因此，很多时候，似乎人人都是经济学家。人们不敢随便在一个物理学家或数学家面前班门弄斧，但在一个经济学家面前，谁都可以就"车价跌了该高兴还是该郁闷"等实际问题随意发表自己的见解。其实，经济学中有许多并非显而易见的内容，并不是每个人想象的那么简单。在经济学领域，要想从"我听说过"进入到"我懂得"的境界并不是件轻而易举的事情。

因此，掌握正确的经济学知识，将经济学思考问题的方法运用到日常生活中来，使我们能够更加理性地面对生活中的各种琐事，小到油盐酱醋，大到谈婚论嫁，就会减少生活中的诸多郁闷和不快，多一些开心，多一些欢笑。

（资料来源：梁小民，《经济学是什么》，北京大学出版社2002年版）

任务一 认识经济学

学习目标

1. 了解欲望的无限性和资源的稀缺性规律，进而了解经济学的含义。
2. 了解经济学要解决的三大基本问题和三种主要经济制度。

1.1 任务描述

"占座"这一现象在生活中时有发生，在大学校园里更是司空见惯。无论是三九严冬，还是烈日酷暑，总有一帮"占座族"手持书本忠诚地守候在教学楼前，等大门一开，争先恐后地奔入教室，瞅准座位，忙不迭地将书本等物品置于桌上，方才松了一口气，不无得意地守护着自己的"殖民地"。后来之人，只能望座兴叹，屈居后排。由于上课的视听效果大打折扣，因而他们不免牢骚四起，大呼"占座无理"。从经济学的角度看，"占座"意味着什么？

1.2 任务精讲

1.2.1 经济活动与经济问题

自从有了人类社会，就有了经济活动。有了经济活动，就产生了经济问题。在众多经济问题中，有一个问题却始终伴随着人类社会的经济生活，这就是人类欲望的无限性与资源相对稀缺之间矛盾的问题。

（1）欲望的无限性

欲望，是指人们想得到某种东西或想达到某种目的的要求。人的欲望分为多个层次，在较低的愿望满足以后，人就会产生新的更高层次的欲望。

马斯洛的需求层次理论

美国著名的心理学家马斯洛（1908—1970）在《人类激励理论》一文中把人的需求（欲望）分为五个层次：

①生理需求。这是人们最原始、最基本、最低层的需求，如衣、食、住、行等。

②安全需求。包括劳动安全、职业安全、生活稳定，希望免于灾难，希望未来有保障等，这些是当生理需求得到满足以后产生的，比生理需求较高一级的需求。

③社交需求。也叫归属与爱的需求，是指个人渴望得到家庭、团体、朋友、同事的关怀、爱护、理解，它产生于人的社会性。

④尊重需求。这是指人们希望得到别人的尊重、信赖和高度评价。

⑤自我实现的需求。这是人的最高层次需求，指将个人的能力发挥到最大限度，实现个人理想。

人的欲望是无限的，永远无法满足。在没有东西吃的时候想吃东西，有了吃的东西以后想吃更好吃的山珍海味；在没有衣服穿的时候想穿衣服，在有了穿的衣服后想要华丽的新潮时装；在没房子住的时候想要住房子，有了房子以后想住更好的高楼、别墅；在步行时想要汽车，在有了普通汽车以后想要豪华轿车。正是人的欲望的难以满足性和多层次性，导致了人的欲望的无限性。

 想一想

欲壑难填

欲壑难填形容人的欲望像山谷一样，无法填满。为了劝诫人们不要有贪欲之心，清朝胡澹庵编辑的《解人颐》中有一首打油诗《南柯一梦西》：

终日奔忙只为饥，方才一饱便思衣。
衣食两般皆俱足，又想娇容美貌妻。
娶得美妻生下子，恨无田地少根基。
买到田园多广阔，出入无船少马骑。
槽头扣了骡和马，叹无官职被人欺。
县丞主簿还嫌小，又要朝中挂紫衣。
做了皇帝求仙术，更想登天跨鹤飞。
若要世人心里足，除是南柯一梦西。

当然，对人的欲望也要做一分为二的分析。如何辩证看待欲望的无限性？

分析提示
①它是人性贪婪的表现。
②它也是人类不断发展的动力之所在。

（2）资源的稀缺性

人类要生存，社会要发展，必须要有资源。相对于人类无穷无尽的欲望而言，可用于满足人类欲望的资源总是有限的，这就是资源的稀缺性。从这里可以看出，稀缺性具有两个特征：一是相对性，即稀缺性是一个相对的概念，不是指物品或资源绝对数量的多或少，而是因为相对于人类欲望的无限性而言少，也就是说，再多的资源也是不足的；二是动态性，即稀缺性是一个动态的概念，即使某些商品在某一时期的供给可能是极大丰富的，但随着消费的扩张，这些商品也会变得相对不足，如时间资源、水资源、

环境资源等。

小案例

作为自然资源之一的水资源，其第一大经济特性就是稀缺性。

经济学认为稀缺性是指相对于消费需求来说可供数量有限的意思。从理论上来说，它可以分成两类：经济稀缺性和物质稀缺性。假如水资源的绝对数量并不少，可以满足人类相当长时期的需要，但由于获取水资源需要投入生产成本，而且在投入某一定数量生产成本条件下可以获取的水资源是有限的、供不应求的，这种情况下的稀缺性就称为经济稀缺性。假如水资源的绝对数量短缺，不足以满足人类相当长的时期的需要，这种情况下的稀缺性就称为物质稀缺性。

经济稀缺性和物质稀缺性是可以相互转化的。缺水区自身的水资源绝对数量都不足以满足人们的需要，因而当地的水资源具有严格意义上的物质稀缺性。但是，如果将跨流域调水、海水淡化、节水、循环使用等增加缺水区水资源使用量的方法考虑在内，水资源似乎又只具有经济稀缺性，只是所需要的生产成本相当高而已。丰水区由于水资源污染浪费严重，加之缺乏资金治理，使可供水量满足不了用水需求，这也会变成水资源经济稀缺性的区域。

当今世界，水资源既有物质稀缺性，可供水量不足；又有经济稀缺性，缺乏大量的开发资金。正是由于水资源供求矛盾日益突出，人们才逐渐重视到水资源的稀缺性问题。

2012年全国地表水资源量28373.3亿/m³，2012年全国水资源总量为29528.8亿/m³，居世界第四位，但由于2012年中国总人口为13.54亿，人均淡水占有量仅约2200立方米，是世界平均水平的1/4，美国的1/5，加拿大的1/48，并被列为13个贫水国家之一。我国沿海地区水资源短缺日益严重，到2012年10月，中国11个沿海省（自治区、直辖市）所辖的52个沿海城市中，极度缺水的有18个、重度缺水的有10个、中度缺水的有9个、轻度缺水的有9个，近90%的城市存在不同程度的缺水问题。水资源已经成为制约沿海地区经济社会可持续发展的重要瓶颈。

既然水资源稀缺性是与水资源价值密不可分的，其稀缺性就应通过价格反映出来。水价应包含水资源稀缺性因素。如进一步动态地分析，水资源在不同地区、不同丰枯年份、季节，其稀缺程度是变化的。那么水价也应是一个动态的、连续体现水资源稀缺变化的过程。例如，1991年至2004年间，北京市曾进行了九次水价的调整，居民生活用水的价格从每立方米0.12元上涨至目前的2.8元。2009年北京市居民用水价格标准为每立方米4元，其中：自来水费为每立方米1.7元，水资源费为每立方米1.26元，污水处理费为每立方米1.04元。2014年5月1日起，用户年用水量在0至180立方米范围的水价是5元；用户年用水量在181至260立方米是7元；用户年用水量在260立方米以上是9元。

（资料来源：2012年中国水资源公报和人民网）

(3)资源运用的选择性

既然人的欲望是无限的,而资源是相对稀缺的,那么必须有效地对资源加以利用。这就涉及选择问题。经济学中的"选择"是指如何利用现有的有限的资源去生产最经济实用的物品来有效地满足人类的需要。

杨朱临路而泣

杨朱是先秦有名的哲学家。有一天,他走到一个三岔路口的时候,面对着面前的三岔口,突然放声痛哭起来。有人大惑不解地问他为什么痛哭,杨朱回答说:"我不知道该走哪条路!"那人不以为然,结果这个杨朱鄙夷地看了看他,满脸忧愁地说:"你哪里知道,人生到处都是这样的三岔路口啊!"这个故事充分说明了人生处处充满选择。

在经济学上的选择问题包括:对于消费者而言,选择如何配置现有的资金以达到最佳的消费效果或投资效果;选择如何利用有限的时间;选择如何满足自己的欲望;在必要时如何牺牲某种欲望来满足另外一种欲望。对于生产者而言,选择生产什么物品和劳务以及各生产多少;选择如何生产;选择为谁生产这些物品和劳务。这是每个消费者和生产者面临的问题,也是经济学需要解决的基本问题。

简单地说,经济学就是一门研究人和社会如何进行选择,如何将有限或稀缺的资源进行合理配置的科学。

开发矿产资源要合理规范

矿产资源是国民经济和社会发展的重要物质基础。规范矿产资源开发活动,建立和维护良好的矿产资源开发秩序,是实现矿产资源合理开发、永续利用、确保安全的重要措施,对全面落实科学发展观,提高矿产资源对经济社会可持续发展的保障能力和全面建设小康社会,具有十分重要的意义。

因此,矿产资源勘查开发部门一定要以邓小平理论和"三个代表"重要思想为指导,以科学发展观为统领,进一步提高对整顿和规范矿产资源开发秩序工作的重要性、紧迫性和艰巨性的认识,将整顿和规范矿产资源开发秩序作为一项事关全局的重要任务抓紧抓好,推动全区矿业发展走出一条科技含量高、经济效益好、资源利用率高、环境污染少、安全有保障、人力资源优势得到充分发挥的新路子。

首先要正确处理整顿与发展、局部与全局、当前与长远的关系,严格依照《中华人民共和国矿产资源法》等法律法规的规定,加大执法力度,切实做到有法必依、执法必严、违法必究。其次，要坚持依法行政，并运用经济手段，全面开展矿产资源开发秩序的整顿和规范行动，使无证勘查和开采、乱采滥挖、浪费破坏矿产资源、严重污染环境等违法行为得到全面遏制；越界开采、非法转让探矿权和采矿权等违法行为得到全面清理，违法案件得到及时查处；矿山安全事故及破坏生态环境现象明显减少；矿山布局不合理的状况得到明显改善，矿产资源开发利用规模化、集约化程度得到明显提高。最后，要做到基层监管到位、投资环境改善、矿产资源管理加强，基本建立规范的矿产资源开发秩序。

当前，我们面临着重大的发展机遇，全区地质工作者一定要进一步增强责任感、使命感，认真贯彻落实《国务院关于加强地质工作的决定》，努力促进地质找矿新机制落地，早日完成国土资源部党组提出的"三年有重要进展，五年有重大突破，八年重塑矿产勘查开发新格局"的光荣任务，为实现中央领导提出的"加大地质勘查力度，立足国内开发利用资源"，保障经济社会可持续发展的神圣使命而不懈努力！

（资料来源：凤凰网资讯，http://news.ifeng.com/gundong/detail_2012_05/14/14506318_0.shtml,2012-05-14）

1.2.2 经济学需要解决的基本问题

选择问题是经济学需要解决的基本问题，它主要包括三个方面：

（1）生产什么和生产多少

由于资源稀缺，而人的欲望无限，就会存在人的欲望只能部分地被满足，也存在着既定资源条件下生产什么、生产多少的问题。有些产品可以被安排生产，有些产品不能被安排生产，这就是生产什么的问题。在被安排生产的产品中，用于生产某种产品的资源多一些，用于另外一些产品生产的资源就少一些，这就是生产多少的问题。为了欲望满足程度的最大化，就要科学地确定生产项目和生产数量之间的比例关系，以实现整个社会经济结构的合理化。

小案例

要大炮还是要黄油？

某个国家由于资源有限，只能生产黄油（代表民生物资）和大炮（代表国防物资）。如果所有资源都用来生产大炮，就不能生产黄油；如果所有物资都用来生产黄油，就不能生产大炮。而大炮和黄油对这个国家来说都是不可缺少的：没有大炮，就无法抵御外敌入侵；没有黄油，生活就会发生困难。所以人们只能既生产大炮，又生产黄油。现在的问题是：他们该用多少资源来生产大炮，用多少资源来生产黄油？

"大炮与黄油的矛盾"根源于资源的有限性，生产大炮与黄油需要各种资源（资本、劳动、土地、企业家才能），如果这些资源是无限的，能生产出来的大炮与黄油也是无限的，那么，就不会存在大炮与黄油的矛盾了。

事实上，人类社会的资源是有限的，我们不得不去分析各种诸如"大炮与黄油"的选择问题，经济学就是为了解决这样的问题而产生的。

(2) 如何生产

它指生产既定产品应采取何种生产方式。生产同样数量的产品，如果资源用得多一些，技术用得少一些，或资源用得少一些，技术用得多一些，那么前者就是粗放经营，后者就是集约经营；如果劳动力用得多一些，机器设备(资本)用得少一些，或机器设备(资本)用得多一些，劳动力用得少一些，那么前者就是资本密集型生产，后者就是劳动密集型生产。采取何种生产方式，取决于人力、物力和技术等多种因素。

想一想

据测算，美国的农业人口不足2%，一个美国农民能养活98个本国人和34个其他国家的人，而我国则由70%的农业人口去解决全国人民的吃饭问题，这是为什么呢？

分析提示

最主要的原因在于生产方法不同。美国的农业生产是典型的机械化大规模生产，而我国的农业生产主要还是依靠人力和畜力进行分散的小规模生产，因而生产效率低下。

当经济资源用于生产过程时叫投入，一种投入可以用来生产不同的产品，同一种产品也可以由不同的投入来生产，这就是经济资源用途上的替代性。这就会使生产者面临一种选择，应该如何在各种替代性用途中去分配资源，才能最有效地生产出最优的产品？可以采用的不同的设备、不同的材料、不同工种的工人在不同的地方生产等，这里有很多种组合，生产者究竟该选择哪个组合，生产多少数量，经济效益才最好？这时又产生了成本和收益的比较。同时，又有多个生产者生产同一产品，对生产者来说又会面临竞争。这些对怎样生产都起着决定性的作用。

(3) 为谁生产

这是指社会决定所生产的产品和劳务如何在社会成员之间进行分配。资源的有限决定了产出的有限性。产品生产出来，应该先满足谁？后满足谁？应该满足到什么程度？通过什么方式来满足？当产品作为物质内容的财富生产出来，应该如何分配？在市场价格一定的条件下，消费者如何将他的收入在不同的商品之间分配？作为消费者的劳动者，其收入又是由什么来决定的？在经济活动中，如何实现产品分配，最终可以归结为凝结于产品中的劳动和生产资料的分配问题。社会必须正确解决这些问题。

 想一想

2003年美国的人均GDP达到了37756美元,与此同时,美国的贫困人口却超过了3300万,约占美国人口的11%以上,这是为什么呢?

分析提示

因为生产出来的产品和劳务是按照一定的标准去分配的,而不是按人口平均分配的。

1.2.3 选择与经济制度

所有的社会和国家都面临资源稀缺性问题,也就是说要选择一定的资源配置与利用的方式。由于历史和现实的原因,不同国家选择的资源配置与利用的方式是不尽相同的。经济资源配置和利用的具体方式就是经济制度(也称经济体制),根据资源配置和利用方式的不同,我们可以将当前世界各国的经济制度划分为三大类:即计划经济(也称命令经济或指令经济)、市场经济和混合经济。

(1)计划经济制度

所谓计划,是指社会按照预先确定的目标,运用各种力量和形式调节国民经济运行的过程。无论这种调节以何种力量和形式去实施,只要它是由社会按照预先确定的原则和目标进行的,就可以看做是计划,都属于计划调控的范围。所以,计划和计划调控实际上是一个含义相当广泛的范畴。计划经济制度的基本特征是生产资料归政府所有,一个国家类似于一个单一的大公司,政府用计划或指令来解决资源配置和利用问题,经济物品的数量、品种、价格、分配以及工人的就业与工资水平等均由政府的指令性计划来决定,前苏联和东欧社会主义国家的经济制度以及我国改革开放以前的经济制度均属于这种类型。在现实当中,由于这种制度很难解决信息的传递问题和对经济主体的激励问题,因而效率不高。大多数实行计划经济的国家自20世纪80年代后期开始了经济体制改革,以实现从计划经济向市场经济的转轨。

(2)市场经济制度

市场的原意是商品交换场所或交换关系的总和,市场调节的实质是通过价值规律、供求关系、竞争机制等作用来配置资源的一种方式。市场经济制度的基本特征是产权明晰,经济决定高度分散。这种经济制度为一只"看不见的手"所指引,资源的配置和利用由自由竞争的市场中的价格机制解决。英国经济学家亚当·斯密在其代表作《国富论》中指出,在市场经济制度下,即使每个人纯粹追求自身的利益,丝毫不关心别人的利益,也将在市场经济的约束下增进社会的利益。也就是说,我们之所以能够吃到可口的面包,并不是因为面包师的仁慈,而是因为面包师需要追求其自身的利益。当然,在现实社会中,纯粹的自由市场经济国家是不存在的,每个市场经济国家或多或少地存在着政府干预的情况,这就是下面要讨论的混合经济制度。

(3)混合经济制度

混合经济制度的基本特征是生产资料的私人所有和国家所有相结合,自由竞争和政府干预相结合,因而也是垄断和竞争相混合的制度。所谓混合经济是指既有市场调节,

又有政府干预的经济制度。在这种制度下,市场机制和政府干预互相协调,取长补短,能够较好地解决资源配置和资源利用问题。当今世界上经济比较发达的国家,如美国、日本和欧盟国家等都采用了这种经济制度,我国经济体制改革的目标也是朝着这个方向进行的。

 小知识

诺贝尔经济学奖

证明经济学价值的最高奖项是诺贝尔经济学奖。诺贝尔经济学奖是不是从诺贝尔奖开始颁发时就有的呢?其实不是。

诺贝尔奖(Nobel Prize)创立于1901年,它是以瑞典著名化学家、硝化甘油炸药发明人阿尔弗雷德·贝恩哈德·诺贝尔(Alfred Bernhard Nobel,1833—1896)的名字命名的。诺贝尔1833年出生于瑞典斯德哥尔摩,毕生致力于炸药研究,并取得了重大成就。他一生共获技术发明专利355项,并在20个国家开设了约100家公司和工厂,积累下巨额财富。

然而对于自己的发明被用于破坏,诺贝尔感到震惊和遗憾。1896年12月10日,诺贝尔逝世。在逝世的前一年,他留下遗嘱提出,将其部分遗产作为基金,以其利息分设物理学、化学、生理学或医学、文学及和平5个奖项,授予在这些领域对人类作出重大贡献的世界各国人士。据此,1900年6月瑞典政府批准设置了诺贝尔基金会,瑞典议会通过了《颁发诺贝尔奖金章程》,并于次年诺贝尔逝世5周年纪念日,即1901年12月10日首次颁发诺贝尔奖。自此以后,除因战时中断外,每年的这一天分别在瑞典首都斯德哥尔摩和挪威首都奥斯陆举行隆重的授奖仪式。

1968年,瑞典中央银行于建行300周年之际,为纪念诺贝尔,出资增设了诺贝尔经济奖(全称为"瑞典中央银行纪念阿尔弗雷德·伯恩德·诺贝尔经济科学奖金",亦称"纪念诺贝尔经济学奖"),授予在经济科学研究领域作出重大贡献的人。该奖于1969年开始与其他5个奖项同时颁发。

1.3 任务分析

从经济学的角度看,前文所提过的"占座"意味着什么?意味着你可以拥有令你满意的座位,可以不必伸长脖子穿过重重障碍捕捉老师的每一个动作、每一个眼神,可以不必端起眼镜费神地辨认黑板上的板书,可以不必伸长耳朵生怕漏听了什么,而这一切都意味着当你和你的同学同样用心时,你比他们更容易集中精神,获得更好的听课效果,最终得到更优异的成绩,而这一切仅仅是因为你占了个好座位。当然,天下没有免费的午餐,你需要为占座付出一定的代价。你可能无法在床上多躺一会儿,可能无法吃一顿悠闲的早餐,它们是你为占座付出的机会成本,关键在于机会成本与收益比较孰轻孰重。对于一个学生而言,取得好成绩的意义是不言自明的,而上述的机会成本,当你用

积极的态度看待它们时,它们完全可以被压缩得很小,甚至为负值——早起有益于身体健康,可使精力充沛等。这么看来,你为占座付出的机会成本是很小的,而得到的收益却大得多,那么占座无疑是理性的最佳选择。

任务二　熟悉经济学的主要内容及其发展

学习目标

　　1. 熟悉微观经济学和宏观经济学的内容,知道"看得见的手"和"看不见的手"在经济学中的含义。
　　2. 了解经济学发展的几个主要阶段,了解经济学产生和发展过程中的关键人物,明白他们对经济学的突出贡献。

2.1　任务描述

人类早在几千年前就有了哲学和社会科学,但经济学的历史却很短,这是两百多年前才产生的一门学科,有人戏称经济学是"文科中最老、科学中最新"的学科。其中的奥秘是什么呢?

2.2　任务精讲

2.2.1　经济学的主要内容

(1)微观经济学

①微观经济学的基本含义。"微观"的英文是"micro",来源于希腊文,原意是"小"。微观经济学(microeconomics)是以单个经济单位为研究对象,通过研究其经济行为和经济变量,来说明社会资源如何配置的理论。

②微观经济学的基本假设。经济学的研究都是以一定假设为前提的,微观经济学也不例外。其基本假设有三个,第一,完全理性,即参与经济活动的每一个经济主体都是有意识的和理性的,其经济行为也是理性的,都是按照自身利益最大化的目标来选择自己的行为的;第二,完全信息,即参与经济活动的个体对自己所必需的信息都能完全、及时地掌握,从而实现其行为的最优化;第三,完全竞争,即在没有任何政府干预的完全竞争条件下,通过价格的波动,最终会实现供给数量和需求数量的均衡,资源可以得到充分利用。

③微观经济学的基本内容。微观经济学的内容十分广泛,主要包括以下几个方面:
　　第一,需求与供给理论,也叫价格理论,它是微观经济学的核心;
　　第二,消费者行为理论,即研究消费者如何把有限的收入分配到各种物品的消费上,从而实现效用最大化;
　　第三,生产者行为理论,即从生产要素和生产函数入手,研究生产者如何把有限的资源用于各种物品的生产中,从而实现利润的最大化;
　　第四,成本理论,即从短期成本和长期成本分析入手,研究生产要素投入与产出之间的关系、成本与收益的关系；

第五，市场结构理论，即从完全竞争市场、完全垄断市场、垄断竞争市场和寡头垄断市场这四种市场类型入手，研究这些市场类型的基本特征、均衡条件以及对这四种市场的分析；

第六，生产要素分配理论，即从生产要素的需求与供给入手，研究劳动市场与工资、资本与利息、土地与地租在经济中的作用；

第七，市场失灵与政府干预理论，即分析造成市场失灵的垄断、外部效应、公共产品、不完全信息等原因。

（2）宏观经济学

①宏观经济学的基本含义。"宏观"的英文为"macro"，来源于希腊文，原意为"大"。宏观经济学是以整个国民经济为研究对象，通过研究经济总量的决定与变化，来说明资源如何才能得到充分利用的理论。

②宏观经济学的基本假设。宏观经济学的基本假设有两个，第一，市场机制是不完善的。自从市场经济产生以来，市场经济国家不断发生危机，特别是20世纪30年代爆发的空前严重的经济危机，使经济学家意识到单靠市场经济的自动调节，无法克服经济危机，无法解决失业问题，无法解决经济滞胀问题，无法避免资源浪费。仅靠市场机制的作用是不够的，还必须建立政府宏观调控政策，这使得宏观经济学应运而生。第二，政府有能力进行宏观调控。政府通过观察与研究经济运行的规律，通过行政、经济、法律等手段，通过财政、货币、产业等政策进行宏观调控，纠正市场经济运行过程中出现的偏差。

③宏观经济学的基本内容主要包括以下几个方面：

第一，国民收入决定理论。国民收入是衡量一个国家经济资源利用情况和整体国民经济状况的基本指标。国民收入决定理论就是要从总需求和总供给的角度出发，分析国民收入决定及其变动规律。这是宏观经济学的中心问题。

第二，失业通货膨胀理论。失业与通货膨胀是各个国家经济中最主要的问题。宏观经济学把失业与通货膨胀和国民收入联系起来，分析其主要原因及其相互关系，以便找出解决这两个问题的途径。

第三，经济周期与经济增长理论。经济周期是指国民收入的短期波动，经济增长是指国民收入的长期增加趋势。这一理论主要分析国民收入短期波动的原因、长期增长的源泉等问题，以期实现经济长期稳定的发展。

第四，开放经济理论。现实的经济都是开放型的经济。开放经济理论要研究的是一个国家国民收入的决定与变动是如何影响别国，以及如何受到别国的影响，同时也要分析开放经济下国家经济的调节问题。

第五，宏观经济政策。宏观经济学是为国家干预经济服务的，宏观经济学理论要为这种干预提供理论上的依据，而宏观经济政策则是要为这种干预提供具体的措施。政策问题包括政策目标，即通过宏观经济政策的调节要达到什么目的；政策工具，即通过什么样的办法来达到那些目的；以及政策效应，即宏观经济政策对经济的作用。

对宏观经济运行的不同分析，以及由这些分析所得出的不同政策，构成了不同经济学流派的基本内容。

（3）微观经济学和宏观经济学的关系

微观经济学和宏观经济学互为前提，互为补充，既有区别，又有联系。

①微观经济学和宏观经济学的区别。其区别除上述的基本假设不同、基本内容不同外，还有研究的对象不同、解决的问题不同、研究的方法不同。在研究对象上，微观经济学以单个经济单位为研究对象，宏观经济以整个国民经济为研究对象。在解决的问题上，微观经济学要解决的是资源配置问题，宏观经济学要解决的是资源利用问题。在研究的方法上，微观经济学的研究方法是个量分析，宏观经济学的研究方法是总量分析。

②微观经济学和宏观经济学的联系。微观经济学和宏观经济学之间的联系十分紧密，可以说你中有我，我中有你，甚至出现微观经济学宏观化、宏观经济学微观化的趋势。具体来说，微观经济学和宏观经济学之间的联系主要有两个方面。第一，微观经济学是宏观经济学的基础。宏观经济学研究的经济总量是由微观经济学研究的经济个量综合而成的。第二，微观经济学和宏观经济学互为补充。微观经济学和宏观经济学互相把对方所考察的对象作为自己的理论前提，互相把对方的理论前提作为研究的对象。一个国家，不仅有资源配置问题，也有资源利用问题，只有把这两个方面的问题解决了，才能解决整个国家的经济问题。

 小案例

观一叶可否知秋

微观行为与宏观结果甚至可能是背离的。对此，萨缪尔森在他经典的教科书上曾打过一个精辟的比方。他说，好比在一个电影院看电影，有人被前面的人挡住了视线，如果他站起来的话，他看电影的效果将会改善。因此，站起来就微观而言是合理的。但是，如果大家都站起来的话，则大家看电影的效果都不能得到真正的改善，站着和坐着的效果是一样的，不过是陡然增加了一份"折腾"的成本而已。这个例子足以说明，在微观上合理的事情在宏观上未必合理，在个体上是理性的事情在总量上未必理性。

另一个例证是金融危机。当有人发现银行不安全，他的最佳办法就是将存款取出，以保全自己。但这是否会导致全体的安全呢？恰恰相反，如果所有人都这么做的话，金融危机就会发生，个人也将受损。亚洲金融危机就是这样，有人看到本币不稳，纷纷抛售本币，购买外币，其结果是本币一落千丈，而且引发金融危机，全国人民都受损。

在北京经常会发现个体最优与集体失败的例子。前面有堵车现象，有的司机看旁边还有一条路，就闯了进去，结果这条路也被堵上，最后堵得严严实实，连清路的交警车也挤不进来。这就是个人最优让集体彻底失败。

因此，我们无法从微观现象简单推导出宏观结论。在宏观经济学方面，所谓

"观一叶而知秋"的说法是靠不住的。

2.2.2 经济学的产生和发展

经济学作为一门社会科学,经济学主要研究人类的行为,尤其是市场体系中人的行为,而市场经济则是随着资本主义生产方式的兴起而产生的,因而在历史上的绝大部分时间里,经济学不是脱离一般社会思想的独立体系,甚至到了18世纪晚期,经济学的创造人亚当·斯密还把经济学看做是法律学的一个分支。根据不同历史时期的经济学思想与理论的发展特点,经济学可以分为这样几个阶段:前古典经济学、古典经济学、新古典经济学和当代经济学。

(1)前古典经济学

经济学思想最早产生于古希腊思想家的著作中,色诺芬在其《经济论》中第一次提出了"经济学"这个词,柏拉图和亚里士多德等均在其著作中或多或少地涉及了经济学的一些理论和概念。他们的经济学思想经古代罗马人、早期基督教徒和欧洲中世纪的经院学派的继承与发展,到资本主义早期发展阶段时,产生了一个有较大影响的思想流派,即重商主义。

重商主义产生于15世纪,终止于17世纪中期,其代表人物包括英国人约翰·海尔斯、托马斯·曼、法国人安·德·孟克列钦和德国人让·巴蒂斯特·柯尔培尔等。重商主义体系的基本内容是国家干预主义、贸易顺差和外汇管制。他们认为金银形态的货币是财富的唯一形态,一国增加财富的唯一手段就是发展对外贸易,因此,重商主义非常重视对外贸易。他们主张国家采取各种措施和政策鼓励出口、限制或禁止进口,通过贸易顺差来使一国积累大量财富,同时对外汇进行管制,不让货币外流。

重商主义的这些主张反映了原始积累时期资本主义经济发展的要求,从现在的观点来看,他们的很多观点是错误的,同时还没有形成一个完整的经济学理论体系,并且他们的研究领域主要集中于流通领域,因而,还不能称为真正的经济学,而只能说是经济学的早期阶段。

(2)古典经济学

古典经济学从1776年开始,至1870年结束,这是经济学的形成时期。1776年,英国经济学家亚当·斯密发表其代表作《国民财富的性质和原因的研究》(简称《国富论》),标志着现代经济学的诞生,也宣布了古典经济学派的诞生。古典经济学的其他代表人物主要有大卫·李嘉图、约翰·斯图亚特·穆勒等。

古典经济学的研究中心是如何增加国民财富,与重商主义不同,古典经济学家认为财富是物质产品而不仅仅是货币,增加财富的途径是通过增加资本积累和分工来发展生产。在政策主张上,古典经济学主张自由放任,即政府不干预经济。他们认为市场体系中的价格是只"看不见的手",由其来调节经济,可以把个人的利己行为引向增加国民财富和社会福利的行为,因此,价格调节经济就是正常的自然秩序,政府也就没有必要去干预经济的运行了。

自由放任是古典经济学的核心,反映了自由竞争时期经济发展的要求。古典经济学家把经济研究从流通领域转移到生产领域，使经济学真正成为一门有独立体系的科学。

 小知识

亚当·斯密与"看不见的手"

亚当·斯密是18世纪的英国经济学家，人们把他称作"经济学之父"，可见他对经济学的贡献之大。1776年，亚当·斯密在《国富论》的扉页上写道："献给女王陛下的一本书！"他说："女王陛下，请您不要干预国家经济，回家去吧！国家做什么呢？就做一个守夜人，当夜晚来临的时候就去敲钟，入夜了看看有没有偷盗行为，这就是国家的任务。只要国家不干预经济，经济自然就会发展起来。"

在《国富论》这本书中，亚当·斯密提出了这样一个理论，叫做"看不见的手"。他说，经济中有一只看不见的手，人们在做事的时候，没一个人想到为了促进社会利益，他首先想到的是怎样实现自己的利益，都是从个人的利益出发去做事的。但当他真正这样做的时候，就像有一只看不见的手在引着他，其结果要比他真想促进社会利益的效果要好得多。

什么是"看不见的手"呢？"看不见的手"指的是个人利益，是市场机制，是价格机制。亚当·斯密的思想非常深刻，非常精彩。从他开始，人类有了经济学。所以，人们称他为经济学的鼻祖。他主张国家不要干预经济，要让经济自由发展，让价格机制自发地起作用。

在亚当·斯密"看不见的手"的思想指引下，欧美经济得到迅速发展，他的思想统治资本主义世界150年之久，直到1929年爆发的世界经济危机前。

（3）新古典经济学

19世纪70年代的奥地利经济学家门格尔、英国经济学家杰文斯和法国经济学家瓦尔拉斯等人不约而同地提出边际效用价值论，即认为商品的价值取决于人们对商品效用的主观评价，被称为"边际革命"，标志着古典经济学的结束。1890年马歇尔出版其代表作《经济学原理》，综合了上述三人和当时其他一些经济学家的代表观点，从而形成了一个综合的、折中的经济学理论体系。

新古典经济学坚持自由放任思想，认为政府不要干预经济，因而是古典经济学的延续。之所以称其"新"，是为了表明其与古典经济学的区别与不同之处，其采用了一个新的分析方法——边际分析法，同时也将经济学的研究重点从生产转向消费和需求，将资源配置作为经济学研究的中心，主要探讨价格如何调节经济并达到资源的最优配置，因而也被称为价格理论。这一阶段是微观经济学的形成时期。

（4）当代经济学

20世纪30年代发生了蔓延整个资本主义社会的大危机，新古典经济学论述的市场能比较完善地调节经济的神话被打破，新古典经济学理论面对新的问题时显得无能为

力。在这种情况下，1936年凯恩斯出版了其代表作《就业、利息和货币通论》，凯恩斯打破了自由放任的经济学传统思想，主张国家干预经济，同时提出了以国民收入决定为理论中心，以国家干预为政策基调的现代宏观经济学体系，以应对当时的资本主义大危机，这也是经济学历史上的第三次革命——凯恩斯革命，凯恩斯革命标志着宏观经济学的产生。

在凯恩斯经济理论的指导下，战后西方各国都加强了政府干预，美国经济学家保罗·萨缪尔森把凯恩斯的宏观经济学与新古典经济学的微观经济学结合在一起，形成了新古典综合派，也形成了当代经济学的由微观和宏观两部分共同组成的格局，新古典综合派是20世纪50年代到60年代的主流经济学派别。20世纪60年代末美国等国出现的滞胀又引起了经济学家对国家干预主义的再思考，从而导致自由放任思想的再度复兴，以弗里德曼和卢卡斯、科斯等为代表的一大批当代著名经济学家都是自由放任的拥护者。

小知识

凯恩斯与"看得见的手"

1929年，一场持续数年、席卷整个资本主义世界的经济危机爆发了。危机首先从美国开始，股市崩盘、企业破产、银行倒闭、工人失业，经济陷入大萧条，然后波及整个资本主义世界。这时人们不禁要问：亚当·斯密那只"看不见的手"到哪儿去了？他不是说国家不管经济就可以自动发展吗？这时英国又出现了一个伟大的经济学家，名字叫约翰·梅纳德·凯恩斯。1936年，凯恩斯出版了一本书，名字叫做《就业、利息和货币通论》，这就是著名的《通论》。这本书是经济学上的一个里程碑。凯恩斯说，当那只"看不见的手"解决不了经济危机问题时，只有靠"看得见的手"了。所谓"看得见的手"就是国家干预经济生活。他说，当国家经济萧条时，政府有办法，政府没钱时可以发国债，增加就业，刺激经济，让国民经济从大萧条中摆脱出来。于是，西方国家运用凯恩斯的理论，建了很多基础设施，修了很多铁路，铺了很多公路，逐渐摆脱了经济危机。国家用经济学理论指导、干预经济生活的历史是从凯恩斯开始的。从此以后，经济学从微观走向宏观，从个量分析走向总量分析。所以说，宏观经济学是从凯恩斯开始的。在凯恩斯宏观经济学理论的指导下，西方国家经济开始复苏，并使西方经济从20世纪40年代到70年代蓬勃发展。

当代经济学是一个综合微观经济学和宏观经济学的庞大理论体系，在经济学的内部派系林立，分歧巨大，但是我们可以根据其他经济哲学思想的不同而将他们划分为两大派别：一派是新古典主义经济学，也称新自由主义经济学，他们坚持古典经济学和新古典经济学的传统，主张自由放任，政府不干预或少干预经济；另一派是新凯恩斯主义经济学，他们继承和发展了凯恩斯的经济学理论，主张政府干预经济的运行，也称新干预主义经济学。

2.3 任务分析

经济学产生的历史很短，原因在于在一家一户的小农经济时代是不需要经济学的。直到 1776 年英国经济学家亚当·斯密出版了《国富论》。这本书的出版，对欧美经济发展产生了巨大的促进作用，经济学越来越受到人们的重视，逐渐成为一门学科。

任务三　掌握经济学的研究方法

学习目标

1. 掌握经济学中的各种研究方法的基本含义。
2. 大体上能够运用经济学的研究方法分析经济生活中的各种问题。

3.1 任务描述

记得有这样一个故事，一家有父子两人，一天早晨，父亲派儿子去城里打酒。儿子走到城门口，与正在城门的人相遇了。两个人互不相让，一直站到中午。家中的父亲见儿子迟迟不归，便前去寻找。他到了城门口，了解了情况后，便对儿子说："你先回去吃午饭，让我来替你站着。"故事中的父子俩真够执着的，执着得都不肯改变一种方法来解决这个问题。经济学也会遇到某种方法解决不了的问题，经济学家们是如何找其他方法解决的呢？

3.2 任务精讲

3.2.1 实证分析法与规范分析法

西方经济学在分析经济活动时，根据价值判断的原则，将经济学的分析方法分为两类：规范分析法和实证分析法。在这里，价值判断中的价值，并不是商品意义上的经济价值，而是指经济事物的社会价值，即经济事物的是非好坏。价值判断原则也就是根据社会的经济伦理思想来判断经济事物属于好事还是属于坏事的原则。遵循价值判断原则来进行分析的方法就叫做规范分析法，反之，则称为实证分析法。

具体来说，规范分析法是以一定的价值判断为基础，提出某些标准作为分析处理经济问题的标准，树立经济理论的前提，作为制定经济政策的依据，并研究如何才能符合这些标准。它力求回答：经济现象"应该是什么"的问题，即为什么要做出这样的选择，而不做另外的选择？它涉及是非善恶、应该与否、合理与否的问题，由于人们的立场、观点、理论道德的标准不同，对同一个经济事物，就会有很多不同的看法。所以，规范分析不具有客观性，即规范命题没有正误之分，不同的经济学家会得出不同的结论。所以，很多经济学家把规范分析定义为对政策行动的福利后果的分析。

实证经济学则是企图超脱或排斥一切价值判断，只研究经济本身的内在规律，并根据这些规律，分析和预测人们经济行为的效果。它力图说明和回答这样的问题：经济现象"是什么"？即经济现象的现状如何？有几种可供选择的方案，后果如何？至于是不是应该做出这种选择，则不予讨论。实证分析要求，一个理论或假说涉及的有关变量之间的因果关系，不仅要能够反映或解释已经观察到的事实，而且要能够对有关现象将来出现的情况作出正确的预测，也就是要能够经受将来发生的事件的检验。因此，实证分析具有客观性，即实证命题有正确和错误之分，其检验标准是客观事实，与客观事实相一致的就可以视之为真理，否则就是谬误。所以，很多经济学家把实证分析定义为目的在于了解经济是如何运行的分析。

注 意

在理解实证分析法与规范分析法时要注意以下几点内容：

第一，价值判断。前面我们已经提到，这里所说的价值判断不是指商品的价值，而是指经济事物的社会价值，即是好还是坏的问题，大而言之是指一种社会制度的好坏，小而言之是指具体某件事情的好坏。应该说价值判断属于社会伦理学的范畴，具有强烈的主观性与阶级性。那么，实证分析法为了使经济学更加具有客观科学性，就要避开价值判断问题；而规范经济学要判断某一具体经济事务的好坏，则要从一定的价值判断出发来研究问题。是否以一定的价值判断为依据，是实证分析法和规范分析法的重要区别之一。

第二，实证分析法与规范分析法所要解决的问题不同。实证分析法要解决"是什么"的问题，即要确认事实本身，研究经济本身的客观规律与内在逻辑，分析经济变量之间的关系，并用于进行分析与预测。规范分析法则要解决"应该是什么"的问题，即要说明事物本身是好还是坏，是否符合某种价值判断，或者对社会有什么样的意义。这一点也就决定了实证分析法可以避开价值判断，而规范分析法必须以价值判断为基础。

第三，实证分析法的内容具有客观性，它所得出的结论可以根据事实来进行检验，也不会以人们的意志为转移。而规范分析法则本身就没有客观性，它所得出的结论要受到不同的价值观的影响。不同的阶级地位有不同的价值观，对同一事物的好坏也会作出不同的评价，谁是谁非没有什么绝对的标准，从而也就无法进行检验了。

第四，实证分析法与规范分析法尽管存在以上几个方面的差异，但是它们也并不是绝对的互相排斥。规范分析法要以实证分析法作为基础，而实证分析法也离不开规范分析法的指导。一般来说，越是具体的问题，实证的成分越多；而越是高层次、带有决策性质的问题，越具有规范性。

想一想

某电视台的经济栏目正在讨论关于制定最低工资法的问题。在讨论中，有两种表述，一位学者坚定地认为政府应该提高最低工资标准，这对于增加社会成员的福利有非常大的好处。而另一位学者则认为这种硬性规定的后果是低薪工人失业，会增加全社会的失业人数。那么，这两位学者的观点是矛盾的吗？

分析提示

应该说每个研究领域都有自己的语言和分析方式。数学家谈论公理、积分；律师谈论案发现现场、侵犯行为；经济学家也没有什么不同。实证分析法和规范分析法是经济学最为基本的分析方法，它们一个强调对客观现象的描述，另一个强调对客观现象的价值判断，二者相辅相成。前面的学者从规范分析的角度来论述最低工资可以给人们带来更多的福利是有好处的，而后面的学者则是从实证的角度分析推断出最低工资法会使失业人数增加，两位学者从不同的角度分析了最低工资法产生的影响，这两种观点在本质上并不矛盾，只是分析方法不同而已。

经济学研究的主要方法——实证经济学与规范经济学

现在上至国务院下至普通的老百姓非常关心我国的 GDP 和人均 GDP，因为这两个数字，前者代表一个国家的综合国力，后者反映老百姓生活的富裕程度。从实证角度看，这些数字的统计归纳过程就是实证分析的过程，如果对某些数据有怀疑还可以重新检验。具体数字是客观的，在统计过程中不涉及道德问题，只回答是什么。从规范分析的角度来研究，首先在我国目前的情况下确定一个合理的经济增长率，确定一个反映人民生活水平小康的标准。为了实现这一目标，国家就应该要制定相应的产业政策、货币政策和财政政策。后者涉及了道德问题。对于后种问题不同人站在不同角度得出的结论是不一样的。有的人认为经济增长率提高是好事；有人认为经济增长率太快是坏事，应停止经济增长。这些都是主观的好坏判断，无法检验。

讨论题：
①什么是实证经济学与规范经济学？
②实证经济学与规范经济学的联系和区别？

分析提示

实证经济学与规范经济学的根本区别是对价值判断的态度。经济学的道德与不道德就是是否涉及价值判断，因为价值判断是道德问题的基础。实证经济学排斥价值判断，也就不涉及道德问题，实证分析只认识事实本身，研究经济本身的规律。实证经济学与规范经济学是有区别的，但不难发现二者也有联系。实证分析的数字结果为国家制定和选择适度经济增长政策提供了依据；而适合的政策环境又是达到和保障经济数量指标的保证。因此说实证经济学是规范经济学的基础；而实证经济学又离不开规范经济学的指导。也就是说，越具体的一些定量分析都属于实证分析。越高层次、定性的、带有决策分析的问题是规范分析。

3.2.2 个量分析法与总量分析法

微观经济学与宏观经济学在研究方法上有资源配置和资源利用的区别，在研究方法上就有个量分析法与总量分析法的区别。

(1) 个量分析法

个量分析法是指以单个经济主体，如单个消费者、单个生产者、单个市场等的经济行为作为考察对象的经济分析方法，又称为微观经济分析法。个量分析主要以单个经济主体的活动为研究对象，在假定其他条件不变的前提下研究个体的经济行为和经济活动。

个量分析法的优点是把一些复杂的外在因素排除掉，突出个体经济主体的现状和特征，往往能将某一个体的具体情况和局部特征表现得非常清楚，但个量分析法也有一定的局限性：一是难以注意到宏观经济对个量关系或个体经济行为的影响；二是研究结果常常是有条件的，因为这种方法是在假定其他条件不变的情况下，排除一些外部经济因素来研究个体经济问题，但在实际的经济生活中，一些外部因素却常常是事物发展的重要条件，有时还可能会成为影响经济运行的主要因素。从这个意义上说，这种研究方法的运用是有条件的，而且研究结果往往与现实不符。

(2) 总量分析法

总量分析法是指对宏观经济运行总量指标的影响因素及其变动规律进行分析。总量分析方法是在把制度因素及其变动的原因及后果和个量都看成是不变或已知的前提下，以经济发展的总体或总量为研究主体，研究宏观经济总量及其相互关系。比如，在研究消费时，只着眼于社会总消费与总收入、总投资、总储蓄的相互关系，对个体的消费行为及其变动则不予关注。这种研究方法的优点是抓住了经济运动的总体状况及总体结构，因而其研究结果对于把握国民经济全局具有重要作用。但这种研究方法也有局限性，主要是往往忽视个量对总量的影响。

3.2.3 均衡分析法与非均衡分析法

(1) 均衡分析法

均衡本来是物理学概念，引入经济学后，均衡是指经济体系中各种相互对立或相互关联的力量在变动中处于相对平衡而不再变动的状态。对经济均衡的形成与变动条件的分析，叫做均衡分析法。均衡分析法又可以分为局部均衡分析法和一般均衡分析法。局部均衡分析法，是在不考虑经济体系某一局部以外的因素影响的条件下，分析这一局部本身所包含的各种因素的相互作用中，均衡的形成与变动的方法。一般均衡分析法，是相对于局部均衡分析法而言的。它是分析整个经济体系的各个市场、各种商品的供求同时达到均衡的条件与变化的方法。

均衡分析法在解释经济现象时往往忽视均衡过程与均衡结果之间的联系而仅仅重视原因与结果之间的关系。均衡分析法的最大缺陷是把经济系统中的参与人看做是互不联系的单个人，仅研究单个生产者或消费者的行为，不能把其所考察的问题放到一定的环境中去，该方法完全忽略了制度环境、社会环境及人文环境等对参与人行为的影响，单纯考察某个条件与结果之间的一一对应关系。因而，无法对现实中出现的诸多现象给予合理的解释。

(2)非均衡分析法

非均衡是相对于均衡而言的。非均衡分析法认为,经济现象及其变化的原因是多方面的、复杂的,不能单纯用有关变量之间的均衡与不均衡来加以解释,而主张把对历史、制度、社会等因素的分析作为基本方法。

当然,在经济学研究中,主要的研究方法还是均衡分析法,非均衡分析法只是均衡分析法的有益补充。

3.2.4 静态分析法、比较静态分析法与动态分析法

1899年美国经济学家J. B. 克拉克在其《财富的分配》一书中,首先提出了自静态经济学和动态经济学以来,经济学中使用的分析方法又可以分为静态分析、比较静态分析和动态分析三大类,由此建立的经济学被相应地称为静态经济学、比较静态经济学和动态经济学。可以说静态分析、比较静态分析和动态分析与均衡分析是密切相关的。微观经济学和宏观经济学所采用的分析方法,从一个角度看是均衡分析,从另一个角度看就是静态分析、比较静态分析和动态分析。

静态分析是分析经济事物的均衡状态以及有关经济变量达到均衡状态所需要具备的条件的方法。它以经济事物的均衡位置为分析中心,在假定分析对象自变量既定的条件下,分析因变量如何达到均衡状态。例如,假定对某种商品的需求状况和供给状况为既定条件,就可以根据这些条件,确定该商品需求和供给达到均衡时应该有的价格和产量。只要既定的条件不发生变化,由此达到的均衡价格和均衡产量就将处在均衡不变的状态。

比较静态分析是在原有的已知的条件发生变化以后,分析和比较新的均衡状态相应发生了哪些变化的方法。这种方法研究在某些已知的自变量发生变化的情况下,相应的因变量的均衡值会发生什么样的变化。因此,它要对两套或者两套以上的均衡的位置进行分析比较。例如,假定由于人们收入增加,导致对某种商品的需求有所提高,则在供给状况不变的情况下,可以推断出该商品在供给和需求达到新的均衡状态时,其价格和产量都将比原来高。

无论是静态均衡分析,还是比较静态均衡分析,它们都只是集中在均衡位置上,既不涉及一个均衡位置所需要的时间,也不涉及各个变量趋向均衡所经过的路线。与此相反,动态均衡分析则是对相互联系的各个变量在一定条件下从前到后变化和调整过程的分析方法。其实质是探讨不均衡状态及其运动,无论这种不均衡是由于缺乏短期均衡造成的,还是由于一个经济社会不曾达到长期均衡的条件和运动,都属于动态均衡的分析范畴。

显然,动态分析需要引入时间的因素。一方面,在实践过程中,静态分析假设不变或既定的因素都是变化的,因而,动态分析要分析这些因素的变化是如何影响一个经济事物的运动和发展;另一方面,经济变量所处的时间必须明确地表示出来,因为某些经济变量在某一时点上的数值,要受到以前时点上的有关经济变量的数值的影响。因而,动态分析要把经济事物的运动过程划分成连续的分析时期,以便考察有关经济变量在继起的各个时期中的变化情况。

应该指出的是,动态分析方法引入时间的因素,并不等于动态分析的实质就是简单

地加入时间的因素,因为均衡如果在一定的时间推移中没有变化,时间维度就可以忽略不计,从而回到静态分析中。用动态分析方法分析经济事物的运动,也不等于说一定是从一种均衡到另一种均衡的运动,因为并不是所有的经济运动都可以达到均衡的。例如,在经济学中有一种理论叫蛛网理论,其中的发散型蛛网,就无法找到长期稳定的均衡。

3.2.5 边际分析法

边际分析法是指利用边际概念对经济行为和经济变量进行数量分析的方法。所谓边际,就是额外或增加的意思,即所增加的下一个单位或最后一个单位。

边际分析法在经济学中运用极广。边际这个概念和边际分析法的提出被认为是经济学方法的一次革命。在经济学中,边际分析法的提出不仅为我们作出决策提供了一个有用的工具,而且还使经济学能运用数学工具。边际分析所表示的自变量与因变量之间变动的关系可以用微分来表示。由此数学方法在经济学中可以得到广泛应用。现在数学在经济学中的运用十分广泛,对推动经济学本身的发展和解决实际经济问题起到了重大作用。

3.2.6 经济模型分析法

经济模型是指用来描述所研究的经济事物的有关经济变量之间的相互关系的理论结构。简单地说,把经济理论用变量的函数关系来表示就叫做经济模型。一个经济模型通常包括:变量、假设、假说和预测等。经济模型主要用来研究经济现象间互相依存的数量关系。其目的是为了反映经济现象的内部联系及其运动过程,帮助人们进行经济分析和经济预测,解决现实的经济问题。

经济模型分析法是把经济理论用数学表述出来,它极其简单地描述现实世界的情况。由于任何经济现象不仅错综复杂,而且变化多端,如果在研究中把所有的变量都考虑进去,就会使得实际研究成为不可能。所以任何理论结构或模型,必须运用科学的抽象法,舍弃一些影响较小的因素或变量,把可以计量的复杂现象简化和抽象化为数不多的主要变量,然后按照一定函数关系把这些变量编成单一方程或联立方程组,构成模型。由于在建立模型中,选取变量的不同,及其对变量的特点假定不同,因此,即使对于同一个问题也会建立起多个不同的模型。

搭建经济学的大厦——数学分析

经济学虽然使用数学方法,但与自然科学所采用的方法也有所不同。自然科学所采用的方法是比较严谨与准确的。比如说,人造卫星围绕地球转一圈所带来的误差也许仅仅有几十米的误差,与地球周长比较起来是微不足道的。但是,再高明的经济学家预测一个国家的经济增长速度也达不到"微不足道",而是相对比较大。经济学家大多是数学家,他们用数学方法研究社会经济问题,能用简单的数学模型说明一个深奥的经济学道理。正因为如此,有人说"经济学是社会科学的皇后"。

但我们学习经济学的时候,不要过多地去强调某个数学公式的准确程度,只要这个数学公式确实反映了现实经济变动的主要特征就可以了。

由于经济学已经被经济学家竭尽全力地武装成一门真正的"科学",这门科学的门面主要是数学描述、几何图形、函数坐标,再套上英文字母和阿拉伯数字。一般而言,当一门知识变成深奥的"科学"时,就会渐渐地远离大众,使大多数人不知其所云。这在自然科学领域内是没问题的,因为自然科学的深奥的符号公式本身是工具也是研究的目的和内容。而经济学不是自然科学,自然科学是发现科学,经济学应该是讲道理的科学,对于我们这些不是专业的经济学家来说,只要明白道理,使用什么工具,是无所谓的。

试用相关理论分析以下问题:
①数学与经济学的联系和区别?
②为什么说经济学是社会科学的皇后?

分析提示

数学与经济学的关系是本和用的关系,数学是研究经济学的工具,如果把经济学比作大楼,数学就是盖大楼的脚手架。有的同学看到数学问题就感到头疼,其实我们教材里运用的数学是非常简单的,即便你掌握不了数学这个工具,你只要掌握经济学的大厦就可以了。

3.3 任务分析

经济学家遇到某种解决不了的问题时,就会采取"换一个地方打井"的思路,即碰到难以解决的问题时,不要一条道走到黑,而是要学会改变方法。方法一变,问题就可能迎刃而解。

技 能 训 练

一、单项选择题

1. 经济中的永恒矛盾是(　　)。
   A. 宏观与微观之间的矛盾　　　　　　B. 个人与集体之间的矛盾
   C. 资源的有限与欲望的无限之间的矛盾　　D. 理论与现实之间的矛盾
2. 微观经济学的研究对象是(　　)。
   A. 单个经济对象　　　　　　　　　　B. 多个经济对象
   C. 整个国民经济　　　　　　　　　　D. 世界经济组织
3. 经济学中"看不见的手"和"看不见的手"分别是指(　　)。
   A. 市场和政府　　　　　　　　　　　B. 政府和市场
   C. 企业和个人　　　　　　　　　　　D. 个人和企业

二、多项选择题

1. 经济学需要解决的基本问题是(　　)。

A. 生产什么　　　　　　　　　　B. 如何生产
　　C. 生产者是谁　　　　　　　　　D. 为谁生产
2. 微观经济学的基本假设有(　　)。
　　A. 完全理性　　　　　　　　　　B. 完全信息
　　C. 完全竞争　　　　　　　　　　D. 完全垄断

三、简答题

1. 如何理解资源的稀缺性？
2. 微观经济学和宏观经济学的区别和联系是什么？
3. 经济学的研究方法主要有哪些？

四、技能分析

有七个和尚共同生活，每个人都是平凡而平等的，虽然没有什么凶险祸害之心，但是不免自私自利。他们本来没有什么矛盾，但是在吃饭的问题上却渐起纠纷。原来他们每顿饭就是分食一锅粥，起初由一个和尚专门负责分粥，很快大家就发现这个人为自己分的粥多，给别人分的粥少。于是便换了一个和尚，结果还是一样。后来大家不愿意一个和尚专门管分粥了，就改为轮流值日，轮到的人分粥。结果每个人只有一天能吃饱，还有剩余，其余六天都吃不饱。于是大家又改变了轮流分粥的做法，选举出一个大家信得过的和尚来分粥。开始时这个品德高尚的和尚还能保持公平，但是不久就开始为自己和溜须拍马的人多分，给其他人少分。再后来大家选举产生了一个分粥委员会和一个监督委员会，每次分粥委员会都要讨论，监督委员会还要检查，有时还争论不休。粥是分公平了，可等到吃的时候早就凉了。最后他们制定了一条规则：不论谁分粥，领粥的时候分粥的人最后拿。令人惊奇的是，所有问题都解决了，粥分得又快又公平。这是为什么呢？请用经济学中的选择理论进行分析。

五、单项实训

资料分析：浏览"中国环境资源网"（www.chinahjzy.com）。

实训要求：

(1) 认真研读网页资料。

(2) 小组讨论：全球资源稀缺状况及资源发展趋势。

(3) 小组派代表陈述观点：经济学需要解决的问题是什么？

项目一　隐藏在经济背后的"市场先生"

学习目标

知识目标：

1. 了解需求、供给的定义，以及导致需求变动和供给变动的因素，进而理解需求量的变动与需求的变动、供给量的变动与供给的变动，了解弹性的定义。
2. 熟悉需求函数、供给函数、均衡价格理论的应用、弹性理论的应用。
3. 掌握需求定理、供给定理、均衡价格的决定及变动、需求弹性和供给弹性的类型及影响因素。

能力目标：

1. 能运用需求与供给理论分析一些简单的社会现象。
2. 具有运用弹性理论帮助企业分析价格变动对收益的影响，进而能提出分析决策。

 案例导入

用闲置的物品交换所需——市场的出现

相传 1884 年，巴黎政府为维护干净市容，要求许多以捡破烂为生的贫民将市区的废弃物搬运到荒废的军营，这些贫民自行在废弃物中挑选尚能用的物品进行出售，没多久就形成一处固定的市集，称为"flea market"，即跳蚤市场。

关于跳蚤市场的名称来历众说纷纭，有的说因为该市场中的物品大多被使用过，常有许多跳蚤在上面，因此称该市场为跳蚤市场，也有的说该市场里面的人跟跳蚤一样多，因而得名。

自 19 世纪以来，跳蚤市场已经在欧美各国成为常态，包括英国的伦敦，法国的巴黎，几乎每个国家都有固定的跳蚤市场。在历史越悠久、越古老的国家，跳蚤市场所卖的东西种类也就越多，摊位老板将自己费尽苦心寻来或是家传的宝贝摆在摊前，等待他人前来挑选回家，在这些物品陈旧、蒙灰的外表下，有可能是难得一见的稀世珍宝。

（资料来源：静涛、黑岛，《哈佛教授讲述的 300 个经济学故事》，立信会计出版社 2011 年版）

微观经济学研究资源的合理性，在市场经济条件下，资源配置是通过价格机制来实

现的。而价格理论是通过需求和供给的平衡来说明的，这就是供求均衡理论。

任务四　需求理论分析

学习目标

1. 了解需求的定义，影响需求的因素。
2. 理解需求函数及其曲线，能区分需求的变动与需求量的变动。
3. 掌握需求定理。

4.1　任务描述

门票价格也就是歌手劳务的价格。在经济学中，劳务是一种无形的物品，其定价规律与有形的物品是一样的。我们一定会注意到，在现实生活中，尽管大腕明星们的演唱会门票价格非常高，但其需求量仍然很大，这似乎与需求定理是相矛盾的。请用需求理论来解释这一现象。

4.2　任务精讲

4.2.1　需求、需求表与需求曲线

（1）需求的概念

需求是在一定的时期，在既定的价格水平下，消费者愿意并且能够购买的商品数量。经济学中的需求包含两层含义：首先，需求来自消费者的嗜好或偏好（preference），是一种纯粹的主观上的需要；其次，需求应该是有支付能力的需求，即能够买得起。假如一个人很有钱，买得起高档时装，但他对时装不感兴趣，也不打算买，就构不成对时装的需求；另一个人，很喜欢时装，也想买，但又没有支付能力，同样构不成对时装的需求。只有主观上有买时装的欲望，客观上又具有支付能力的人，才构成对时装的需求。

英国商人的失算——消费欲望与需求

　　鸦片战争以后，英国商人因为打开了中国这个广阔的市场而欣喜若狂。当时英国棉纺织业中心曼彻斯特的商人估计，中国有4亿人，假如有1亿人晚上戴睡帽，每人每年用两顶，整个曼彻斯特的棉纺厂日夜加班也不够，何况还要做衣服呢！于是他们把大量洋布运到中国。

　　结果与他们的梦想相反，中国人没有戴睡帽的习惯，衣服也用自产的丝绸或土布，洋布根本卖不出去。

 小案例

现实分析：汽车市场难启动——购买能力与需求

1999年6月的上海车展是在上海少有的漫长雨季中进行的，参观者人头攒动，但看的多，买的少。在私人汽车最大的市场北京，作为晴雨表的北方汽车交易市场，上半年销售量只相当于去年同期的三分之一。尽管当年轿车产量可达75万辆，但一季度销售量不过11.7万辆。富康这两年颇为走俏，销售量仅次于桑塔纳，但一季度只完成全年销售计划的14.14%。

面对这种局面，汽车厂家一片哀鸣。

因此，有效需求=欲望+能力。需求表示的是价格和需求量之间的一种关系。

（2）需求表与需求曲线

①需求表。商品的需求表是用来表示某种商品的各种价格水平和与各种价格水平相对应的该商品的需求数量之间关系的数字序列表。例如：某一时期某一市场某一时间内苹果的市场需求可用表4-1来表示，我们可以清楚地看到苹果的价格与需求量之间的函数关系。

表4-1　　　　　　　　　　　　**某家庭苹果的需求表**

	价格(元/斤)	需求量(千斤)
a	1.8	4
b	1.6	5
c	1.4	6
d	1.2	7
e	1.0	8

②需求曲线。商品的需求曲线是根据需求表绘出的用来表示需求量与商品价格之间对应关系的曲线。或者说需求曲线是以几何图来表示商品的价格和需求量之间的函数关系。

在图4-1中，横轴 OQ 代表需求量，纵轴 OP 代表商品的价格，D 即为需求曲线。需求曲线是根据需求表画出来的，是表示某种商品的价格与需求量之间关系的曲线。该需求曲线 D 向右下方倾斜。

4.2.2　需求的影响因素及需求函数

（1）需求的影响因素

①商品本身价格。一般而言，商品的价格与需求量呈反方向变动，即价格越高，需求越少，反之则反是。

②相关商品的价格。当一种商品本身的价格不变，而其他相关商品价格发生变化时，这种商品的需求量也会发生变化。

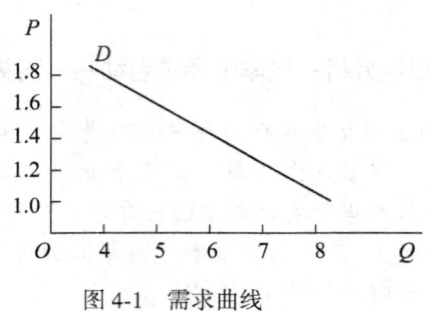

图4-1　需求曲线

按照商品的消费功能，商品之间的关系有两种：替代关系和互补关系。具有替代关系的商品成为替代品，具有互补关系的商品成为互补品。

替代品，这是指两种可以互相替代来满足同一种欲望的商品，如猪肉和牛肉，茶叶和咖啡，馒头和花卷等。对于替代品，当一种商品的价格上升时，消费者对另一种商品的需求就会增加，反之亦然。例如：当馒头的价格不变而花卷的价格上升时，馒头的需求量会上升。因此一种商品的价格与其替代品的需求量呈同方向变化。

互补品，这是指两种互相补充使用以共同满足人们的同一种欲望、完成同一个消费功能的商品，如录音机与磁带，汽车与汽油，电脑与软件，照相机与胶卷等。对于互补品，当一种商品价格上升时，消费者对另一种商品的需求量就会减少，反之亦然。例如：照相机和胶卷，胶卷的需求量与照相机的价格有着密切关系，一般而言，照相机价格上升，胶卷的需求量下降。因此，一种商品的价格与其互补品的需求量呈反方向变化。

想一想

西蒙凭什么在十年赌约中获胜？

20世纪80年代，斯坦福大学教授保罗·埃尔里奇认为，由于人口爆炸、食物短缺、不可再生性资源的消耗、环境污染等原因，人类的前途堪忧；而马里兰州立大学教授朱利安·西蒙认为，人类社会的技术进步和价格机制会解决人类社会发展中出现的各种问题，所以人类社会的前途还是光明的。这两位教授都有自己的支持者，分别形成了两个派别——悲观派和乐观派。

由于两个派别谁也说服不了谁，他们决定打赌，赌不可再生性资源是否会消耗完。如果像埃尔里奇说的那样，不可再生资源性总有一天会消耗完的话，它们的价格必然会大幅度上升；如果像西蒙说的那样，技术的进步和价格机制会解决人类社会出现的各种问题的话，它们的价格不但不会大幅度上升，还会下降。

于是，他们选择了五种金属：铬、铜、镍、锡、钨，各自以假想的方式买入1000美元的等量物质，每种金属各200美元。以1980年9月29日的各种金属价格

为准,假如到 1990 年 9 月 29 日,这五种金属的价格在剔除通货膨胀的因素后仍然上升了,西蒙就输了,他要付给埃尔里奇这些金属的总差价;反之,假如这 5 种金属的价格下降了,埃尔里奇就输了,他将把总差价支付给西蒙。

经过了漫长的十年,事情终于有了结果:西蒙赢了,五种金属无一例外都降价了。

请思考:为什么这五种不可再生性资源的价格都下降了呢?

分析提示

世界上的任何资源都有替代品,当这些资源的价格上升时,会刺激人们去开发和使用它们的替代品,对它们的需求就会减少。

③消费者的收入水平。当消费者的收入提高时,会增加商品的需求量,反之则反是,而劣等品除外。例如,富裕的国家或家庭对汽车、电器、水果、住宅、电力等物品的需求几乎都高于贫穷的国家或家庭对其的需求。在我国,20 世纪 90 年代,人们的生活水平与 20 世纪 80 年代相比有很大提高,人们对彩电、空调等家电的需求也明显增加。

④消费者的偏好。当消费者对某种商品的偏好程度增强时,该商品的需求量就会增加;相反,偏好程度减弱,需求量就会减少。例如,东方人比西方人更偏爱喝茶,对茶叶的人均需求量大于西方。

⑤消费者对未来商品的价格预期。当消费者预期某种商品的价格即将上升时,社会增加对该商品的现期需求量,因为理性的人会在价格上升以前购买产品。反之,就会减少对该商品的预期需求量。例如,假设你正在计划买房子,有一天,你听说房子的价格将在未来几个月内下降,结果你决定等几个月再买房子。或者如果你听说价格预期在几个月内上涨,那么你就有可能现在就买房子。

⑥人口数量和结构的变动。一般来说人口数量的增减会使需求发生同方向变动。人口结构的变动主要影响需求的结构,如人口老龄化的国家,对时髦的服装、滑雪等刺激性项目的需求会减少,而对保健品和老年常用药的需求会增加。

小案例

父母在乘坐飞机旅行时,是应该允许他们把婴儿放在他们的膝盖上,还是要求他们为婴儿买单独机票,并用皮带把婴儿束在安全座位上?一项要求为婴儿购买单独机票和将婴儿放置在单独座位上的法律将会同时产生好消息和坏消息。好消息是:由于婴儿在他们自己的座位上会更安全,因而死于飞机碰撞的婴儿将会减少。而坏消息是:更多的人将死于车祸。要求父母购买两张机票而不是一张机票的法律会增加乘坐飞机旅行的成本。这将使很多的父母转向乘车旅行,从而使旅行的危险增加了。

在多次研究之后,得出的结论是对更多的人来说这是坏消息。联邦航空委员会于是在 1992 年规定,父母可以将婴儿放置在他们的膝盖上。

一个简单的教训是,消费者会对价格的变动做出反应。一种物品价格的上升

(乘飞机旅行)会引起一些消费者转向它的替代品(高速公路旅行),从而导致一个意想不到的结果。

(2)需求函数

它是表示一种商品的需求数量和影响该需求数量的各种因素之间相互关系的函数。如果把影像需求量的因素作为自变量,把需求量作为因变量,则需求函数可写为:

$$Q_d = f(a, b, c, \cdots, n) = f(P)$$

式中,Q_d 代表某种商品的需求量;$a, b, c, \cdots, n$ 代表影响需求量的因素。

在影响商品需求量的众多因素中,商品的价格是最重要的因素,所以,经济学家通常采用抽象分析法,假定其他条件不变,仅分析一种商品的价格变化对该商品需求量的影响,这样需求函数可表示为:

$$Q_d = f(P)$$

在这个公式中,P 表示价格,即某种商品的需求量是其价格的函数。

若需求曲线是一条直线,则需求函数可写为:

$$Q_d = \alpha - \beta \cdot P \quad (\alpha、\beta > 0)$$

4.2.3 需求定理

需求定理是说明商品本身价格与需求量之间相互关系的理论。其基本内容为:在影响需求量的其他因素不变的情况下,商品的需求量与其价格之间呈反方向变动,即需求量随商品本身价格的上升而减少,随商品本身价格的下降而增加。体现在需求曲线上就是需求曲线向右下方倾斜。因此,需求定理是在假定除商品本身价格外,其他影响商品需求量的因素保持不变的前提下来研究商品价格与其需求量之间的关系的。

需求定理只适用于一般商品即正常商品;在某些特殊的商品和经济形势下,与需求定理相矛盾的现象也是存在的,主要的例外情况有:

①低档商品或吉芬商品。消费者对低档商品或吉芬商品的需求量是随着商品价格的上升而增加的。

②奢侈品或炫耀性商品。奢侈品市场的扩大,也使部分奢侈品成为一种身份地位的彰显符号,从而价格降低,需求量反而减少。例如:珠宝首饰、豪华轿车,价格上升,需求量增加;价格下降,需求量减少。

③投机性市场(例如证券和期货市场),人们有种"买涨不买跌"的心理,这与人们对未来价格的预期及投机需求有关。

"吉芬之谜"

"吉芬之谜"被经济学家看做是需求定理的一种例外。需求定理后面还掩盖着消费者对商品需求的差异。在经济学中，当一种商品的价格发生变化时，会对消费者产生两种影响，一种是使消费者的实际收入水平发生变化，第二种则是使商品的相对价格发生变化，这两种变化都会改变消费者对某一种商品的需求量。

对于所有商品来说，替代效应都是与价格成呈方向变动的，而且在大多数情况下，收入效应的作用小于替代效应的作用，需求定理一直有效。但是，在少数特定情况下，某些低档商品的收入效应作用要大于替代效应的作用，正是如此，经济学中将商品分为正常商品和低档商品两大类，正常商品的需求量与消费者的收入水平呈同方向变动；而低档商品则反之。这在现实生活中也不难理解。试想一下，爱尔兰1845年饥荒使得大量的家庭因此陷入贫困，土豆这样仅能维持生活和生命的低档品，无疑会在大多数贫困家庭的消费支出中占一个较大比重，土豆价格的上升更会导致贫困家庭实际收入水平大幅度下降。在这种情况下，变得更穷的人们为了生存下来，就不得不大量地增加对低档商品的购买而放弃正常商品，相比土豆这种低档商品来说，已经没有比这更便宜的替代品了，这样发生在土豆需求上的收入效应作用大于替代作用，从而造成土豆的需求量随着土豆价格的上升而增加的特殊现象。一种商品只有同时具备"是低档品"和"收入效应大于替代效应"这两个条件时，才可以被称为吉芬商品。

4.2.4 需求量的变动和需求的变动

①需求量的变动：某一时期内，在其他因素不变的情况下，商品本身价格的变动所引起的购买量的变动，我们称之为需求量的变动。在几何图形中，需求量的变动表现为商品的价格与需求数量的组合点沿着同一条既定的需求曲线运动。

如图4-2所示，当商品价格为P_1时，需求量为Q_1，当价格下降为P_2时，需求量由Q_1增加到Q_2，在需求曲线上表现为从a点运动到c点。

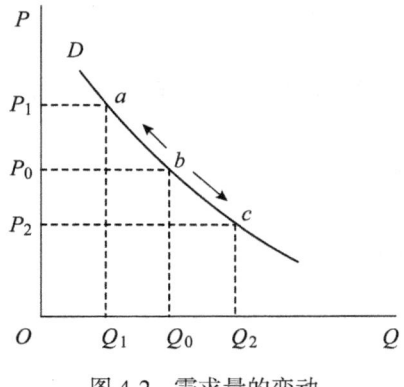

图4-2 需求量的变动

注意：需求量的变动等于从同一条需求曲线上的一点移动到另一点，虽然表示需求数量的变化，但是并不表示整个需求情况的变化，因为这些变化的点都在同一条需求曲线上。

②需求的变动：需求是在一系列价格水平时的一组购买量，在商品价格不变的条件下，非价格因素的变动所引起的购买量变动（如收入变动等）称为需求的变动。在几何图形中，需求的变动表现为需求曲线的平行移动。

如图 4-3 所示，图中原有的需求曲线为 D_0，在商品价格不变的前提下，如果其他因素的变化使得需求增加，则需求曲线向右移动，由图中的 D_0 曲线向右移到 D_2 曲线的位置；如果其他因素的变化使得需求减少，则需求曲线向左移动，由图中 D_0 曲线移到 D_1 曲线的位置。

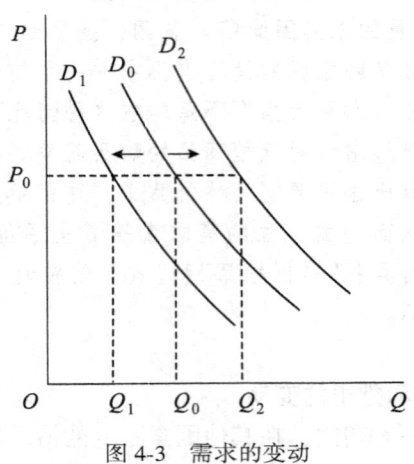

图 4-3　需求的变动

注意：需求的变动等于需求曲线的移动，表示在每一个价格水平下，需求数量都增加或者都减少了，显然表示整个需求情况发生的变化。

需求量的变动与需求变动的主要区别是什么？试举例说明。
分析提示
①引起变动的原因不同。
②变动不同。
③图形上的表示不同。

4.3　任务分析

这里我们得注意到需求定理的一个重要前提条件，即"影响需求量的其他因素不变"。演唱会的门票价格高而需求也不减少，是因为其他条件发生了变化，在实践中，我们则要经常考虑"其他条件"。如果大雨连天，雨伞的价格上升，而其需求量也增加了。从现象看，这显然是与需求定律不容，这是否意味着需求定律是错的？不是，因为我们还没有考虑"其他条件"。依此类推，股票价格上涨，买的人反而多了，是因为存在"其他条件"，如投资者预期该股票的价格还会上涨，有钱可赚等。同理，土豆价格上涨，需求量反而上升，是因为消费者收入较低，买不起其他食品，或者说，消费的主人因收入的限制而只好选择土豆，当土豆价格上涨时，他们预期价格还会涨，于是就去抢购了，这就是经济学所说的"吉芬商品"。

任务五　供给理论分析

学习目标

1. 了解供给的定义，影响供给的因素。
2. 理解供给函数及其曲线，能区分供给的变动与供给量的变动。
3. 掌握供给定理。

5.1　任务描述

矿物资源价格的长期表现

20世纪70年代初期是一个公众关心地球自然资源的时期。类似罗马俱乐部的组织曾经预言，我们的能源和矿物资源将很快耗尽，所以这些产品价格会飞涨，并使经济停止增长。但是，这些预言忽略了基本的微观经济学。地球确实只有一定量的铜、铁、煤等矿物，但是，在20世纪，这些矿物以及其他绝大多数矿物资源的价格相对于总体价格来说是下降了或基本保持不变。尽管价格在短期内有些变动，但从长期来看没有出现显著的价格上涨，即使现在的消费量大约是1880年的20倍。类似的格局也体现在其他矿物资源上，如铜、石油和煤。请用经济学供给理论来解释这一现象。

5.2　任务精讲

市场是由需求与供给构成的。需求构成市场的买方，供给构成市场的卖方，需求与供给一起构成经济学的基本前提。我们利用与分析需求相似的方法分析供给理论。

5.2.1　供给、供给表与供给曲线

（1）供给的概念

供给是指生产者(厂商)在一定的时期内，对应于某一商品不同的价格水平，愿意并且能够提供的商品数量。供给的定义说明了两层含义：

①供给是供给能力与供给欲望的统一。若生产者对某种商品只有出售的愿望，而没有出售的能力，则不能形成有效供给，也不能当做供给。供给能力中包括新生产的产品和过去的存货。

②供给这个概念涉及两个变量：商品的价格及与该价格相对应的供给量。因此，供给实际上反映了厂商的供给量与商品价格这两个变量之间的关系。

供给分为个人供给和市场供给。个人供给是指单个厂商对某种商品的供给；市场供

给是指该商品市场所有个人供给的总和。

小知识

20世纪80年代初，彩电相当紧俏，有人就是靠"倒彩电"发了财。尽管国家控制着价格，但与当时的收入水平相比，价格还相当高。买彩电需要凭票，据说有的彩电厂把彩电票作为奖金发给工人，每张票卖到好几百元。90年代之后，彩电供求趋于平衡，再后来就是彩电卖不出去，爆发了降价风潮，拉开了中国彩电价格战的序幕。回顾这一段历史，我们可以认识到决定价格的另一种因素——供给的规律。

供给要受供给能力的限制。生产者愿意多供给并不等于它能多供给。供给是供给愿望与能力的统一，仅有愿望而没有能力是不行的。当时的中国彩电企业正是这种情况。

(2) 供给表与供给曲线

① 供给表。供给表是表示某种商品的各种价格水平和与各种价格水平相对应的该商品的供给数量之间关系的数字序列表(如表5-1所示)。

表 5-1　　　　　　　　　　　某种苹果的供给表

	价格(元/千克)	供给量(千斤)
a	1.0	4
b	1.2	5
c	1.4	6
d	1.6	7
e	1.8	8

这个表示某种商品(苹果)的价格与供给量之间关系的表就是供给表。

② 供给曲线。根据供给表可以在平面坐标图上绘制出商品的供给曲线。供给曲线是描述一种商品供给量与价格之间相互依存关系的图形(见图5-1)。

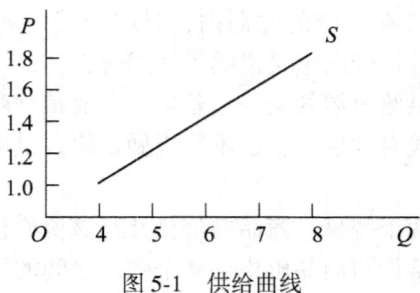

图 5-1　供给曲线

在图 5-1 中，横轴 OQ 代表供给量，纵轴 OP 代表价格，S 即为供给曲线。曲线 S 表示在不同价格水平下生产者愿意且能够提供商品的数量。供给曲线向右上方倾斜，是因为在其他条件相同的情况下，价格越高意味着供给量越多。

5.2.2 供给的影响因素及供给函数

（1）供给的影响因素

一种商品的供给是由许多因素决定的。其中主要的因素有：该商品的价格、生产要素的价格、生产的技术水平、相关商品的价格和生产者对该商品的价格预期等。它们各自对商品的供给数量的影响如下：

①商品的自身价格（P）。由于厂商的目标是利润最大化，在其他条件不变的条件下，如果某种商品的价格上升，厂商会投入更多的生产资源用于该商品的生产，从而使其供给量增加；反之，则厂商就会将生产资源转移到其他价格相对较高的商品生产上，从而该商品的供给量会减少。

②生产要素的价格（C_f）。生产要素的价格直接影响到商品的生产成本。在其他条件不变的条件下，生产要素的价格上升，厂商利润减少，供给也会减少，反之，则供给增加。

③生产的技术水平（T）。在一般情况下，生产技术水平提高可以降低生产成本，会增加利润，从而使商品的供给增加。相反，生产技术水平降低，则使商品的供给减少。

④其他商品的价格（P_X，P_Y）。一种商品的价格不变，而其他相关商品的价格发生变化时，也会引起该商品供给量发生变化。当商品的替代品涨价时，生产该商品的厂商会转向生产其替代品，使该商品的供给量减少。例如：当玉米的价格不变而小麦的价格上升时，小麦的耕种面积就会增加，而玉米的耕种面积就会随之减少。所以，小麦价格的上升，导致玉米供给量的减少。当商品的互补品涨价时，该商品随之涨价，厂商会增加这种商品的供给量。例如：当 VCD 机的价格不变而 VCD 碟片价格上升时，VCD 机的供给量就会随 VCD 碟片的供给量的增加而增加。

⑤生产者对商品的价格预期（Pe）。当生产者预期某种商品的价格在下一期会上升时，就会在制订生产计划时增加对该商品的供给。当生产者预期某商品的价格在下一期会下降时，就会在制订生产计划时减少对该商品的供给。例如：石油生产者预期明年的石油价格将会升高，那么部分石油生产者将会减少今年的石油供给，并试图留到明年再卖。

（2）供给函数

供给函数是用来表示一种商品的供给数量和影响该供给数量的各种因素之间的相互关系的函数式。将各影响因素作为自变量，供给量作为因变量，供给函数可记为：

$$Q_S = f(P, C_f, T, P_X, P_Y, Pe\cdots\cdots)$$

在上述公式中，Q_S 代表供给量；P，C_f，T，P_X，P_Y，Pe……代表影响供给量的因素。

在经济分析时，通常假设其他因素不变，只分析商品的供给量与该商品价格之间的关系，此时供给函数可表示为：

$$Qs = f(P) \quad （P\text{ 表示价格}）$$

这个公式表明了某种商品的供给量 Qs 是其价格 P 的函数。供给函数可以用代数表达法、表格或曲线来表示。

若供给曲线为一条直线，则供给函数可以表示为：

$$Qs = -\delta + \gamma P$$

公式中，P 为价格，Qs 为供给量，δ、γ 为常数。

5.2.3 供给定理

在其他条件保持不变的情况下，一种商品的供给量的大小，取决于该商品价格的高低。如果商品价格上升，则生产者对该商品的供给量就相应增加；反之，如果该商品的价格下降，其供给量就减少。也就是说，生产者对一种商品的供给量随着该商品价格的上升而增加，随着商品价格的下降而减少，商品的供给量与价格呈同方向的变动关系。

应注意，供给规律只适用于一般商品。供给规律是在假定其他因素为常量的前提下对商品的价格及其供给量关系的揭示。

小知识

需求原理和供给原理是市场经济中的两个基本法则。一般情况下，买者和卖者分别根据这两个原则行事，形成了市场经济特有的秩序。

李汝珍所写的《镜花缘》一书中，描写了"好让不争"的君子国。在热闹喧哗的市场上，买者手中拿着货物，高叫价格太便宜了，非要卖者加价不可。卖者却觉得价格太高，已经很过意不去了。争执许久，卖者坚决不肯提高价格。买者只得按原价付钱，但只取走了一半货物。买者刚要举步，被卖者一把拉住，说是"价高货少"，死活不肯放手。路旁走过两个老翁主持公道，让买者照价拿了八折货物，方才使一场风波平息下来。显然，故事中的君子国，就处于这样的混乱局面。

注 意

供给法则的例外情况：

第一，劳动，当工资增加到一定程度时，如果继续增加，则劳动的供给量不仅不会增加，反而会减少。

第二，某些特殊商品，如土地、文物等，由于受各种条件限制，其供给量是固定的，无论价格如何上升，其供给量也无法增加。

第三，厂商在大规模生产时平均成本锐减，这时商品价格虽有所下降，但厂商仍愿意提高更多的商品。此类商品往往是那些可使用机械化大批量生产的高技术产品，如小汽车和电视机等，这类产品的供给曲线是向右下方倾斜的。

5.2.4 供给量的变动和供给的变动

供给量的变动：在某一时期内，其他因素不变的情况下，商品本身价格的变动所引起的供给量的变动，它表现为该曲线上的点的变动。可以用图 5-2 来说明这一点。

图 5-2 中，当价格 P_0 上升为 P_1 时，供给量从 Q_0 增加到 Q_1，在供给曲线 S 上则是从 b 点向右上方移动到 a 点。当价格由 P_0 下降到 P_2 时，供给量则从 Q_0 减少到 Q_2，在供给曲线 S 上则是从 b 点向左下方移动到 c 点。可见，在同一条供给曲线上，向右上方移动表示供给量增加，向左下方移动表示供给量减少。

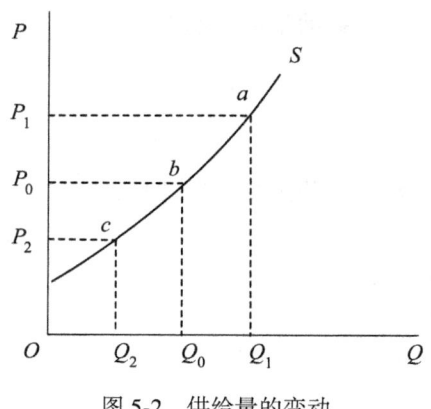

图 5-2 供给量的变动

供给的变动：供给是在一系列价格水平时的一组产量，在商品价格不变的条件下，非价格因素的变动所引起的供给变动（如技术等因素变动）称之为供给的变动。它表现为供给曲线的平行移动。

供给是指在不同价格水平时的不同供给量的总称。在供给曲线图中，供给是指整个供给曲线。供给的变动是指在商品本身价格不变的情况下，由于其他因素变动所引起的供给的变动。如生产技术水平和管理水平、其他商品价格、生产要素的价格、生产者对未来价格的预期等因素发生变动，就会引起供给的变动。供给的变动表现为供给曲线的平行移动。可以用图 5-3 来说明这一点。

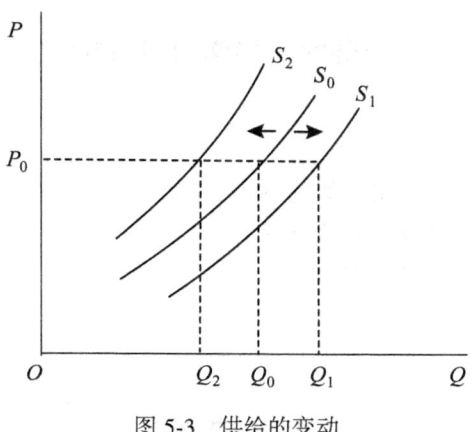

图 5-3 供给的变动

在图 5-3 中，价格是 P_0。由于其他因素变动(例如生产要素价格变动而引起的供给曲线的移动是供给的变动)，假设生产要素价格下降了，在同样的价格水平 P_0 时，企业所得到的利润增加，从而产量增加，供给从 Q_0 增加到 Q_1，则供给曲线由 S_0 移动到 S_1。生产要素价格上升了，在同样的价格水平 P_0 时，企业所得到的利润减少，从而产量减少，供给从 Q_0 减少到 Q_2，则供给曲线由 S_0 移动到 S_2。可见，供给曲线向左方移动是供给减少，供给曲线向右方移动是供给增加。

想一想

供给量的变动与供给变动的主要区别是什么？试举例说明。

分析提示

①引起变动的原因不同。
②引起的变动不同。
③图形上的不同。

5.3 任务分析

对这些资源的需求是随着世界经济的发展而上升的。然而当需求上升时，生产成本却下降了。这首先是由于新的且更大规模的储藏资源被人发现了，而这些资源的开采成本更低廉；其次是因为技术上的进步，以及开采和提炼达到一定规模后所产生的经济上的优势。因此，随着时间的推移，供给曲线向右移动，经过了相当长的时间后，供给曲线的变动幅度比需求更大，所以导致价格经常性的下降。

这并不是说铜、铁和煤的价格将一直下降或一直保持不变，这些资源的确有限，但当其价格开始上涨时，消费很可能会有变化，至少消费会使用替代物。比如，铜在很多应用领域已被铝所替代，并且近来在电子应用方面被光纤所替代。

任务六 均衡价格分析

学习目标

1. 了解均衡价格的定义及其形成。
2. 掌握均衡价格变动、供求定理。
3. 熟悉均衡价格理论的应用。

6.1 任务描述

雪天的杂货店

1967 年，一场大暴雪使得芝加哥市区的交通瘫痪，外面的生活必需品难以进入，当时还是大学生的詹姆斯的住所附近有两家杂货店,一家杂货店慈悲为怀,坚持在大雪天对店内商品不涨价,其店中的商品很快被抢购一空,因为如此低的价格难以使其以高价向外界继续采购新的商品,这家店很快就关门大吉。另外一家杂货店则将所有的商品和价格暂时提高到原来的两倍,同时这家杂货店的老板出高价请当地的孩子乘雪橇从外地运进当地市民需要的各种商品。涨价的杂货店因为能够支付较高的雇佣雪橇拉货的成本,一直在暴雪过程中保证了对居民的基本供应,同时高的价格也自然促使居民根据新的价格状况理性调整自己的需求,将自己采购的物品控制在自己能够承担的、确实也是必需的范围内。

请用均衡价格理论来分析以下问题:
1. 案例所揭示了市场经济的基本原理是什么?
2. "看不见的手"在调节供求关系中的作用。

6.2 任务精讲

在分别讨论了供给与需求之后,现在我们把它们结合起来,说明它们将如何决定市场上一种商品的销售量和均衡价格,以及均衡价格如何随供求关系而变动。

6.2.1 均衡价格的决定

需求表和需求曲线只说明消费者对某种商品在每一个价格下的需求量是多少,同样,供给表和供给曲线也只说明了生产者对某种商品在每一个价格水平下的供给量是多少,它们都没有说明这种商品本身的价格究竟是多少。微观经济学中的商品价格是指商品的均衡价格。

小案例

解决"剩女"问题的关键所在——市场平衡

有个女孩来到青岛之后,发现了一个很严重的问题:男性普遍质量不高,但都很抢手,一般工作稳定、身高没有太大问题的男孩简直就是香饽饽。据说,青岛的相亲大会,去的80%都是未婚女孩。一个叫小美的女孩经朋友介绍与一个男孩相亲,见面的时候发现那男孩无论是身高长相都实在太拙,也看不出他有什么闪光点,她压根没看上就拒绝了。

半年后,小美跟当时帮她介绍相亲的那个朋友一起吃饭,朋友透露:"你知道吗?半年前给你介绍你看不上的那个男孩结婚了,刚结婚!娶的老婆可漂亮啦,家庭条件还非常好!"小美惊讶极了:"不可能吧?就他?"她着实想不通了好几天。

实际上,小美在青岛这座男少女多的城市就处于卖方市场,供给(男孩)太少,即使商品不太好(身高、相貌、财富)、价格很高(男孩子要求高),也不得不买。因为你"不买"(女追男),很快就会被其他女孩子给"买"走了。

(资料来源:静涛、黑岛,《哈佛教授讲述的300个经济学故事》,立信会计出版社2011年版)

（1）什么是均衡价格

一种商品的均衡价格是指该种商品的市场需求量和市场供给量相等时的价格。在均衡价格水平下的相等的供求数量被称为均衡数量。从几何意义上说，一种商品的市场的均衡出现在该商品的市场需求曲线和市场供给曲线相交的交点上，该交点被称为均衡点。均衡点上的价格和相应的供求量分别被称为均衡价格和均衡数量。市场上需求量和供给量相等的状态，被称为市场出清。

均衡价格可以用同一坐标图上所绘出的需求曲线和供给曲线的相交点来表示。可以用图 6-1 来说明均衡价格。

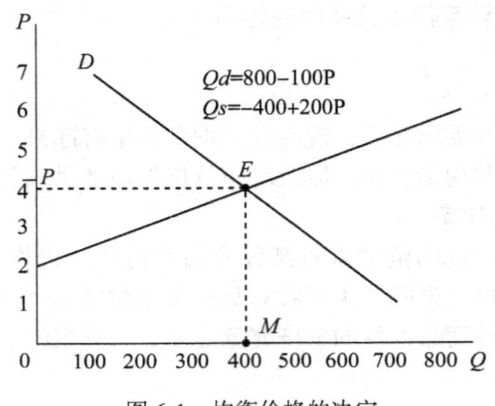

图 6-1　均衡价格的决定

在图 6-1 中，横轴 OX 表示数量（需求量与供给量），纵轴 OY 表示价格（需求价格与供给价格）。D 为需求曲线，S 为供给曲线，D 与 S 相交于 E 点。E 是均衡点。这就决定了均衡价格为 P，均衡数量为 M。

（2）均衡价格的决定

英国经济学家阿尔弗雷德·马歇尔把需求与供给比作一把剪刀的两个刀刃，我们很难说究竟是哪一个刀刃在裁剪时作用更大。同样的道理，我们很难说需求与供给究竟哪一方决定了市场价格。实际上均衡价格是由市场上的供给与需求共同决定的，是在市场上供求双方的竞争过程中自发地形成的。均衡价格的形成也就是价格决定的过程。因此，价格也就是由市场供求双方的竞争所决定的。需要强调的是，均衡价格的形成，即价格的决定完全是自发的，如果有外力的干预（如垄断力量的存在或国家的干预），那么，这种价格就不是均衡价格。

均衡价格的决定可以用表 6-1 来说明。由表 6-1 清楚可见，商品的均衡价格为 4 元，商品的均衡数量为 400 单位。

表 6-1　　　　　　　　　　某商品均衡价格的决定

价格(元)	6	5	4	3	2
需求量	200	300	400	500	600
供给量	800	600	400(均衡)	200	0

均衡价格的形成过程，也可以用图 6-2 来说明。

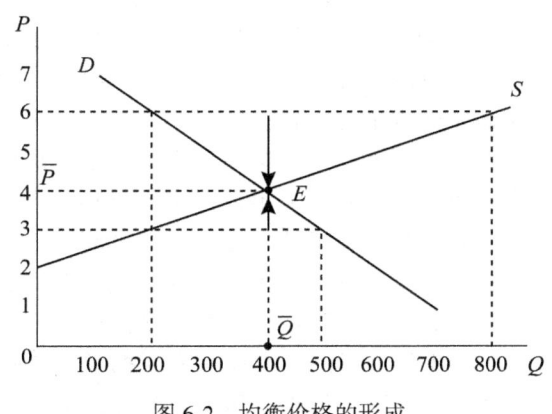

图 6-2　均衡价格的形成

从几何意义上说，一种商品市场的均衡出现在该商品的市场需求曲线和市场供给曲线相交的交点(即均衡点)上。均衡点上的价格和相等的供求量即均衡价格和均衡数量。如图 6-2 所示，市场需求曲线 D 和市场供给曲线 S 相交于 E 点，E 点即均衡点。在均衡点 E，均衡价格为 $\bar{P}$，均衡数量为 $\bar{Q}$。

除了几何图形外，均衡价格决定模型还可以表示为三个联立的方程式：

$Q_d = \alpha - \beta P$

$Q_S = -\delta + \gamma P$

$Q_d = Q_S$

其中，α、β、δ、γ 均为常数，且均>0。

小案例

4500 年前，白水人仓颉任轩辕黄帝史官，创造了中国最早的象形文字。令白水名声在外的还有苹果，白水是享有盛名的"中国苹果之乡"。根据林业专家介绍，北纬 38 度最适合苹果生长。白水正好就在这个纬度上，因此在白水全县的 72 万亩土地中，有 41 万亩种了苹果。可叹的是，白水至今仍是国家级贫困县。

2001 年 9 月，烟台安德利浓缩苹果汁有限公司在白水投资 8000 万元，兴建了一家每小时加工 50 吨鲜果的现代化浓缩果汁厂，2002 年 9 月 12 日正式投产，每天收购加工 1000 吨鲜果，每斤收购价 0.15 元，现金支付。9 月 12 日清晨，我们从县城乘车前往4公里之外的厂区，一路上不仅看到道路两旁挂满果实的苹果园，更注意到自两公里外一直排到厂区门口的车队，景象之壮观，不禁让人心潮澎湃。于是，我问坐在旁边的副厂长："他们要排多长时间的队才能卖出苹果？""1天，2天，也有3天的。""有多少车在这里排队？""300~400辆吧。"这么多车和人都要排3天的队，这要多少成本啊？我心里作了一个大致的测算：一辆车每天的台班费少说100元，加上吃喝，大致120元。以300辆计算，一天的排队成本就是36000元，这对果农来说，可不是一个小数字啊！"果农能受得了吗？"我提出这个问题时，猜想副厂长肯定说："那也比卖不出去强多了。"可是，副厂长的回答让我大跌眼镜："这个成本其实是由厂里来付的。""什么，你们会给排队的果农付钱？""不。""你不付钱，当然就是果农自己承担了，怎么是厂里来付这笔钱呢？"副厂长看出我的心思，向我说明这其中的奥秘。

　　果汁加工讲究生产的连续性，尤其是原料不能断档。又由于苹果不像煤或矿石等原料，不能提前大量囤积。因此，要形成一定规模的排队，来保证正常的生产。怎样才能实现这个生产条件呢？答案是价格。厂家通过相对偏高的收购价格，吸引周边的果源向自己集中，从而形成源源不断的供给链，保证生产的连续性。所以，从这个意义上说，排队的成本其实已经包含在收购价里面了。也就是说，没有相对偏高的价格激励，就不会有这么多人忍受排队之苦把苹果送到厂里来。又由于装车后的苹果3天后质量会受到影响，所以厂家要时刻关注排队的情况，并及时地调节收购价，以此来调整队伍的长度。队伍太长就降价，太短就提价，从而保证生产所需的均衡量，并实现成本最小化。那么，分散在方圆几十公里内的千家万户果农，又是如何接收到这个价格信息呢？副厂长告诉我，在厂家和果农之间，还有一个环节即"果贩"。他们不仅是信息传递的枢纽，而且还是苹果运输的主要组织者。在白水的果农与厂家之间存在一支人数不少的果贩队伍，而且形成了若干体系。每个体系都有一个中心，他们通过自己的方式传递信息，指挥着各个分点上的果贩，下达在什么时间、以什么价格、收购多少苹果的指令，然后组织运输力量源源不断地向厂家供货。具体的情况是，果贩掌握了厂家"收购价"，根据距离的远近，写出对果农的果园现场收购价，价差一般在每斤4分钱左右。果贩利润等于差价减去运输成本、平均排队成本、损耗等正常开支。据介绍，这一部分开支大约是每斤2分钱。这是一种不需要刻意安排的自发秩序。其实，有市场就会自发地出现分工，给交易各方都能带来好处。更重要的是，这些好处最终受惠的也包括消费者。按照当地不成文的行规，三方之间长期以来形成了一种均衡价格，即果贩的收入在扣除各种费用(主要是运输成本)之后，最后利润必须守在每斤2分钱，这是果贩的利润底线。如果低于每斤2分钱，果贩就停止收购。当然，果贩的利润也可能太大。如果太大，果农就会自己租拖拉机送货，或其他竞争者进入，使价格回落，厂家也会相应调低收购价。在果农、果贩和厂家三方的交易中，每斤2分钱成为一个重要的均衡点，这个均衡点既影响着果农与果贩之间的均衡价格，也影响着果贩与厂家之间的均衡价格。

　　（资料来源：郭梓林，《果贩与苹果的价格》，载《经济学消息报》，2002年10月18日）

6.2.2 均衡价格的变动

一种商品的均衡价格是由该商品的市场需求曲线和市场供给曲线的交点所决定的。因而，需求曲线和供给曲线的位置移动都会使均衡价格发生变动。

(1) 需求的变动对均衡价格的影响

需求的变动表现为需求曲线的位置发生移动。在商品价格不变的前提下，如果其他因素变化引起需求增加，则需求曲线向右平移，如由图 6-3 中的 D_1 曲线向右平移到 D_2 曲线的位置；反之，如其他因素变化引起需求减少，则需求曲线向左平移，如由图 6-3 中的 D_1 曲线向左平移到 D_3 曲线的位置。由需求变动所引起的需求曲线的位置发生移动，表示在每一个既定的价格水平需求量都增加或减少了。

在供给不变的前提下，需求增加，则需求曲线向右平移，从而使均衡价格和均衡数量都增加，如图 6-3 中的均衡点由 E_1 移至 E_2，相应的，均衡价格由 P_1 上升至 P_2，均衡数量由 Q_1 增加至 Q_2；反之，需求减少，则需求曲线向左平移，从而使均衡价格和均衡数量都减少，如图 6-3 中的均衡点由 E_1 移至 E_3，相应的，均衡价格由 P_1 下降至 P_3，均衡数量由 Q_1 减少至 Q_3。即在其他条件不变的前提下，需求变动分别引起均衡价格和均衡数量的同向变动。

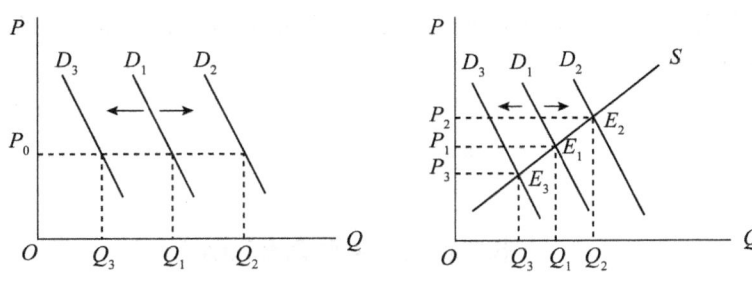

图 6-3 需求的变动对均衡价格的影响

(2) 供给的变动对均衡价格的影响

供给的变动表现为供给曲线的位置发生移动。在商品价格不变的前提下，如果其他因素变化引起供给增加，则供给曲线向右平移，如由图 6-4 中的 S_1 曲线向右平移到 S_2 曲线的位置；反之，如其他因素变化引起供给减少，则供给曲线向左平移，如由图 6-4 中的 S_1 曲线向左平移到 S_3 曲线的位置。由供给变动所引起的供给曲线的位置发生移动，表示在每一个既定的价格水平供给量都增加或减少了。

在需求不变的前提下，供给增加，则供给曲线向右平移，从而使均衡价格下降和均衡数量增加，如图 6-4 中的均衡点由 E_1 移至 E_2，相应的，均衡价格由 P_1 下降至 P_2，均衡数量由 Q_1 增加至 Q_2；反之，供给减少，则供给曲线向左平移，从而使均衡价格上升和均衡数量减少，如图 6-4 中的均衡点由 E_1 移至 E_3，相应的，均衡价格由 P_1 上升至 P_3，均衡数量由 Q_1 减少至 Q_3。即在其他条件不变的前提下，供给变动分别引起均衡价格的反向变动和均衡数量的同向变动。

(3) 供求定理

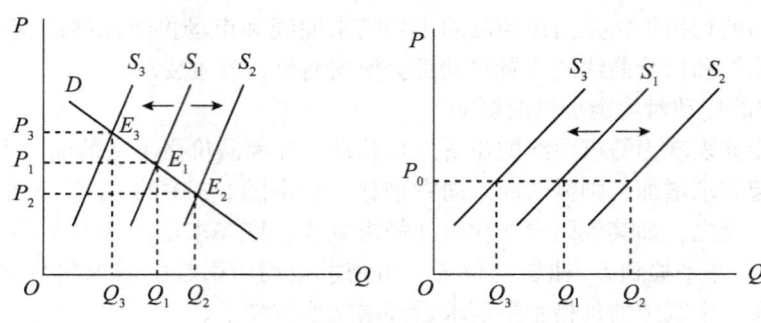

图 6-4 供给的变动对均衡价格的影响

通过以上的分析，可以得出以下的结论：

在其他条件不变的情况下，需求的变动引起均衡价格与均衡数量同方向变动；供给的变动引起均衡价格反方向变动，供给的变动引起均衡数量同方向变动。

供求定理是经济学中最重要的定理之一，它具有广泛的使用价值。因为价格和产量取决于供给曲线和需求曲线的位置，而当发生某些事件时，就会使供给曲线和需求曲线发生移动，曲线移动了，市场就会改变。关于这种变动的分析被称为比较静态分析，即原均衡与新均衡的比较。

 想一想

收"拥挤费"到底有没有用？

据报道，北京市规划委近期组织相关部门针对城市发展进程中的交通问题进行研究，提出了解决北京旧城交通问题的十项策略。其中，"车辆进入旧城要交拥挤费"赫然在列。北京的交通拥堵是出了名的，这些年来，人们为缓解交通拥堵问题想了很多招数。

在市中心地区收取拥挤费，这个办法早有人提过，但一直颇有争议，赞同者很多，反对者也不少。此次市规委有意将收拥挤费由政策设想变成现实，确实需要几分勇气。那么收拥挤费到底有没有用？

分析提示

"拥挤费"是个舶来品。2003 年，伦敦市长列文斯顿在市民的拥护和非议声中，在伦敦市中心开征拥挤费：凡是在工作日早 7 点至晚 6 点半进入市中心的车辆需交纳拥挤费，每车每天交费 5 英镑（2005 年又涨到了 8 英镑），违规者要受重罚。有关调查显示，收取拥挤费后，伦敦市中心路面交通流量减少了 30%，70%多的伦敦市民认为拥挤费对改善市内交通发挥了高效作用。收取拥挤费，说到底就是政府利用价格杠杆调节特定区域车流量的一种方式，其通过改变公共服务价格（使用市中心道路的费用）影响人们的行为选择，确实能发挥出分流车辆、缓解市中心交通拥

堵问题的作用。

目前，收取拥挤费，应当是缓解市中心等特定区域交通拥堵问题的可行之策。不过，根本解决问题还是要依靠综合治理，只有制定和执行好以改善公交服务为中心的"政策套餐"，公众出行才能舒心、省心、放心。

6.2.3 供求曲线运用实例

（1）易腐商品的售卖

有些商品，尤其是一些食品，由于具有容易腐败的特点，必须在一定时间内被销售出去，否则，销售者会蒙受经济损失，对于这类商品的销售者来说，应该如何定价，才能保证全部数量的商品能在规定时间内卖完，又能使自己获得尽可能多的收入呢？用鲜鱼来进行说明，如图6-5所示。

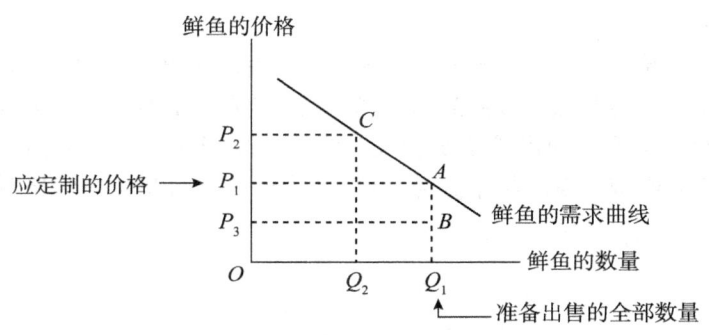

图 6-5 鲜鱼的定价

图 6-5 表示的是某鲜鱼销售者所面临的对他的鲜鱼的需求曲线。从图中的既定鲜鱼需求曲线上，可以了解一天内在每一个价格水平上的鲜鱼需求数量，也可以反过来说，可以了解一天内在一个鲜鱼的销售量上消费者所愿意支付的最高价格。假设销售者在一天内需要卖掉的鲜鱼数量是 Q_1，则他应该根据需求曲线将价格定在 P_1 的水平。这样，他就能使鲜鱼以消费者所愿意支付的最高价格全部卖掉，从而得到他能得到的最高收入。

（2）支持价格

支持价格又称最低限价，是政府为了支持某一行业的发展而规定的该行业的最低价格。支持价格总是高于市场均衡价格。由于价格高，需求就少；由于价格高，供给就多。因此，在实行支持价格时，市场上必然出现供给大于需求的供给过剩状况。如农产品支持价格和最低工资等。为此，政府需要增加库存和扩大外需，相应地也要增加财政支出。可以用图6-6来分析支持价格时的供给过剩。

从图6-6中可以看出，该产品由供求所决定的均衡价格为 OP_0，均衡数量为 OQ_0，政府的支持价格为 OP_1，$OP_1>OP_0$，即支持价格一定高于均衡价格。这时，需求量为 OQ_1，供给量为 OQ_2，$OQ_2>OQ_1$，即供给量大于需求量，$OQ_2-OQ_1=Q_1Q_2$，即供给过剩部分。这些过剩供给量由政府购买。

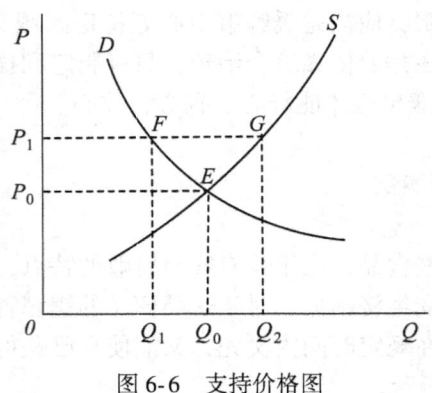

图 6-6　支持价格图

（3）限制价格

限制价格又称价格上限，是政府为了限制某种商品价格上升而规定的这种商品的最高价格。限制价格一定是低于该商品的市场均衡价格的。因此，实行限制价格时，市场上必然出现供给小于需求的供给不足状况。为此，政府往往需要配额、票证等辅助措施。限制价格常常造成抢购和黑市交易。可以用图 6-7 来分析限制价格时的供给不足。

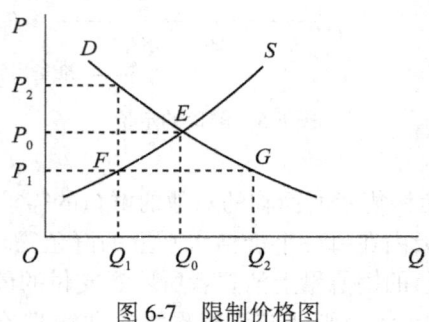

图 6-7　限制价格图

从图 6-7 中可以看出，该产品由供求所决定的均衡价格为 OP_0，均衡数量为 OQ_0；政府限制价格为 OP_1，$OP_1<OP_0$ 即限制价格一定低于均衡价格。这时需求量为 OQ_2，供给量为 OQ_1，$OQ_2>OQ_1$，产品供给不足，$OQ_2-OQ_1=Q_1Q_2$，这就是供给不足的部分。

在实行限制价格时还必然会出现抢购现象与黑市交易。

政府对鸡蛋的补贴弊端

有资料表明，1995 年天津市鸡蛋生产量减少 1 亿斤，这除了生产成本上升的冲击之外，与补贴制度的缺陷是不无关系的。一方面，价格补贴的存在使鸡蛋的实际收购价达到 3.5~3.80 元/斤的水平,当生产者手中不受管制的鸡蛋由非国营门市部征购时,生产者心目中已有了一个很高的心理价位,更希望通过此举弥补由于受到价格管制而遭受的损失(即使政府对生产者由于低价出售而遭到的损失进行了补贴,而且补贴额很高,名义收购价很低,也会使生产者形成吃亏的错觉),于是市场价被拉动到很高的水平;另一方面,较低的价格刺激了需求,从而进一步加剧了供求双方的矛盾。解决这种矛盾的方法,在不受价格管制的情况下,就表现为价格的上涨。调查资料显示,当定点门市部被迫以 3.30 元/斤的价格出售鸡蛋时,农贸市场的鸡蛋价格却一度达到了 3.9~4.1 元/斤的水平。

讨论题:
① 价格补贴属于什么价格政策?
② 支持价格与限制价格的利与弊。

分析提示

从以上的分析中可以看出,价格管制反而使鸡蛋的市场价格上涨和不稳定,这是一项不符合经济规律的失败的制度安排,最终被设计者放弃也就是必不可避免的。事实证明,像鸡蛋、大白菜这类生产周期较短、替代性较强的产品的价格水平和供求关系,最好由市场来调节:在短期内,鸡蛋价格的上升,一方面正好刺激了其替代品(如肉类消费等)的消费量上升,调整了消费结构;另一方面,吸引了外部(地)市场供给,很快就能增加本地供给;同时刺激资源向生产领域流动,养鸡的人就增加,从而在下一个生产周期使本地鸡蛋供给上升,价格又会再度回落下来。由此看来,至少在某些产品领域里,即使从维持物价稳定、保证人民生活安定的目的出发,选择市场调节也是最理想的制度安排。

6.3 任务分析

6.1 的任务描述部分是"看不见的手"调节暴雪期间的杂货店商品价格的一个小小案例。在市场供求决定价格水平的市场机制面前,不考虑均衡价格的波动而以慈悲为怀,往往不会获得预期的效果,维持低价的杂货店必然会面对居民的抢购,因为不能以低价格补充新的商品,导致在雪灾之中不得不关门,好心的低价杂货店没有赚到合理的利润,居民也因为杂货店的低价而没有调整自己的商品需求,同时在低价杂货店关门之后,居民也就再也买不到所需的日用品了。倒是那位看起来发雪灾财的高价杂货店店主,始终维持了居民在雪灾期间的日用品的供应。也就是说,市场规则看起来无情,但是,正是因为它的充分作用,经济才能得到良好发展。

任务七 弹性理论分析

学习目标

1. 了解弹性、需求弹性、供给弹性的定义,了解影响供给的因素。

2. 掌握需求弹性的计算方法、分类、影响因素，需求收入弹性、需求交叉弹性，供给弹性的计算分类、影响因素。
3. 熟悉弹性理论的应用。

7.1 任务描述

对高档消费品征收消费税

1990年美国国会通过法令对高档消费品（豪华汽车、游艇等）征收消费税，目的是通过这种税实现"劫富济贫"。但其结果是，富人纳税没增加多少，生产这些高档消费品的工人却受害了，于是美国不得不在1993年取消了这种税。

请用经济学原理中的弹性理论来解释这是为什么？

7.2 任务精讲

叶圣陶在新中国成立前写过一篇小说《多收了三五斗米》。在这篇小说中作者描述了一种丰收成灾的情形。虽然由于风调雨顺，农民喜遇大丰收，但他们很快就发现自己的收益比往年少了。农民们感到非常迷茫，去年是因为水灾，收成不好，导致亏本；今年算是好年景，收成好，却还是亏本！于是，"希望犹如肥皂泡"一个个迸裂了。在这个故事中其实蕴含着经济学的道理。我们在这里介绍与这个问题密切相关的"弹性"的概念及其应用。

当经济变量之间存在函数关系时，弹性被用来表示作为因变量的经济变量的相对变化对于作为自变量的经济变量的相对变化的反应程度。弹性的一般公式为：

$$弹性系数 = \frac{因变量变动的百分比}{自变量变动的百分比}$$

注意：弹性概念是就自变量和因变量的相对变动而言，因此，弹性数值与自变量和因变量的度量单位无关。

7.2.1 需求弹性

需求弹性主要有需求的价格弹性、收入弹性和交叉价格弹性。

（1）需求价格弹性

①需求弹性的定义及计算。需求价格弹性通常被简称为需求弹性。

需求弹性用来表示在一定时期内一种商品的需求量的相对变动对于该商品的价格的相对变动的反应程度，它是商品需求量的变动率与价格的变动率之比。

需求弹性表示某商品需求曲线上两点之间的需求量的相对变动对于价格的相对变动的反应程度，即需求曲线上两点之间的弹性。需求弹性公式为：

$$E_d = -\frac{\frac{\Delta Q}{Q}}{\frac{\Delta P}{P}} = -\frac{\Delta Q}{\Delta P} \times \frac{P}{Q}$$

注 意

根据需求定理，在一般情况下，商品的需求量和价格呈反方向变动，则 $\frac{\Delta Q}{\Delta P}$ 为负值，为使需求弹性系数是正值，以便于比较和计算，故在公式中加了一个负号。

小知识

在计算同一条需求曲线的需求弹性时，由于 P 和 Q 所取的基数值不同，因此，降价和涨价的计算结果不同。如果仅是一般计算某一条需求曲线的需求弹性，并未强调是作为降价或涨价的结果，则为了避免不同的计算结果，通常取两点的价格和需求量各自的平均值（中值）来作为 P 值和 Q 值。即需求弹性中点公式为：

$$Ed = -\frac{\frac{\Delta Q}{Q}}{\frac{\Delta P}{P}} = -\frac{\Delta Q}{\Delta P} \times \frac{P}{Q} = -\frac{\Delta Q}{\Delta P} \times \frac{\frac{P_1 + P_2}{2}}{\frac{Q_1 + Q_2}{2}}$$

例：某商品的价格由 20 元/件下降为 15 元/件（$P=20$，$\Delta P=15-20=-5$），需求量由 20 件增加到 40 件（$Q=20$，$\Delta Q=40-20=20$），这时，该商品的需求弹性为：

$$Ed = -\frac{\Delta Q}{\Delta P} \times \frac{P}{Q} = -\frac{20}{-5} \times \frac{20}{20} = 4$$

若将上例倒过来，即该商品价格由 15 元/件上升为 20 元/件（$P=15$，$\Delta P=5$），需求量由 40 件减少到 20 件（$Q=40$，$\Delta Q=-20$），则该商品的需求弹性为：

$$Ed = -\frac{\Delta Q}{\Delta P} \times \frac{P}{Q} = -\frac{-20}{5} \times \frac{15}{40} = 1.5$$

显然，上述不同的计算方法得出的结果是不一样的。这是因为，两种不同情况下我们所选择的 P 和 Q 的值是不同的。也就是说，我们选择的起点不同。为了避免这种矛盾，可以采取平均计算的办法，即运用中点公式来计算商品的需求弹性。这就是：

$$Ed = -\frac{\Delta Q}{\Delta P} \times \frac{\frac{P_1 + P_2}{2}}{\frac{Q_1 + Q_2}{2}} = -\frac{-20}{5} \times \frac{\frac{15+20}{2}}{\frac{40+20}{2}} \approx 2.3$$

②需求弹性的分类。可以分为以下五种类型：

i. 需求富有弹性：$1<Ed<\infty$，表示需求量的变动率大于价格的变动率。在这种情况下，需求量变动的比率大于价格变动的比率。日常生活中的奢侈品（如汽车、珠宝、国外旅游）与享受性劳务多属于这类。需求富有弹性，其需求曲线比较平坦。

ii. 需求缺乏弹性，即 $0<Ed<1$。在这种情况下，需求量变动的比率小于价格变动的

比率。生活必需品,如粮食、蔬菜等属于这种情况。

iii. 单位需求弹性,即 $Ed=1$。在这种情况下,需求量变动的比率与价格变动的比率相等。这时的需求曲线是一条正双曲线。

iv. 需求完全有弹性,即 $Ed=\infty$。在这种情况下,当价格为既定时,需求量是无限的。例如,银行以某一固定价格收购黄金,无论有多少黄金都可以按这一价格收购,银行对黄金的需求是无限的。

v. 需求完全无弹性,即 $Ed=0$。在这种情况下,无论价格如何变动,需求量都不会变动。例如,糖尿病人对胰岛素这种药品的需求就是如此。

我们可以用表 7-1 来概括需求弹性的分类:

表 7-1 　　　　　　　　　　　需求弹性分类简表

需求弹性类型	弹性系数	含 义	图 形	举 例
需求无弹性	$Ed=0$	无论价格如何变动,需求量不变		胰岛素、救心丸
需求无限弹性	$Ed\to\infty$	价格既定,需求量无限		黄金、白银
单位需求弹性	$Ed=1$	价格变动百分比等于需求量变动百分比		衣服
需求缺乏弹性	$1>Ed>0$	价格变动百分比大于需求量变动百分比		生活必需品:粮、油、盐
需求富有弹性	$Ed>1$	价格变动百分比小于需求量变动百分比		奢侈品:汽车、保健品

需求曲线上两点之间的弹性是需求的弧弹性,当需求曲线上两点之间的变化量

趋于无穷小时，需求的价格弹性要用点弹性来表示，也就是说需求曲线上某一点的需求量变动对于价格变动的反映程度。需求点弹性公式为：

$$Ed = \frac{\frac{dQ}{Q}}{\frac{dP}{P}} = -\frac{dQ}{dP} \times \frac{P}{Q}$$

例：已知需求函数为 $Q = 120 - 20P$，则需求点弹性为：

$$Ed = -\frac{dQ}{dP} \times \frac{P}{Q} = -(-20) \times \frac{P}{120 - 20P} = \frac{P}{6-P}$$

这时，可求出任何价格水平的需求弹性系数，如：当 $P = 2$ 时，$Ed = \frac{P}{6-P} = \frac{2}{6-2} = 0.5$

以此类推，当 $P = 3$ 时，$e_d = 1$；当 $P = 4$ 时，$e_d = 2$。

③需求弹性与销售收入。

厂商的销售收入等于商品的价格与商品销售量的乘积。假定商品销售量等于商品需求量，则 $R = PQ$。其中，R 表示销售收入，P 表示商品的价格，Q 表示商品需求量。

假设需求量就是销售量，不同的商品，其需求弹性不同，价格变动引起销售量的变动不同，从而总收益的变动也就不同。下面主要分析富有弹性的商品和需求缺乏弹性的商品价格变动与总收益变动的关系。

i. 富有弹性的商品价格变动与总收益变动的关系。

需求富有弹性的商品，如果该商品的价格下降，需求量（从而销售量）增加的幅度大于价格下降的幅度，其总收益会增加（厂商实行薄利多销）。

富有弹性商品的价格与总收益呈反方向变动，价格上升，总收益减少；价格下降，总收益增加。其需求曲线如图 7-1 所示：

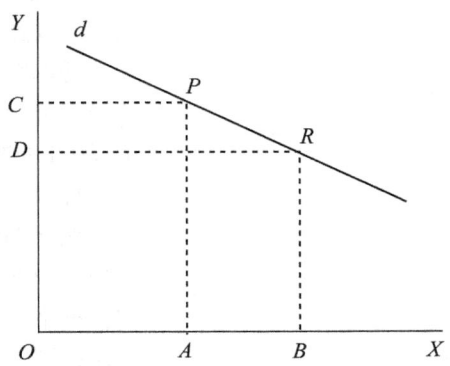

图 7-1　需求富有弹性与总收益

 小案例

薄利多销的经济学分析

在市场上各商家之间"挥泪大甩卖"、"赔本跳楼价"的价格战,人们从未仔细考虑过究竟是为什么,只是觉得很开心,因为可以节省大量金钱。有一家安全帽专卖店打出这样的广告:"旧帽换新帽一律八折"。店家的意思是,如果你买安全帽时交一顶旧安全帽的话,当场退两成的价格;如果直接买新帽,对不起,只能按原定价格买。这一种促销方式让人觉得好奇,是不是店家加入了什么基金会或是店家和供帽厂家有什么协定,收旧安全帽可以让店家回收一些成本,因此拿旧帽来才有两折的优惠呢?如果大家这么想,那可就猜错了,实际上,店家拿到你那顶脏脏旧旧的安全帽,并没有什么好处,常常是在你走后往垃圾筒一丢了事。那究竟是怎么回事呢?怎样用需求弹性理论解释呢?

店家以顾客是否拿旧安全帽来区别顾客的需求弹性。简单地说,对于没拿旧安全帽来的顾客,说明他没有安全帽,由于法令规定:驾驶摩托车必须要戴安全帽,故而无论价格的高低,购买摩托车的人一定要买顶安全帽,因此这种顾客的需求曲线较陡,弹性较小。相对地,拿旧安全帽来抵两折价款的顾客表明他本来就有一顶安全帽,如果安全帽的价格便宜,他有以旧换新的需求,而如果价格太贵,他也可以以后再买,因为他已有了一顶安全帽,对该商品的需求没有迫切性。因此,这类顾客的需求曲线较平坦,弹性较大。

综上所述,不难看出,该安全帽专卖店采用这种"旧帽换新帽八折"的促销活动,针对不同消费者的需求定价的方法,不仅不会使其营业收入减少,反而会吸引那些本不想购买新帽的消费者前来购买,增加了收益。因此,可以认为:认真研究消费者心理,了解市场需求,针对本行业的特点,制定出适合自己的价格策略,一定会给单位、公司带来丰厚的利润。

ii. 需求缺乏弹性的商品需求弹性与总收益的关系。

需求缺乏弹性的商品,如果该商品的价格下降,需求量(从而销售量)增加的幅度小于价格下降的幅度,因而总收益会减少("谷贱伤农")。

缺乏弹性的商品的价格与总收益呈同方向变动,价格上升,总收益增加;价格下降,总收益减少。其需求曲线如图7-2所示。

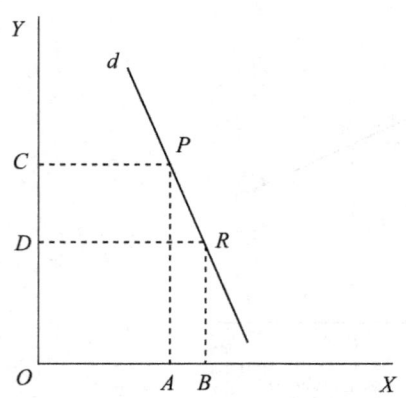

图7-2 需求缺乏弹性与总收益的关系

"谷贱伤农"的经济学分析

"谷贱伤农"是我国流传甚广的一句成语，意思是粮食丰收了，农户的收入反而减少了。推而广之，农业的好消息会是农民的坏消息吗？造成这种现象的根本原因在于粮食是生活必需品，它的需求价格弹性很小。如果让粮食的价格和产量由自发的供求关系来决定，则会存在谷贱伤农的情况，如图7-3所示。

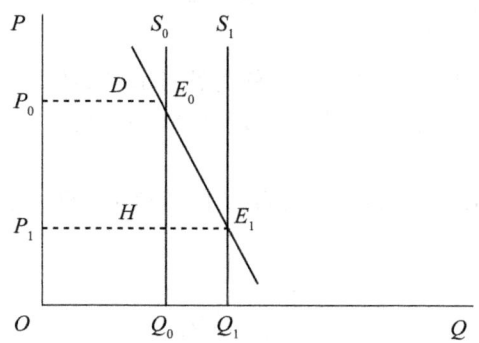

图7-3 谷贱伤农的经济模型

在图7-3中，对于有生产周期的粮食，在一定的生产周期内粮食产量是一个常数，因此，粮食的供给曲线是一条垂线。假设上一年的粮食产量为Q_0，对应的均衡价格为P_0。本年度粮食丰收后，供给曲线从S_0右移至S_1，均衡价格下降至P_1。由于粮食丰收而增加的收入为四边形$Q_0Q_1E_1H$的面积，而由于粮价下降减少的收入为四边形$P_0P_1HE_0$的面积。显然减少的收入大于增加的收入，因此，粮食丰收后农民的收入反而减少了。这就是平常所说的"谷贱伤农"，也就是所谓的丰产不丰收的道理。

注 意

需求弹性对销售收入的影响还有三种特殊情况：

$Ed=1$，价格变动对销售收入没有影响。

$Ed=\infty$，由于在既定价格下收益可以无限增加，因而厂商不会降价，涨价会使销售收入减少为零。

$Ed=0$，价格变动会使销售收入同比例同方向变动。

④需求弹性的影响因素。

ⅰ.商品本身被需要的程度。一般而言，消费者对生活必需品的需求强度大，受价格变化的影响较小,因而需求弹性小;而消费者对奢侈品的需求强度小,受价格变化的影响较大,因而需求弹性大。

ii. 商品的可替代的程度。一般来说,一种商品的替代品越多,可替代程度越高,其需求弹性越大,反之则需求弹性越小。

iii. 商品本身用途的广泛性。一种商品的用途越多,其需求弹性越大,反之则需求弹性越小。

iv. 商品使用时间的长短。越是耐用的消费品其需求弹性大,反之则需求弹性小。

v. 商品在家庭支出中所占的比例。在家庭支出中所占比例小的商品,价格变动对需求的影响小,其需求弹性较小,反之则需求弹性较大。

(2) 需求的交叉弹性

需求的交叉弹性表示在一定时期内一种商品需求量的相对变动对于其相关商品价格的相对变动的反应程度。它是某商品需求量的变动率与它的相关商品的价格的变动率之比。

设商品 X 的需求量 Q_X 是它的相关商品 Y 的价格 P_Y 的函数,$Q_X = f(P_Y)$,则商品 X 的需求交叉弹性公式为:

$$E_{XY} = \frac{\frac{\Delta Q_X}{Q_X}}{\frac{\Delta P_Y}{P_Y}} = \frac{\Delta Q_X}{\Delta P_Y} \cdot \frac{P_Y}{Q_X}$$

$$E_{XY} = \lim_{\Delta P_X \to 0} \frac{\frac{\Delta Q_X}{Q_X}}{\frac{\Delta P_Y}{P_Y}} = \frac{\frac{dQ_X}{dP_Y}}{\frac{P_Y}{P_Y}} = \frac{dQ_X}{dP_Y} \cdot \frac{P_Y}{Q_X}$$

需求交叉弹性系数的符号取决于所考察的两种商品的关系。反之,可以根据两种商品的需求交叉弹性系数的符号来判断两种商品的关系。依据商品相互之间的关系不同,可以将其分为替代品、互补品和独立品。结论如下:

替代品:$E_{xy} > 0$。说明随着 Y 商品价格的提高或降低,X 商品的需求量也随之增加或减少,则 X、Y 商品之间存在替代关系,其弹性系数越大,替代性越强。

互补品:$E_{xy} < 0$。说明随着 Y 商品价格的提高或降低,X 商品的需求量也随之减少或增加,则 X、Y 商品之间存在互补关系,其弹性系数越大,互补性越强。

独立品:$E_{xy} = 0$。说明 X 的需求量并不随着 Y 的价格变动而变动,X、Y 既非替代关系也非互补关系,它们之间没有一定的相关性。

(3) 需求的收入弹性

需求的收入弹性表示某种商品的需求量的相对变动对于消费者收入的相对变动的反应程度。即:需求的收入弹性=某商品需求量的变动率/消费者收入量的变动率,用公式表示为:

$$E_M = \frac{\frac{\Delta Q}{Q}}{\frac{\Delta M}{M}} = \frac{\Delta Q}{\Delta M} \times \frac{M}{Q}$$

$$E_M = \lim_{\Delta M \to 0} \frac{\Delta Q}{\Delta M} \times \frac{M}{Q} = \frac{dQ}{dM} \times \frac{M}{Q}$$

小知识

如果具体研究消费者收入量的变动和用于购买食物的支出量的变动之间的关系，则可以得到食物支出的收入弹性。表示为：食物支出的收入弹性＝食物支出量的变动率/消费者收入量的变动率。

德国统计学家恩格尔得出的恩格尔定律是：在一个家庭或国家中，食物支出在收入中所占的比例随着收入的增加而减少。用食物支出的收入弹性来表述该定律，即：对一个家庭或国家来说，富裕程度越高，则食物支出的收入弹性越小；反之，则越大。食物支出的收入弹性通常被称为恩格尔系数。

小知识

弹性理论在经济决策中的应用

商品的需求价格弹性在经济决策中具有重要意义。为了提高生产者收入，往往对农产品采取提价办法，而对一些高档消费品采取降价办法。同样，在给出口物资定价时，若出口目的主要是增加外汇收入，则要对需求价格弹性大的物资规定较低的价格，对需求价格弹性小的物资规定较高价格。

各种商品的需求收入弹性也是进行经济决策时要认真考虑的因素。在规划各经济部门发展速度时，需求收入弹性大的行业，由于需求量增长要快于国民收入增长，因此发展速度应快些，而需求收入弹性小的行业，发展速度应当慢些。

此外，研究商品需求的交叉弹性也很有用。企业在制定产品价格时，应考虑到替代品和互补品之间的相互影响。否则，变动价格可能会对销路和利润产生不良后果。

7.2.2 供给弹性

（1）供给价格弹性

供给价格弹性通常被简称为供给弹性。供给弹性表示在一定时期内一种商品的供给量的相对变动对于该商品的价格的相对变动的反应程度。它是商品供给量的变动率与价格的变动率之比。

$$供给弹性 = \frac{供给量变动百分比}{价格变动百分比}$$

用 E_s 表示供给弹性的弹性系数，$\Delta Q/Q$ 表示供给量变动的百分比，$\Delta P/P$ 表示价格变动的百分比，则供给弹性系数的计算公式是：

$$E_s = \frac{\Delta Q}{Q} \div \frac{\Delta P}{P} = \frac{\Delta Q}{\Delta P} \times \frac{P}{Q}$$

例如：假设每公斤牛奶的价格从 3 元上升到 3.3 元，牧场主每月生产的牛奶量从 1 万公斤增加到 1.15 万公斤。在这种情况下，供给价格弹性是：

$$供给价格弹性 = \frac{15\%}{10\%} = 1.5$$

在这个例子中，弹性 1.5 大于 1，它反映了供给量变动比例大于价格这一事实。很容易看出供给价格弹性的定义与需求价格弹性的定义是相通的。唯一的差别是：对于供给而言，数量对价格的反映是正的，而对于需求而言，反映是负的。

（2）供给价格弹性的分类

供给弹性也分为五种类型：

①富有弹性：$E_s > 1$，表示供给量的变动率大于价格的变动率，例如：图书、汽车、电视机这类商品的供给就是富有弹性的。富有弹性的供给曲线相对平缓。

②缺乏弹性：$E_s < 1$，表示供给量的变动率小于价格的变动率，例如：资本技术密集型产品、土地等的供给就缺乏弹性。缺乏弹性的供给曲线相对陡峭。

③单一弹性：$E_s = 1$，表示供给量的变动率等于价格的变动率。

④完全弹性：$E_s = \infty$，表示价格的变动会引起供给量无限的变动，完全弹性的供给曲线是水平的。

⑤完全无弹性：$E_s = 0$，表示在任何价格水平，供给量都固定不变，例如：一些无法复制的珍贵名画。完全无弹性的供给曲线是一条垂直曲线。

（3）供给价格弹性影响因素

①生产时期的长短。当产品的价格发生变化时，厂商对产量的调整需要一定的时间。在短期内，厂商要及时地增加产量或及时地减少产量，都存在不同程度的困难，如农业、石油的开采、规模巨大的企业等，相应的供给弹性是较小的。但是在长期内，生产规模的扩大与缩小，甚至转产都是可以实现的，供给量可以对价格变动做出较充分的反应。

②生产的难易程度。一般而言，在一定时期内，容易生产的产品，当价格变动时其生产量变动的速度快，因而供给价格弹性大；较难生产的产品，则供给价格弹性小。

③成本的变化。如果随着产量的提高，只引起单位成本的轻微提高，则供给价格弹性大；如果单位成本随着产量的提高而明显上升时，则供给价格弹性小。

④生产规模和规模变化的难易程度。一般而言，生产规模较大的资本技术密集型企业，其生产规模较难变动，调整的周期长，因而其产品的供给弹性小；而规模较小的劳动密集型企业，则应变能力能力强，其产品的供给价格弹性较大。

 想一想

供给弹性理论是如何影响企业决策的？

分析提示

既然有需求弹性就同样有供给弹性，最典型的是供给的价格弹性，即价格变动的比率引起供给量变动的比率。用公式表示为：$E_s = (\Delta Q/Q)/(\Delta P/P)$

在供求规律里我们讲到，由于家电市场长期供小于求，厂商的利润可观，因此有越来越多的厂家投身于家电产品的生产，供求平衡随之改变，由原来的供小于求，逐步转变为供大于求。在这个过程中，说明需求增加，价格上升后，供给的变动是与时间长短相关的。从供给弹性公式中我们可以看到，某商品价格上升10%，供给量增加20%，则供给弹性为2。如果无论价格如何，供给量都不变，则供给弹性为0，即供给无弹性。如某些已故画家的作品就是这样。如果价格既定，供给无限，则供给弹性为无限大，即供给有无限弹性。如用自然山间清泉作矿泉水就是这样。正常情况下，价格变动百分比大于供给量变动的百分比为供给缺乏弹性，价格变动百分比小于供给量变动的百分比为供给富有弹性。

我们来分析家电的生产情况，20世纪80年代需求增加时，价格很高，生产厂家利润丰厚，但家电厂受生产规模的限制，难以很快增加。正因为如此，很多企业纷纷生产家电，所以出现了90年代后家电市场的供大于求的局面，但已形成一定规模的家电生产也难以大幅度的减少。所以家电、汽车等行业要确定一个适度的规模，规模小会失去赚钱的机会，规模大又会形成过剩的生产能力。这是由于这些生产缺乏供给弹性，有的专家提醒汽车业不要重蹈家电业的覆辙。

一般来说，生产周期短、劳动密集型、技术简单、不容易保管的商品供给弹性较大，相反，供给弹性较小。

7.3 任务分析

根据经济学原理，对消费品征收的税可能由消费者承担，也可能由生产者承担。谁承担得多取决于这种物品的需求弹性与供给弹性。高档消费品的需求富有弹性，即增加税收价格上升后，需求量会减少得多(改为消费其他不加税的消费品)，但供给缺乏弹性，即生产者无法迅速地大量减少生产。这样税收主要由生产者承担，生产这些物品的企业不堪重负，只好减少生产甚至关门，工人收入减少甚至失业。想帮助穷人的政策反而害了穷人，对高档消费品征收消费税正是不了解经济学中关于税收与需求弹性和供给弹性之间关系的结果。因此，要搞清楚类似的社会现象，有必要学习弹性理论的相关知识。

技 能 训 练

一、单项选择题

1. 价格是影响需求的最重要的因素，一般来说，价格和需求的变动(　　)。
   A. 呈正方向变化　B. 呈反方向变化　C. 不相关　　D. 完全等价
2. 由于消费者收入或消费者偏好等因素的变化引起需求曲线的移动，称为(　　)。

A. 需求量变动　　B. 需求变动　　C. 供给量变动　　D. 供给变动
3. 假定其他因素不变，价格上升，则供给增长；价格下降，则供给减少，这种变动表现为（　　）。
　　A. 供给曲线发生位移　　　　　B. 需求曲线发生位移
　　C. 供给沿供给曲线变动　　　　D. 需求沿需求曲线变动
4. 保护价格又叫做最低限价，在我国，保护价格属于政府对市场价格的（　　）。
　　A. 平衡措施　　B. 干预措施　　C. 紧急措施　　D. 引导措施
5. 一般来说，（　　）的产品需求弹性较大。
　　A. 用途少　　　　　　　　　　B. 垄断性
　　C. 生活必需　　　　　　　　　D. 有许多相近的替代品
6. 企业实行薄利多销策略的理论基础是（　　）。
　　A. 商品的需求价格弹性系数小于1时，降低价格使得销售收入增加
　　B. 商品的需求价格弹性系数大于1时，降低价格使得销售收入增加
　　C. 商品的需求价格弹性系数小于1时，提高价格使得销售收入减少
　　D. 商品的需求价格弹性系数大于1时，提高价格使得销售收入增加
7. 两种商品为互补品，则交叉弹性系数为（　　）。
　　A. 负数　　　　B. 正数　　　　C. 0　　　　D. 1
8. 用以衡量需求变动对消费者收入变动的反应程度的弹性系数是（　　）。
　　A. 供给价格弹性系数　　　　　B. 需求收入弹性系数
　　C. 需求交叉弹性系数　　　　　D. 需求价格弹性系数
9. 如果某商品的需求收入弹性大于1，则该商品属于（　　）。
　　A. 高档品　　　B. 必需品　　　C. 低档物　　　D. 生活用品
10. 决定供给弹性的首要因素是（　　）。
　　A. 资金有机构成　　　　　　　B. 时间
　　C. 产品价格　　　　　　　　　D. 投入品的替代性大小和相似程度

二、多项选择题

1. 以下属于替代品的是（　　）。
　　A. 煤气和电力　　B. 镜架和镜片　　C. 汽车和汽油　　D. 石油和煤炭
　　E. 公共交通和私人小汽车
2. 影响需求变动的主要因素有（　　）。
　　A. 消费者的个人收入　　B. 互补品的价格　　C. 生产技术
　　D. 产品自身的价格　　　E. 消费者偏好
3. 影响供给的因素主要有（　　）。
　　A. 预期　　　B. 生产成本　　C. 消费者收入　　D. 生产技术
　　E. 消费者偏好
4. 下列关于最低限价的说法，正确的是（　　）。
　　A. 实施最低限价，往往出现供不应求的现象，造成短缺
　　B. 它属于政府对价格的干预措施

C. 最低限价又称保护价格或支持价格

D. 最低限价低于均衡价格

E. 主要应用于农产品上

5. 对于需求缺乏弹性的商品而言，下列（　　）说法是错误的。

A. 价格上升会使销售收入增加　　B. 价格下降会使销售收入减少

C. 价格下降会使销售收入增加　　D. 价格上升会使销售收入减少

E. 适合采用薄利多销策略

6. 关于需求收入弹性的类型，下列表述正确的是（　　）。

A. $Ey=0$，表明不管收入如何变动，需求数量不变

B. $Ey<0$，表明收入增加时买得少，收入降低时买得多

C. $Ey<1$，表明收入弹性高，需求数量的相应增加大于收入的增加

D. $Ey>1$，表明收入弹性低，需求数量的相应增加小于收入的增加

E. $Ey=1$，表明收入变动和需求数量变动是呈相同比例

三、计算题

1. 某商品的需求弹性 $E_d=0.8$，价格 P_1 为 300 元时，其销售量 $Q_1=100$ 件，价格分别上涨或下降 10% 时，分析其总收益的变化情况。

2. 假设某企业产品 X 的需求函数为：

$$Q_X = 34 - 8P_X + 20P_Y + 0.04I$$

公式中，P_X 为产品本身的价格；P_Y 为相关产品的价格；I 为居民收入。

问，分别当 $P_X=10$ 元，$P_Y=20$ 元，$I=5000$ 元时：

（1）产品 X 的价格弹性是多少？

（2）产品 X 的交叉弹性（产品 Y 的价格变动对产品 X 需求量的影响）是多少？

（3）产品 X 的收入弹性是多少？

四、技能分析

1. 门票价格也就是歌手劳务的价格。在经济学中，劳务是一种无形的物品，其定价规律与有形的物品是一样的。我们一定会注意到，在现实生活中，美声唱法歌手的演唱会门票便宜，即使是大腕，如迪里拜尔，也不过 180 元。但通俗唱法歌手的演唱会门票昂贵。请用经济学的需求理论来解释这是为什么？

2. 报纸上曾有篇报道：西南乳业老大——成都市华西乳业公司工人把成吨的鲜牛奶倒入下水道，以避免巨额的损失。很快与其有合同关系的奶牛养殖户也不得不把部分牛奶倒入下水道。这与 20 世纪 30 年代美国经济萧条时的一幕非常相似：工人把成吨的鲜牛奶倒入下水道，以避免巨额的损失。牛奶为什么要倒掉？请用弹性理论解释。

五、单项实训

市场调查——某地区某产品的市场供需调查

实训要求：

（1）本调查以团队的形式完成，请自行组建调查团队，团队以 4~5 人为宜。

（2）在实施实地调查前，填写下列调查进度计划表并提交指导老师确认。

（3）形成书面的调查报告。

调查进度表

团队成员:
调查地点:
调查时间:

工作与活动内容	时间	地点	参与人员	备注

项目二 理性消费之诀窍

学习目标

知识目标：

1. 了解效用、总效用、边际效用的定义，基数效用论与序数效用论的内容以及两者关系、分析工具。
2. 熟悉需求曲线的推导，消费者剩余、消费者均衡的变动。
3. 掌握边际效用递减规律、边际替代率递减规律、消费预算线、消费者均衡、边际效用分析法与无差异曲线分析法。

能力目标：

1. 能运用边际效用分析工具及无差异分析工具解释简单的消费者行为。
2. 能运用消费者均衡理论给企业的经营管理提出简单的对策。

案例导入

春晚的怪圈

大约从 20 世纪 80 年代初期开始，我国老百姓在过春节的年夜饭中增添了一套诱人的内容，那就是春节联欢晚会，记得 1982 年第一届春节联欢晚会的播出，在当时娱乐事业尚不发达的我国引起了极大的轰动。晚会的节目成为全国老百姓在街头巷尾和茶余饭后津津乐道的题材。

晚会年复一年地办下来了，投入的人力、物力越来越大，技术越来越先进，场面设计越来越宏大，节目种类越来越丰富。但不知从哪一年起，人们对春节联欢晚会的评价却越来越差了，原先在街头巷尾和茶余饭后的赞美之词变成了一片骂声，春节联欢晚会成了一道众口难调的大菜。晚会也陷入了"年年办，年年骂；年年骂，年年办"的怪圈。

春晚本不该代人受过，问题其实与边际效用递减规律有关。在其他条件不变的前提下，当一个人在消费某种物品时，随着消费量的增加，他从中得到的效用是越来越少的，这种现象普遍存在，被视为一种规律。边际效用递减规律虽然是一种主观感受，但在其背后也有生理学的基础：反复接受某种刺激，反应神经就会越来越迟钝。第一届春节联欢晚会让我们欢呼雀跃，但举办次数多了，由于刺激反应弱了，尽管节目本身的质量在整体提升，但人们对春晚的感觉却越来越差了。

（资料来源：http://blog.sina.com.cn/s/blog_4b9c4cdd01000add.html,2014-06-10）

项目二　理性消费之诀窍

任务八　认识效用与欲望

学习目标
1. 了解欲望、偏好、效用的定义，以及基数效用论与序数效用论的内容。
2. 理解效用与幸福之间的关系，并能用幸福方程式解释简单的社会现象。
3. 理解基数效用论与序数效用论的异同。

8.1　任务描述

"子非鱼，安知鱼之乐"新解

中国古代哲学家庄子与惠子在一座桥上游玩，庄子看见鱼在水中自由地游来游去，感叹说："鯈鱼出游从容，是鱼之乐也。"惠子反驳说："子非鱼，安知鱼之乐？"庄子说："子非我，安知我不知鱼之乐？"惠子说："我非子，固不知子矣；子固非鱼也，子之不知鱼之乐，全矣。"庄子说："请循其本。子曰'汝安（焉）知鱼乐'云者，既已知吾知之而问我。我知之濠上也。"这段对话讲的是庄子善辩。但从现代经济学的角度看，我们可以把这段话作为对鱼儿快乐与否的判断。

如果鱼有感觉，它也要追求效用最大化。它在水中自由地游来游去是不得已而为之，还是在享受，只有鱼自己才能判断。效用或满足是一种心里感觉，只有自己才能作出判断。所以，应该说惠子说得对，你又不是鱼，怎么能知道鱼快乐，还是不快乐？请问用经济学理论该如何解释呢？

8.2　任务精讲

在前面的学习中，我们已经了解到消费者追求的目标是效用最大化。因此要研究消费者行为理论，就必须从研究效用理论出发。

8.2.1　欲望

消费者行为的出发点是欲望，归宿是欲望的满足，即效用。欲望是指消费者对物品的一种缺乏的感觉和想得到满足的愿望。也就是说，欲望是不足之感与求足之愿的统一。欲望是研究消费者行为的出发点，是人们一切经济活动的根本动机。欲望就其本质而言是一种心理现象，其特点是具有无限性和层次性。人的欲望或需要可以分为五个层次：即生理需要；安全需要；社会需要；尊重感需要；自我实现需要。当较低层次的欲望被满足或基本满足以后，就会产生新的或更高层次的欲望。如当温饱等基本生活问题解决以后，就会产生对身体健康不受伤害即享受的需要；当在某一团体或社会关系中得到一席之地后，又会希望得到他人的尊重与社会的承认，最终实现自己的理想与抱负。所以说，人类的欲望是一种心理上的感觉，是无穷无尽的，即欲望具有无限性，同时，欲望又有轻重缓急之分。

 小知识

欲望的虚幻满足

广告是"幸福生活"的空幻许诺。

请看一则绿箭牌口香糖广告：一辆火车缓慢地行驶着，只见车窗边坐着一位美丽而又寂寞的少女。随着她的视线望去，我们发现在车厢的另外一边同样坐着一位英俊而寂寞的男子。他们的目光相遇了，可是谁也没有说话。突然男子拿出一块绿箭牌口香糖，递给少女。少女接过来以后脸上立即露出光彩。突然间她像发现了什么似的，把口香糖分为两半，给那位男子一半，于是两人一起幸福地咀嚼口香糖。火车进站了，男子下车，在茫茫的人海中不时地回头寻找心中的绿箭牌"白雪公主"，在失望之中火车开走了。突然奇迹发生，原来在铁道的对面那位女子也在翘首以盼地寻找她的绿箭牌"白马王子"。两人会心地一笑。广告到此结束，但是其话外音却最明显不过：他们之间将会上演爱情故事，而这个故事的"导演"就是绿箭牌口香糖。这里的商品起着媒婆的作用。

再看一则清火栀麦胶囊广告。该广告由四幅画面组成。第一幅：一对初次见面的男女坐在椅子上，男："在网上她说特佩服我的人品及才学，为什么见了面只顾低头说话而不愿多看我一眼？"女："他什么都好，只是脸上的痤疮太难看。"第二幅：还是这对男女在这个公园门口见面，女的交给男的一盒东西（当然是清火栀麦胶囊）："送给你一样礼物，用完之后咱们再相见。"男："她不但花容月貌，还有金子般的心。"第三幅：男女再次见面，女："原来他的脸相当英俊！"男："她含情脉脉地看着我，真有点不好意思。"第四幅，男女在一个巨大的"喜"字目前面对面站着，女的万分羞怯。男："当初是清火栀麦胶囊做的媒。"这则广告告诉我们，在赢得女子的芳心时，有没有痤疮比有没有学问、人品更关键，而要消除痤疮，当然不能没有清火栀麦胶囊。

之所以这种"谎言"依然能够被不断地重复甚至接受、相信，是因为它切中了人们意识深处的一些欲望模式（幸福的家庭，奢侈的生活，永远的青春活力）。正所谓"广告是购买欲望的贩卖机"，杰姆逊对此曾经有过出色的分析，他指出："如果要使形象起作用，就必须在消费者那里存在着欲望，同时，广告形象必须与这个欲望相吻合。"这里的"欲望"不但是商品所直接满足的物质欲望，而且更包括（通过联想的作用）更深层次的精神性欲望或"无意识的需要"。其中最强烈、最古老的欲望常常是"集体性"的，例如，永久的青春、强健的身体以及无限的自由等。

可见，广告中的形象不是现实的真实表征，它的作用与价值是作为拟像、类像去引发与满足人们的幻觉。通过类像在商品与人类无意识欲望之间建立虚幻的联系是广告成功地"欺骗"观众的根本原因。

8.2.2 偏好

 小案例

中国菜的粉丝——偏好

  毛泽东一生最爱吃的荤菜当属红烧肉。他经常说："吃点红烧肉补补脑子。"新中国成立后，已不是战争年代十分恶劣的环境和异常艰苦的生活，保健医生为了毛泽东的健康长寿，曾就吃红烧肉一事与他"约法三章"：一是以吃瘦肉为主，改变吃肥肉的老习惯；二是以调换口味为主，不能一次吃得过多；三是以补足营养为度，不是天天吃。毛泽东同意了这"约法三章"，但一直到1976年去世前，也没有改变吃红烧肉的饮食习惯。

  而上海和平饭店的主厨范正明，多年前曾收到美国前总统克林顿夫妇的一封"表扬信"。原来当年范正明主理克林顿访华上海站的菜肴时，做出了让美国总统难忘的中国虾仁。克林顿夫妇开始用餐后，意想不到的事情发生了，克林顿认为菜肴美味至极，令人可以忘记"时间"，所以准备取消晚间欣赏上海老年爵士乐队的休闲节目，将中国菜享受"彻底"。

  偏好表明一个人喜欢什么，不喜欢什么。一般来说，偏好无所谓好坏，爱好运动的人可能会经常说"生命在于运动"，而好静的人喜欢以"千年老龟"的典故作为自己不好动的理由。由于每个人的偏好不同，就会引起每个人的行为选择的不同。
  偏好是消费者对一种或几种物品的组合排序，这种排序表示了消费者对不同物品或物品组合的喜好程度。偏好是决定消费者行为的重要因素。
  假设有三种组合方式。A 组合为一个西瓜和一个面包，B 组合为一根火腿肠和一块巧克力，C 组合为一个苹果和一包饼干。在研究消费者的行为时，对偏好有三个假设：
  第一，偏好的可比性。即消费者能够确定自己喜欢什么样的组合。这是指消费者能够确定自己对三种组合的排序是什么，或者能比较不同组合的重要程度。比如，对组合 A 的喜好大于组合 B，或者对组合 A 与组合 B 同样喜欢，或者对组合 C 最为喜欢。
  第二，偏好的传递性。如果消费者对组合 A 的偏好大于组合 B，同时，对组合 B 的偏好大于组合 C，就能够推出其对组合 A 的偏好大于组合 C。也就是说 A>B，B>C，一定有 A>C。
  第三，偏好的非饱和性。消费者对数量较大的同种物品组合的偏好一定大于数量较小的同种物品组合。例如，D 组合是两个西瓜和两个面包，A 组合是一个西瓜和一个面包，那么，对 D 组合的偏好一定是大于对 A 组合的偏好。
  在消费者行为理论中，一般假定消费者是理性的，其偏好具有以上三个特征。

8.2.3 效用

  效用是满足人们欲望的能力，或者是指消费者在消费商品或劳务时所得到的满足程度。西方经济学认为，商品或劳务价值的多少，是由其效用大小决定的。一种商品或劳

务对消费者是否具有效用，取决于消费者是否有消费这种商品或劳务的欲望，以及这种商品或劳务是否具有满足消费者欲望的能力。消费者消费某种商品或劳务时得到的满足程度越高，效用就越大，反之，得到的满足程度越小，效用就越小。如果消费者从消费的某种商品或劳务中感到痛苦，则是负效用。因此，这里所说的效用，不仅在于物品本身具有的满足消费者某种欲望的客观属性，比如衣服可以保暖，馒头可以充饥，而且物品有无效用及效用大小更取决于消费者的主观感受。例如，一个肉包子对于一个饥饿者来说，它有很大的效用，但对一个酒足饭饱者而言，可能没有效用，甚至具有负效用。同一物品不仅对不同的人的效用不同，即使对同一个人在不同时间或不同地点，其效用也可能不同。例如，一件棉衣，在冬天或寒冷的地区可以给某人带来很大效用，在夏天或热带地区则没有太大的效用。

效用与物品本身的使用价值不同。使用价值是物品本身所具有的属性，它由物品本身的物理或化学性质所决定。使用价值是客观存在的，不以人的感受为转移。如电脑，无论对于使用者或非使用者，其使用价值都是客观存在的。效用强调某种物品给消费者带来的满足程度，是一种主观感受，不同的消费者对于同种物品的效用评价是不同的。电脑会给使用者带来较大的效用，而对于非使用者，则无效用可言。

效用是一种心理感受，所以消费者行为研究更偏重于心理分析，消费者在选择过程中碰到的问题是效用或者满足程度的度量问题。

钻石和木碗

一个穷人家徒四壁，只得头顶着一只旧木碗四处流浪。一天，穷人上了一只渔船去帮工。不幸的是，渔船在航行中遇到了特大风浪，船上的人几乎都淹死了，穷人抱着一根大木头，才得以幸免于难。

穷人被海水冲到一个小岛上，岛上的酋长看见穷人头顶的木碗，感到非常新奇，便用一大口袋最好的珍珠宝石换走了木碗，派人把穷人送回了家。

一个富翁听到了穷人的奇遇，心中暗想，一只木碗都能换回这么多宝贝，如果我送去很多可口的食物，该换回多少宝贝！于是，富翁装了满满一船山珍海味和美酒，找到了穷人去过的小岛。

酋长接受了富人送来的礼物，品尝之后赞不绝口，声称要送给他最珍贵的东西。富人心中暗自得意。一抬头，富人猛然看见酋长双手捧着的"珍贵礼物"——一只旧木碗，不由地愣住了！

这说明：物以稀为贵。

最好吃的东西

兔子和猫争论，世界上什么东西最好吃。兔子说："世界上萝卜最好吃。萝卜又甜又脆又解渴,我一想起萝卜就要流口水。"

猫不同意,说:"世界上最好吃的东西是老鼠。老鼠的肉非常嫩,嚼起来又酥又松,味道美极了!"

兔子和猫争论不休、相持不下,跑去请猴子评理。

猴子听了,不由得大笑起来:"瞧你们这两个傻瓜蛋,连这点儿常识都不懂!世界上最好吃的东西是什么?是桃子!桃子不但美味可口,而且长得漂亮。我每天做梦都梦见吃桃子。"

兔子和猫听了,全都直摇头。那么,世界上到底什么东西最好吃?

这说明:效用完全是个人的心理感觉;不同的偏好决定了对同一种商品效用大小的不同评价。

 想一想

是穷人幸福还是富人幸福

对于什么是幸福,美国的经济学家萨缪尔森用"幸福方程式"来概括。这个"幸福方程式"就是:幸福=效用/欲望,从这个方程式中我们看到欲望与幸福成反比,也就是说人的欲望越大越不幸福。但我们知道人的欲望是无限的,那么多大的效用不也等于零吗?因此我们在分析消费者行为理论的时候假定人的欲望是一定的。那么我们在离开分析效用理论时再来思考萨缪尔森提出的"幸福方程式",真是觉得他对幸福与欲望关系的阐述太精辟了,难怪他是诺贝尔奖的获得者。

对于幸福在社会生活中不同的人有不同的理解,政治家把实现自己的理想和报复作为最大的幸福;企业家把赚到更多的钱当做最大的幸福;教书匠把学生喜欢听自己的课作为最大的幸福;老百姓往往觉得平平淡淡、衣食无忧是最大的幸福。幸福是一种感觉,自己认为幸福就是幸福。但无论是什么人,一般都把拥有的财富多少看做是衡量幸福的标准,一个人的欲望水平与实际水平之间的差距越大,他就越痛苦。反之,就越幸福。"幸福方程式"会使人们想起"阿Q精神"。

鲁迅笔下的阿Q形象,是用来批判中国老百姓的那种逆来顺受的劣根性。但是人生如果一点"阿Q精神"都没有,会感到不幸福,因此"阿Q精神"在一定条件下是获取人生幸福的手段。在市场经济发展的今天,贫富差距越来越大,如果穷人的某些欲望过高,那往往会给自己增加痛苦。有时候倒不如用"知足常乐"、"阿Q精神"来降低自己的欲望,使自己虽穷却也获得幸福自在。富人比穷人更看重财富,他会追求更富,如果得不到,他也会感到不幸福。所以,是穷人幸福还是富人幸福完全是主观感觉。

试讨论:
①什么是欲望?什么是效用?
②为什么欲望越大越不幸福?

分析提示

我们消费的目的是为了获得幸福。"幸福方程式"就是：幸福=效用/欲望，从这个方程式中我们看到欲望与幸福成反比，也就是说人的欲望越大越不幸福。因此，"知足常乐"、"适可而止"、"随遇而安"、"退一步海阔天空"、该"阿Q时得阿Q"，这些说法有着深刻的经济含义，我们要为自己最大化的幸福作出理性的选择。

8.2.4 基数效用论与序数效用论

效用既然是人的一种主观感受，那么效用能不能测量呢？不同的经济学家对此的回答截然不同。在西方经济学中，先后出现过两种衡量效用大小的观念，这就是基数效用论和序数效用论。

（1）基数效用论

在 19 世纪和 20 世纪初，西方经济学中普遍使用基数效用概念。基数是指 1、2、3……是可以加总求和的。基数效用论认为，效用可以具体衡量数字并加总求和，具体的效用量之间的比较是有意义的。表示效用大小的计量单位被称作效用单位。例如，假定对某人来说，听一场高水平的音乐会的效用是 10 个单位，吃一顿丰盛的晚餐效用是 5 个单位，那么我们就可以说，此人听音乐会的效用是吃晚餐的效用的 2 倍。所谓效用可以加总求和，是指消费者消费几种物品所得到的满足程度可以加总而得出总效用。例如，在上述例子中，消费者消费这两种物品所得到的总效用为 15 个单位。根据这种理论来研究效用最大化问题，采用的是边际效用分析法。

（2）序数效用论

自 20 世纪 30 年代至今，西方经济学中多使用序数效用概念。序数是指第一、第二、第三……序数只表示顺序或等级，是不能加总求和的。例如：成绩列第一和第二，仅表明第一优于第二，至于第一、第二各自的具体数量是没有意义的。序数效用论是为了弥补基数效用论的缺点而提出来的，很多经济学家认为，既然效用是表达主观心理感受的抽象概念，那么效用无法具体衡量，效用之间的比较只能通过顺序或等级表示。例如，消费者喝了一杯茶和一杯咖啡，从中得到的效用无法衡量或加总求和，但可以比较从消费这两种物品中得到的效用。如果他认为一杯茶的效用大于一杯咖啡的效用，那么也可以说，茶的效用第一、咖啡的效用第二。并且，就分析消费者行为来说，以序数来度量效用的假定比以基数来度量效用的假定所受到的限制要少，可以减少一些被认为是值得怀疑的心理假设。序数效用论研究效用最大化问题，采用无差异曲线分析法。

在本项目的后续任务中，将分别介绍这两种理论对消费者行为的分析。读者将发现这两种理论所得出的结论是相同的，只不过所用的分析方法不同而已。

 小知识

基数效用论与序数效用论的区别与联系

区别在于，①假设不同。基数效用论假设消费者消费商品所获得的效用是可以

度量的，可以用基数表示。每个消费者都可以准确地说出自己所获得的效用值。边际效用具有递减规律，序数效用论则认为消费所获得的效用只可以进行排序，只可以用序数来表示，效用的大小及特征表现在无差异曲线中。②使用的分析方法不同。基数效用论使用 MU，即在预算约束下求效用值的最大化作为工具，而序数效用论则使用无差异曲线、预算线作为分析工具。③均衡条件的表达不同。基数效用论使用表达式为 $MU_i/P_i = \lambda$，序数效用论则表达为 $MRS_{xy} = MUx/MUy = P_x/P_Y$。④基数效用论认为效用是可以加总求和的，故效用可以用基数来表示，序数效用论认为主观心理感受无法用基数来衡量其大小的，故效用只能用序数来表示满足程度的高低和顺序。

联系在于，①都是从市场的需求一方着手，通过推导需求曲线，说明推导需求曲线上的任意一点都表示消费者获得了效用最大化；②都是一种消费者行为理论，都把消费者的行为看做是在既定的收入限制条件下追求最大化效用的过程；③都以边际效用理论为基础，认为商品的价值或价格是由商品带给消费者的边际效用的大小来决定的；④他们推导的曲线具有相同的趋势，都符合需求定律。

8.3 任务分析

消费者行为理论强调的是从个人出发来判断效用，正如要鱼儿自己判断自由地游来游去是否快乐一样。个人的感觉是研究消费者行为的出发点。当然，由于人的行为有共同之处，人对满足程度的判断表现为他的消费行为，所以，这种心理感觉仍是可以研究的，有共同的规律可以探寻。这正是消费者行为理论的意义。

任务九 学习基数效用论——边际效用分析

学习目标

1. 熟悉总效用和边际效用的概念、需求曲线的推导、消费者剩余。
2. 理解总效用与边际效用之间的关系、消费者剩余的应用。
3. 掌握边际效用递减规律并能运用于实践，掌握消费者均衡及其应用。

9.1 任务描述

手机款式为什么变化这么快

在通信市场上，各商家为了在竞争中取胜，以获取市场的占有率而不断地更新手机的功能、款式和型号。我身边有很多追求时尚的人，也经常地变换手机。从经济学的理论上看，消费者连续消费某一款式的手机给消费者带来的边际效用是递减的。如果企业只连续生产一种型号的手机，它带给消费者的边际效用就在递减，消费者愿意支付的价格就低了。因此，企业的产品要不断创造出多样化的产品，即使是同类产品，只要不相同,就不会引起边际效用递减。如何理解边际效用递减规律?企业如何阻碍边际效用递减规律对消费者的影响?

9.2 任务精讲

9.2.1 总效用和边际效用

(1)总效用

总效用是指消费者在一定时间内从一定数量的商品或劳务的消费中所获得的效用量总和。根据上述对效用的理解,总效用是各单位的效用加总,即:$TU = U_{x_1} + U_{x_2} + U_{x_3} + U_{x_4} + U_{x_5}$。

如果 X 表示某种物品,TU 便是 X 的函数,即 $TU = f(X)$;

如果有物品 X_1,X_2,X_3,$X_4 \cdots X_n$,那么总效用 $TU = \sum U_{x_i} (i = 1, 2, 3, \cdots, n)$。

西方经济学家认为,产品或劳务具有效用是产品价值形成的必要条件,但产品真正具有价值是由于物品的稀缺性,也就是由产品或劳务的边际效用(Marginal Utility,可以简写为 MU)决定的。

(2)边际效用

物品的边际效用,是指该物品的消费量每增(减)一个单位所起的总效用的增(减)量。或者换一种说法,边际效用是指所消费物品的一定数量中最后增加的那个单位提供的效用。

其数学表达式为:$MU_X = \Delta TU_X / \Delta X$。

假如商品 X 是无限可分的,即 $\Delta X \to 0$ 时:$MU_X = dTU_X / dX$,其中 MU_X 为边际效用,TU_X 为总效用,X 为商品数量。

小知识

决定商品价格的是商品的边际效用

两百多年前,亚当·斯密在《国富论》中提出了价值悖论:没有什么能比水更有用,然而水很少能交换到任何东西。相反,钻石几乎没有任何使用价值,但却经常可以交换到大量的其他物品。

换句话说,为什么对生活必不可少的水几乎没有价值,而只能用作装饰的钻石却可以索取高昂的价格?虽然在两百年前,这一悖论一直困扰着亚当·斯密,但我们可以设想一下一个好问的学生与亚当·斯密的对话:

学生:我们如何才能解决价值悖论?

亚当·斯密:最简单的答案就是,水的供给和需求曲线相交于很低的价格水平,而钻石的供给曲线和需求曲线决定了它的均衡价格十分昂贵。

学生:您经常教导我们去思考曲线背后的东西,为什么水的供给曲线和需求曲线相交于如此低的价格?

亚当·斯密:答案在于钻石十分稀缺,因此得出钻石的成本很高;而水相对丰

项目二　理性消费之诀窍

裕，在世界上许多地区只需花费很低的成本就可以得到。

学生：那在这张图中，效用体现在哪里？

亚当·斯密：你是对的，答案还没有将成本信息与同等正确的事实协调起来，即世界上水的供给比世界上钻石的供给又多得多。所以我们必须再加上一条真理：即水在整体上的效用并不取决于它的价格或需求。相反，水的价格取决于它的边际效用，取决于最后一杯水的有用性，由于有如此之多的水，所以最后一杯水只能以很低的价格出售。即使最初的几滴水相当于生命自身的价值，但最后的一些水仅仅用于浇草坪或洗汽车。

学生：现在我理解了，经济价值理论并不难懂，只要你记住，在经济学中，是狗尾巴摇动狗身子。摇动价格和数量这个狗身子的是边际效用这条狗尾巴。

亚当·斯密：非常正确！像水那样非常有用的商品只能以几乎接近于零的价格出售，因为最后一滴水几乎一文不值。

(3) 边际效用与总效用的关系

对于边际效用与总效用的关系我们可以举例说明。假设消费者消费巧克力，其总效用和边际效用如表9-1所示。

表9-1　　　　　　　　　　　总效用和边际效用的关系

巧克力的消费量	总效用	边际效用
1	10	10
2	18	8
3	24	6
4	28	4
5	30	2
6	30	0
7	28	-2

根据表9-1可以做出总效用曲线和边际效用曲线。在图9-1中，横坐标OQ表示巧克力的数量，纵坐标OU表示效用，TU为总效用曲线，MU为边际效用曲线。

图中，横轴表示巧克力的数量，纵轴表示效用量，TU曲线和MU曲线分别为总效用曲线和边际效用曲线。从图中可以总结出总效用和边际效用之间的关系：当边际效用为正值时，总效用一直增加；当边际效用等于零时，总效用最大；当边际效用为负值时，总效用开始递减。即总效用曲线是一条先递增后递减、凸向上方的曲线，而边际效用曲线则为一条从左上方向右下方倾斜的曲线。

随着商品消费量的增加，总效用不断增加，但边际效用却在逐渐减少，当边际效用降到零时，总效用达到最大。当总效用达到最大后，就随着边际效用的减少而呈下降趋势。当边际效用出现负数时，意味着消费者消费商品的数量过度。

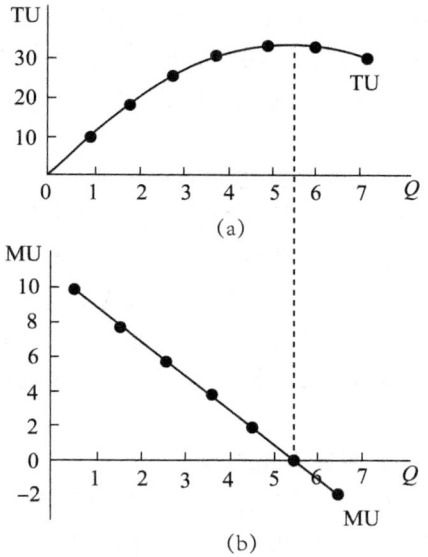

图 9-1　巧克力的效用曲线

9.2.2　边际效用递减规律

商品的边际效用具有一个重要性质，当一个消费者连续增加对同一商品的消费时，他从商品的增加中所获得的满足越来越小，即边际效用越来越小，这种变动趋势叫做边际效用递减规律。边际效用递减规律的基本内容是：在一定时间内，在其他商品或劳务的消费量不变的条件下，随着消费者对某种商品或劳务消费量的增加，消费者从该商品或劳务连续增加的每一消费单位中所获得的效用增量即边际效用是递减的。

小案例

美国总统罗斯福在连任三届后，曾有记者问他有何感想，总统一言不发，只是拿出一块三明治面包让记者吃，这位记者不明白总统的用意，又不便问，只好吃了。接着总统拿出第二块，记者还是勉强吃了，紧接着总统拿出第三块，记者为了不撑破肚皮赶紧婉言谢绝。这时罗斯福总统微微一笑，"现在你知道我连任三届总统的滋味了吧。"这个故事揭示了经济学的一个重要原理：边际效用递减规律。

为什么在消费过程中会呈现出边际效用递减规律呢？其原因主要是：

第一，生理或心理的原因。虽然人的欲望具有无限性，但就某一个具体的欲望来说却是有限的，随着一种物品消费数量的增多，欲望减小，进而效用会逐渐减少，甚至产生负效用。

第二，物品本身用途的多样性。每一种物品都有多种多样的用途，而这些用途的重要性却不同。消费者总是将第一单位的消费品用在最重要的用途上，其边际效用就大。

第二单位的消费品用在次重要的用途上,其边际效用就小了。以此顺序用下去,用途越来越不重要,消费品的边际效用便随着消费品用途的重要性的递减而递减了。以水为例,在数量很少时,首先满足饮用,饮用之后有剩余,再用来洗衣,仍有节余时可用来浇花等。由此可见,随着消费者拥有的物品数量增加,每增加的一单位物品的用途越来越小即边际效用递减。

西方经济学家还认为,不仅商品的边际效用是递减的,货币的边际效用也是递减的。货币的效用是货币给货币持有者带来的满足,这种满足程度取决于货币持有者的心理感受。货币的边际效用是每增加一单位货币所增加的效用。货币的边际效用递减是指随着一个人收入的增加,他持有的货币的边际效用越来越小。显然,同一个人在月收入1000美元时增加1美元比月收入10000美元时增加1美元的效用大。如果一个人的收入不变,那么,他持有的货币的边际效用就不变了,下面讲的消费者均衡就是假设消费者的收入不变。

9.2.3　消费者均衡——效用最大化原则

消费者均衡是指消费者通过购买各种商品和劳务实现效用最大化时,既不想再增加,也不想再减少任何商品和劳务购买数量的一种相对静止的状态。

消费者的收入总是有限的,他要把有限的货币收入用于购买各种商品和劳务来满足自己的欲望,最终实现效用最大化。但由于边际效用随着商品消费量的增加而递减,消费者要想获得最大效用就必须合理确定各种商品的购买数量。消费者均衡正是要解决这一问题。

基数效用论认为,消费者实现效用最大化的均衡条件是:如果消费者的货币收入水平和市场上各种商品的价格是既定的,那么,消费者应该使自己所购买的各种商品的边际效用与价格之比都相等。或者说,消费者应使自己花费在各种商品购买上的最后一元钱所带来的边际效用都相等。其经济含义是:消费者收入一定时,多购买某种商品,就会少购买其他商品。根据边际效益递减规律,多购买的商品的边际效用下降,少购买的商品的边际效用上升。要想达到消费者均衡,消费者必须调整他所购买的各种商品的数量,使每种商品的边际效用和价格之比都相等。

假定某消费者用既定的收入 I 购买 n 种商品,P_1,P_2,P_3,$\cdots$,P_n 分别为 n 种商品的既定价格,λ 为不变的货币的边际效用,X_1,X_2,$\cdots$,X_n 分别表示 n 种商品的数量,MU_1,MU_2,$\cdots$,MU_n 分别表示 n 种商品的边际效用,则该消费者效用最大化的均衡条件可以用公式表示为:

$$P_1X_1 + P_2X_2 + \cdots + P_nX_n = I \tag{9-1}$$

$$\frac{MU_1}{P_1} = \frac{MU_2}{P_2} = \cdots = \frac{MU_n}{P_n} = \lambda \tag{9-2}$$

上式(9-1)是限制条件,说明收入是既定的,购买 n 种商品的支出不能超过收入,也不能小于收入。超过收入的购买是无法实现的,而小于收入的购买也达不到既定收入时的效用最大化。上式(9-2)是在限制条件下消费者实现效用最大化的均衡条件。式(9-2)表示消费者应该选择最优的商品组合,使得自己花费在各种商品上的最后一元钱所带来的边际效用相等,且等于货币的边际效用。

为什么要符合以上条件呢？这是因为，如果花费在某种商品上的最后一元钱能够提供更多的边际效用，那么消费者就会把钱从其他商品的花费上转移到该商品的花费上去，直到边际效用递减规律使花费在该商品上的最后一元钱的边际效用下降到与其他商品相等为止。如果花费在某种商品上的最后一元钱提供的边际效用较少，那么，消费者就会把钱从该商品的花费上转移到其他商品的花费上去，直到花费在该商品上的最后一元钱的边际效用提高到与其他商品的边际效用相等为止。

例如，若 $\frac{MU_1}{P_1} > \frac{MU_2}{P_2}$，说明对于消费者来说，同样的一元钱购买商品 1 所得到的边际效用大于购买商品 2 所得到的边际效用。那就意味着增加商品 1 的消费，减少商品 2 的消费，在这样的调整中，在边际效用递减规律的作用下，商品 2 的边际效用会随其购买量的不断减少而递增，商品 1 的边际效用会随其购买量的不断增加而递减。消费者一旦将其购买组合调整到同样用一元钱购买这两种商品所得到的边际效用相等，即达到 $\frac{MU_1}{P_1} = \frac{MU_2}{P_2}$ 时，他便得到了由减少商品 2 的购买量和增加商品 1 的购买量所带来的总效用增加的全部好处，即消费者此时获得了最大的效用。

相反，如果 $\frac{MU_1}{P_1} < \frac{MU_2}{P_2}$，说明对于消费者来说，同样的一元钱购买商品 1 所得到的边际效用小于购买商品 2 所得到的边际效用。那么，增加商品 2 的消费，减少商品 1 的消费，直至 $\frac{MU1}{P1} = \frac{MU2}{P2}$，从而获得最大的效用。

由此可以推论，只要消费者的消费组合不满足均衡条件，他都会作出调整，直到支出的每一元钱的边际效用都相等，调整才会停止。这时，消费者就实现了效用最大化。

小知识

如何运用时间

某位大学生即将参加三门课程的期末考试，他能够用来复习功课的时间只有 6 天。假设每门功课占用的复习时间和相应会取得的成绩见表 9-2，试运用消费者行为理论分析该大学生应怎么样分配复习时间才能使得三门课程的总成绩提高。

表 9-2 　　　　每门功课占月的复习时间及相应会取得的成绩

经 济 学		数 学		统 计 学	
天数	分数	天数	分数	天数	分数
0	40	0	40	0	70
1	54	1	52	1	80
2	65	2	62	2	88

续表

经济学		数学		统计学	
3	75	3	70	3	90
4	83	4	77	4	91
5	88	5	83	5	92
6	90	6	88	6	93

分析：考虑每门课程增加 1 天复习时间所增加分数(或称边际效用)的情况，结果见表 9-3。

表 9-3　　　各门课程增加 1 天复习时间所增加分数的情况

天数	1	2	3	4	5	6
经济学 MU	14	11	10	8	5	2
数学 MU	12	10	8	7	6	5
统计学 MU	10	8	2	1	1	1

由表 9-3 可以看出，经济学用 3 天，其边际效用是 10 分；数学用 2 天，其边际效用是 10 分；统计学用 1 天，其边际效用是 10 分，而且这三门课所用的时间正好是 6 天，由消费者均衡条件可知，该大学生把 6 天时间作如上的分配时，总分数最高。

总分＝经济学 75 分+数学 62 分+统计学 80 分＝217 分。

 想一想

怎样搭配才能花钱最少？

李大妈是个很会过日子的人，买东西精打细算。这天她准备做午饭，看着家里没有什么菜了，就去菜市场买菜。她先买了白菜、萝卜和西红柿，花了 10 元钱；又买了豆腐和粉条，花了 5 元钱。一看钱包里只剩下 2 元钱了，本来还想买一斤肉，可钱不够了。这怎么办呢？不能不买肉，因为家里已经没有荤菜了。李大妈这时才觉得白菜、萝卜和西红柿买多了，于是找卖菜的想退掉一些。买了菜还要退货？好在卖菜的见李大妈是老主顾，就退了 5 元钱的菜。李大妈于是花 7 元钱买了点肉，心满意足地回家了。

试分析：什么是消费者均衡？怎样消费才能达到均衡？

分析提示

李大妈退货的目的是重新将货币分配在菜和肉的购买上，从而实现消费者均

衡。消费者均衡就是在消费者的收入和商品的价格既定的条件下，当消费者选择商品组合而获取了最大的效用满足，并将保持这种状态不变时，就称消费者处于均衡状态。

实现消费者均衡应该满足一些假定条件：消费者偏好既定，消费者收入既定，物品价格既定。

9.2.4 需求曲线的推导（边际效用递减规律和需求定理）

需求定理表明，消费者愿意买进的任一商品的数量与该商品价格呈反方向变化，价格高（或提高）则需求量少（或减少），反之则反是。为什么消费品的需求量与其价格之间具有这样的关系呢？这也可以用边际效用递减规律来说明。

消费者购买各种物品是为了从消费这些物品中获得效用，他所愿意付出的价格取决于他以这种价格所获得的物品能带来的效用。这也就是说，消费者所愿意付出的货币表示了他用货币所购买的物品的效用。例如，某消费者愿意以2元钱购买一本书或一斤苹果，这就说明一本书或一斤苹果给消费者所带来的效用是相同的。

消费者为购买一定量的物品所愿意付出的货币的价格（商品的需求价格）取决于他从这一定量物品中所获得的效用。效用大，则愿意付出的价格高；效用小，则愿意付出的价格低。根据边际效用递减规律，随着消费物品数量的增加，该物品给消费者所带来的边际效用是递减的，而货币的边际效用是不变的。这样随着物品的增加，消费者所愿意付出的价格也在下降。因此，需求量与价格必然呈反方向变动。

9.2.5 消费者剩余

消费者剩余是指消费者愿意支付的价格高于实际价格的差额。或者说，一个消费者对一种商品所付出的价格，少于他为得到此商品而愿意支付的价格，这样他就从购买中得到一种满足的剩余。这种满足的剩余称为消费者剩余。例如某学生愿意为一张摇滚音乐会的门票支付100元，成交时实际只支付了80元，他省下的那20元就是他的消费者剩余。表9-4说明了如何计算消费者剩余。

表9-4　　　　　　　　　　　　消费者剩余

商品需求量	消费者愿付价(元)	消费者实付价(元)	消费者剩余(元)
1	10	2	8
2	8	2	6
3	6	2	4
4	4	2	2
5	2	2	0
合　计	30	10	20

消费者剩余可以用几何图形来表示。如图9-2中，D曲线为消费者对物品的需求曲线，该曲线表明了消费者对不同数量的物品所愿意支付的价格，P为实际市场价格。消费者对第一个物品的评价最高（即第一个物品给他带来的边际效用最大），他为这个物

品所愿意支付的价格为 10 元，而实际市场价格为 2 元，这样消费者从中获得了额外的 8 元剩余。由于边际效用递减，他对以后每个物品的评价递减，所愿意支付的价格也在递减，分别为 8、6、4、2，以此类推，消费者购买第 2、3、4 个物品分别获得了 6、4、2 的消费者剩余，购买第 5 个物品时没有消费者剩余。消费者不会再购买第 6 个物品，因为他对第 6 个物品所愿意支付的价格必定小于实际市场价格，所以他不会购买。消费者购买 5 个物品所获得的消费者剩余的总和为 20 元，如图 9-2 中的阴影部分面积所示。

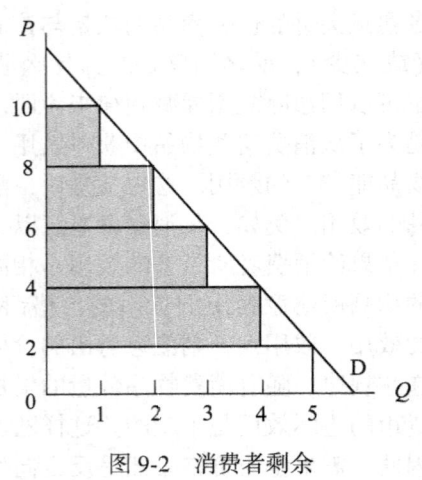

图 9-2　消费者剩余

消费者购买商品为什么能获得消费者剩余？西方经济学家认为，价格是由边际效用决定的，边际效用是递减的。对单个消费者来说，他愿意支付的价格取决于他对该物品边际效用的评价，边际效用递减规律决定了他所愿意付出的价格是随该物品数量的增加而递减。

在理解这一概念时要注意两点，第一，消费者剩余并不是实际收入的增加，只是一种心理感觉。消费者在购买过程中，并不能得到实在的利益，只不过他在心理上认可自己得到了，感觉得到了预料之外的实惠。实际生活中，这往往被精明的商家作为一种促销手段。这一概念也是分析某些问题时的一种重要工具。例如，在分析垄断存在所引起的社会福利损失时就运用了这个概念。消费者剩余是衡量消费者福利的指标。消费者从购买某种物品中得到的消费者剩余越大，说明生产与交易这种物品的活动给消费者带来的福利越大。在垄断存在的情况下，垄断者提高物价，这就减少了消费者剩余，即减少了消费者福利。消费者剩余的增加，就是消费者福利的增加。在国际贸易中，各国的消费者可从廉价的进口商品中获得消费者剩余。第二，生活必需品的消费者剩余大。因为消费者对这类物品的评价高，愿意支付的价格也高，但这类物品的市场价格一般并不高。

 小案例

有一天，李先生到一个做服装生意的朋友那里去聊天。有一个顾客看好了一套

服装，服装的标价是800元。顾客说："你便宜点吧，500元我就买！"朋友说："你太狠了吧，再加80元。而且也图个吉利！"顾客说："不行，就500元！"随后，他们又进行了一番讨价还价，最终朋友说："好吧，就520元！"顾客去交款了，但是不一会儿又回来。她有些不好意思地说："我不能买了，带的钱不够了！"朋友又说："有多少？"顾客说："把零钱都算上，也就只有430元了。"朋友难为情地说："那太少了，哪怕给我凑一个整数呢？"顾客说："不是我不想买，的确是钱不够了！"最后朋友似乎下了狠心，说："就430元钱给你吧，算是给我开张了，说实在的，一分钱没有挣你的！"顾客满脸堆笑，兴高采烈地走了。

看着顾客远去的背影，朋友告诉李先生："这件衣服是180元从广州进的货。"李先生听了哈哈大笑："真是无商不奸啊，可是你有些太狠了吧？"朋友说："这你就是外行了，现在都时兴讲价，顾客讨价，我还价这很正常，你要给顾客留出来讨价还价的空间，要让顾客心理上获得一种满足！其实这件衣服我300元的价格就卖，到换季的时候我本钱都往外抛。"

李先生的朋友是一个精明的生意人，他懂得通过讨价还价让顾客在心理上获得一种满足，而这种"心理上的满足"就是经济学中的"消费者剩余"。在这个事例中，顾客获得的"消费者剩余"为90元（520－430＝90元）。由此我们可以看出，商家为什么会大力让价促销，会打9折，打8折，甚至打4折、3折。他们无非是让顾客在心理上获得一点满足而已，无非送给顾客一个空心的汤圆。消费者剩余不会给顾客带来实际的收益。

想一想

什么是消费者剩余？为什么说消费者剩余是主观的？

分析提示

消费者剩余是指消费者从商品的消费中得到的满足程度超过他实际付出的价格部分。

简单的公式是：消费者剩余＝消费者愿意付出的价格－消费者实际付出的价格。消费者剩余是主观的，并不是消费者实际货币收入的增加，仅仅是一种心理上满足的感觉。买了消费者剩余为负的商品也没有金钱上的实际损失，无非就是心理上"挨宰"的感觉而已。就是我们对所购买的东西说值不值的含义。

9.3 任务分析

边际效用递减原理告诉我们，企业要进行创新，生产不同的产品来满足消费者需求，减少和阻碍边际效用递减。消费者购买物品是为了效用最大化，而且，物品的效用越大，消费者愿意支付的价格越高。根据效用理论，企业在决定生产什么时首先要考虑商品能给消费者带来多大效用。要分析消费者的心理，能满足消费者的偏好。一个企业要成功，不仅要了解当前的消费时尚，还要善于发现未来的消费时尚。这样才能从消费时尚中了解到消费者的偏好及变动,并及时开发出能满足这种偏好的产品。比如,将同类服装做成不同式样,就成为不同的产品,就不会引起边际效用递减。如果是完全相同,则会引起边际效用递减,消费者不会多购买。这就是手机型号为什么变化这么快的一个经济学道理。

任务十 学习序数效用论——无差异曲线分析

学习目标

1. 了解价格—消费曲线、需求曲线的推导、收入—消费曲线及恩格尔曲线、恩格尔定律。
2. 掌握商品的边际替代率及其递减规律、消费预算线、消费者均衡。
3. 熟悉无差异曲线的特征以及消费预算线的变动。

10.1 任务描述

饥饿的驴:无差异的幽默

"一头饥饿的驴子面对着两堆有同样诱惑力的干草,简直不能决定去吃哪一堆,结果它只有忍饥挨饿,直到死亡。"

这个驴的故事最先由巴黎大学的布里丹(Jean Buridan)提出,被用来验证无差异曲线在经济分析上的用途。这头不幸的驴之所以忍饥挨饿直到死,有没有一定的经济学上的道理呢?该如何理性分析呢?

10.2 任务精讲

应用序数效用分析法,我们无需说出 X 商品与 Y 商品的效用各为多少单位,而只需说 X 商品的效用大于、小于或等于 Y 商品的效用就够了。这就可以避免纯属个人主观心理感觉的效用的计量问题,特别是避免了效用在不同消费者之间无法比较的理论难题。由于序数效用分析法可以用简明的形式从图形上直观地表现出来,所以序数效用论运用无差异曲线分析来研究消费者均衡问题。

10.2.1 无差异曲线

无差异曲线是用来表示两种商品的不同数量组合给消费者所带来的效用完全相同的一条曲线,也称等效用线。

例如,假定某消费者在收入既定的条件下,消费两种可以互相替代的商品 X 和 Y,他有时会多消费 X 商品而少消费 Y 商品,有时则少消费 X 商品而多消费 Y 商品,但消费者得到的满足程度是相同的。现在假设 X 和 Y 商品有六种组合方式,这六种组合方式能给消费者带来同样的效用,可用表 10-1 表示。

表 10-1　　　　　　　　　　　消费者的无差异组合表

组合方式	X 商品的数量	Y 商品的数量
A	5	30
B	10	18
C	15	13
D	20	10
E	25	8
F	30	7

根据表 10-1 可以绘制出与其相对应的无差异曲线，如图 10-1 所示，横轴代表 X 商品的数量，纵轴代表 Y 商品的数量，U 为无差异曲线，线上的任何一点所代表的 X 与 Y 商品的数量组合虽然不同，但给消费者带来的效用是相同的。

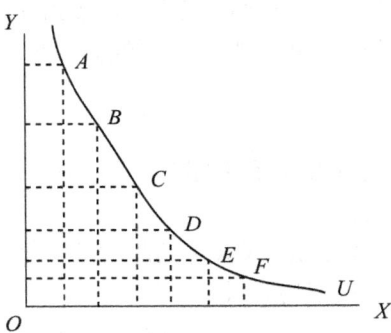

图 10-1　无差异曲线

结合图 10-1，可知无差异曲线有以下特征：

第一，无差异曲线是一条向右下方倾斜的曲线，其斜率为负值。这就表明，在收入与价格既定的条件下，消费者为了得到相同的效用，在增加一种商品的消费时，必须减少另一种商品的消费。两种商品的消费不能同时增加或减少。

第二，在同一平面图上可以有无数条无差异曲线。同一条无差异曲线代表相同的效用，不同的无差异曲线代表不同的效用。离原点越远的无差异曲线，所代表的效用越大；离原点越近的无差异曲线，所代表的效用越小。如图 10-2 所示，$U_3 > U_2 > U_1$。

第三，在同一平面图上，任意两条无差异曲线不能相交，因为在交点上两条无差异曲线代表了相同的效用，与第二个特征相矛盾。

如图 10-3 所示，假定 U_1 和 U_2 两条无差异曲线相交于 A 点，用 UA、UB、UC 分别代表 A、B、C 三点的总效用，根据定义 UA = UB，UA = UC，根据特点 2，UC > UB，因为 UA = UB，所以 UC > UA，这与定义 UC = UA 相矛盾，所以 U_1 和 U_2 两条无差异曲线不能相交。

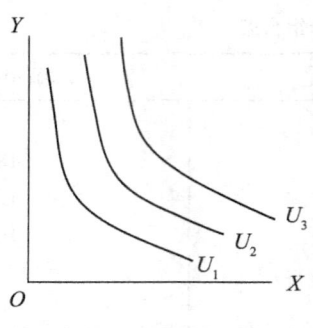
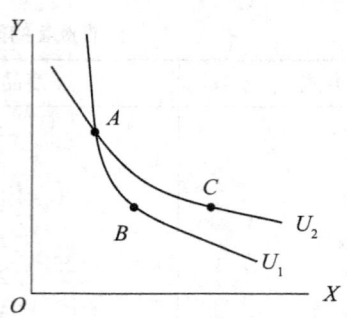

图 10-2　平行的无差异曲线　　　图 10-3　相交的无差异曲线

第四，无差异曲线是一条凸向原点的线。这说明无差异曲线的斜率是递减的。无差异曲线的斜率是两种物品的边际替代率。该曲线凸向原点是由边际替代率递减决定的。

10.2.2　商品的边际替代率及其递减规律

假设有一种商品组合，X 和 Y，且两者之间具有此消彼长的数量关系。这时在消费者心中，追加其中某个商品消费量的意愿和重要性会逐步发生变化。经济学家用边际替代率来解决这个问题。

（1）商品的边际替代率

商品的边际替代率是指消费者在保持相同的效用时，增加一种商品的数量与必须放弃的另一种商品的数量之间的比率。

以 ΔX 代表 X 商品的增加量，ΔY 代表 Y 商品的减少量，MRS_{XY} 代表以 X 商品代替 Y 商品的边际替代率，则边际替代率的公式：

$$\mathrm{MRS}_{XY} = -\frac{Y\text{的减少量}}{X\text{的增加量}} = \left|\frac{\Delta Y}{\Delta X}\right|$$

例如，增加 2 个单位的 X 商品，递减 1 个单位的 Y 商品，则以 X 商品代替 Y 商品的边际替代率为 0.5。应该注意的是，在保持效用相同时，增加一种商品要减少另一种商品。因此，边际替代率应该是负值。无差异曲线的斜率就是边际替代率，无差异曲线向右下方倾斜就表明边际替代率为负值。但为了使商品的边际替代率取正值以便于比较，所以在公式中加了个负号或取其绝对值。

由于无差异曲线存在的前提是总效用不变，因此，在同一条无差异曲线上，增加 X 所增加的效用必须等于减少 Y 所减少的效用，否则总效用就会改变。即在同一条无差异曲线上，任意两点之间 $\Delta TU=0$，用数学公式表示为：

$$\Delta X \cdot \mathrm{MU}_X + \Delta Y \cdot \mathrm{MU}_Y = 0$$

则 $\dfrac{\Delta Y}{\Delta X} = -\dfrac{\Delta \mathrm{MU}_X}{\Delta \mathrm{MU}_Y}$

因此，边际替代率又可表示为两种商品边际效用的比率，即：

$$\mathrm{MRS}_{XY} = -\frac{\Delta Y}{\Delta X} = \frac{\Delta MU_X}{\Delta MU_Y}$$

边际替代率实际上又是无差异曲线的斜率。当 $\Delta X \to 0$ 时，ΔY 趋于无穷小值，

此时，
$$\mathrm{MRS}_{XY} = \lim_{\Delta X \to 0} \frac{\Delta Y}{\Delta X} = \frac{\mathrm{d}Y}{\mathrm{d}X}$$

而 $\frac{\mathrm{d}Y}{\mathrm{d}X}$ 即为无差异曲线上任一点的斜率。

(2) 边际替代率递减规律

基数效用论通过边际效用和边际效用递减规律分析消费者行为，序数效用论则用商品的边际替代率和商品的边际替代率递减规律分析消费者行为。

商品的边际替代率递减规律是指在保持效用水平不变的前提下，随着一种商品消费数量的不断增加，消费者为得到一个单位的这种商品所愿意放弃的另一种商品的消费量是递减的。我们可以用表 10-2 来说明这个问题。

表 10-2　　　　　　　　　　　　　边际替代率表

变动情况	ΔX	ΔY	MRS_{XY}
a→b	10	20	2
b→c	10	18	1.8
c→d	10	15	1.5
d→e	10	10	1

在表 10-2 中，ΔX 是 X 商品的增加量，ΔY 是 Y 商品的减少量，MRS_{XY} 是边际替代率，它等于 $\frac{\Delta Y}{\Delta X}$。由表 10-2 可以看出，增加 10 个单位的 X 商品，减少的 Y 商品分别为 20、18、15、10，边际替代率从 2 一直下降到 1，呈现递减趋势。

边际替代率递减的原因是随着 X 商品的增加，它的边际效用在递减；随着 Y 商品的减少，它的边际效用在递增。这样，每增加一定数量的 X 商品，所能代替的 Y 商品的数量就越来越少，即 X 商品以同样的数量增加时，所减少的 Y 商品越来越少，或者说，在 $\mathrm{MRS}_{XY} = \frac{\Delta Y}{\Delta X}$ 这个公式中，当分母 ΔX 不变时，分子 ΔY 在不断减少，从而分数值就在减少了。

基数效用论通过边际效用和边际效用递减规律分析消费者行为，序数效用论则用商品的边际替代率和边际替代率递减规律分析消费者行为。

在一般情况下，商品的边际替代率递减，无差异曲线是凸向原点的。但也存在着以下特殊情况(见图 10-4)：

① 完全互补品。

相应的无差异曲线呈直角形，与横轴平行的无差异曲线部分的 $\mathrm{MRS}_{12} = 0$，与纵轴平行的无差异曲线部分的 $MRS_{12}=\infty$。

例：总是要按一副眼镜架和两个眼镜片的比例配合在一起，眼镜才能够被使用。只有在直角形的顶点，眼镜架和眼镜片的比例固定不变，为1∶2，对消费者才能产生效用。

②完全替代品。

相应的无差异曲线为一条斜率不变的直线，MRS_{12}为一个常数。

例：某消费者认为一瓶菠萝汁与一瓶芒果汁是无差异的，则菠萝汁与芒果汁的相互替代比例固定不变，为1∶1。

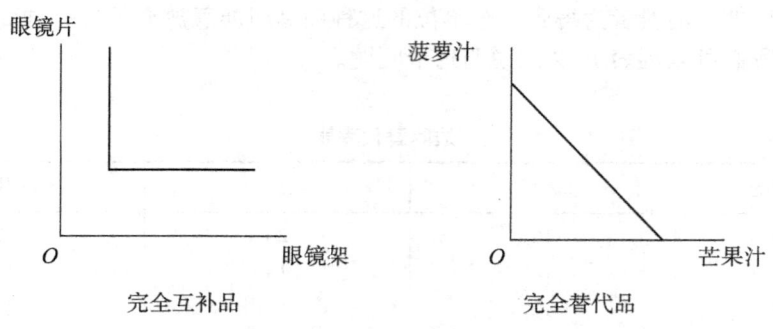

图10-4 完全互补品和完全替代品的无差异曲线

10.2.3 预算线及其变动

无差异曲线图描述了消费者对商品和服务的不同偏好，但仅仅用偏好还不能说明消费者行为，消费者个人选择要受到收入和价格的制约。

（1）预算线

预算线又称消费预算线和消费可能线。消费预算线是表示在消费者收入和价格水平既定的条件下，消费者的全部收入所能购买到的两种商品的不同数量的各种组合。

消费可能线表明消费者行为的限制条件。假定某消费者可用于支出的收入为60元，购买 X 和 Y 两种商品。X 商品的价格为20元，Y 商品的价格为10元，如果他用全部的收入购买这两种商品，那么，也就达到了消费可能的最高上限。表10-3显示了在价格既定的条件下购买 X、Y 商品的各种可能组合。

表10-3　　　　　　　　　　　消费可能组合

消费可能	X 商品	Y 商品
A	0	6
B	1	4
C	2	2
D	3	0

根据表10-3可以作出该消费者的消费可能线，见图10-5。

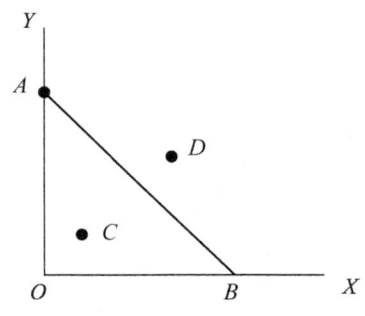

图 10-5 消费可能线

如图 10-5 所示，A 点为支出全部购买 Y 商品的数量，B 点为支出全部购买 X 商品的数量，连接 A、B 两点的线即为消费可能线，在 AB 线上任何一点都表示以现有支出能购买的 X、Y 商品的可能组合。在线内的点，如点 C，表示所购买的 X、Y 商品的组合可以实现，但没有用完收入，即不是最大数量的组合。在线外的点，如点 D，表示所购买的 X、Y 商品的组合不能实现。

如果以 I 表示消费者的既定收入，以 P_X 和 P_Y 分别表示 X、Y 两种商品的既定价格，以 Q_X 和 Q_Y 分别表示 X、Y 两种商品的数量，那么预算线的方程可以表示为：

$$I = P_X Q_X + P_Y Q_Y \tag{10-1}$$

$$\text{或者 } Q_Y = -\frac{P_X}{P_Y} Q_X + \frac{I}{P_Y} \tag{10-2}$$

式（10-1）表示，消费者的全部收入 I 等于他购买 X 商品的支出与购买 Y 商品的支出总和，式（10-1）变形之后得到式（10-2），在式（10-2）中，$-\dfrac{P_X}{P_Y}$ 为预算线的斜率，$\dfrac{I}{P_Y}$ 为预算线在纵轴上的截距。图 10-5 中的预算线是在消费者收入和商品价格既定的条件下做出的，如果消费者的收入和商品的价格改变了，则预算线就会变动。

（2）预算线的变动

既然预算线表示的是消费者在一定收入和价格下的限制，那么当消费者的收入或商品价格发生变化时，都会引起预算线发生变化。预算线的变动大致有以下四种情况：

① 当商品价格不变，消费者收入变动时，则预算线会平行移动。收入增加，预算线向右上方平行移动；收入减少，预算线向左下方平行移动。可以用图 10-6 来说明。

在图 10-6 中，AB 是原来的线。当收入增加时，预算线移动为 A_1B_1；当收入减少时，预算线移动为 A_2B_2。

② 当消费者收入不变，而两种商品的价格同比例同方向发生变化时，其变动结果与收入变动相同（见图 10-6）。

③ 当消费者收入和其中一种商品的价格不变，另一种商品的价格变动时，则预算线以不变价格的一端为轴心改变斜率。

如图 10-7 所示，AB 为原来的线，假定商品 Y 的价格不变，当商品 X 的价格上升

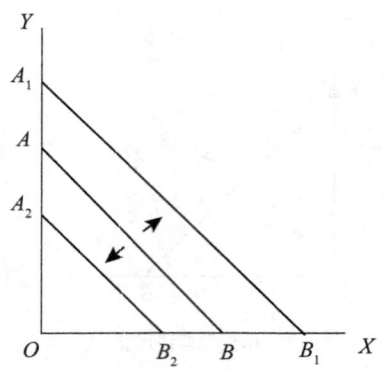

图 10-6 收入变动引起预算线的平行变动

时,预算线移动到了 AB_1,当商品 X 的价格下降,预算线移动到了 AB_2。如果商品 X 的价格不变,当商品 Y 的价格上升,预算线移动到了 A_1B,当商品 Y 的价格下降,预算线移动到了 A_2B。

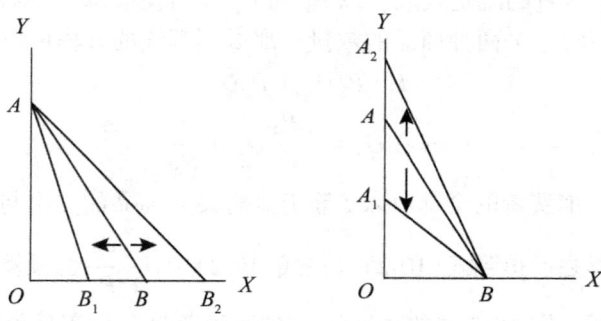

图 10-7 价格变动引起预算线的变动

④当消费者的收入和两种商品的价格都同比例同方向变化时,预算线不发生变化。因为此时预算线的斜率不发生变化,其截距也不会发生变化。这说明消费者的全部收入用来购买其中任何一种商品的数量都是不变的。

10.2.4 消费者均衡

所谓消费者均衡是指在消费者收入和商品价格既定的条件下,当消费者选择某个商品组合而获得了最大的效用并保持这种状态不变时,即消费者处于均衡状态。那么在什么条件下才会实现消费者均衡呢?

以上我们讨论了无差异曲线和预算线,无差异曲线从主观方面,即消费者偏好的角度分析了消费者通过购买获得满足的种种组合,预算线则从客观方面,即消费者收入限制的角度分析了消费者选择商品组合的最大可能性。现在我们把无差异曲线和预算线结合在一起来分析消费者均衡的实现。如果把无差异曲线与预算线放在同一坐标系中,预

算线必定与无数条无差异曲线中的一条相切于一点,在这个切点上,就实现了消费者均衡。可以用图 10-8 来说明:

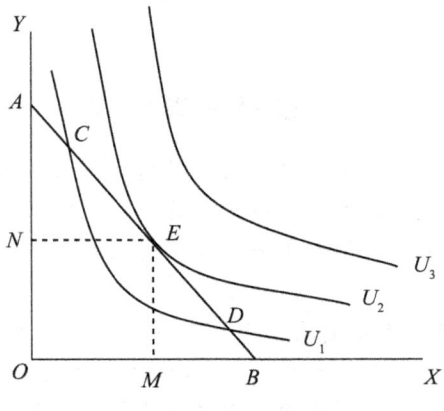

图 10-8 消费者均衡图

在图 10-8 中,U_1、U_2、U_3 为三条无差异曲线,它们的效用大小的顺序为 $U_1<U_2<U_3$。AB 为预算线。AB 线与 U_2 相切于 E 点,这时实现了消费者均衡。这就是说,在收入和价格既定的条件下,消费者购买 OM 单位 X 商品、ON 单位 Y 商品,就能获得最大的效用。

为什么只有在 E 点时才能实现消费者均衡呢?从图 10-8 可以看出,U_3 所代表的效用大于 U_2,但 U_3 与 AB 线既不相交又不相切,说明达到 U_3 效用水平的 X 商品与 Y 商品的数量组合在收入和价格既定的条件下,是无法实现的。AB 线与 U_1 相交于 C 点和 D 点,在 C 点和 D 点上所购买的 X 商品与 Y 商品的数量也是收入和价格既定的条件下最大的组合,但 $U_1<U_2$,在 C 点和 D 点上 X 商品与 Y 商品的数量组合不能达到最大效用。此外,U_2 上除 E 点之外的其他各点在 AB 线之外,即所要求的 X 商品与 Y 商品的数量组合也是收入和价格既定的条件下无法实现的。由此看来,只有在 E 点时才能实现消费者均衡。

在消费者均衡点 E 点上,预算线的斜率正好等于无差异曲线的斜率。我们知道,前者等于 X 和 Y 两种商品的价格之比,后者等于这两种商品的边际替代率。因此,消费者均衡的条件是:两种商品的边际替代率等于两种商品的价格之比,即:$\text{MRS}_{XY} = \dfrac{P_X}{P_Y}$,如果把两种商品的边际替代率解释为它们的边际效用之比,序数效用论的消费者均衡就与基数效用论的消费者均衡完全一致,其公式为

$$\text{MRS}_{XY} = \frac{\text{MU}_X}{\text{MU}_Y} = \frac{P_X}{P_Y} \quad \text{或} \quad \frac{\text{MU}_X}{P_X} = \frac{\text{MU}_Y}{P_Y} = \lambda$$

这就是消费者效用最大化的均衡条件,它表示:在一定的预算条件下,为了实现最大的效用,消费者应该选择最优的商品组合,使得两种商品的边际替代率等于两种商品的价格之比。也就是说,在最优的商品组合上,消费者愿意用一单位的某种商品去交换

另一种商品的数量应该等于该消费者能够在市场上用一单位的这种商品去交换得到的另一种商品的数量。

 小知识

最佳购买量的决定

消费者的无差异说明不同偏好下的各种选择，而消费者的预算则说明在收入和价格一定的条件下，他能消费多少数量的商品。把两者结合在一起，可以确定消费者购买行为的最佳境界——消费者满足程度的最大化，这就是经济学家所说的消费者均衡。

例如：你带 1000 元去逛商场，准备购买一件上衣和一条裤子，你看上了一套名牌服装，虽然你很喜欢但价格超出了 1000 元，也就是说给你带来的效用虽然大，但超出了你的支付能力，你买不起，卖服装的售货员又给你推荐了另外一套价格为 1000 元的服装，但你觉得不值，经过货比三家，在充分选择的基础上你终于选到了喜欢的服装，也恰好是 1000 元。女同志爱逛商场，无非就是要挑选自己最满意的服装，在对一种商品决策"买不买"时，会把效用与价格进行比较。当你对自己购买的服装最满意的时候，也就是花钱最少，得到的效用最大的时候。当然"萝卜青菜，各有所爱"，效用的大小完全是主观的感觉。

 想一想

为什么只有当 $\mathrm{MRS}_{XY} = \dfrac{P_X}{P_Y}$ 时，才能获得最大的满足呢？

分析提示

若 $\mathrm{MRS}_{XY} > \dfrac{P_X}{P_Y}$，即无差异曲线的斜率大于预算线的斜率的绝对值。理性的消费者会减少对 Y 商品的购买而增加对 X 商品的购买，直到达到均衡点。此时，消费者才能处于一种既不想再增加也不想再减少任何一种商品购买量的均衡状态。

若 $\mathrm{MRS}_{XY} < \dfrac{P_X}{P_Y}$，即无差异曲线的斜率小于预算线的斜率的绝对值。理性的消费者会增加对 Y 商品的购买而减少对 X 商品的购买，直到达到均衡点。此时，消费者才能处于一种既不想再增加也不想再减少任何一种商品购买量的均衡状态。

因此，只有当 $\mathrm{MRS}_{XY} = \dfrac{P_X}{P_Y}$ 时消费者才会达到均衡状态，获得了最大的满足。

10.2.5 消费者均衡的变动

在消费者收入和商品价格不变的情况下，消费者均衡点将保持不变，如果其中一个条件

发生变化，消费者均衡点将会移动。下面我们分别考察在收入变化和价格变化的情况下，消费者均衡将发生哪些变化。在分析收入变化的情况下，我们将通过收入—消费曲线得到恩格尔曲线；在分析价格变化的情况下，我们将通过价格—消费曲线得出需求曲线。

(1) 价格变化：价格—消费曲线和消费者需求曲线的导出

序数效用论运用边际替代率递减规律和消费者均衡的条件，推导单个消费者的需求曲线，同样得到了向右下方倾斜的需求曲线。

消费者的需求曲线由消费者的价格—消费曲线推导出。

价格—消费曲线用来说明一种商品的价格变化对消费者均衡的影响。它是在消费者的偏好、收入以及其他商品价格不变的条件下，与某一种商品的不同价格水平相联系的消费者的预算线和无差异曲线相切的消费者效用最大化的均衡点的轨迹。

如图 10-9(a) 所示，商品 X_1 的价格 P_1 发生变化，从 P_1^0 下降为 P_1'，再上升为 P_1''，相应的预算线从 AB 移至 AB′ 再移至 AB″，分别与无差异曲线 I_1、I_2 和 I_3 相切于均衡点 E_1、E_2 和 E_3。随着商品 1 的价格不断变化，可以找到无数个消费者的均衡点。它们的轨迹即价格-消费曲线 PCC。在每一个均衡点上，都存在着商品 1 的价格和商品 1 的需求量之间一一对应的关系。如：在均衡点 E_1、E_2 和 E_3，商品 1 的价格从 P_1^0 下降为 P_1' 再上升为 P_1''，则商品 1 的需求量由 $\overline{X_1^0}$ 增加为 $\overline{X_1'}$ 再减少为 $\overline{X_1''}$。将每一个 P_1 值和相应均衡点上的 X_1 值绘制在商品的价格—数量坐标图上，则得到了单个消费者的需求曲线 $X_1=f(P_1)$，如图 10-9(b) 所示。图 10-9(b) 中需求曲线 $X_1=f(P_1)$ 上的 A、B、C 点分别与图 10-9(a) 中的价格—消费曲线 PCC 上的均衡点 E_1、E_2 和 E_3 相对应。

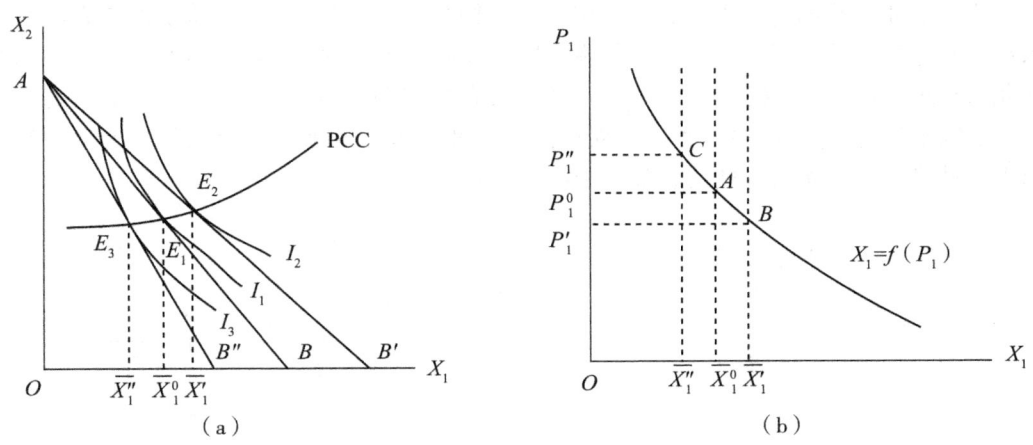

图 10-9 价格—消费曲线和消费者需求曲线

(2) 收入的变化：收入—消费曲线

在其他条件不变而消费者的收入发生变化时，也会改变消费者均衡的位置，并由此可以得到收入—消费曲线。

收入—消费曲线是在消费者的偏好和商品的价格不变的条件下，与消费者不同收入水平相联系的消费者效用最大化的均衡量的轨迹。可以用图 10-10 说明：

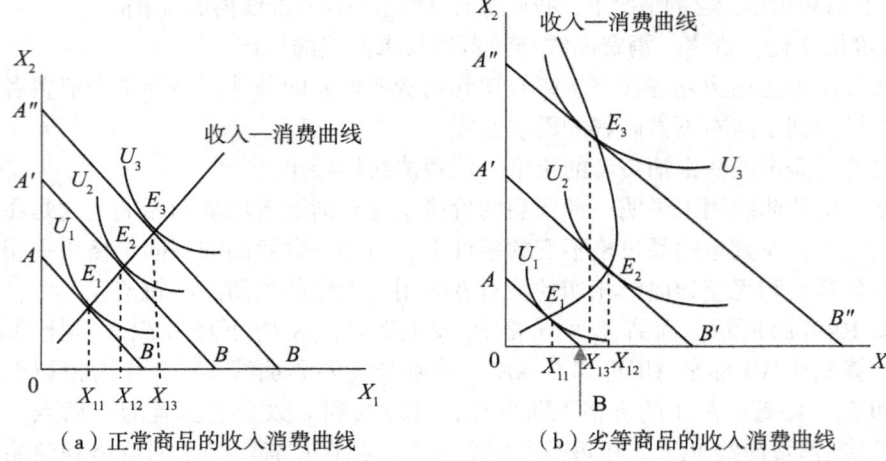

（a）正常商品的收入消费曲线　　　　（b）劣等商品的收入消费曲线

图 10-10

（3）恩格尔曲线

由消费者的收入—消费曲线可以推导出消费者的恩格尔曲线。恩格尔曲线表示消费者在每一收入水平下对某种商品的需求量。与恩格尔曲线相对应的函数关系为 $X=f(I)$。其中，I 为收入水平，X 为某种商品的需求量。

恩格尔曲线是如何得来的呢？在图 10-10 中的收入—消费曲线反映了消费者的收入水平和商品需求量之间一一对应的关系，即：以商品 1 为例，当收入水平为 I_1 时，商品 1 的需求量为 X_{11}；当收入水平为 I_2 时，商品 1 的需求量为 X_{12}；当收入水平为 I_3 时，商品 1 的需求量为 X_{13}……把这种一一对应的收入和需求量的组合描绘在相应的平面坐标图中，就可以得到恩格尔曲线，如图 10-11 所示。

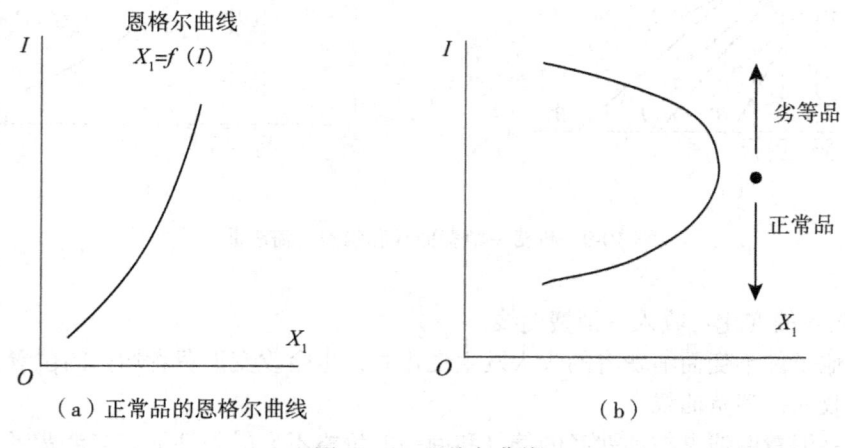

（a）正常品的恩格尔曲线　　　　　　　　（b）

图 10-11　恩格尔曲线

 小知识

恩格尔定律

根据收入—消费曲线的形状，食物生活类必需品的购买开支基本保持稳定。对此，德国统计学家 N. 恩格尔提出了一个定理：随着收入的提高，食物支出在全部收入中所占的比重越来越小。这一定律被称为恩格尔定律，反映这一定律的系数被称为恩格尔系数。其计算公式为：

$$恩格尔系数 = \frac{食物支出}{全部支出} \times 100\%$$

国际上常用恩格尔系数来衡量一个国家和地区人民生活水平的状况。根据联合国粮农组织提出的标准，恩格尔系数在 59% 以上为贫困，50%~59% 为温饱，40%~50% 为小康，30%~40% 为富裕，低于 30% 为最富裕。

 小案例

设计新的汽车

一辆汽车的两大特性是其款式设计（例如设计和内部特点）和其性能（例如汽油里程数和驾驶性能）。款式设计和性能都是受到人们关注的特性，一辆汽车的款式设计越好，性能越佳，其需求量就越大。然而，重新设计款式，提高性能，是要花钱的。应该怎样增加一辆汽车的特性呢？问题的答案部分地取决于生产成本，也取决于消费者对于汽车特性的偏好，汽车消费者组别的不同偏好可以影响其购买决定。有关美国汽车需求的一项新近的研究表明，在以往的 20 多年里，绝大多数消费者偏好的是款式而不是性能。

考虑两个消费者组别，每个组别想花 10000 美元用于汽车的款式和性能（其余的钱用于此处不予讨论的其他汽车特性上），但对于款式和性能，每个组别有不同的偏好。

图 10-12 显示了每个组别中的个人所面临的购车预算。第一组别，在款式和性能中偏好性能。通过在一条典型个人的无差异曲线和预算线之间寻找切点，可以发现，这一组别的消费者偏好这样一种汽车：其性能值 7000 美元，其款式值 3000 美元。而第二组别的消费者偏好性能值 2500 美元，款式值 7500 美元的汽车。统计研究已表明，大多数消费者属于第二组别。

在获悉组别偏好的情况下，一家汽车公司就可以设计产品、制订销售计划了。一个具有潜在盈利的选择是，制造这样一种车型：它注重款式的程度略低于图 10-12(b) 中个人所偏好的程度，但远高于图 10-12(a) 中个人所偏好的程度，以吸引这两组人。第二个选择是：生产较多的、注重款式的汽车，生产少量的、注重性能的汽车。这两种选择都是上述对购车偏好了解的结果。

项目二　理性消费之诀窍

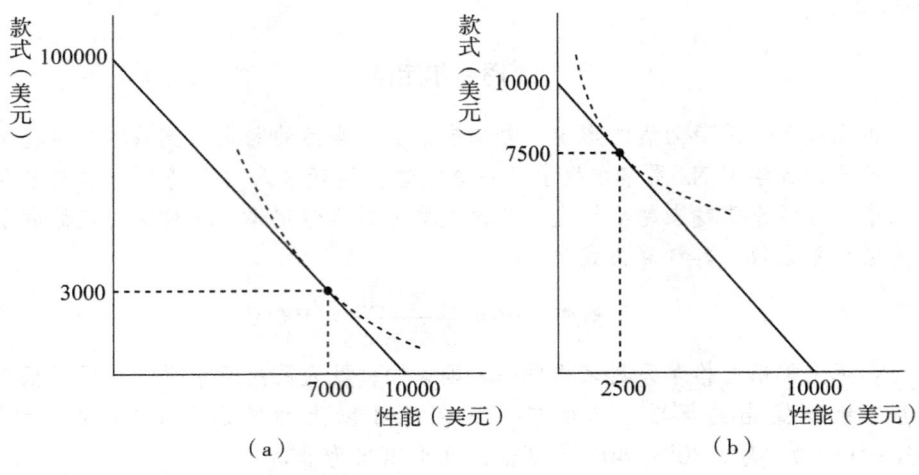

图 10-12　新车购买预算图

10.3　任务分析

前文中那头不幸的驴子忍饥挨饿直到死，首先，它是"完全理性的"，因为这两堆干草对它来说确实是无差异的，它吃其中任何一堆所得到的效用将是完全相等的；其次，因为这两堆干草对于它来说是无差异的，这使得它无法在两者之间作出选择，用来选择其中一堆干草的理由对另一堆同样适用，无差异导致了这头驴子的无法选择，最后在选择的左右为难中饿死。

从逻辑的角度看，的确存在第三种选择——饿死；但就价值标准而言，第三种选择在驴子显示的偏好顺序中显然排在另外两种选择（即选择其中任何一堆干草）的后面。布里丹的结论是荒谬的，但并不是因为他的论证存在任何逻辑性错误，而在于他忽略了驴子会借助其他手段来打破僵局、作出选择，甚至这种选择是瞬间决定的。比如，现实中，人们碰到类似难题，所谓"鱼和熊掌不能兼得"之时，就会向别人咨询、占卜或者抛硬币随机选择。

技 能 训 练

一、不定项选择题

1. 下列说法正确的有（　　）。
   A. 任意两条无差异曲线都不能相交
   B. 在同一条无差异曲线上，所有各点的商品的组合带给消费者的满足程度是完全相同的
   C. 离原点越远的无差异曲线所代表的消费者的偏好程度越高
   D. 无差异曲线凸向原点

E. 所有的无差异曲线都从左向右下倾斜
2. 任意两条无差异曲线不能相交,这是根据偏好的( )假定来判定的。
   A. 完备性   B. 可传递性
   C. 多比少好   D. 可加总性
3. 关于商品的边际替代率,表述错误的是( )。
   A. 商品边际替代率是指在效用水平不变的条件下,消费者增加一个单位某商品时必须放弃的另一种商品的数量
   B. 根据计算公式,商品边际替代率是负数
   C. 无差异曲线上的某一点的边际替代率是无差异曲线上该点的切线斜率的绝对值
   D. 商品边际替代率沿曲线递减
4. 下列说法中正确的是( )。
   A. 由于人们对效用的认识不同,形成了两种不同的效用理论
   B. 序数效用理论认为效用是可以直接度量的,存在绝对的效用量的大小
   C. 基数效用理论运用边际效用理论进行分析
   D. 序数效用理论运用无差异曲线和预算约束线进行分析
   E. 序数效用理论认为消费者可以知道自己对不同消费组合的偏好次序
5. 下列对效用表述不正确的有( )。
   A. 效用是指商品或者服务满足人们某种欲望的能力
   B. 效用是消费者在消费商品和服务时所感受到的满足程度
   C. 效用是人们心里的一种主观评价
   D. 效用具有客观标准
6. 商品 x 和 y 的价格按相同的比例上升,而收入不变,预算线( )。
   A. 向左下方平行移动   B. 向右上方平行移动
   C. 向左下方或右上方平行移动 D. 不变动
7. 预算线反映了( )。
   A. 消费者的收入约束   B. 消费者的偏好
   C. 消费者人数   D. 货币的购买力
8. 在消费者均衡点上的无差异曲线的斜率( )。
   A. 大于预算线的斜率   B. 小于预算线的斜率
   C. 等于预算线的斜率   D. 可能大于、小于或等于零预算线的斜率
9. 假定 x 和 y 的价格不变,当 $MRS_{xy} > P_x/P_y$ 时,消费者为达到最大满足,他将( )。
   A. 增购 x,减少 y   B. 减少 x,增购 y
   C. 同时增购 x、y   D. 同时减少 x、y
10. 消费者剩余是消费者的( )。
    A. 实际所得   B. 主观感受
    C. 没有购买的部分   D. 消费剩余部分

二、判断题

1. 如果某个消费者从消费每种商品中得到的总效用与它们的价格之比分别相等时，他将获得最大效用。（   ）
2. 只要总效用是正数，边际效用就不可能为负数。（   ）
3. 运用基数效用论，对消费者均衡进行分析的方法主要采用无差异曲线法。（   ）
4. 序数效用论认为，效用可以进行累加计算。（   ）
5. 在无差异曲线和消费可能线的交点上，消费者所得到的效用达到最大。（   ）

三、技能分析

1. 有一对夫妻，花了 3 个月时间找到了一只他们非常喜爱的古玩钟，他们商定只要售价不超过 600 美元就买下来。但是，当他们看清上面的标价时，丈夫却犹豫了。"哎哟，"丈夫低声说，"上面的标价是 800 美元，你还记得吗？我们说好了不超过 600 美元，我们还是回去吧。"妻子说："不过我们可以试一试，看店主能不能卖便宜点。毕竟我们已经寻找了这么久才找到了。"夫妻俩私下商量了一下，由妻子出面，试着与店方讨价还价，尽管她认定用 600 美元买到这只钟的希望非常小。

妻子鼓起勇气，对钟表售货员说："我看到你们有只小钟要卖。我看了上面的标价，而且价标上有一层尘土，这给小钟增添了几分古董的色彩。"停顿了一下，她接着说："我告诉你我想干什么吧，我想给你的钟出个价，只出一个价。我肯定这会使你震惊的，你准备好了吗？"她停下来看了一下售货员的反应，又接着说："哎，我只能给你 300 美元。"

钟表售货员听了这个价后，连眼睛也没眨一下就爽快地说："好！给你，卖啦！"
你猜妻子的反应怎样？夫妻俩欣喜若狂了吗？不，事实的结果是正好相反。

"我真是太傻了，恐怕这钟本来就值不了几个钱……或者肯定是里面缺少了零件，要不为什么那么轻呢？再要么就是质量低劣……"妻子越想越懊恼。尽管后来夫妻俩还是把钟摆到了家中的客厅里，而且看上去效果很好，美极了，似乎走得也不错，但是她和丈夫总觉得不放心，而且他们一直被某种欺骗的感觉所笼罩。

面对出现的这种结果，我们的问题是：

（1）用消费者效用理论解释出现这种现象的原因。

（2）如果钟表店的售货员坚持不降价或只稍微降价，你认为这对夫妻还有可能购买这只钟表吗？为什么？

2. 生活中最美好的东西都是免费的，请用相应的经济学原理解释。

3. 近几年来，DVD 的销售额迅猛增长，影院的观众都在逐渐流失。在美国，2004 年 DVD 的销售额就达到 155 亿美元——是 5 年前的 5 倍。好莱坞靠销售这种银色的神奇碟片赚到的钱，是目前电影院门票收入的 2 倍到 3 倍。动画电影《怪物史瑞克Ⅱ》的 DVD 在全球售出了近 5000 万张，《海底总动员》的 DVD 则售出了近 7000 万张。美国电影院的观众平均每年减少 8%，而在德国，该比例甚至达到 11%。来自美国《节目一周》周刊评论指出：来自 DVD 的竞争，引致电影业整体经营方式的转变。如果观众继续流失，那么也许不久后，新一轮也可能是最后一轮电影院倒闭潮流就将开始。

请用经济学相关理论解释该现象。

四、单项实训

趣味竞赛——喝饮料竞赛

实训要求：

(1)准备可乐若干瓶，选出三位同学参与喝饮料竞赛。

(2)事先由教师宣布规则和奖励办法。

(3)完成下列竞赛记录表。

(4)请参加竞赛的三位同学谈谈喝饮料的感受。

竞赛记录表

成员	所喝饮料(瓶)						
	1	2	3	4	5	6	7
甲							
乙							
丙							

项目三　探知企业生产

学习目标

知识目标：
1. 把握厂商、生产函数、等产量线和等成本线的基本概念。
2. 熟悉短期生产函数中总产量、平均产量与边际产量的含义及其相互关系。
3. 掌握生产要素的最适组合和规模经济，并理解边际收益递减规律。
4. 明确厂商在生产中应该注意的问题。

能力目标：
能用所学的生产理论对企业的生产问题进行分析研究。

案例导入

引入自动分拣机是好事还是坏事？

近年来我国邮政行业实行信件分拣自动化，引进自动分拣机代替工人分拣，也就是多用资本而少用劳动。从纯经济学的角度，即从技术效率和经济效率的同时实现来看，这是一件好事还是坏事呢？

假设某邮局引进一台自动分拣机，只需一人管理，每日可以处理 10 万封信件。如果用人工分拣，处理 10 万封信件需要 50 个工人。在这两种情况下都实现了技术效率。但是否实现了经济效率还涉及价格。处理 10 万封信件，无论用什么方法，收益是相同的，但成本如何则取决于机器与人工的价格。假设一台分拣机为 400 万元，使用寿命 10 年，每年折旧为 40 万元，再假设利率为每年 10%，每年利息为 40 万元，再加分拣机每年的维修费与人工费用 5 万元。这样使用分拣机的成本为 85 万元。假设每个工人工资 1.4 万元，50 个工人共 70 万元，使用人工分拣成本为 70 万元。在这种情况下，使用自动分拣机实现了技术效率，但没有实现经济效率，而使用人工分拣既实现了技术效率，又实现了经济效率。

（资料来源：梁小民，《经济学是什么》，北京大学出版社 2002 年版）

从上述例子可看出，在实现了技术效率时，是否实现了经济效率就取决于生产要素的价格。如果仅仅从企业利润最大化的角度看，可以只考虑技术效率和经济效率。这两种效率的同时实现也就是实现了资源配置效率。当然，如果从社会角度看问题，使用哪种方法还要考虑每种方法对技术进步或就业等问题的影响。

对厂商而言，不仅要决定为市场生产什么产品，而且还要决定怎样以效率最高的或成本最低的方式生产出这种产品。这就需要用科学的方法来判断生产决策是否符合技术效率与经济效率。本项目的生产者行为理论将重点讨论厂商或企业的行为规律，即研究在资源稀缺的条件下，厂商如何通过资源的合理配置，来实现利润的最大化。

任务十一　熟悉厂商与生产函数

学习目标

1. 了解厂商的概念及其组织形式。
2. 了解生产函数的一般含义。
3. 理解厂商的行为选择过程，能分析厂商的行为目标。

11.1　任务描述

国有企业生产效率问题

国有企业作为中国国民经济的微观主体，其效率如何直接关系到整个国家的经济运行和经济效率。改革开放以来，随着各项企业改革的推进，国有企业的效率发生了很大的改变。总体上说，国有企业的效率取得了一定的增长。这一方面得益于市场化改革给国有企业自身运行机制带来的可喜的变化；另一方面，市场化的发展使配置效率提高，给国有企业带来外部竞争压力，促使其提高产出效率；尤其是非国有经济成分崛起后所形成的国有、私营以及三资企业平分天下的局面，对国有企业以及我国工业整体水平的提高起到了积极的作用。

那么，国有企业的效率到底如何？影响国有企业效率的要素有哪些，引起效率增长的源泉在哪里？

11.2　任务精讲

11.2.1　生产与厂商

（1）生产的概念

在研究生产者行为时，首先要了解生产这个概念。生产是厂商对各种生产要素进行组合，以生产出产品的过程。一般来说，任何有价值的活动都是生产。生产过程的产出既可以是最终产品，也可以是中间产品；产出既可以是一种产品，也可以是一种服务。

不管厂商从事什么样的生产活动，由于其投入的生产要素和所能掌握的生产技术是有限的，因而能够提供的产量肯定不会超过某个限度，这种约束关系就可以用生产函数来表示。

生产与厂商密不可分。厂商是生产的主体，生产是厂商行为即生产者行为的结果。厂商也以两种面孔出现在市场上——购买者和消费者。厂商进行购买并不是为了消费，厂商购买的目的是为了进行生产。

 小知识

生产的三个特性

首先,生产不仅创造了物质,更生产了效用(或者说是价值);其次,生产不等同于劳动,生产往往要靠多种因素同时发生作用;最后,生产的结果是创造出新的价值,经过生产提高了对人的效用。

(2)厂商的概念

厂商,也称为企业,是指市场经济中为了达到一定目标而从事生产活动的经济单位,其功能就是把各种投入转化为一定的产出以取得最大利润。它主要具有以下几个方面的特征:

①从企业的社会性质和功能看,企业是独立从事商品生产经营活动和商业服务的经济组织。

②从企业生存和发展的目的看,企业以赢利为其活动宗旨。

③从企业的法律条件看,企业必须依法成立并具备一定的法律形式。

(3)厂商的组织形式

厂商的组织形式主要有以下三类:

①业主制——"夫妻店"。

业主制或称个体业主制,是企业制度序列中最初始和最古典的形态。业主制企业是在法律允许的条件下,由个人出资、个人经营、个人承担法律责任的一种最简单的厂商组织形式,业主制常被人称为"夫妻店",即人们经常说的个体经济。这类厂商规模小、投入少,进入门槛低,是最常见的厂商组织形式。

业主制的优点在于:一是企业资产所有权、控制权、经营权、收益权高度统一;二是企业主自负盈亏和对企业的债务负无限责任成为强硬的预算约束;三是企业的外部法律环境对企业的经营管理、决策、进入与退出、设立与破产的制约较小。虽然业主制有如上的优点,但它的缺点也比较明显:比如难以筹集大量的资金,投资者的风险过大,企业连续性差,加上企业内部的基本关系是雇佣劳动关系,劳资双方利益目标的差异,构成了企业内部组织效率的潜在危险。

②合伙制——"共同利益绑住你我"。

合伙制企业即合伙企业,指两个人或两个以上的人合资经营的一种厂商组织形式。在合伙企业中,每个合伙人都要提供一定数量的资本与劳务,分享一定比例的收益和承担相应的亏损与债务。相对于个人企业而言,合伙制企业的资金较大、规模较大,比较易于管理;分工和专业化得到加强。但由于多人所有和参与管理,不利于协调和统一;资金和规模仍有限,在一定程度上不利于生产的进一步发展;合伙人之间的契约关系欠稳定;每个使用者对于企业都具有无限清偿责任。一般而言,合伙制企业的风险比较高。大多数的会计师事务所和律师事务所属于这种形式。

③公司制——"众人拾柴企业大"。

公司制企业是指依法设立的，具有法人资格，并以营利为目的的企业组织。我国《公司法》只规定了两类公司：有限责任公司与股份有限公司。有限责任公司指不通过发行股票，而由为数不多的股东集资组建的公司（一般由2人以上50人以下的股东共同出资设立），其资本无需划分为等额股份，股东在出让股权时受到一定的限制。在有限责任公司中，董事和高层管理人员往往具有股东身份，所有权和管理权的分离程度不如股份有限公司那样高。有限责任公司的财务状况不必向社会披露，公司的设立和解散程序比较简单，比较适合中小型企业。

股份有限公司是把全部资本划分为等额股份，通过发行股票筹集资本的公司，又分为在证券市场上市的公司和非上市公司。股东一旦认购股票，就不能向公司退股，但可以通过证券市场转让其股票。这种组织形式适合大中型企业。

公司制企业属于法人企业，出资者以出资额为限承担有限责任，它是现代企业组织中的一种重要形式，有效地实现了出资者所有权和管理权的分离，具有资金筹集广泛、投资风险有限、组织制度科学等特点，在现代企业组织形式中具有典型性和代表性。公司制企业已经成为我国企业组织形式的主体。

公司制企业也存在若干缺点，如公司设立比较复杂，要通过一系列法定程序；股东购买股票往往是获取股利和价差，并不直接关心企业经营；所有权与经营权分离，委托人与代理人之间会产生一系列复杂的授权与控制关系。

(4) 厂商的经营目标

"利润"这个词对我们每一个人来说，都已经是耳熟能详，它就像碧波里的珠宝，荡漾着诱人的光芒。在市场经济中，利润最大化与成本最小化是企业永恒的主题。从经济学的角度来说，一个从事生产或销售的企业，如果它的总收益大于总成本，那么它就会有剩余，这个剩余就是利润。

那么，如何进一步深入理解利润最大化呢？如果我们单凭直观认为，对于一个企业来说利润越多越好，这样其实是没有什么意义的。原因很简单，企业的利润来自于自身的生产或者销售，在市场里，一个企业的生产和销售总是处于变化当中的，利润也随之变化。因此问题的关键就在于，企业要判断出自己在何种状态经营时能够取得利润的最大值。这就意味着，衡量如何实现"利润最大化"时，必须遵从客观实际，从实际出发。企业存在的唯一目标就是获得效益最大化，为了达到这个目标，通过理性的决策、保持诚信，尽力提高顾客满意度，合理地选择机会成本，果断地放弃沉没成本，采取合理的激励方式，探索良好的人力资源管理模式等来达到企业的唯一目标——利润最大化。

小案例

企业追求的最高目标——利润最大化

有一家皮鞋厂，在一个销售期结束后进行盘点。它的总收益便是卖出皮鞋后的全部收入，它的平均收益便是每卖出一双皮鞋所增加的收入。规范地说，就是"出卖每单位产品所得到的收入"。不难看出，平均收益其实就是每双皮鞋的价格。假设该鞋厂生产一单位产品，也就是生产一双皮鞋增加的收益为20元（边际收益），而每多生产一双皮鞋的边际成本为15元。那么，企业一定要增加生产，以实现利润最大化，把能赚的钱尽量都赚到。

但是，如果一双皮鞋的边际收益为20元，而边际成本却变为25元时，鞋厂每生产一单位产品就会赔5元。那么，企业就一定要减少生产，因为它正在"贴钱卖货"。只有当边际收益等于边际成本（都是20元）时，企业既不会增加产量，也不会减少产量，这时就说明企业实现了利润最大化。

注 意

厂商以利润最大化为目标是传统的微观经济学的基本理论假设。实际上，现代经济学家的进一步分析认为，厂商的目标是多元化的。例如美国经济学家W.鲍莫尔分析了厂商以销售量最大化为目标的行为；美国制度学派经济学家K.加尔布雷斯则把稳定与增长作为像大公司这样的厂商的目标，它们追求的是适度利润。美国一项对500家大型企业高级经理的抽样调查结果表明，企业有多重目标。分项目标出现比例为：利润，96.9%；增长，86.2%；成本效率，81.5%；长期生存，74.5%；短期生存，55.4%；管理乐趣，53.8%。由此可见——利润不是唯一目标，但是最重要的目标。在一般的微观经济理论中，仍以利润最大化为基本假设。

(5) 厂商理论

在西方微观经济学中，关于企业的理论主要集中在"厂商理论"部分。在研究生产者行为时，一般的理论假定是，企业都是具有完全理性的经济人，其生产目的是追求利润的最大化，即在既定的产量下实现成本最小，或者在既定的成本下达到产量最大。

厂商理论包括三个方面的内容：

①生产理论。主要研究投入的生产要素与产量之间的关系，即如何配置资源，使生产要素既定时产量最大，或者说使产量既定时投入的生产要素最少。

②成本理论。主要研究成本与收益之间的关系，厂商只有在扣除成本后，才能谈得上利润的最大化。

③市场理论。市场有不同的结构，即竞争与垄断的程度不同。它研究的是当厂商面对不同的市场时，应该如何确定自己产品的产量和价格。企业只有处理好这三方面问题，才能实现利润最大化目标。

11.2.2 生产函数

(1) 生产要素与产出

生产要素指进行社会生产经营活动时所需要的各种社会资源，它是维系国民经济运行及在市场主体生产经营过程中所必须具备的基本因素。

 小案例

钻石所有权的"战争"——生产要素的构成

在一次世界珠宝拍卖会上,有一颗名为"月光爱人"的钻石吸引了顾客的眼球。它晶莹剔透、光彩夺目,最后卖出了8000万元的天价。这颗钻石是谁生产的呢?这颗钻石是由梦幻珠宝公司在位于南非的一座矿山中挖掘出来的,很多人都有功劳。

梦幻公司的老板托尼洋洋得意地说:"我当初决定购买这座矿山开采权的时候,就觉得这里面一定有宝藏,现在果然应验了。"

挖掘队队长鲍勃不服气了,说:"为了挖到这颗钻石,我和同事们付出了艰辛的劳动。我们夜以继日地工作,几乎找遍了矿山的每个角落,好不容易才发现了它。"

向梦幻公司提供挖掘设备的厂商却说:"我们公司的设备是世界一流的,如果没有我们提供的挖掘机,他们不可能在50米深的矿井中挖到这颗钻石。"

最后,南非政府的官员说:"只有在我们国家的土地上才能找到如此珍贵的钻石。在我们的国土下面还埋藏着数不尽的矿藏资源,欢迎各国企业家来投资开采。"

在这个故事中,大家都认为自己对钻石生产的功劳最大,其实离开了哪一方面都不能成功。他们都是生产要素的提供者。

任何一种生产都需要投入各自不同的生产要素。生产要素是厂商进行生产的基本条件。现代西方经济学认为生产要素包括劳动力、土地、资本、企业家才能四种,随着科技的发展和知识产权制度的建立,技术、信息也作为相对独立的要素投入生产。

①劳动(L):劳动者所提供的服务,可以分为脑力劳动服务和体力劳动服务;劳动力是劳动者的能力。在经济学中,劳动和劳动力一般不作严格的区分。

②资本(K):生产中所使用的资本品或生产资金。资本有两种形式:其一是指物质资本,其二是指人力资本。

③土地(N):生产中所使用的、以土地为主要代表的各种自然资源。它是自然界中本来就存在的。

④企业家才能(E):企业家对整个生产过程的组织与管理工作以及相关的管理经验和管理风格。经济学特别强调企业家才能对生产的作用,认为把劳动、资本、土地等生产要素合理配置起来,生产出最多、最好的产品的关键因素就是企业家才能。

 想一想

怎样区别生产要素与生产资料?

分析提示

在西方经济学中,生产要素一般被划分为劳动、土地、资本和企业家才能这四种类型。劳动是指人类在生产过程中体力和智力的总和。土地不仅仅指一般意义上的土地,还包括地上和地下的一切自然资源,如江河湖泊、森林海洋、矿藏等。资本可以表示为实物形态和货币形态,实物形态又被称为投资品或资本品,如厂房、机器、动力燃料、原材料等。资本的货币形态通常称为货币资本。企业家才能通常指企业家组建和经营管理企业的才能。

生产资料是生产力中的物的因素。在生产资料中,生产工具起决定性作用,生产工具的发展水平决定了人类征服、改造自然的广度和深度。生产资料总是存在于一定的社会经济形态,成为特定生产关系的物质承担者。在不同的社会经济形态中,由于生产资料所有制形式不同,生产资料和劳动者的结合方式不同,因而生产资料也具有不同的性质。

(2)生产函数的概念

生产理论和成本理论是企业经营的关键,它所讨论的是厂商面临的最基本的问题:比如厂商生产应使用多少台机器,雇佣多少工人?工人与机器怎样搭配的产量最大?这涉及投入要素的最优组合。为增加产量,应向现有工厂追加投资,建更大规模的生产线,还是另外投资建同等规模的新厂?这涉及的是规模报酬递增、递减。产品成本随时间和产量如何变化?这就涉及生产函数和成本函数。我们先来了解生产函数。

生产过程中生产要素的投入量和产品的产出量之间的关系,可以用生产函数来表示。生产函数表明投入和产出之间的函数依存关系。即生产函数在一定时期内,在技术水平不变的情况下,生产中所使用的各种生产要素的数量与所能生产的最大产量之间的关系。

假定 X_1,X_2,…,X_n 顺次表示某产品生产过程中所使用的 n 种生产要素的投入数量,Q 表示所能生产的最大产量,则生产函数可以写成以下形式:

$$Q = f(X_1, X_2, \cdots, X_n)$$

该生产函数表示在一定时期内,在既定的生产技术水平下的生产要素组合(X_1,X_2,…,X_n)所能生产的最大产量为 Q。

在经济学分析中,为了简化分析,通常假定生产中只使用劳动和资本这两种主要生产要素。通常以 L 表示劳动投入数量,以 K 来表示资本的投入数量,则生产函数可以写为:

$$Q = f(L, K)$$

小案例

鲁宾逊的生产函数

鲁宾逊是一个流落到陌生小岛上的水手,他发现浅水区有很多鱼。一种方式是

徒手到水里抓；另外一种方式，比如先去折些树枝编织渔网。假设将编织好的渔网看做为了抓鱼而积累资本，然后再辅以劳动，鲁宾逊的生产函数是：$Q=f(L,K)$。

注 意

正确全面地理解生产函数的概念，需要注意以下几个问题：

①生产函数中产量是指一定的投入要素组合所能生产出来的最大产量，也就是说，生产函数所反映的投入与产出关系是以企业的投入要素得到充分利用为假设条件的。

②生产函数取决于技术水平。生产技术的改进，可能会改变投入要素的比例，导致新的投入产出关系，即新的生产函数。

③生产一定量的某种产品所需要的各种生产要素配合比例在一定条件下是可以改变的。例如，在农业中可以多用劳动少用土地进行粗放式经营，也可以少用劳动多用土地进行集约式经营。在工业中也有劳动密集型技术与资本密集型技术之分。

技术效率是指投入要素与产出量之间的实物关系。当投入既定产量最大或产出既定投入最少时就实现了技术效率。经济效率是指成本与收益之间的关系。成本既定收益最大或收益既定成本最低时就实现了经济效率。技术效率是经济效率的基础，但并不等于经济效率，实现了技术效率并不一定也实现了经济效率。

技术效率只取决于技术上的可行性，经济效率要取决于资源的相对成本。经济上有效率的方法就是使用最少数量的更昂贵的资源和最大数量的更便宜的资源。经济上无效率的厂商不能实现利润最大化。

在生产函数中，各生产要素的配合比例称作技术系数。不同行业、不同企业的技术系数是各不相同的。一般的分析中假定技术系数不变，如果技术系数可以变动，则生产要素的最适组合的原则是：应该使所购买的各种生产要素的边际产量与价格的比例相等，即要使每一单位货币无论购买何种生产要素都能得到相等的边际产量，达到生产者均衡状态。

生产理论分析了影响企业效率的各种要素及其配置比例，主要考察的是企业的技术效率。但技术效率并不等于经济效率，技术效率反映的是企业的投入产出组合，而经济效率则是在考虑价格因素情况下的最低成本组合，它要求投入价格与产出价格的比率等于生产边界的斜率。因此，要实现利润最大化的目标，企业还要考虑收益与成本的关系，这就涉及成本理论。

现实的市场结构由于竞争与垄断程度的不同而不同。在不同的市场条件下，企业收益与成本变动的规律也不相同，因而，企业对最大利润的追求要受到相应的市场环境的制约，只有面对不同的市场采取不同的决策，才可能提高效率。

生产技术指数

厂商从事不同的生产项目,投入的生产要素种类不同,要素间的配合比例也不同。为生产一定数量商品所需要投入的各种生产要素的配合比例,称为生产技术系数。

生产技术系数根据生产技术要求的不同,可分为固定的技术系数和可变技术系数。如果生产某种产品所需要的各种生产要素的配合比例是不能改变的,这种系数称为固定技术系数,这种固定技术系数的生产函数称为固定比例的生产函数。例如,假设在某种生产中投入劳动和资本两种生产资源,劳动和资本的组合比例为1:3,当劳动投入量增加1倍时,资本投入量必须增加3倍。

(3) 常见的两种生产函数

① 柯布—道格拉斯生产函数。柯布—道格拉斯生产函数是由美国数学家柯布和经济学家保罗·道格拉斯于20世纪30年代初提出的。柯布—道格拉斯生产函数被认为是经济学中使用最广泛的一种生产函数形式,因为该函数以其简单的形式描述了经济学家所关心的一些问题,它在经济理论的分析和实证研究中都具有重要的意义。该生产函数的一般形式,即:

$$Y = A(t) L^\alpha K^\beta \mu$$

上式中 Y 是工业总产值,$A(t)$ 是技术进步,L 和 K 分别为劳动和资本投入量;α 是劳动力产出的弹性系数,β 是资本产出的弹性系数,μ 表示随机干扰的影响,$\mu \leq 1$。

从这个模型看出,决定工业系统发展水平的主要因素是投入的劳动力数、固定资产和综合技术水平(包括经营管理水平、劳动力素质、引进先进技术等)。根据 α 和 β 的组合情况,它有三种类型:

$\alpha+\beta>1$,称为递增报酬型,表明按技术用扩大生产规模来增加产出是有利的。

$\alpha+\beta<1$,称为递减报酬型,表明按技术用扩大生产规模来增加产出是得不偿失的。

$\alpha+\beta=1$,称为不变报酬型,表明生产效率并不会随着生产规模的扩大而提高,只有提高技术水平,才会提高经济效益。

② 里昂惕夫生产函数。里昂惕夫生产函数又称固定投入比例生产函数,指在每一个产量水平上任何一对要素投入量之间的比例都是固定的生产函数。假定生产过程中只使用劳动和资本两种要素,则固定投入比例生产函数的通常形式为:

$$Q = \text{Min}(L/U, K/V)$$

其中,Q 表示产量,L 和 K 分别表示劳动和资本的投入量,U 和 V 分别为固定的劳动和资本的生产技术系数,它们分别表示生产一单位产品所需要的固定的劳动投入量和资本投入量。该生产函数的意义是:产量 Q 取决于 L/U 和 K/V 这两个比值中较小的那个,即使其中的一个比例数值较大,那也不会提高产量,因为在这里的生产被假定为必须按照 L 和 K 之间的固定比例,当一种生产要素的数量不能变动时,另一种生产要素的数量再多，也不能增加产量。

11.3 任务分析

据经济分析显示，在中国企业改革过程中，国有企业的效率的确取得了较大增长，其生产率增长的决定因素除了规模、资本装备率等由技术性规定的因素外，最主要的是源自对人力资本和企业家才能的激励以及教育程度的改善和市场竞争因素。因为：

第一，留利对企业而言是一个变量。留利对产出效率的作用表现为，边际利润或留利的增长会使边际产出也相应增长。国有企业真正追求的是留利或剩余的最大化，而不是利润。

第二，浮动工资由奖金构成，来源于留利，以浮动工资占总工资的比例来测定。浮动工资是直接对员工的激励，因而在一定程度上可以提高产出效率。

第三，经理（或厂长）的薪酬。这是对经营者的激励因素。经营者对企业的发展和效率的提高具有举足轻重的作用。尤其在国企中，在缺乏资本的真正所有者——企业主要依靠企业家才能来推动和发展的情形下，经理（或厂长）的薪酬对企业效率的提高作用重大。

第四，教育程度。这是一个标志企业人力资本质量的变量，以企业大专以上文化程度的员工占全部员工的比重来测定。通常认为，企业的教育程度对企业的效率有着积极的正效应。

以上要素对国企生产效率有着显著的正效应，但决策权、市场竞争程度、预算约束、产业变量等要素对企业生产效率的影响不明显。这说明国有企业之间的竞争效率还比较低，与乡镇企业、合资企业等相比有很大的差距，需要进一步加大国有企业的放开程度。

任务十二　学习短期生产及其函数

学习目标

1. 了解短期生产函数的一般含义。
2. 理解总产量、平均产量、边际产量的概念。
3. 掌握产量曲线、边际收益递减规律以及生产要素投入的三阶段。

12.1　任务描述

"大勺哥"的生产函数

一个人、10个炉灶、10个大勺，最快的时候一分钟内能同时炒出5份炒面，最多的时候有14把大勺同时炒，一个中午别人能炒50份，他能炒200份。这就是卖炒面的郑大哥独具特色，也是最吸引人的一项绝活！"大勺哥"本名郑建安，是沈阳市和平区露天美食城的厨师兼老板。20多年里他不断地研究和总结，从起初用1把大勺，到如今的12把大勺得心应手。"大勺哥"一人操持10多把大勺，节奏均匀，忙而不乱，出神入化，令人叹为观止。

"大勺哥"说："我这样用多个炉灶同时炒面主要有两大好处，第一当然是出菜快！而且同时能出来好几份，这样那些一次买几份炒面的人就不用等那么长时间了。第二是由于每一份炒面都要通过轮流翻炒，使得每一份的加热和入味时间延长了，味道自然也就好多了！"的确，每天来"大勺哥"这里买炒面的人很多，有时候也要排队，但是由于"大勺哥"炒面的速度很快，所以等待的时间一般不会很长。

请用经济学原理中的短期生产理论来解释"大勺哥"的最优化生产？

12.2 任务精讲

生产者行为理论可分为短期生产理论和长期生产理论。短期生产函数和长期生产函数的划分不是以时间的绝对长短来决定的，而是以生产者能否变动全部要素投入的数量作为划分标准的。

12.2.1 短期生产函数

在短期内，生产要素的投入可以分为不变投入和可变投入。生产者在短期内无法进行数量调整的那部分要素投入是不变要素投入，例如机器设备、厂房等。生产者在短期内可以进行数量调整的那部分要素投入是可变要素投入，例如劳动、原材料、燃料等。

短期生产函数研究在其他要素不变时，一种生产要素的投入和产量之间的关系以及这种可变生产要素的合理投入量是多少。例如假设资本投入量不变，并用 K 表示，劳动投入量用 L 表示，则生产函数可以表示为：

$$Q=f(L,\overline{K}) \quad \text{其中 } K \text{ 固定，} L \text{ 可变。}$$

这就是通常采用的一种可变生产要素生产函数的形式，它也被称为短期生产函数。它反映了既定资本投入量下，一种劳动要素投入量与所能生产的最大产量之间的相互关系。

12.2.2 总产量、平均产量与边际产量

为了说明劳动与资本投入量的产量变动情况，在此需引入总产量、平均产量与边际产量几个概念。

总产量(TP)是指一定量的某种生产要素所生产出来的全部产量。TP_L 是指一定量的劳动投入所生产出来的全部产量，它的定义公式为：

$$TP_L=f(L,\overline{K})$$

平均产量(AP)是指平均每单位某种生产要素所生产出来的产量。AP_L 是指平均每单位劳动所生产出来的产量，它的定义公式为：

$$AP_L=\frac{TP_L(L,\overline{K})}{L}$$

边际产量(MP)是指某种生产要素每增加一单位所增加的产量，即所增加的最后一单位某种生产要素所带来的产量的增量。MP_L 是指每增加一单位劳动所增加的产量，它的定义公式为：

$$MP_L = \frac{\Delta TP_L(L, \overline{K})}{\Delta L}$$

或者
$$MP_L = \lim_{\Delta L \to 0} \frac{\Delta TP_L(L, \overline{K})}{\Delta L} = \frac{dTP_L(L, \overline{K})}{dL}$$

 小知识

半个煎饼的价值为何大于六个煎饼的价值——"边际"的概念

佛教《百喻经》中有一个寓言：譬如有人，因其饥故，食七枚煎饼。食六枚半已，便得饱满。其人嗔恚，以手自打，而作是言："我今饱足，由此半饼。然前六饼，唐自捐弃，设知半饼能充足者，应先食之。"

这个故事虽然是笑谈，但却揭示了现代经济学的重要概念：边际。"边际"是经济学上的常用术语，一般是指新增的意思。19世纪70年代初出现的边际概念，是西方经济学自亚当·斯密时代以来的一个极为重要的变化。经济学家把它作为一种理论分析工具，可以应用于经济中的任何可以衡量的事物上。正因为这一分析工具在一定程度上背离了传统的分析方法，故有人称为"边际革命"。

假定生产某种产品所用的生产要素是资本与劳动，其中资本是固定的，劳动是可变的，则总产量、平均产量与边际产量的变动规律如表12-1所示。

表12-1　　　　　　　　　　**总产量、平均产量与边际产量**

资本量(K)	劳动量(L)	劳动增量(ΔL)	总产量(TP_L)	边际产量(MP_L)	平均产量(AP_L)
10	0	0	0	0	0
10	1	1	8	8	8
10	2	1	20	12	10
10	3	1	36	16	12
10	4	1	48	12	12
10	5	1	55	7	11
10	6	1	60	5	10
10	7	1	60	0	8.6
10	8	1	56	-4	7

根据表12-1可以作出图12-1。

在图12-1中，横轴代表劳动量，纵轴代表总产量、平均产量和边际产量，TP_L为总产量曲线，AP_L为平均产量曲线，MP_L为边际产量曲线。

在图中，MP_L曲线表现出先升后降的特点，这是由边际收益递减规模的作用所决定

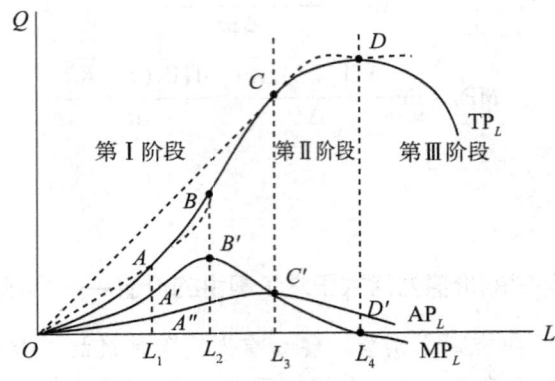

图 12-1　短期生产函数曲线

的。边际产量 MP_L 曲线先是上升的,并在 B' 点达到最高点,然后再下降。

结合图 12-1 中的总产量曲线、平均产量曲线和边际产量曲线,它们相互之间的关系主要有以下三个方面:

第一,关于总产量曲线与边际产量曲线之间的关系。边际产量为正,总产量增加;边际产量为负,总产量减少;边际产量为零时总产量最大。

第二,关于平均产量与边际产量曲线之间的关系。边际产出>平均产出,平均产出上升;边际产出<平均产出,平均产出下降。

边际产量曲线与平均产量曲线一定要在平均产量曲线的最高点相交;在相交之前,平均产量是递增的,这时边际产量大于平均产量;在相交之后,平均产量是递减的,这时边际产量小于平均产量;在相交时,平均产量达到最大,这时边际产量等于平均产量。此时,边际产量的变动快于平均产量的变动。这可以从数学角度来加以证明。利用 (12-1) 式对 L 求导,有:

$$\frac{d}{dL}AP_L = \frac{d}{dL}\left(\frac{Q}{L}\right) = \frac{\frac{dQ}{dL}L - \frac{dL}{dL}Q}{L^2} = \frac{\frac{dQ}{dL}L - Q}{L^2} = \frac{1}{L}\left(\frac{dQ}{dL} - \frac{Q}{L}\right) \quad (12\text{-}1)$$

上式中 $\frac{dQ}{dL}$ 为边际产量 MP_L,$\frac{Q}{L}$ 为平均产量 AP_L,且 $L>0$,因此:

当 $\frac{dQ}{dL} > \frac{Q}{L}$,则 $\frac{d}{dL}AP_L > 0$,AP_L 处于递增阶段;

当 $\frac{dQ}{dL} < \frac{Q}{L}$,则 $\frac{d}{dL}AP_L < 0$,AP_L 处于递减阶段;

当 $\frac{dQ}{dL} = \frac{Q}{L}$,则 $\frac{d}{dL}AP_L = 0$,AP_L 取最大值。

第三,关于平均产量曲线与总产量曲线之间的关系。平均产量达到最大值时,总产量曲线必有一条从坐标原点出发的最陡的切线,相切于相应的点。由于 $AP_L = TP_L/L$,所以平均产量曲线是总产量曲线上的点与原点连线的斜率值的轨迹。

假定技术不变，厂商仅仅使用劳动与资本两种生产要素生产一种产品。在短期内，假设资本投入不变，则短期生产函数可写成 $Q = f(L)$。根据该短期生产函数，可以得到总产量、平均产量与边际产量三种产量概念，它们都是劳动投入的函数。

12.2.3 短期生产的决策阶段

然而，究竟可变要素的投入应该为多少是最佳的呢？根据短期生产的总产量、平均产量和边际产量之间的关系，可将短期生产划分为三个阶段来进一步分析，参见图 12-1。

在第 I 阶段，可变要素投入从零开始，到平均产量最大值对应的 L_3 为止。这一阶段的特点是：可变要素的平均产量一直在递增，直至最大值，而且，边际产量大于平均产量。这意味着，在这一阶段相对于固定不变的投入要素 K 来说，L 缺乏，要素配合比例不当，效率不能充分发挥。所以增加 L 的投入，能调整 K 与 L 的配合比例，提高要素使用效率，并能获得高于水平的效率。很显然，在这一阶段增加投入是有效的。

在第 II 阶段，可变要素投入从平均产量最大值对应的 L_3 开始，到边际产量为 0 时所对应的 L_4 止。这一阶段的特点是：平均产量和边际产量随可变要素投入的增加而递减，边际产量小于平均产量，即边际产量比平均产量递减得更快，边际产量的持续递减，说明总产量的增长率在不断下降。但由于边际产量仍为正值，因此总产量仍能保持增长的势头，直至最大值。因此，在这一阶段增加投入仍然会有所收益。

在第 III 阶段，可变要素投入是边际产量为 0 时所对应的 L_4 以后的阶段。这一阶段的特点是可变要素的平均产量持续递减，边际产量为负值，总产量开始递减。这意味着，相对于固定的 K 来说，L 已过剩，要素的配合比例失调。例如，劳动力增加太多，导致彼此相互妨碍、阻碍生产正常进行时，劳动效率必然降低。所以在这一阶段，追加生产要素的投入显然不合理。

由以上对生产三阶段的分析可见，任何理性的生产者不会将生产停留在第 I 阶段，而是会连续增加可变要素的投入量，以增加总产量，并将生产扩大到第 II 阶段。任何理性的生产者也不会在第 III 阶段进行生产。所以，生产应该在第 II 阶段进行。

12.2.4 边际收益递减规律

生产理论研究的是生产过程中基本生产规律，即研究生产要素投入量的变动所引起的产量变动的规律。在生产理论中，将这些生产规律分成边际收益递减规律和规模经济规律分别进行研究。

边际收益递减规律也称生产要素报酬递减法则，是微观经济学的基本规律之一。它的基本内容是：在技术水平不变的条件下，当把一种可变生产要素投入到一种或几种不变的生产要素中时，最初这种生产要素的增加会使产量增加，但是当它们的增加超过一定的限度时，增加的产量就会递减，最终还会使产量绝对减少。

边际报酬递减规律是短期生产的一条基本规律。边际报酬递减规律所强调的是：在任何一种产品的短期生产中，随着一种可变生产要素投入量的增加，边际产量最终必然会呈现出递减的特征。

项目三 探知企业生产

从"和尚挑水"到"边际产量递减定律"

"边际产量递减定律"导致总产量先升后降，也可以用一个著名的中国谚语来解释：一个和尚挑水吃，两个和尚抬水吃，三个和尚没水吃。在"运水"的生产中，投入的生产要素是劳力（和尚）、水桶与扁担。当和尚只有一个时，他用一根扁担挑两个水桶，桶里的水只能大半满，他只能走一个来回。

当和尚的数量增加到两个（劳力这种生产要素的数量增加），他们可以改变生产方式，从一人用一根扁担挑两个水桶变成两人一前一后抬着一根扁担上的两个水桶，由于这样力气比较大，他们就能将桶里的水装得更满，而且可以走两个来回，从而使得总产量（运水量）上升。也就是说，生产要素的增加，使得生产者可以选择采用一些效率更高的生产方式（改变或创新技术），从而提升了产量。

然而，当和尚的数量进一步增加到三个，姑且不论这谚语里说的是三个和尚互相推诿导致无人去运水，就算他们三人都去运水，情况又会怎样？

扁担就一条，三个人一起挑，不仅不会比两个人能挑更多的水，反而会互相妨碍；如果是换成其中两个人先抬两桶回来，第三个再与其中另一个合作去抬两桶，由于后者已经走了一趟，气力损耗，抬水量肯定不如之前。

而即使可以走上三个来回，但不管怎么样，总有一个人会闲置在那里，对增加总产量不起作用。这就导致总产量虽然有所增加，但增加量（即边际产量）会比从一个和尚增加到两个和尚时少了，也就是边际产量递减定律起了作用。

再把这谚语的含义也考虑进来，多了一个和尚就多了人与人之间协调合作的困难，这意味着交易费用的上升。从两个和尚增加到三个和尚，交易费用增加到大家无法达成合作的程度，都赖在庙里不肯去运水，总产量暴跌为零！是的，"边际产量递减定律"只考虑纯技术的因素，但如果加进交易费用的考虑，它的作用会更为明显并得到进一步的加强。

（资料来源：索哈斯图文备忘录，http://blog.sina.com.cn/s/blog_4abd38240102eash.htm，2014-06-09）

幸亏我们生活在一个边际效用递减的世界里

我们设想，在其他条件不变的情况下，消费者连续消费某种商品的边际效用，将随其消费量的增加而不断增加，即边际效用是递增的。简单的例子是，一个人肚子饿了，吃一个馒头得不到很大的享受，可是吃得多了，这种享受的感觉越来越强烈，那么结果会是什么呢？这个人吃馒头将是个无底洞，永远都无法满足了。如果人们对大多数商品的边际效用是递增的，这个世界将是一个疯狂的世界。相反，正因为边际效用是递减的，人们在一种商品的边际效用递减后，就会

108

想方设法生产和消费另一种商品以实现最大化的总效用。事实上，商品的创新和丰富多彩皆源于人们的边际效用是递减的。所以说，幸亏我们生活在一个边际效用递减的世界里。

12.3 任务分析

在完全竞争条件下，因为商品和要素价格是既定的，厂商可以通过对生产要素投入量的不断调整来得到最优的生产要素组合，以实现最大利润。前文中介绍过的"大勺哥"的最优化生产正是如此。为实现短期既定劳动投入下的最大产量，"大勺哥"的生产安排是这样的：加油！加酱油！翻炒！往这锅倒蔬菜的时候，其他锅正好可以趁机翻动，等到菜勺要粘锅了，另一把大勺刚好油温合适；再将炒面从这个大勺腾到下一个大勺继续翻炒，就这样倒来倒去的，很快香喷喷的炒面就好了！

任务十三　长期生产函数

学习目标

1. 了解两种可变生产要素的生产函数。
2. 理解等产量曲线、等成本曲线的含义及其特点。
3. 掌握生产规模的扩大与产量的关系。

13.1 任务描述

麦当劳和肯德基"比邻"之谜

麦当劳和肯德基是世界餐饮业的两大巨头，分别在快餐业占据第一和第二的位置。其中麦当劳有 30000 多家店面，肯德基有 11000 家分店。但不知你发现没有，任何地方，只要有肯德基就会有麦当劳，它们常常是门对门、面对面，唱的是对台戏，一家两家是偶然，但是经过观察，中国的店面都是这样，好像它们是兄弟俩，一起出来打天下一样。

若论常理，这样的竞争会造成更剧烈的市场争夺，以至于各个商家的利润下降，但为什么两家偏偏还要凑成一堆？

请用经济学的原理进行分析。

13.2 任务精讲

13.2.1 两种可变生产要素的生产函数

长期内，所有的生产要素的投入量都是可以变动的，多种可变生产要素的长期生产函数可以写为：

$$Q = f(X_1, X_2, \cdots, X_n)$$

式中，Q为产量；$X_i(i=1,2,\cdots,n)$为第i种可变生产要素的投入数量。该生产函数表示：长期内，在技术水平不变的条件下由n种可变生产要素投入量的一定组合所能生产的最大产量。

在生产理论中，为了简化分析，通常以两种可变生产要素的生产函数来考察长期生产问题。假定生产者使用劳动和资本两种可变生产要素来生产一种产品，则两种可变生产要素的长期生产函数可以写为：

$$Q = f(L, K)$$

上式中，L为可变生产要素劳动的投入量，K为可变要素资本的投入量，Q为产量。

13.2.2 等产量曲线

（1）等产量曲线

等产量曲线是指在技术水平不变的条件下生产同一产量的两种生产要素投入量的各种不同组合的轨迹。

例如，假定有劳动（L）和资本（K）两种生产要素投入某种产品的生产，其生产函数为：$Q = \dfrac{1}{8}KL$，当产量$Q_1 = 100$单位时，可采用的生产方法如表13-1所示。

表13-1　　　　　　　　　　　生产要素的各种组合

组合方式	L	K	Q
A	10	80	100
B	20	40	100
C	40	20	100
D	60	13.33	100
E	80	10	100
F	100	8	100

等产量线的图形可见图13-1。

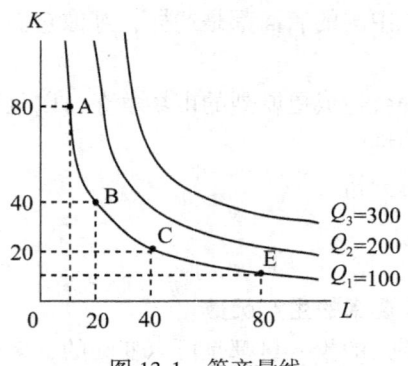

图13-1　等产量线

等产量线具有以下几个方面的特征：
(1)等产量线的斜率可以为正值也可以为负值。
(2)在某一生产函数的等产量曲线图中，可以画出无数条等产量曲线。
(3)在同一平面图上，任意两条等产量线不能相交(见图13-2)。因为在交点上两条等产量线代表了相同的产量水平，与第二个特征相矛盾。
(4)等产量曲线凸向原点。

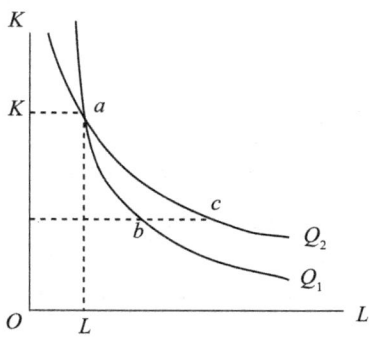

图 13-2　等产量线不能相交

(2)边际技术替代率

在维持产量水平不变的条件下，增加的一单位某种生产要素投入量与所减少的另一种要素的投入数量之间的比率，被称为边际技术替代率。以 MRTS 代表边际技术替代率，ΔK、ΔL 分别代表资本投入的变化量和劳动投入的变化量，则劳动对资本的边际技术替代率的公式为：

$$\text{MRTS}_{LK} = -\frac{\Delta K}{\Delta L}$$

在通常情况下，由于劳动和资本的变化量呈反方向变动，为使边际技术替代率为正值以便于比较，要在公式中加一个负号。

13.2.3　等成本线

生产理论中的等成本线是一个和效用理论中的预算线非常相似的分析工具。等成本线是指在既定的生产要素价格条件下生产者花费一定总成本可以购买到的两种生产要素的各种不同数量组合的轨迹。

假定既定的总成本为 C，已知劳动的价格即工资为 P_L，已知的资本品的价格为 P_K，则成本方程为：

$$C = P_L \times L + P_K \times K$$

由成本方程可得：

$$K = -\frac{P_L}{P_K} \times L + \frac{C}{P_K}$$

根据以上式子可以得到等成本线，如图13-3所示。由于成本方程是线性的，等成本线必定是一条直线。图中，横轴上的点 $\frac{C}{P_L}$ 表示当既定的成本全部都购买劳动这种生产要素时可以买到的数量，纵轴上的 $\frac{C}{P_K}$ 则表示当既定的成本全部都购买资本这种生产要素时可以购买到的数量，连接这两点的线段就是等成本线。等成本线的斜率为 $-\frac{P_L}{P_K}$，即为两种生产要素的价格之比的负值。

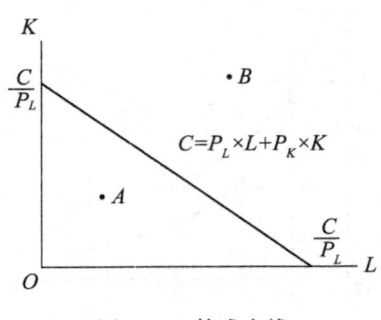

图 13-3　等成本线

在图 13-4 中，等成本线以内的区域中的任何一点，如 A 点，表示既定的全部成本都用来购买该点的劳动和资本的组合以后还有剩余。等成本线以外的区域中的任何一点，如 B 点，表示既定的全部成本都用来购买该点的劳动和资本的组合是不够的。唯有等成本线上的任何一点，才表示用既定的全部成本能刚好购买到的劳动和资本的生产要素组合。

在成本固定和要素价格已知的情况下，就可以得到一条等成本线。所以，当厂商所掌握的成本和生产要素的市场价格发生变动的时候，等成本线也会随之发生变动。等成本线的变动大致可以分为以下几种情况（见图 13-4）：

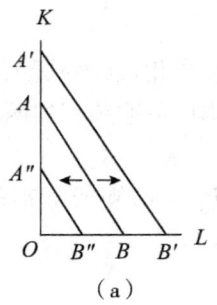
（a）

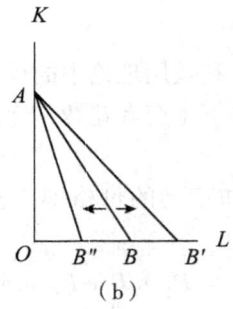
（b）

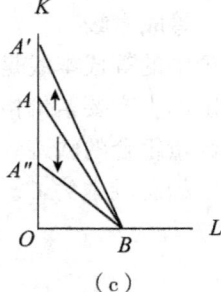
（c）

图 13-4　等产量线的变动

13.2.4 长期生产均衡

生产均衡是研究厂商如何选择最优的生产组合，从而实现既定成本条件下的最大产量，或者实现既定产量下的最小成本。其前提条件是，假定企业用两种可变生产要素劳动和资本生产一种产品，而且劳动和资本的价格 w 和 r 已知。

(1) 既定成本条件下的最大产量

把厂商的等产量曲线和相应的等成本曲线画在同一个平面坐标系中，就可以确定厂商在既定成本下实现最大产量的最优要素组合点(见图 13-5)，即生产均衡点。

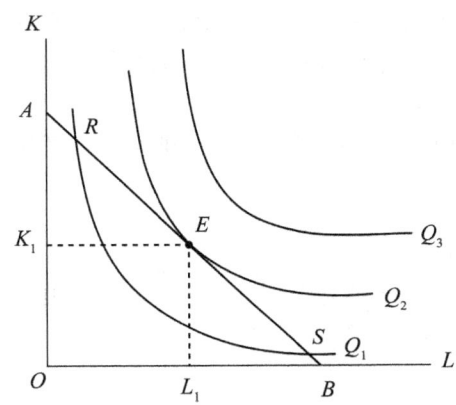

图 13-5 既定成本下产量最大的生产要素组合

在图 13-5 中，有一条等成本曲线 AB 和三条等产量曲线 Q_1、Q_2、Q_3。等成本曲线 AB 的位置和斜率决定于既定的成本量 C 和既定的已知的两种生产要素的价格比例 $-\dfrac{P_L}{P_K}$。由图中可见，唯一的等成本曲线 AB 与其中一条等产量曲线 Q_2 相切于 E 点，该点就是生产的均衡点。它表示：在既定的成本条件下，厂商应该按照 E 点的生产要素组合进行生产，即劳动投入量和资本投入量分别为 OL_1 和 OK_1，这样厂商就可以在既定的成本下获得最大的产量。

两位考古工作者想穿过一片沙漠到另一边的小镇去考古。这片沙漠虽不大，但要穿过也需要 10 天时间。但是，每人随身只能携带 8 斤粮食和 8 斤水，而每人每天起码要消费 1 斤粮食和 1 斤水。由于当地没有骆驼可租用，使他们在路途中因无法得到粮食和水的补充而不能抵达沙漠的另一边。当然，当地的民工是有的，但他们每个人也只能携带 8 斤粮食和 8 斤水，而且每天也要消耗 1 斤粮食和 1 斤水。

请思考：考古工作者该怎样穿过这片沙漠？

分析提示

方法一：两位考古工作者雇佣一个民工，每人带上8斤粮食和8斤水，走了两天后，他们请民工回去，并给他2斤粮食和2斤水，供他在回去的路上吃。这时两位考古工作者每人还有6斤粮食和6斤水，民工携带的粮食和水还各剩4斤。于是他们将民工所剩的粮食和水平分，则每人又是携带8斤粮食和8斤水了，而剩下的路程也只有8天，所以正好能够穿过沙漠。

方法二：两位考古工作者在过沙漠时，给对方的小镇打个电话，请他们在接到电话后的第六天派一位民工带8斤粮食和8斤水，按考古工作者指定的路线向他们走去。等民工走了两天后，考古工作者和民工相遇，此时尽管考古工作者的粮食和水已耗尽，但民工尚有6斤粮食和6斤水，完全能保证他们三人走完剩下两天路程的路程。

（资料来源：［美］布莱尔·沃森，《世界500强面试题》，朱丽、涂欣、李凤芹译，中国青年出版社2010年版）

（2）既定产量下的最小成本

和厂商在既定成本下力求产量最大化一样，生产者在既定的产量条件下也要寻求成本的最小化。这可以用图13-6来说明。

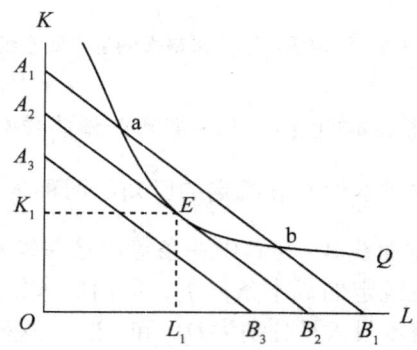

图13-6 既定产量下成本最小的生产要素组合

图中有一条等产量线 Q 和三条等成本曲线 A_1B_1、A_2B_2 和 A_3B_3。唯一的等产量线 Q 代表既定的产量水平。三条等成本曲线具有相同的斜率（这表示两种生产要素的价格是既定不变的），但分别表示三个不同的成本水平，其中等成本曲线 A_1B_1 离原点最远，所代表的成本水平是最高的，A_2B_2 次之，A_3B_3 离原点的距离最近，其所代表的成本水平最低。在图中，唯一的等产量曲线 Q 与其中一条等成本曲线 A_2B_2 相切于 E 点，这就是生产均衡点或最优生产要素组合点。它表示：在既定的产量条件下，生产者应该选择 E 点的要素组合（OL_1，OK_1），才能够实现最小的成本投入。

排污费对企业投入的影响

企业经常将生产过程中所产生的"三废"向自然界排放，以降低生产成本。然而，这种做法给社会带来了极大的负担，导致社会资源的低效配置。为了纠正这种负面影响，政府可以通过对征收企业排污费来影响企业行为。以钢铁企业为例，在没有征收排污费的情况下，企业每月生产 2000 吨钢材，使用 2000 小时机器和 10000 加仑的水。企业使用 1 小时机器的成本为 200 元，每向河中排放 1 加仑废水的成本为 50 元。如果政府对企业排放的废水每加仑征收 50 元排污费，请思考，这样做将会对企业的行为产生什么影响？

分析提示

比较征收排污费前后企业的要素使用量。

13.2.5 规模经济

规模经济考察的是另一种投入与产出的数量关系，即当所有生产要素的投入量都按同一比例变化时，产量将如何变化。

（1）规模经济的含义

所谓规模经济，又称规模报酬，是指在一定生产技术条件下，所有生产要素的投入都按同一比例变化，从而在生产规模变动时所引起的产量或收益的变动。

不同的生产技术有不同的适度规模。规模是否适度反过来影响甚至决定生产效益。完整和正确理解规模经济的含义，应注意以下几点：

①这一规律发生作用的前提是技术水平不变。

②这一规律指的是生产中生产要素的投入量都在同比例增加，因此，并不会造成技术系数的变化，生产要素的增加只是一种量的增加。

③这里的规模经济有两层含义。第一层含义是指随厂商生产规模的扩大，所引起的产量或收益的增加，即规模经济；第二层含义是指随厂商生产规模的扩大，所引起的产量或收益的减少，即规模不经济。当厂商生产规模过大时，往往会出现规模不经济现象。

宝洁为何一直与沃尔玛合作？

宝洁公司是美国大型的消费品企业，为保持在竞争中不断发展，其在降低成本、提高销售产量等方面付出了巨大努力。长期以来宝洁公司把一部分产品出售给美国最大的零售商——沃尔玛公司，利用沃尔玛公司在世界范围内的 5100 多家超市出售宝洁的产品。尽管这种销售方式要面临沃尔玛不断地压低价格，宝洁公司每年仍然要通过沃尔玛销售价值80亿美元的消费品。通过合作,宝洁可以进入沃尔玛的电脑系统追踪其所有产品,以促进存货管理和降低成本,沃尔玛也可以帮助宝洁快速推广其产品;同时,宝洁也把自己的客户数据与沃尔玛进行分享,以期得到更有效的销售规划。

为了保持良好的合作关系,宝洁尽量满足沃尔玛对销售产品方面的要求。例如,为解决沃尔玛超市产品容易失窃的问题,宝洁派出300名员工专门负责监督公司分部向沃尔玛的供货,这些员工的工资是由宝洁支付的,而他们的工作性质更多地是在为沃尔玛服务,并且对其产品外包装进行调整,以更好地防止盗窃问题。2005年宝洁公司以540亿美元大举收购了吉列公司,使销售收入增加到100亿美元。此次收购,宝洁预期将每年节省140亿到160亿美元,销量将增长5%到7%,而利润也将有25%的增长。

在新产品研发方面,宝洁公司的玉兰油新生系列产品让消费者以较低的价格就可以得到抗衰老的效果;Whitestrip美白牙贴使得大部分消费者以25美元的低价就可以轻松美白牙齿,不必再去牙科医院做昂贵的牙齿美白手术;Actonel骨质疏松药物让妇女在商店里就可以轻易进行骨质密度的测试。这些新产品一经推出,马上就受到了广大消费者的欢迎,一时间,人们争相购买,产品销售量猛增。

请思考:

①从成本角度考虑,尽管不断有来自沃尔玛公司的压力,为什么宝洁公司坚持利用沃尔玛公司销售其产品?

②从规模经济的角度考虑,为什么宝洁公司要收购吉利公司?

③从产量角度考虑,为什么宝洁大力进行新产品研发?

④深入思考一下为什么所有企业家特别关心产量、价格和成本之间的关系问题。

分析提示

虽然不断有来自沃尔玛公司压低价格、对销售产品等方面的压力,宝洁公司仍然和沃尔玛进行合作,主要是因为沃尔玛公司作为大型的零售商,拥有自己比较先进和完整的销售网络、销售程序管理系统,这是宝洁在产品销售方面所急需的。通过沃尔玛销售其产品,宝洁公司产品的价格虽然被压低,但是可以减少组建营销网络所需要的长期投资成本,也可以减少具体营销产品的短期成本,例如广告费用。宝洁利用沃尔玛的先进销售系统追踪所有产品,促进了存货管理以及成本降低。沃尔玛可以帮助宝洁快速推广其产品,提高销售量,降低了每单位产品的可变营销成本。

作为生产商和零售商,宝洁和沃尔玛通过合作发挥各自的优势,弥补双方的不足,这种合作是"双赢"的。宝洁深知这种合作在降低成本方面的战略意义,坚持利用沃尔玛公司销售其产品,并尽量满足沃尔玛的要求,协助沃尔玛做好销售产品等工作,以维持良好的长期合作。宝洁收购吉列后,通过生产要素的组合,可以使产量增长率大大快于生产要素投入增长率,使生产达到一种规模效益。宝洁进行新产品的研发,则可以迅速占领市场,打开销路,提高其产品销售量,实现销售利润的最大化。

（2）规模收益（产量）变化的三个阶段

随着各种投入要素同比例增加，生产规模扩大，收益（产量）的变动大致会经过规模报酬递增、规模报酬不变和规模报酬递减三个阶段：

例如，假设一座月产化肥10万吨的工厂所使用的资本为10个单位，劳动为5个单位。现在将企业的生产规模扩大一倍，即使用20个单位的资本，10个单位的劳动，由于这种生产规模的变化所带来的收益变化可能有如下三种情形：

①产量增加的比例大于生产要素增加的比例，即产量为20万吨以上，这种情形叫做规模收益递增。

②产量增加的比例小于生产要素增加的比例，即产量小于20万吨，这种情形称为规模收益递减。

③产量增加的比例等于生产要素增加的比例，即产量为20万吨，这种情形称为规模收益不变。

一般而言，随着企业规模的不断扩大，在开始时企业会得到规模收益的好处。然后会有一段较长时间的规模收益不变阶段，最后，当企业规模达到一定程度时，则会出现规模收益递减。在不同的行业，规模收益变化一般也会不同。

小知识

学 习 曲 线

企业在生产规模、投入要素不变的情况下也能实现成本的下降，这是经验积累的结果。其具体原因为：

①工人对生产设备和技术有一个学习和熟悉的过程。

②产品设计、生产工艺、生产组织会在长期的生产过程中得到完善，走向成熟。

③企业间的协作更加高效。合作的时间越长，互相的了解信任就可能使得提供的协作越及时、有效。

学习曲线的函数形式为：$AC = aQ^{-b}$。

AC：累积产量 Q 的企业平均生产成本，a，b 为大于0的常数。

a：第一单位产出的平均成本。

b：企业学习效应的大小，b 越大，平均成本下降越快，反之则慢。

学习曲线广泛出现在计算机工业、航空航天、技术引进等领域。学习曲线对新行业、新产品的进入非常重要：最初成本可能比较高，但长期平均成本会下降。化工行业中成本的下降与累积的产量和资本设备的改良紧密相关，而与规模经济的相关程度反而较低。一项研究表明，企业规模每增长1倍，平均成本下降11%；而累积产量增长1倍，平均成本则下降27%。

项目三 探知企业生产

不同行业的成本优势不同

哪些行业成本优势来自规模经济，哪些行业的成本优势在于学习效应，这些行业各有什么特征？不同的成本优势来源对企业经营管理的启示是什么？

分析提示

在学习经济很小的情况，规模经济可能很大，如铝罐制造这类简单的资本密集型生产。在规模经济很小时，学习经济也可以很大，如计算机软件开发等劳动密集型生产。规模经济与学习效应的区别在于：

如果低成本由规模经济引起，减少产量，AC 上升；如果低成本由学习经济引起，减少产量，AC 不变。

对于企业经营管理来说，成本优势来自规模经济而不是学习效应的企业，将会更少地考虑劳动力离职的问题。

（3）内在经济与内在不经济

企业自身生产规模扩大所引起的产量和收益的不同变化，可以用内在经济与内在不经济来解释。规模报酬递增的原因是内在经济，规模报酬递减的原因是内在不经济。

①内在经济。内在经济是指企业本身规模扩大所引起的规模报酬递增。引起内在经济的原因主要有：

i 劳动分工使生产的专业化程度提高，从而提高劳动生产率。

ii. 资源的集约化使用。同时集中使用数量较多且性能相似的机器设备，可以使厂商提高机器的使用效率，如因故障停工的概率降低，相同工种的劳动力集中在一起使统一的培训成本降低等。

iii. 生产要素的不可分性。不可分性意味着某些生产要素只有在一定的限度和范围内才能发挥最大的生产能力，生产规模较大的生产者比小规模的生产者能更有效地利用这些生产要素。

iv. 大规模厂商具有较强的讨价还价能力。生产规模大的厂商往往在原材料采购、分销渠道、产品运输等方面有着较强的讨价还价能力，可以以较低的价格购买原材料，其建立分销渠道能力较强，单位分销成本也较低。

吉利为何并购沃尔沃？

受金融危机的打击，全球汽车业深陷有史以来最严重的衰退中。而 2009 年 3 月中国浙江吉利控股有限公司与美国福特汽车公司在瑞典正式签署协议，成为中国汽车业的战略机遇。

沃尔沃轿车销售额在过去数年来一直下滑，2008年以来，沃尔沃轿车出现巨额亏损，成为福特汽车的巨大包袱。与此同时，中国豪华车市场却以超过40%的增速高速增长，其中，沃尔沃轿车2009年在中国的销量增长了80%以上。在这样的背景下，吉利收购沃尔沃的历程展开了。

吉利收购沃尔沃的价值所在：

第一，沃尔沃知识产权：吉利收购沃尔沃获得了若干可贵的知识产权专利。由于沃尔沃过去在安全性能、汽车平台、发动机、车型设计等方面的积累，吉利会获得很大一部分知识产权财富。

第二，境外工厂和员工：沃尔沃目前在全球有数万名员工，其中约1.6万人在瑞典。吉利集团将保留沃尔沃轿车在瑞典和比利时现有的工厂，同时也将适时在中国建设新的工厂，使生产更贴近中国市场。

第三，研发人才：研发人才是决定沃尔沃能否重生的重要因素。吉利承诺沃尔沃瑞典总部和研发不变，工厂不裁员。并为沃尔沃制定了全新的复兴计划，每年都会有新产品在瑞典工厂下线，并加强中国元素。

第四，经销商网络：吉利还将拥有沃尔沃分布在全球100多个国家的2500家经销商，其中60%和30%的经销商都分布在欧洲和北美市场。这样的经销商网络不仅是沃尔沃的财富，也可能有益于吉利汽车海外梦想。

规模经济对于汽车产业的发展尤其重要，汽车产业属于资本密集型产业，而我国汽车产业整体资产规模与跨国汽车制造商相比仍有较大差距，不具备与之正面对抗的竞争力。一般汽车产业的规模要达到年生产10万辆以上才可以谈得上规模和发展。适宜的经营规模对提高品牌竞争力是不可缺少的。这是由于，其一，规模经营是维持较高的市场占有率的手段。一种产品打开市场后，能否满足所有期望购买该产品的消费者的需求，从而维持一个较高的市场占有率，则主要取决于企业的生产规模。其二，规模经营是保持竞争优势的手段。据统计，汽车企业经营规模每扩大一倍，经营成本至少下降15%。

2009年，吉利总营业收入为42.89亿元，而沃尔沃轿车的总收入约合人民币1000亿元。并购能够通过实现经营协同效应，可以充分利用资源，实现人力资源、技术等整合和优化配置，实现规模经济和利润最大化的目标，同时还可以协调企业内部的合作与生产，减少交易费用，分散经营风险。

另外从技术上看，吉利在发展中急需先进的技术来支撑其品牌发展战略，没有成熟的技术，一切都是空谈。吉利收购沃尔沃是现实的迫切需要，只要有了技术，吉利在低成本制造的优势将越加明显，其在国内的竞争力也将明显增强，也便于突破技术重围。但吉利沃尔沃收购协议的成功签署还只是开始，之后的成功经营才是更艰巨的挑战。

②内在不经济。任何事情有它有利的一面，也可能存在不利的一面。生产规模扩大也有可能造成规模报酬递减，即内在不经济。造成内在不经济的主要原因有两点，一是生产要素可得性的限制。随着厂商生产规模的逐渐扩大，由于地理位置、原材料供应、

劳动力市场等多种因素的限制，可能会使厂商在生产中需要的要素投入不能得到满足。二是生产规模较大的厂商在管理上效率会下降，如内部的监督控制机制、信息传递等，容易错过有利的决策时机，使生产效率下降。

（4）外在经济与外在不经济

一般所讲的规模变动，是指一个企业内部各种生产要素的同比例变化。有时规模变动还有另外一层含义，即指整个产业规模的变动。一个行业通常是由若干个生产同类产品的企业所组成的。若行业内的企业数量变化了，即行业规模变化了，也会对行业内的每一个企业的产量和收益产生影响，这也属于规模经济讨论的范畴。

①外在经济。外在经济是指整个行业生产规模扩大（比如产业集群）以后，使厂商产量的增加或收益的增加。

引起外在经济变化的因素包括：单个企业可以从整个行业规模扩大中获得行业专业分工所带来的更多的市场信息与技术信息，更好的专业人才及专业化的设备维修、运输、原材料采购、产品销售、金融保险、"三废"处理等服务。这些产前、产中及产后的社会化服务都会使企业的成本降低，产生规模经济效益。

集 聚 效 应

集聚效应是指产业和经济活动在空间上集中产生的经济效果，以及吸引经济活动向一定地区靠近的向心力。集聚效应是一种常见的经济现象，如产业的集聚效应，最典型的例子当数美国纽约的曼哈顿银行区、加州的硅谷和意大利米兰市北方的纺织区，国内的例子也不少见，在浙江，诸如小家电、制鞋、制衣、打火机等行业都各自聚集在特定的地区，形成一种地区集中化的制造业格局。类似的效应也出现在其他领域，如北京、上海就具有多种集聚效应，包括经济、文化、人才、交通乃至政治等。从世界市场的竞争来看，那些具有国际竞争优势的产品，其产业内的企业往往是群居在一起而不是分居的。

集聚为什么有助于产生竞争优势？

第一，产业集聚对提高生产率的影响。同一产业的企业在地理上的集中，能够使厂商更有效率地得到供应商的服务，能够物色招聘到符合自己意图的员工、能够及时得到本行业竞争所需要的信息，能够比较容易地获得配套的产品和服务。

第二，集聚对创新的影响。由于集聚的顾客群降低了设立新企业的投资风险，投资者容易发现市场机会。在产业集聚的地方工作，企业能更容易地发现产品或服务的缺口，受到启发建立新的企业。再加上产业集聚区域的进入障碍小于其他地区，所需要的设备、技术、投入品以及员工都能在区域内解决，因而开办新的企业要比其他地区容易得多。

第三，集聚对竞争的影响。竞争是企业获得竞争优势的重要来源。集聚带来了竞争，加剧了同行业企业间的竞争。竞争不仅仅表现为对市场的争夺，还表现在其他方面。同居一地，同行业相互比较有了业绩评价的尺度，也为企业带来了竞争压力，因此产生了不断的激励。

②外在不经济。若一个行业的规模过大，也有可能使单个厂商的行业环境恶化，这称为外在不经济。引起外在不经济的主要原因有：整个行业的生产规模扩大加剧了同行业各厂商之间的激烈竞争，各厂商往往要在扩大市场份额、争夺生产要素市场等方面付出更高的代价。此外，整个行业的扩大，也会使环境污染问题严重，造成交通紧张，因此个别厂商也需要承担更高代价。

(5) 适度规模

无论是单个企业还是整个行业的规模既不能过小，也不能过大，即要实现适度规模。适度规模是指企业在得到生产规模扩大带来的产量或收益递增的全部好处之后，将规模保持在规模收益不变的阶段，而绝不应将规模扩大到规模收益递减的阶段。

小案例

"家庭农场"成致富新平台

2013年中央一号文件提出，鼓励和支持承包土地向专业大户、家庭农场、农民合作社流转。其中，"家庭农场"的概念是首次在中央一号文件中出现。家庭农场是指以家庭成员为主要劳动力，从事农业规模化、集约化、商品化生产经营，并以农业收入为家庭主要收入来源的新型农业经营主体。

近年来，农业部陆续确定湖北武汉、上海松江、吉林延边等33个农村土地流转规范化管理和服务试点地区。其中，武汉从前年开始试点。截至2013年年底，全市共培育示范性家庭农场167家，其中种植业家庭农场66家。上海松江、浙江宁波、吉林延边等试点地区也已培育"家庭农场"6670多个。

一些农业领域的专家认为，"家庭农场"是实现农业适度规模经营的一种有效方式，有利于解决目前农业家庭承包经营低、小、散的问题，激发农业生产活力。

对于不同行业的厂商来说，适度规模的大小是不相同的，确定适度规模时应主要考虑如下因素：

①行业的技术特点。一般而言，资本集约型行业的适度规模较大，而劳动集约型行业的适度规模较小；需要投资量大的行业，适度规模也就大。

②市场条件。一般说来，行业容量的大小也制约着企业规模。有些行业，由于产品的标准化程度较高，市场容量较大，则大规模生产有利。反之，标准化程度较低、市场

容量较小的行业，适度规模就应该小一些，正所谓"船小好调头"。

③生产力水平。随着技术进步、生产力水平提高，适度规模的标准也是在变化的。例如，20世纪50年代汽车行业的适度规模是年产30万辆，70年代已达到200万辆。因而对适度规模的认识应该是动态的。同时，也应注意到，产业集中是扩大规模的方式，但却不是唯一方式。现代商业中的连锁经营也可以降低成本、扩大收益，它也是规模经济的一种形式。

 小案例

高回报率吸引各投资者 汽车产业应追求"适度规模"

当前汽车产业的高回报率强烈吸引着各方投资者。外资企业、民营企业和一些投资公司投资我国汽车产业，地方政府也纷纷尽力扶持本地汽车工业，不少地方把汽车产业列为支柱产业。众多汽车业界专家认为，目前我国正处在新一轮经济增长周期的启动阶段。汽车产业的高速增长将是启动的主要动力之一，如果匆忙认定汽车产业过热，对其实施逆向调控，将不利于国家经济的持续发展。

专家认为，中国汽车工业还需要大量投资，只是国家应退出投资领域，而对其他经济成分的投资不必设限，按照"谁投资、谁受益、谁承担风险"的原则鼓励投资多元化，由此发展壮大中国汽车产业。

究竟什么是中国汽车产业科学合理的发展规模呢？专家提出，中国汽车产业应尽早选择"不求最大、但求最强"的发展思路，实现"适度规模"。过去我们一直认为，只有年产百万辆以上的汽车企业集团，才有可能立足于国际竞争潮流中，现在看来也未必尽然。规模大有大的优势，但家大业大也有人员多、结构层次多、负担重、利润薄的问题。邵奇惠专家说，汽车工业需要一定的规模才有经济效益，但随着技术的进步，市场需求的个性化凸显，全球采购网络的日趋完善，原来所强调的"经济规模"已基本失去意义，现在应该提倡紧贴市场需求不断变化的"规模经济"，即"适度规模"。

 小知识

范 围 经 济

范围经济是指由厂商的范围而非规模带来的经济，即同时生产两种产品的费用低于分别生产每种产品时，所存在的状况就被称为范围经济。只要两种或更多的产品合并在一起生产比分开来生产的成本要低，就会存在范围经济。例如，在一个火力发电厂附近建一个砖厂，而生产砖的原材料就是发电过程中产生的煤渣。火力发电厂不仅节省了清理煤渣的费用，还通过砖的销售获得了额外的收益。

范围经济与规模经济是两个不同的概念，两者之间并无直接联系。一个是生产多种产品的企业，其生产过程可能不存在规模经济，但是却可能获得范围经济；一

个工厂用较大规模只生产某一种产品,可能会产生规模经济,但是却不可能获得范围经济。范围经济强调通过生产不同种类产品(包括品种与规格)所获得的经济性,规模经济强调的是产量规模带来的经济性。

3.3 任务分析

麦当劳和肯德基爱扎堆的现象的背后其实蕴含着深刻的经济学原理。平常人往往想象不到,不仅消费者愿意扎堆凑热闹,商家也愿意扎堆。扎堆的原因就在于有集聚效应。

麦当劳和肯德基就是基于店面集聚形成的规模经济,为的是形成商业圈规模,吸引客户流动量。而流动量对于店面生存发展来说是至关重要的资源。此外,对于相互竞争的对手来说,规模经济也有利于获取对方的信息,学习对方的技术。例如,以前,麦当劳以牛肉为主要原料,经营的食品主要是汉堡包系列;肯德基则以鸡肉为主要原料,炸鸡系列是它的经营重点。在中国扎堆后,麦当劳推出了麦辣鸡翅和麦乐鸡,肯德基则推出了鸡腿汉堡。在近距离的观察中,两者相互借鉴,搜集竞争信息,从而推动两者各自开发新的产品,省去了不少创新研发的成本,对手的存在是有积极意义的。

麦当劳和肯德基的"比邻"对消费者也是有利的。因为,丰富的商品种类满足了消费者降低购物成本的需求,而且两家的聚集实现了区域最小差异化,给消费者购买快餐提供了更多的选择余地。

俗话说:冤家路窄,人们往往以为相互竞争的冤家对头是不宜见面的,但通过分析麦当劳和肯德基的实例,我们却也能看到,原来只要形成规模效应对自己有益,那么"对头也可以扎堆,敌人也可以比邻"。

技 能 训 练

一、单项选择题

1. 根据可变要素的总产量曲线、平均产量曲线和边际产量曲线之间的关系,可将生产划分为三个阶段,任何理性的生产者都会将生产选择在(　　)。
   A. 第Ⅰ阶段　　　　　　B. 第Ⅱ阶段　　　C. 第Ⅲ阶段
2. 对于生产函数 $Q=f(L, K)$,当平均产量 AP_L 达到最大值时,(　　)。
   A. 总产量(TP_L)达到最大值
   B. 总产量(TP_L)仍处于上升阶段,还未达到最大值
   C. 边际产量(MP_L)达到最大值
   D. 边际产量 $MP_L=0$
3. 当边际产量为零时,下列各项中正确的是(　　)。
   A. $AP_L=0$　　　　　　B. TP_L 达到最大值
   C. TP_L 递减　　　　　D. AP_L 递增
4. 当边际产量大于平均产量时,(　　)。

A. 平均产量增加　　　　　　B. 生产技术水平不变
C. 平均产量不变　　　　　　D. 平均产量达到最低点

5. 当劳动的边际产量（MP_L）为负时，生产处于（　　）。
　　A. 劳动投入的第Ⅰ阶段　　B. 资本投入的第Ⅲ阶段
　　C. 劳动投入的第Ⅱ阶段　　D. 劳动投入的第Ⅲ阶段

6. 当某厂商雇佣第 3 个人时，其每周产量从 213 个单位增加到 236 个单位，雇用第 4 个人时，每周产量从 236 个单位增加到 301 个单位，则其面临的是（　　）。
　　A. 规模收益递减　　　　　B. 边际成本递减
　　C. 边际收益递增　　　　　D. 边际收益递减

7. 如果连续增加某种要素的投入量，则在总产量达到最大时，边际产量曲线（　　）。
　　A. 与纵轴相交　　　　　　B. 经过原点
　　C. 与平均产量曲线相交　　D. 与横轴相交

8. 当生产处于有效区域时，等产量线应该为（　　）。
　　A. 凸向原点　　　　　　　B. 负向斜率
　　C. 不相交　　　　　　　　D. 以上均对

9. 当边际生产力下降时，厂商应该（　　）。
　　A. 提高生产过程的效率　　B. 降低可变投入与固定投入的比例
　　C. 惩罚懒惰行为　　　　　D. 使用优质生产要素

10. 等产量线上各点代表的是（　　）。
　　A. 为生产同等产量而投入的要素价格是不变的
　　B. 为生产同等产量而投入的要素的各种组合比例是不能变化的
　　C. 投入要素的各种组合所能生产的产量是相等的
　　D. 无论要素投入量是多少，产量是相等的

11. 等成本曲线平行向内移动表明（　　）。
　　A. 成本增加　　　　　　　B. 产量增加
　　C. 成本减少　　　　　　　D. 产量减少

12. 当出现 $MP_L/P_L < MP_K/P_K$ 这种情况时，厂商应该（　　）、降低成本而又维持相同产量。
　　A. 增加劳动投入　　　　　B. 提高规模经济水平
　　C. 增加资本投入　　　　　D. 提高劳动的边际产量

13. 如果等成本线在坐标平面上与等产量线相交，那么该交点表示的产量水平（　　）。
　　A. 应增加成本支出　　　　B. 应减少成本支出
　　C. 不能增加成本支出　　　D. 不能减少成本支出

14. 实现生产要素最优组合是厂商实现利润最大化的（　　）。
　　A. 充分条件　　　　　　　B. 必要条件
　　C. 充分必要条件　　　　　D. 非充分非必要条件

15. 要达到规模报酬递减,应该( )。
    A. 按比例连续增加各种生产要素
    B. 连续投入某种生产要素且保持其他生产要素不变
    C. 不按比例连续增加各种生产要素
    D. 以上均不对
16. 新华汽配厂在各种产出水平上都显示了规模报酬递减的情形,于是厂领导决定将其划分为两个规模相等的小厂,则其拆分后总产出将会( )。
    A. 增加   B. 减少   C. 不变   D. 无法确定
17. 当边际产量大于平均产量时,( )。
    A. 平均产量递减   B. 平均产量递增
    C. 平均产量不变   D. 总产量递减
18. 如下图所示,厂商的理性决策应在( )。
    A. $0<L<7$ B. $4.5<L<7$
    C. $3<L<4.5$ D. $0<L<4.5$

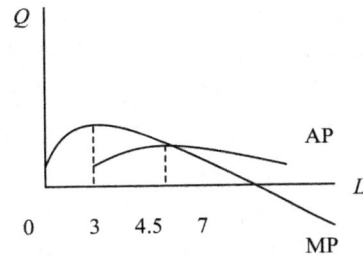

二、多项选择题

1. 边际收益递减规律成立的条件是( )。
    A. 生产技术水平保持不变
    B. 保持其他生产要素投入数量的不变,只改变一种生产要素的投入量
    C. 边际产量递减发生在可变投入增加到一定程度之后
    D. 扩大固定资本的存量
2. 由于总产量等于所有边际产量之和,所以( )。
    A. 在边际产量曲线上升时,总产量曲线以越来越慢的速度上升
    B. 在边际产量曲线上升时,总产量曲线以越来越快的速度上升
    C. 在边际产量曲线下降时,总产量曲线以越来越快的速度上升
    D. 在边际产量曲线下降时,总产量曲线以越来越慢的速度上升
3. 某厂商在短期内保持资本(K)的投入量不变而改变劳动(L)的要素投入量,则在生产的第二阶段应该是( )。
    A. 边际产量曲线(MP_L)高于平均产量曲线(AP_L)
    B. 总产量曲线(TP_L)处于递增速度上升阶段

C. 总产量曲线(TP_L)处于递减速度上升阶段

D. 开始于AP_L的最高点，终止于MP_L与横轴的交点

4. 若厂商同时改变资本(K)和劳动(L)的投入量，则在这两种要素的合理投入区内（　　）。

   A. 等产量曲线呈递减状态

   B. 等产量曲线向右下方倾斜

   C. 等产量曲线的斜率为负

   D. 以上说法都正确

5. 属于等产量曲线的特征的有（　　）。

   A. 等产量线凹向原点

   B. 等产量曲线向右下方倾斜

   C. 等产量曲线有无数条，其中每一条代表一个产值，并且离原点越远，代表的产量越大

   D. 等产量曲线互不相交

6. 下列说法正确的有（　　）。

   A. 等产量曲线上某点的边际技术替代率等于等产量曲线上该点的斜率值

   B. 等产量曲线上某点的边际技术替代率等于等产量曲线上该点斜率的绝对值

   C. 边际技术替代率等于两种生产要素的边际产量之比

   D. 随着增加劳动投入去替代资本投入，MP_L不断下降，MP_K不断上升

7. 关于等成本线变动的描述正确的是（　　）。

   A. 在两种要素价格不变的条件下，成本增加使等成本曲线向右上方平移

   B. 在两种要素价格不变的条件下，成本减少使等成本曲线向左下方平移

   C. 在成本和另一种要素价格不变的条件下，一种要素的价格变动将导致等成本线旋转

   D. 以上均正确

8. 有关生产要素最优组合的条件及其含义的描述正确的是（　　）。

   A. 厂商的生产要素最优组合点位于等产量曲线与等成本线的切点

   B. 生产要素最优组合点的确定原则是：$RTS_{LK} = P_L/P_K$

   C. 生产要素最优组合点的确定原则是：$MP_L/P_L = MP_K/P_K$

   D. 以上均正确

9. 边际报酬递减规律发生作用的前提是（　　）。

   A. 存在技术进步

   B. 生产技术水平不变

   C. 具有两种以上可变要素的生产

   D. 只有一种可变要素的生产

10. 在短期内，各种成本的变化规律是（　　）。

    A. 平均固定成本随产量的增加而保持不变

    B. 平均成本随产量的增加而递减，达到最低点后开始上升

C. 平均可变成本先于平均成本达到最低点

D. 平均可变成本随产量的增加而递减，达到最低点后开始上升

三、计算题

1. 某企业在短期生产中的生产函数为：$Q = -L^3 + 24L^2 + 240L$，计算企业在下列情况下的 L 的取值范围：①在第Ⅰ阶段；②在第Ⅱ阶段；③在第Ⅲ阶段。

2. 已知某企业的生产函数为 $Q = 5L + 12K - 2L^2 - K^2$，其中，$P_L = 3$，$P_K = 6$，总成本 $TC = 160$，试求：该企业的最优要素组合。

四、技能分析

1. 试以我国汽车产业为例，谈谈企业应采用一次性投入方式（一次到位），还是逐步投入、滚动发展方式实现规模经济？

2. 经济学上有一句话：天下没有免费的午餐。是说要想得到什么就必须付出一定的其他东西。应该说，"天下没有免费的午餐"这句话可以解释许多行为和现象，但是尚不存在金科玉律，任何概括都有例外。每年的12月份，各大报刊都做了大量的广告，以期留住老客户、吸引新客户。看到这样一则通知，本地的一家晚报向某学校各个班赠送一个月的报纸，并且可以在以后进行破订。商家总是要赠送一些使用品，报社的这种行为当然也是可以理解的。不过令人奇怪的是，一个月以后，这种赠送行为仍然在进行。

（资料来源：吕明晓，《赠报的免费午餐》，载《经济学消息报》，2002年5月31日）

请你联系实际情况，运用所学理论进行评析。

五、单项实训

模拟商战——企业竞争模拟训练

实训要求：

（1）以小组为单位，每组代表一个企业，设置各岗位代表人（CEO、财务总监、生产总监、采购总监、营销总监各一名）。

（2）利用 ERP 企业模拟经营沙盘，以组为单位模拟经营 5~6 年，按营利高低排出经营业绩。

（3）各小组写出企业战略概述（包括战略投资、规模投资、创新投资）、团队构建、产品战略、市场营销等分析报告，并以 PPT 的形式进行班级宣讲，与同学分享经验，然后由指导老师进行点评。

项目四　经营背后的一笔账

学习目标

知识目标：

1. 通过本项目的学习，重点掌握短期成本的概念、分类和利润最大化原则，掌握长期成本的概念。

2. 了解机会成本在企业决策中的作用。学会用机会成本、利润最大化原则等重要原理分析实际问题，能从不同的侧面对成本的构成进行分析，帮助企业做出科学正确的决策。

能力目标：

1. 通过考察厂商的生产成本与产量之间的关系，明确供给曲线背后的生产者行为。

2. 能够根据市场条件，用所学的成本理论对企业的投资行为作出可行性论证。

 案例导入

为什么牛奶装在方盒子里，可乐却装在圆瓶子里卖？

如果你经常逛超市，你会注意到一个非常有意思的现象：几乎所有软性饮料，不管是采用玻璃瓶还是铝罐子，瓶体都是圆柱形的，可牛奶盒子却似乎都是用方盒子装的。为什么牛奶装在方盒子里，而其他饮料，如可乐等却装在圆瓶子里卖呢？

据分析：这是因为可乐等软性饮料产品，用圆形包装不易被损坏，因为瓶子的内压小，较之方形容器不容易变形；而需要保鲜的牛奶，若用圆瓶子盛放，则无法长期保存，很容易变质，后来发明的利乐包装则很好地解决了这个问题；另外方形容器能比圆柱形容器更经济地利用货架空间。软性饮料大多是直接就着容器喝的，所以，圆柱形容器更称手，便于携带。而牛奶却不是这样，人们大多不会直接就着盒子喝牛奶。

针对这一现象，不管是从容器的特性上分析，还是从消费者的接受、认可度上看，这些说法都非常有道理。但是从经济学角度进行深入分析，则可以开阔我们的视野。

在选择用什么样的容器来装可乐或牛奶的问题上，厂商不仅要考虑使用的方便性，还要在一定程度上考虑它是否符合成本效益原则。通常圆形被认为是一种较科学、省料、容易制造又不易被损坏的包装。因此，可乐等软性饮料放在圆形瓶子

里，可以为生产商节约许多固定费用。同理，用方形容器盛放牛奶等需要保鲜的液体，可以使生产商避免因保鲜处理不当而带来的麻烦和损失，这也是减少其固定成本的一种方式。

　　此外，在超市里，大多数软性饮料都是放在开放式货架上的，所以其运营成本非常低。但牛奶则需专门装在冰柜里，保持制冷状态，其运营成本就会很高。方形包装设计恰好可以节约冰柜的空间。占据的空间小了，放置的数量就会增多，在一定程度上减少了运营成本。由此可见，无论是方形还是圆形包装设计，厂商都要将节约成本和为消费者提供便利与实惠的问题考虑到位。如此，厂商在固定成本投入较少的情况下，尽可能获得最大收益。

（资料来源：钱明义，《世界上最有趣的经济学故事》，中国戏剧出版社 2011 年版）

　　生产者行为理论考察了生产过程中生产要素的投入量与产量之间的物质技术关系。厂商为了实现利润最大化，除了考察成本与收益之间的关系，还要讨论产量的变动对生产成本的影响。

　　事实上，但凡经济活动都有一个成本和收益的比较与权衡。正如上述案例所分析，企业为了在持续发展中把握增长和回报这两个关键点，就要将传统的成本管理向战略成本管理转化。通过挖掘企业的隐性成本，将成本信息的分析和利用贯穿于战略管理之中，为每一个关键步骤提供战略性成本信息，自始至终取得成本优势，从而形成企业的竞争优势，提高核心竞争力，从而领先于对手。

任务十四　熟悉成本和成本函数

学习目标

　　1. 了解成本的基本概念、分类。
　　2. 重点理解固定成本与变动成本、现行成本与隐性成本、会计成本与机会成本。
　　3. 掌握成本函数定义及与生产函数的联系。

14.1　任务描述

让顾客自行定价的鞋城老板

　　天津市某鞋城有一个促销口号是"公开成本价，让顾客自由加价"，此口号曾经在天津有线电视台连续播放数日。此广告的效应不错，鞋城门庭若市，买鞋的人很多，有个顾客看中了一双鞋，标价是 149.8 元，他拿出 150 元和售货员小姐说："我加 2 角。"售货员小姐说："加价一般都在 2 元之上，如果顾客都像你这样我们就赔了。"顾客说："我 1 分钱不加，你们该赚的钱都赚到手了，不信你问你们老板。"说着走过来一位先生，好像是管理人员，他同意让顾客加 2 角钱，然后该顾客买走了这双鞋。

鞋的实际成本包括鞋的进价，租用鞋城的场地租金、水电费、税收以及雇佣店员等销售费用的开支。假定实际成本支出是 10 万元。机会成本是一种将资源用于某种用途时，可能得到的收入。开鞋城需要投资 10 万元，如果不用来开鞋城而将这 10 万元放在银行，会有利息 1 万元，鞋城的老板如果不开鞋城而有一份稳定的职业，他每年工资收入是 2 万元，这两项之和共 3 万元，就是开鞋城的机会成本。这 3 万元也是开鞋城的正常利润，是鞋城老板的报酬。

请用成本相关理论分析以下问题：
1. 上述案例中哪些是会计成本？哪些是机会成本？
2. 简单说明会计成本与机会成本有什么不同？

14.2　任务精讲

14.2.1　成本的概念

成本是企业决策的核心，成本在经济学上具有极其重要的地位。产品成本的高低，往往决定着厂商的产量以及利润的多少，决定着厂商在商品经济中的竞争能力。

成本是指厂商在生产过程中使用的各种生产要素的支出。西方经济学认为，劳动、资本、土地和企业家才能，都是生产要素，都为生产作出贡献，因而这些生产要素不仅要得到补偿，而且还应得到相应的报酬。所以，生产成本除了包括我们通常所说的工资、材料费、折旧费之外，还包括支付给资本的利息和土地的地租，以及支付给企业家才能的正常利润。由此可见，在西方经济学中成本的含义很广。

在进行具体的成本分析之前，需要明确经济学中短期和长期的概念。在经济学中，短期和长期并不单纯指时间的长与短，而主要是看在这个时期中，随着产量的变化，是否所有的投入要素都可以调整。

短期是指在这个时期内，厂商不能根据它要达到的产量来调整其全部生产要素，只能调整部分可变要素。比如你开一家制造厂，目前市场上对产品需求急速增长，但短期中由于时间太短，你一时间无法扩建厂房，只能增雇工人，购买更多的原材料，要求员工加班加点，在现有规模下挤出更大的产量来，这就是短期调整。而长期调整中，你就可以多建厂房、招收工人，扩大现有设备规模，而且能视为每时每刻都可以增加，所以生产要素是可变的。

在经济学中，费用和成本有何区别？

分析提示

费用和成本是两个独立的概念，但两者又有一定的关系。成本是按一定对象归集的费用，是对象化了的费用。费用是资产的耗费，它是针对一定的期间而言的，与生产哪一种产品无关；成本与一定种类和数量的产品或商品相联系，而无论发生在哪一个会计期间。

14.2.2 成本的分类

在微观经济学中，依据各种不同的标准，将成本划分为许多种类。

(1) 固定成本和变动成本

按照其总额与产量的关系不同，成本可分为固定成本和变动成本。

固定成本是指在一定限度内不随产量变动而变动的费用，是厂商在短期内不能随意调整的固定生产要素投入的费用，比如管理人员的工资、办公费、借入资金的利息、租用厂房和设备的租金、设备的折旧费、保险费、职工培训经费，等等。

可变成本是指随着产量变动而变动的费用，是厂家在短期内可以随意调整的可变生产要素投入的费用，如原材料费、工人工资、销售佣金，等等。

需要注意的是，只有在短期内，厂商的生产成本才有固定成本和变动成本之分，总成本等于固定成本和变动成本之和；而从长期来看，厂商的全部投入都是可变的，所以厂商的全部成本都是变动成本。

旅行社在旅游淡季如何经营

某旅行社在旅游淡季发起从天津到北京世界公园一日游38元(包括汽车和门票)的活动。真的会这么便宜吗？38元连世界公园的门票都不够。这是真的，因为旅行社在淡季游客不足，而旅行社的大客车、旅行社的工作人员这些生产要素是不变的，一个游客都没有，汽车的折旧费、工作人员的工资等固定费用也要支出。任何一个企业的生产经营都有长期与短期之分，从长期看如果收益大于成本就可以生产。更何况就是38元票价旅行社也还是有钱赚的，我们来算一笔账：一个旅行社的大客车载客50人，共1900元，高速公路费和汽油费假定是500元，门票价格10元共500元，旅行社净赚900元。在短期不经营也要损失固定成本的支出，因此只要收益能弥补可变成本，就可以维持下去，换个说法，只要每位乘客支付费用等于平均可变成本，就可以经营。另外，公园在淡季门票也打折，团体票也会打折正是这个道理。

讨论题：

①什么是短期成本？什么是长期成本？

②什么固定成本？什么是可变成本？什么是平均可变成本？

③旅行社在什么情况下就可以经营？

分析提示

短期成本是指厂商在短期内进行生产经营的开支，分为短期固定成本和可变成本。短期内使用的固定的生产要素(厂房、设备等)不能调整；短期内能够调整的是可变的生产要素(工资、原材料等)。旅行社在短期内不经营也要损失固定成本的支出，因此只要收益能弥补可变成本，就可以维持下去。亏本买卖无疑是更明智的选择。

（2）显性成本和隐性成本

按照其收回后的归属的不同，成本可分为显性成本和隐性成本。

显性成本是指厂商在生产要素市场上购买或租用所需要的生产要素的实际支出。例如支付的场租费、支付给电力公司的电费、原材料费、工资费用，等等。

隐性成本是形式上没有支付义务的，为使用自己提供的那一部分生产要素而支付的作为报酬的费用。在企业生产过程中，为了进行生产，除了要使用他人提供的生产要素，还可能要动用自己所拥有的生产要素，如自己的资金和房屋、土地，并可能亲自进行管理。经济学家认为，既然使用他人的资金需要付利息，租用他人的房屋、土地需要付房租、地租，聘用他人来管理企业需要付酬金，那么，同样的道理，当厂商使用了自有生产要素时，也需要支付相应的报酬，这笔报酬也应该计入成本之中。由于这部分费用在形式上没有契约规定一定要支付，所以被称为隐性成本。

由此可见，在会计上起支配作用的是显性成本，而经济学上的成本概念应当包括显性成本和隐性成本。

小案例

门面房是出租还是自己经营

假如，你们家有一个门面房，你用它开了一家杂货店。一年下来你算账的结果是挣了 5 万元人民币。你觉得很高兴，但用经济成本分析你恐怕就高兴不起来了。因为，你没有把隐含成本算进去。如果门面房出租，按市场价一年的租金是 2 万元；假定你原有的工作年收入也是 2 万元；这 4 万元就是你自己经营的隐含成本，从经济学分析来看，应该是成本，是你提供了自有生产要素房子和劳务所理应得到的正常报酬。而在会计账目上没有作为成本项目记入账上。这样算的结果你一年没有挣到 5 万元，只是 1 万元。如果自己经营需要 1 万元的资金进货，这 1 万元的银行存款利息也是隐含成本。这样一算你自己经营就非常不合适了，应该出租；但是如果你下岗，也找不到高于 3 万元的工作，还是自己经营为上策。显性成本和隐含成本之间的区别说明了经济学家与会计师分析经营活动之间的重要不同。经济学家关心并研究企业如何做出生产和定价决策，因此，当他们衡量成本时就包括了隐含成本。而会计师的工作是记录流入和流出企业的货币，结果，他们只衡量显性成本，但忽略了隐含成本。

小案例

购房者不仅要考虑显性成本　隐性成本也不可忽视

许多买房者常把注意力放在购房一次性成本上，如房屋总价、税收、交通费用等这些显性成本，但许多隐性成本常常被忽视。这些隐性成本在入住以后会变成显性成本。

上海嘉定有个楼盘距离地铁 11 号线 300 米，精装修房，2012 年交房，属于典型的地铁上盖房，单价 1.4 万元~1.6 万元，环顾四周难见比这更便宜的房子。李小姐心动，准备取款付首付。记者提醒她不要冲动，注意看看周围的配套：菜市、医院、银行、学校、卖场、邮局、饭店等。

李小姐去楼盘实地察看，结果发现该楼盘就是"孤岛"，周围除了一个公交车站和几个像大排档一样的饮食店以外，什么也没有。这套房子除了显性成本之外，隐性成本相当高：买菜要步行 20 分钟左右；孩子读书要步行 15 分钟左右；去医院坐车要走十几分钟，附近没有卖场，生活相当不方便。楼盘周围停着许多小三轮，还有摩的，起步价 5 元 10 元不等，这些就是购房者今后主要的出行工具。如果有自备车，小区离市区约 40 公里，汽油费加停车费每天至少 120 元，每月需要 3000 元。她这才意识到，楼盘的性价比并非如广告宣传的那么好，于是放弃了购房计划。

隐性成本包含在许多方面。开门"七件事"一件也少不了，买房时一定要把日常生活考虑进去：附近有没有卖场、商店、饭店等。许多购房者往往会考虑到偏远地方去买房，认为那里有价格优势，其实这往往是认识误区。购房者在付款前不仅要考虑显性成本，还要考虑隐性成本。

（资料来源：唐作民，载《新闻晚报》，2010-11-22）

想一想

王先生准备收购一家企业，需要资金 30 万元。方案一：王先生将银行的 30 万元存款取出；方案二：王先生从银行取出 10 万元存款，并以 5% 的利息从银行贷款 20 万元。请问，这两种方案的成本是一样的吗？

分析提示

王先生用自己的银行存款 30 万元收购了一个小企业，如果不支取这 30 万元钱，在市场利息 5% 的情况下他每年可以赚到 1.5 万元的利息。王先生为了拥有自己的工厂，每年放弃了 1.5 万元的利息收入。这 1.5 万元就是王先生开办企业的机会成本之一。经济学家和会计师以不同的方法来看待成本。经济学家把王先生放弃的 1.5 万元也作为他企业的成本，尽管这是一种隐性成本。但是会计师并不把这 1.5 万元作为成本，因为在会计的账面上并没有货币流出企业去进行支付。

为了进一步了解经济学家和会计师之间的差别，我们换一个角度，王先生没有买工厂的 30 万元，而是用自己的 10 万元储蓄，并以 5% 的利息向银行借了 20 万元。王先生的会计师只衡量显性成本，将把每年为银行贷款支付的 1 万元利息作为成本，因为这是从企业流出的货币量。与此相比，根据经济学家的看法，拥有的机会成本仍然是 1.5 万元。现在我们再回到企业的目标——利润。由于经济学家和会计师用不同方法衡量企业的成本，他们也会用不同的方法衡量利润。经济学家衡量企业的经济利润，即企业总收益减生产所销售物品与劳务的所有机会成本。会计师衡量企业的会计利润，即企业的总收益只减去企业的显性成本。

(3) 会计成本与机会成本

会计成本是指厂商进行生产与经营商务的各种实际支出。因为这种支出在实际发生后会逐笔在会计账簿中记录，是显而易见的。所以，也把会计成本称为历史成本，它包括支付给员工的工资以及购买原料、燃料等的各项支出。

机会成本是指做出一项决策时所放弃的其他可供选择的最好用途。对于厂商而言，机会成本是指为了生产一定数量的产品而放弃的使用相同的生产要素在其他生产用途中所得到的最高收入。例如，某人拥有 100 万元资金，他可以把这 100 万元资金用于三种不同的用途：开商店能获利 20 万元，开饭店能获利 25 万元，投资房地产业能获利 30 万元。他决定把 100 万元投资房地产业，在所放弃的用途中，最好的用途是开饭店获利 25 万元，这就是他选择投资房地产业的机会成本。经济学之所以要从机会成本的概念来分析厂商的生产成本，是因为，经济学是从稀缺资源配置的代价而不是会计学的意义上来考察成本的概念。

选择有时很容易，有时很难，难就难在一种资源可能有多种用途，由于有多种选择，用于某种用途时就得放弃其他用途。

小案例

比尔·盖茨于 1973 年进入哈佛大学法律系学习。他不喜欢法律，但对计算机十分感兴趣。19 岁时的他，面临两种选择：是继续学习直至毕业，还是辍学创办软件公司？继续学习会失去创业的最佳时机，而辍学办公司又拿不到许多人向往的哈佛大学毕业文凭。盖茨义无反顾地放弃了学业，创办了自己的软件公司，他终于成功了。1999 年 3 月 27 日，盖茨应邀回母校哈佛大学参加募捐会，当记者问他是否愿意继续学习以拿到哈佛大学的毕业证时，他向那位记者笑了笑，没有回答。看来比尔·盖茨是不愿意回到哈佛大学继续学习了，因为那样的话机会成本太大——会失去世界首富的地位。

小知识

不同情况下机会成本的计算：

①自有资金(或建筑物)的机会成本等于把它租借给别人可以得到的利息(或租金)收入。

②自己兼任经理的机会成本，等于自己到别处工作可以得到的收入。

③闲置的机器设备的机会成本为零。

④如果机器原来生产产品 A，可得一笔贡献利润(贡献利润等于收入减去变动成本)，现在用来生产产品 B 的机会成本等于它生产产品 A 的贡献利润。

⑤由于现在行情变了，使用过去买进的原材料，其机会成本按现价计算。

⑥使用按目前行情买入、租入或雇佣的原材料、资金、建筑物、机器设备、劳动力等，其机会成本等于会计成本。

⑦折旧的机会成本等于会计成本(假设期末变卖价值等于残值)。

 想一想

"低价诉求"促销策略有效吗?

我们在大卖场经常看到商家通常使用"低价诉求"促销策略,例如"为您节约了 100 美元"、"比我们的主要竞争对手便宜 20%"或"使用本产品的消费者可以节省额外的几万元开支",学了机会成本理论后,你认为"低价诉求"是最灵的吗?还有更有效的方法吗?

分析提示

那些更愿意打价格战的品牌应该改换一种促销策略,取而代之的应是强调这些金钱所能购买的具体物品。例如,一则汽车广告应是这样的:大众汽车应当强调购买了它的汽车,车主就可以用省下的钱购入一套时髦的高档套装,广告片在呈现出车主衣着翩翩的形象,在他那部崭新的甲壳虫汽车对面是另一位与之相对照的衣装过时的朋友。宜家家居的促销图片应当是这样的:左图中,一个生气的女人站在仅装了一双鞋子的橱柜边,配有文字说明"定制橱柜(1670 美元)+一双鞋子(30 美元的)= 1700 美元"。与此相对应,右图中,一个女人和她的女儿一块儿站在装满了她们鞋子的宜家橱柜前,文案是:"橱柜(245 美元)+48 双鞋子(1440 美元)= 1685 美元"。罗列出"被忽视的机会成本"供消费者考量,可以有效地影响他们最终的购买决策。

(4)增量成本与沉没成本

增量成本是指某项决策带来的总成本的变化,应在低成本扩张战略时考虑;沉没成本是指已经发生而无法收回的成本,经济学家认为在进行决策时,必须忽略那些与决策无关的成本。

沉没成本是与不可更改的过去决策有关的历史成本,即当成本一经发生,就无法通过当前的决策予以改变并且无法收回时,这种成本就是沉没成本。沉没成本提供了与现在的决策相关的信息,但是与具体成本本身无关。

在短期中,企业的固定成本就是沉没成本,厂商在决定生产多少产品时可以不考虑这些成本,即固定成本的大小对供给决策无关紧要。

 小案例

甘地为什么要扔掉另一只鞋——沉没成本

一次,"圣雄"甘地乘坐火车出行,当他刚刚踏上车门时,火车正好启动,他的一只鞋子不慎掉到了车门外。就在这时,甘地麻利地脱下了另一只鞋子,朝第一只鞋子掉下的方向扔去。有人奇怪地问他为什么,甘地说:"如果一个穷人正好从铁路旁经过,他就可以拾到一双鞋,这或许对他是个收获。"

无独有偶。阿根廷著名高尔夫球运动员罗伯特·德·温森在面对失去时，表现得更加令人钦佩。一次，温森赢得了一场球赛，拿到奖金的支票后，正准备驱车回俱乐部，就在这时，一位年轻女士走到他面前，悲痛地向温森表示，她自己的孩子不幸得了重病，因为无钱医治正面临死亡。温森二话没说，在支票上签上自己的名字，将它送给了年轻女士，并祝福她的孩子早日康复。一周后，一位朋友告诉温森，那个向他要钱的女子是个骗子，不要说她没有病重的孩子，甚至都没结婚呢！温森听后惊奇地说："你敢肯定根本没有一个孩子病得快要死了这回事？"朋友作了肯定的回答。温森长长地舒了一口气，微笑着说："这真是我这一个星期以来听到的最好的消息。"

无论是甘地的鞋子还是温森的支票，对于他们而言都如同泼出去的水，但他们都以博大的胸襟坦然面对自己的"失"。"覆水难收"常比喻一切都已成为定局，不能更改。其实，"覆水难收"就是一种沉没成本。无疑，甘地的一只鞋子和温森的支票都已经成为"沉没成本"。经济学家们认为，如果你是理性的，那就不该在做决策时考虑沉没成本。

正如任务描述中的案例的第一题：公司有90%的可能性会损失500万元，有将近10%的可能性会赢利2500万元，而且项目还没有任何投资。这种情况下，正常人通常会选择放弃。但绝大多数的企业老总对第二题的回答是"坚持继续投资"。他们认为已经投了500万元，再什么样也要继续试试看，说不定运气好可以收回这个成本。殊不知，为了这已经沉没的500万元，他们将有90%的可能性非但收不回原有投资，还会再赔上500万元。

所以在投资时应该注意：如果发现它是一项错误的投资，就应该立刻悬崖勒马，尽早回头，切不可因为顾及沉没成本，错上加错。

想一想

要在自助餐厅吃回本钱吗？

许多朋友都有过类似的经历：花388元去吃自助餐，但还没有吃回200元就已经饱了，可一看见新端上来的菜肴，还是不由自主地去拿了又拿。结果因为贪吃，第二天早上起来胃部非常不舒服。

分析提示

许多人在吃自助餐时都会想："吃回本钱是理所当然的事。"但其实这个想法并不妥。事实是，在你进入自助餐厅后，你所支付的388元就已经成了沉没成本，所以应尽快将其从脑海里抹去。与之相比，在吃自助餐前，认真考虑自己是否已经赚到388元才更加重要。也就是说，应该关注的是投资，而对于付出后不能收回的成本则应该彻底忘记。

每个人在做决策时，正确理解沉没成本的概念十分重要。我们每个人的时间都是一旦付出就绝对无法收回的沉没成本。因此，是否能够冷静地评价过去花费的时间,将会左右我们的人生。虽然谁都不愿意承认自己浪费了宝贵的时间,但希望大家不要被已经变为过去时的沉没成本所束缚,连未来的美好时光都耽误了。

(5)经济利润

经济利润是指厂商的总收益与总成本之间的差额。厂商所追求的最大利润,指的就是最大的经济利润。经济利润也称超额利润。正常利润是指厂商对自己所提供的企业家才能的报酬的支付。会计利润是指企业的总收益与企业的会计成本之间的差距。它们之间的关系如下所示,例如,一个拥有硕士学位的人,投资50万元开办一家工厂,并由自己来管理,某一年度的损益表如下:

销售收入	100万元
减:会计成本(显性成本)	95万元
原材料费	60万元
工人工资	10万元
折旧费	10万元
水、电、杂费	10万元
税收	5万元
会计利润	5万元

假定,上述例子中的硕士去别的公司工作,每年可得到10万元的薪水;当前的银行利率为5%。这样一来,这一工厂的年度损益表就要作以下调整:

销售收入	100万元
减:会计成本(显性成本)	95万元
减:　(隐性成本)	12.5万元
放弃的薪水	10万元
放弃的利息	2.5万元
经济利润	-7.5万元

各利润之间的关系

经济利润=会计利润-正常利润=超额利润;

会计利润=正常利润时,经济利润为零,厂商不亏不盈;

会计利润>正常利润时,经济利润为正,厂商获得超额利润;

会计利润<正常利润时,经济利润为负,厂商是亏损的。

14.2.3　成本函数

(1)成本函数介绍

成本函数是用来表示成本与产量之间函数关系的。成本的高低主要取决于企业投入生产要素的量和生产要素的价格两个因素。要素的价格上升必然导致成本提高，企业的技术进步则使得同样的产出消耗更少的要素而降低成本。假定要素价格与技术不变，成本高低就取决于要素投入量的多少。根据生产函数，要素投入量的多少取决于产量：在既定的生产函数中，更多的产量需要更多的要素投入量。因此，成本最终随产量的变动而变动，成本是产量的函数，所以成本与产量函数是紧密相关的。

成本函数用数学公式表示为：$C=f(Q)$。

成本函数取决于两个因素：

①产品的生产函数：$Q=f(L，K)$；

②投入要素的价格：$C=P_k K+P_L L$。

（2）短期成本函数和长期成本函数

短期成本函数的形式为：$STC=f(Q)+TFC$。其中 TFC 为固定成本，即不随产量变动而变动的成本。

长期成本函数的形式为：$LTC=f(Q)$，长期成本随产量的变动而变动。

请说出短期成本与长期成本的区别。

分析提示

短期成本是指在短时期内企业投入的生产要素，有些固定不变，有些要随着产量的增减而变化的成本。所谓短期，是指企业不能使其工厂规模有所增大或缩小的时期。在此时期内，企业可以增加或减少某些生产要素，如原材料、雇工人数等，但其他生产要素如厂房、设备等是不变的。短期成本就是用于这些可变生产要素的支出。

长期成本是指在一个较长时期内企业的所有要素都可以变动的成本。所谓长期就是指企业有足够时间来新建或扩建工厂的时期。在这一时期内，企业可以根据自己要达到的产量来调整全部生产要素，一切生产要素都是可以改变的，无固定成本与可变成本之分。长期成本就是企业用于投入生产要素支出的所有费用。

短期成本与长期成本有不同的变动规律，在企业决策中有不同的意义。

14.3　任务分析

现在我们来用经济学的成本原理阐述鞋城的"公开成本价，让顾客自由加价"这句促销口号。

其所谓的"公开成本"就是实际成本和机会成本之和13万元，如果顾客一分钱不加，鞋城老板把该赚的钱都赚到手了，如果顾客高于公开的成本价买鞋，假如一年中顾客用高于成本价的价格买鞋并且累加起来是1万元，那么对鞋城老板来说，这1万元是超额利润。

鞋城老板为什么放弃原来稳定的工作而开鞋城？我们还是用机会成本来判断，鞋城老板作为一种人力资源，他不开鞋城的话一年工资收入是 2 万元，开鞋城的获利是 3 万元。不开鞋城的机会成本是 3 万元，开鞋城的机会成本是 2 万元。在其他条件都一样的情况下，投资决策应选择成本低、收益大的，这是一个连小孩都知道的道理。鞋城老板选择成本低、收益大的项目进行投资决策应是明智选择，他使他拥有的资源得到了最佳的配置。鞋城所公开的成本就是经济学的成本，而不是我们中国老百姓所讲的会计成本，"公开成本价"所讲的成本既有实际成本(会计成本)，又有机会成本。鞋城老板利用了经济学的成本与会计学成本差异，创造了这一新的销售方式，赚取了正常利润和超额利润。

任务十五　短期成本分析

学习目标

1. 掌握短期总成本、平均成本、边际成本定义及其关系。
2. 理解短期成本的变动规律及其关系。
3. 在短期产量曲线与短期成本曲线之间的关系中，掌握边际产量与边际成本之间的关系，以及平均产量与平均可变成本的关系。

15.1　任务描述

米拉女士是某航空公司的股东，她在坐本公司的飞机时发现，拥有 120 个座位的机舱内也就只有 40 人左右。这段时期，她碰到了好几次这样的情况，因此对公司的前途颇为忧虑。请你从经济学的角度帮助米拉分析是否应该抛售股票。

15.2　任务精讲

在短期内，企业的某些生产要素是固定的，而另一些生产要素是可变的，因此，厂商的成本可分为固定成本和变动成本。具体来讲，厂商的短期成本有以下七种：短期总成本、总固定成本、总变动成本、平均固定成本、平均变动成本、短期平均成本、短期边际成本。

15.2.1　短期成本的分类

(1) 短期总成本

短期总成本(STC)是短期内生产一定量产品所需要的成本总和。它是由总固定成本(TFC)和总变动成本(TVC)构成的。

总固定成本是指企业在短期内必须支付的不能调整的生产要素的费用。

总变动成本是指企业在短期内必须支付的可以调整的生产要素的费用。

如果以 STC 代表短期总成本，以 TFC 代表总固定成本，以 TVC 代表总可变成本，则有：

$$STC = TFC + TVC$$

(2) 短期平均成本

短期平均成本(SAC)是指短期内生产每一单位产品平均所需要的成本。短期平均成本分为平均固定成本(AFC)与平均可变成本(AVC)。平均固定成本是平均每单位产品所消耗的固定成本。平均可变成本是平均每单位产品所消耗的可变成本。

如果以 SAC 代表短期平均成本，以 Q 代表产量，则有：

$$SAC = \frac{STC}{Q} = AFC + AVC$$

(3) 短期边际成本

短期边际成本(SMC)是指厂商在短期内每增加一单位产量所增加的成本，是短期总成本增量除以总产量的增量所得的商。

如果以 SMC 代表短期边际成本，以 ΔQ 代表总产量的增量，以 ΔSTC 代表短期总成本的增量，则有：

$$SMC = \frac{\Delta STC}{\Delta Q}$$

这里要注意的是，短期中固定成本并不随产量的变动而变动，所以，短期边际成本实际是针对可变成本而言的。

15.2.2 各类短期成本的变动规律及其关系

为了分析各类短期成本的变动规律及其关系，我们先列出表 15-1：

表 15-1　　　　　　　　　　各类短期成本表

产量 Q (1)	总固定成本 TFC (2)	总可变成本 TVC (3)	总成本 STC (4)=(2)+(3)	边际成本 SMC (5)	平均固定成本 AFC (6)=(2)÷(1)	平均变动成本 AVC (7)=(3)÷(1)	平均成本 SAC (8)=(6)+(7)
0	60	0	60	—	—	—	—
1	60	30	90	30	60	30	90
2	60	49	109	19	30	24.5	54.5
3	60	65	125	16	20	21.7	41.7
4	60	80	140	15	15	20	35
5	60	100	160	20	12	20	32
6	60	124	184	24	10	20.7	30.7
7	60	150	210	26	8.6	21.4	30
8	60	180	240	30	7.5	22.5	30
9	60	215	275	35	6.7	23.9	30.6
10	60	255	315	40	6	25.5	31.5

(1) 短期总成本、固定成本、可变成本

总固定成本(TFC)曲线为一条平行于横轴的水平线。它表示总固定成本不随产量的变化而变化。总变动成本(TVC)曲线是一条从原点向右上方不断上升的曲线。它表明当产量为零时,不发生变动成本,而随着产量的增加,变动成本不断提高。从 TVC 曲线的形状可以看出总变动成本的变化过程,即总变动成本的增加速度是先递减后增加。这种变化过程同边际收益递减规律及固定要素和可变要素之间的配合比例有密切关系。最初增加产量时,使固定要素得到了更充分的利用,固定要素与可变要素的配合趋于合理,因而成本的递减速度随产量的增加而下降;随着产量的增加,由于边际收益递减,固定要素与可变要素之间的配合比例失调,成本的增加速度随之加快。

短期总成本(STC)曲线是 TVC 曲线向上平移一个 TFC 数额。所以 STC 曲线的变化过程同 TVC 曲线的变化过程相同(见图 15-1)。

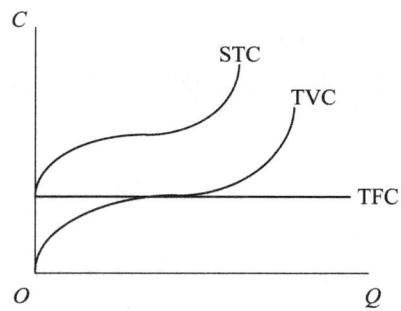

图 15-1　短期总成本、固定成本与变动成本的关系图

(2) 短期平均成本、平均固定成本、平均可变成本

平均固定成本(AFC)是一条随产量不断增加而不断下降的双曲线。平均固定成本变动的规律是起初减少的幅度很大,以后减少的幅度越来越小。因此平均固定成本曲线起先比较陡峭,说明在产量开始增加时,它下降的幅度很大;以后越来越平坦,说明随着产量的增加,它下降的幅度越来越小。

平均变动成本(AVC)是一条先下降而后上升的"U"形曲线。它表明,起初随着产量的增加,生产要素的效率得到充分发挥,平均可变成本不断下降,但下降到一定程度后,由于边际产量递减规律的作用,AVC 随产量的增加而增加。AVC 曲线的最低点与平均产量曲线的最高点相对应。可以用图 15-2 来说明。

短期平均成本(SAC)也是一条先下降而后上升的"U"形曲线。表明随着产量增加先下降而后上升的变动规律。短期平均成本的变动规律是由平均固定成本与平均可变成本决定的。当产量增加时,平均固定成本迅速下降,加上平均可变成本也在下降,因此短期平均成本迅速下降。以后,随着平均固定成本越来越小,它在平均成本中也就越来越不重要,这时平均成本随产量的增加而下降,产量增加到一定程度之后,又随着产量的

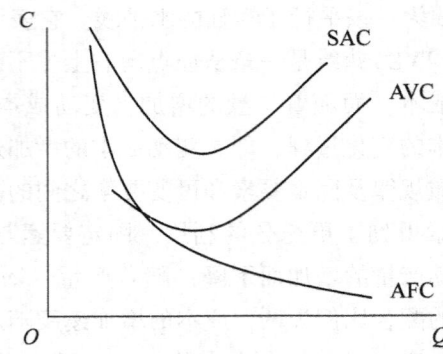

图 15-2 短期平均成本、平均可变成本与平均固定成本变动规律图

增加而增加。

(3) 短期边际成本、短期平均成本

可以用图 15-3 来说明短期边际成本与短期平均成本之间的关系。

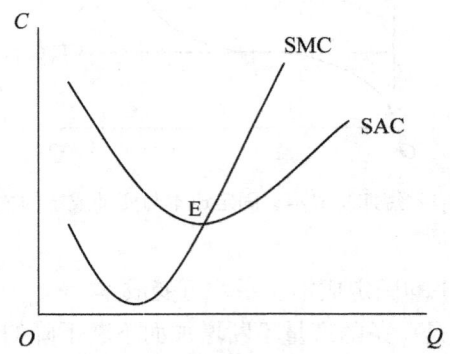

图 15-3 短期平均成本和短期边际成本关系图

在图 15-3 中，SMC 为短期边际成本曲线，它先降而后上升，表明短期边际成本随产量的增加先减少后增加的变动规律，其曲线呈"U"形。SAC 为平均成本曲线。如图 15-3 所示，边际成本曲线与平均成本曲线相交点是平均成本的最低点。这时，边际成本等于平均成本。相交之前，边际成本小于平均成本；相交之后，边际成本大于平均成本。

 小案例

为什么有些餐厅会为饮料提供免费续杯？

薇薇走在街上，正为晚饭吃什么而发愁，这时有两家餐厅映入眼帘。这两家餐

厅从表面上看档次不相上下，环境都很好，唯一不同的是第一家餐厅的招牌上标示着"本店饮料免费续杯"，而第二家店的招牌上什么也没有。这时，薇薇毫不犹豫地进了第一家店。

当薇薇走进提供饮料免费续杯的餐厅时，她不禁在想，为什么这家餐厅会提供饮料免费续杯的服务呢？它提供这种服务的目的真的是为消费者着想，将消费者当做上帝吗？

"民以食为天"，没有人可以不吃饭过日子，所以，不可能有哪一家餐厅能垄断整个餐饮业。为了在激烈的竞争中取胜，餐厅老板们只有绞尽脑汁地想对策以保证自己在存活下来的同时还能够获得更多的利润。提供免费续杯就是餐厅决策者在市场竞争日益激烈的情况下所做的一种策略。那么，在这个策略中，谁是最大的赢家呢？

一般情况下，餐厅里冰茶与苏打水的成本和价格与市场价相差很大，若为顾客提供冰茶和苏打水的免费续杯，经营者其实不会损失什么，然而在消费者眼里，会觉得自己占了大便宜。

餐厅提供免费续杯还涉及商品的价值、商品的需求弹性、商品的边际成本问题。如：一杯雪碧的价值由原料、服务、品牌等组成。如果其中的原料的价格比重小于服务和品牌，那么餐厅续杯的可能性就很大；如果顾客对雪碧的需求弹性小，也就是说雪碧从每瓶5元降到每瓶3元，售出的价格变化也不是很大，那么续杯的可能性就更大。顾客对雪碧的边际成本也可以这样理解，为顾客设置一个满足的标准。若设置满足的标准为一杯，也就是说顾客喝一杯基本上满足了；若设置满足的标准为两倍，那么餐厅续杯的可能性就会很大。

随着人们生活水平的不断提高，就餐顾客的人数也在逐渐地增长，餐厅为顾客提供服务的平均成本就会下降，而且餐厅对顾客的每一顿膳食所收取的费用都会远远高于这顿饭的边际成本。在经济学中，边际成本就是在任何销售量的水平上所增加的，就像一个单位的销售量所需要增加的员工工资、原材料和燃料等可变成本。所以，只要能引到额外的顾客，餐厅的利润就会有所增加。提供免费续杯吸引到的顾客不在少数，因此，无论从哪个角度来说，餐厅都是最后的赢家。

其实，像饮料这一类的商品，不仅需求弹性大，而且边际效用也很高，所以很多餐厅都会为顾客提供免费续杯的服务，在赢得顾客的同时赚取更多的利润。

注 意

经济学提醒你：作为商家，追求的都是利润最大化，提供"免费的午餐"一定是为了从其他方面获取更大的利润。每个人都是"经济人"，也追求自身利益的最大化，但是，理性人的理性是有限的，在能轻易获得的利益面前容易失去理性。因此应该清醒地提醒自己"天下没有免费的午餐"。

项目四　经营背后的一笔账

> 🌐 **小知识**
>
> 　　边际效应是经济学上的概念，意思是一样的东西的价值同它满足的需要成正比，这就是雪中送炭之所以比锦上添花更令人感动的原因所在。
>
> 　　例如：你是公司管理层，要给员工涨工资，给 3000 元月薪的人增加 1000 元所带来的效应，一般来说是比给 6000 元月薪的人增加 1000 元要大的，所以似乎给低收入的人增加月薪更对公司有利；另外，经常靠增加薪水来维持员工的工作热情看来也是不行的，第一次涨薪 1000 元后，员工非常激动，大大增加了工作热情；第二次涨薪 1000 元，很激动，增加了一些工作热情；第三次涨薪 2000 元，有点激动，可能会增加工作热情；第四次……直至涨薪无法带来任何效果为止。如果想避免这种情况，每次涨薪都想达到和第一次涨薪相同的效果，则第二次涨薪可能需要涨 2000 元，第三次需要涨 3000 元……或者使用其他激励措施，例如第二次可以安排其参加职业发展培训，第三次可以对其在职位上进行提升，虽然花费可能相当，但由于手段不同，会达到更好的效果。

15.2.3　短期成本曲线

从图 15-4 中可以看出：

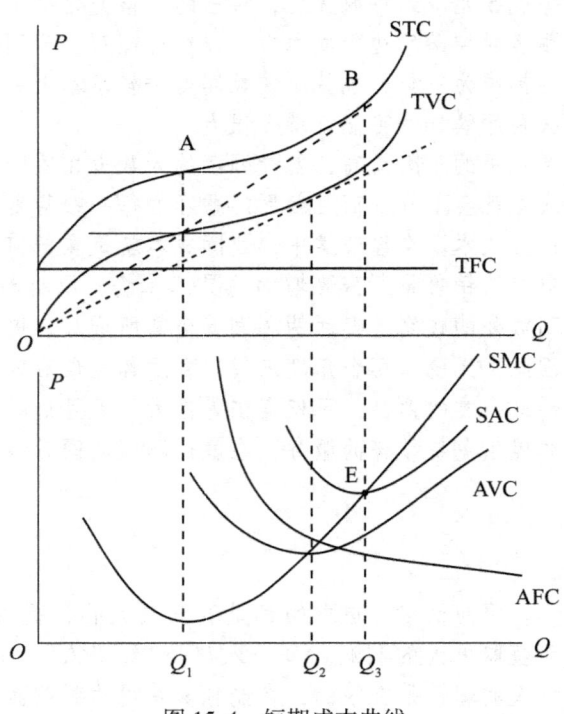

图 15-4　短期成本曲线

①AFC 曲线一直向右下方倾斜，表明随着产量的增加，分摊到每件产品中的固定

费用减少。

②AVC、SAC、SMC 曲线都呈"U"形，表明这三种成本最初是随着产量的增加而增加的，当下降到一定程度后，又随产量的增加而上升。这是边际收益递减规律作用的结果。

③SMC 曲线与 SAC 曲线一定相交于 SAC 曲线的最低点。在相交之前，边际成本低于平均成本，平均成本下降；在相交之后，边际成本高于平均成本，平均成本上升。

④SMC 曲线与 AVC 曲线相交于 AVC 曲线的最低点。

在图 15-4 中，SMC 曲线与 SAC 曲线的交点称为盈亏平衡点。在短期内，若厂商的产量小于该点所对应的产量，或市场价格低于平均成本，则厂商将会亏损；若厂商的产量大于该点所对应的产量，或市场价格高于平均成本，则厂商将会盈利；而在 E 点，厂商盈亏平衡。

在图 15-4 中，SMC 曲线与 AVC 曲线的交点称为停止营业点或生产关闭点。当厂商的生产经营在短期内处于亏损状态，是否停产就由停止营业点来决定。停止营业点表明，若厂商的产量小于该点对应的产量，或市场价格低于平均变动成本，则厂商应该停止生产或交易；若厂商的产量大于该点对应的产量，或市场价格高于平均变动成本，虽然亏损，但厂商应该继续生产或接受交易；而在停止营业点上，生产与停产厂商所遭受的亏损额一样。

想一想

毒胶囊里的秘密

2012 年 4 月 15 日，央视《每周质量报告》节目《胶囊里的秘密》，对"非法厂商用皮革下脚料造药用胶囊"进行曝光。河北的一些企业，用生石灰处理皮革废料，熬制成工业明胶，卖给绍兴新昌一些企业制成药用胶囊，最终流入药品企业，进入患者腹中。由于皮革在工业加工时，要使用含铬的鞣制剂，因此这样制成的胶囊，往往重金属铬超标。经检测，修正药业等 9 家药厂共 13 个批次的药品，所用胶囊重金属铬含量超标。

请用经济学中的短期成本理论分析：
①毒胶囊问题的缘由是什么？
②为什么要用工业明胶呢？

分析提示

从短期成本分析，无论公司的产量如何，总固定成本曲线（TFC）是不变的，而平均固定成本是随产出的增加而减少的，TFC 一定时，随产出的增加 AFC（等于 TFC/Q，其中 Q 表示产出量）下降。但商人习惯于用另一种方式解释：产出的增加使固定成本在更多单位产品上分配（通常被称为"分摊费用"），这意味着各单位承担的量将减少，AFC 永远不可能为 0。于是，随着产出的增加，AFC 曲线将逐渐降低。

15.3 任务分析

从短期成本分析看，航空公司用于固定生产要素的支出（如飞机折旧维修费、人员工资）是固定成本，用于可变生产要素的支出（汽油费等）是可变成本。这两者之和为短期总成本。分摊到每位乘客的成本为平均成本。

短期经营要考虑收益与成本之间的关系，短期内固定成本是不能变动的。所以，只要收益能弥补可变成本，就可以维持。换个说法，就是只要票价等于平均可变成本，就可以经营。经济学家把平均可变成本等于价格时的这一点称为停止营业点。在这一点之上（即价格高于平均可变成本）时，经营可以弥补一些固定成本，经营仍然有利；在这一点以下（即价格低于平均可变成本）时，无论如何也不能经营了。

米拉的公司仍在经营说明票价肯定高于（或等于）平均可变成本。公司买的飞机短期内无法卖出去，雇用的工作人员也不能解雇。即使不飞行，飞机折旧费和工资仍然是要付的。尽管乘客不多，但这些乘客带来的收益大于（或等于）飞行时汽油及其他支出，就可以继续营业。如果顾客再多几个还可以弥补一些固定成本，那么，经营就更有利了。

由此可见，乘客少是因为在淡季，在旺季乘客多时就可以赚钱了。所以，米拉还是不要抛售公司股票，因为这个公司从长期平均来看业绩还是不错的。

任务十六　长期成本分析

学习目标

1. 了解长期成本的含义及其分类。
2. 掌握长期成本各自的曲线，并了解长期成本曲线与相应短期成本曲线的关系。

16.1 任务描述

我国政府举办的大型养鸡场为什么失败？

20世纪80年代，一些城市为了保证居民的菜篮子供应，由政府出资办大型养鸡场，但成功者甚少，许多养鸡场最后以破产告终。试运用经济学中的长期成本理论进行分析。

16.2 任务精讲

在长期内，厂商可以根据产量的要求调整全部的生产要素投入量，甚至进入或退出一个行业，因此厂商所有的成本都是可变的。

厂商的长期成本可以分为长期总成本（LTC）、长期平均成本（LAC）和长期边际成本（LMC）。

16.2.1 长期总成本

长期总成本(LTC)是指在长期时间内厂商在每一个产量水平上通过选择最优的生产规模所能达到的最低总成本。长期总成本随产量的增加而增加。长期总成本的函数公式为：

$$LTC = LTC(Q)$$

在图 16-1 中，长期总成本 LTC 曲线的特点是从原点出发向右上方倾斜的。它表示：当产量为零时，长期总成本为零，以后随着产量的增加，长期总成本是增加的。而且，长期总成本 LTC 曲线的斜率先递减，经拐点之后，又变为递增。

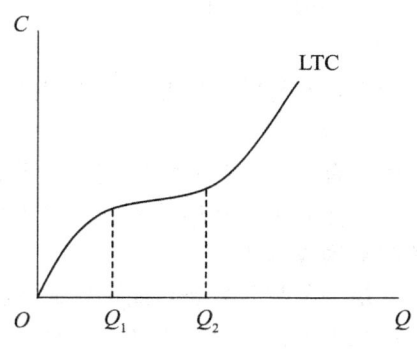

图 16-1　长期总成本曲线

产量在 $O \sim Q_1$ 之间时，长期总成本曲线斜率由小变大，比较陡峭，说明成本的增加比率大于产量的增加比率；产量在 $Q_1 \sim Q_2$ 之间时，长期总成本曲线斜率由大变小，比较平坦，说明成本的增加比率小于产量的增加比率；产量在 Q_2 以后，长期总成本曲线斜率又由小变大，比较陡峭，说明成本的增加比率大于产量的增加比率。

16.2.2 长期平均成本

长期平均成本(LAC)是指厂商在长期内按产量平均计算的最低总成本，其函数公式为：

$$LAC = LTC(Q)/Q$$

长期平均成本曲线的形成如图 16-2 所示。因此，LAC 曲线是无数条 SAC 曲线的包络线。这条包络线上，在连续变化的每一个产量水平上，都存在 LAC 曲线和一条 SAC 曲线的相切点，该相切点所对应的平均成本就是相应的最低平均成本。

长期平均成本(LAC)与短期平均成本(SAC)之间的关系可见图 16-2。图 16-2 中，SAC_1、SAC_2、SAC_3 分别代表三种不同规模下的短期平均成本曲线。假定厂商在第一种规模下生产 Q_1 产量，短期平均成本为 SAC_1，所以生产 Q_1 产量的平均成本为 C_1。现在厂商想扩大产量到 Q_2，短期内，在第一种规模下，有些投入要素是固定的，无法调整，因此其平均成本为 C_2。但长期内，厂商可以根据需要及所要达到的产量进行全面调整，这样厂商就能建立一座第二种规模的工厂，其函数成本为 SAC_2，生产 Q_2 产量的平均成本只有 C_2。如果厂商期望产量能达到 Q_3，则应该建立一座第三种规模的工厂。由此可

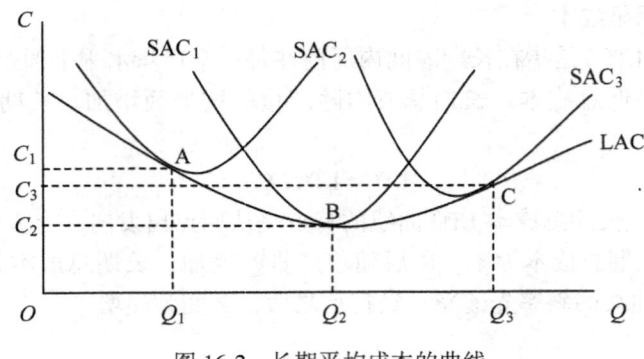

图 16-2　长期平均成本的曲线

见，在短期固定不变的生产投入要素与成本情况，在长期则是可变的，以实现更为有效的资源配置。

以上假定可供选择的规模只有三种。若假定规模可以无限细分，便有无穷多条短期平均成本曲线，对应于每一个最佳的短期平均成本点，把所有这些点用一条平滑的曲线连接起来，就是该厂商的长期平均成本曲线。

所以长期平均成本曲线就是一条与无数条短期平均成本相切的包络线。在这条包络线上，在连续变化的每一产量水平上，都存在 LAC 曲线与一条 SAC 曲线的相切点，该 SAC 曲线所代表的生产规模就是该产量的最优生产规模，该切点所对应的平均成本就是相应的最低平均成本。LAC 曲线表示长期内厂商在每一产量水平上可以实现的最低平均成本。

①LAC 曲线相切于与某一产量对应的最小的 SAC 曲线，在切点之外，SAC 高于 LAC。

②LAC 曲线最低点与某一特定 SAC 曲线最低点相切，其余的点上，LAC 并不切于 SAC 的最低点。在 LAC 最低点的左侧，LAC 相切于 SAC 最低点的左侧；在 LAC 最低点右侧相切于 SAC 最低点的右侧。

长期平均成本曲线 LAC 呈"U"形。长期平均成本曲线的形状与位置分别由规模内在经济和外在经济所决定：

①长期平均成本曲线 LAC 呈先降后升的"U"形，这是规模经济作用的结果。在生产扩张的开始阶段，由于规模经济的存在，随着生产规模的扩大，呈现规模收益递增，长期成本下降。当生产扩张到一定的规模，规模经济消失，生产处于规模收益不变的阶段，即随着规模的扩大，长期平均成本将在一定范围内保持不变。当生产规模进一步扩大时，规模收益递减，长期成本上升。规模经济和规模不经济都是由于厂商变动自己的企业生产规模所引起的，因此，也被称为规模内在经济和规模内在不经济。

②长期平均成本曲线的位置是由外在经济和外在不经济所决定的。外在经济是由于厂商的生产活动所依赖的外界环境得到改善而产生的。这些外在环境包括资源价格、技术变革、国家税收或补贴政策、政府管制行为等。外在经济和外在不经济是由企业以外的因素所引起的。厂商的生产活动所依赖的外界环境恶化，则是外在不经济。

外在经济使 LAC 曲线向下平移；外在不经济使 LAC 曲线向上平移。如图 16-3 所示，外在经济使 LAC_1 曲线向下移至 LAC_2 曲线的位置。反之，外在不经济使 LAC_2 曲线向上移至 LAC_1 曲线的位置。

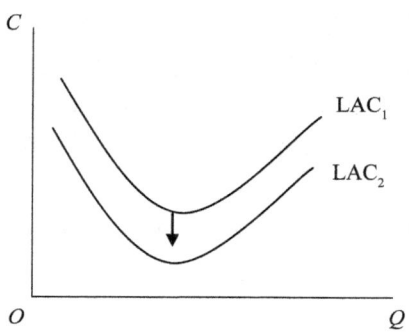

图 16-3　长期平均成本曲线的变动图

家电企业扎堆合肥　构建家电"金三角"核心

失去一棵大树却拥有了整片森林。用这句话来形容合肥家电业目前的状况最恰当不过。合肥家电产业曾以"美菱"和"荣事达"两大家电品牌而扬名，亦因两品牌遭遇发展阵痛而步入低谷。

然而，据合肥市有关部门资料显示，从 20 世纪 90 年代起，全国和世界知名家电企业有海尔、美的、格力、长虹、三洋、京东方、西门子、美菱、荣事达、天鹅、华凌、日立……随着这些知名家电企业落户合肥，如今合肥已经形成了集家电研发、生产、销售、物流及相关配套为一体的、较为完善的产业链和产业集群。

据统计，2011 年，合肥冰箱、洗衣机、空调、彩电四大件在全国的份额分别为 26.1%、25.3%、7.9%和 3.24%，其中洗衣机和冰箱产量分别占安徽省产量的 99.35%和 91.3%，居全国城市之首。数据显示，合肥市家电产业全年产值 1137 亿元，实现增加值 270 亿元，同比增长 32.5%，高于全市平均增幅 9 个百分点，并成为全市制造业中首个年产值突破千亿的产业。其中电冰箱、空调、彩电和洗衣机产量逼近 6000 万台，达到 5947 万台，同比增长 44.3%。2011 年合肥市家电"四大件"出货量以占全国家电产量 1/4 的成绩稳居第一，更因此跻身全球数一数二的家电城市。预计到 2015 年，合肥家电产业总产值将超过 2000 亿元，年均增长达到 30%以上。

此外，合肥还与省内的滁州、芜湖一道，构建起安徽家电的"黄金三角"，成为名符其实的中国家电产业重要基地。众多知名家电企业相继进驻合肥投资建厂，使之形成完整的家电、销售、物流、包装等生产服务配套网络，由此，会对各家电企业产生良好的外在经济性，即各家电企业可以充分利用该共享网络中的技术资源、人力资源和其他配套设施、资源，从而可以共同降低成本、共同受益，使企业的长期成本曲线下移。由此，也可以说明为何要建立经济开发区，以及为何众多厂商愿意进入经济开发区，因为经济开发区的建立可以使开发区内的所有厂商享有外在经济性。产业内企业向特定地区集中，加速信息、技能、技术、新思想传播和应用而带来的平均成本节约，形成"地区集中化经济"（Localization Economy）。正如美国麻省理工学院克鲁格曼教授所说，同类工业原材料供应者和工人聚集到一个地区，能够产生大批技术熟练的工人并把他们的新技术普遍带给各家工厂，从而造成繁荣。例如，美国纽约的曼哈顿银行区、加州的硅谷和意大利米兰市北方的纺织区就是这样。

（资料来源：中安在线，http://ah.anhuinews.com/system/2007/11/27/001898312.shtml，2014-07-30）

16.2.3 长期边际成本

（1）长期边际成本的定义及函数

长期边际成本（LMC）是指当厂商有足够的时间根据生产产量调整其固定要素时，每增加一个单位产品的产量所增加的总成本。即：

$$LMC(Q) = \frac{\Delta LTC(Q)}{\Delta Q}$$

当 $\Delta Q \to 0$ 时：

$$LMC = \lim_{\Delta Q \to 0} \frac{\Delta LTC}{\Delta Q} = \frac{dLTC}{dQ}$$

长期边际成本也是随着产量的增加先减少后增加的。因此，长期边际成本曲线也是一条先下降后上升的"U"形曲线，但它比短期边际成本曲线要平坦。

（2）长期边际成本曲线的推导

如图 16-4 所示，在每一个产量水平上，代表最优生产规模的 SAC 曲线都有一条相应的 SMC 曲线，这每一条 SMC 曲线都过相应的 SAC 曲线最低点。在 Q_1 产量上，生产该产量的足有生产规模由 SAC_1 曲线和 SMV 曲线所代表，相应的短期边际成本由 P 点给出，PQ_1 既是最优的短期成本，又是长期边际成本，即有 $LMC = SMC_1 = PQ_1$。或者说在 Q_1 产量上，长期边际成本 LMC 等于最优生产规模的短期边际成本 SMC_1，它们都等于 PQ_1 的高度。同理，在 Q_2 的产量上，有 $LMC = SMC_2 = RQ_2$。在 Q_3 的产量上，有 $LMC = SMC_3 = SQ_3$。在生产规模可以无限细分的条件下，可以得到无数个类似于 P、R、S 的点，将这些点连接起来便得到一条光滑的长期边际成本 LMC 曲线。

（3）长期边际成本曲线与相应短期成本曲线关系

长期边际成本与长期平均成本的关系和短期边际成本与短期平均成本的关系一样，

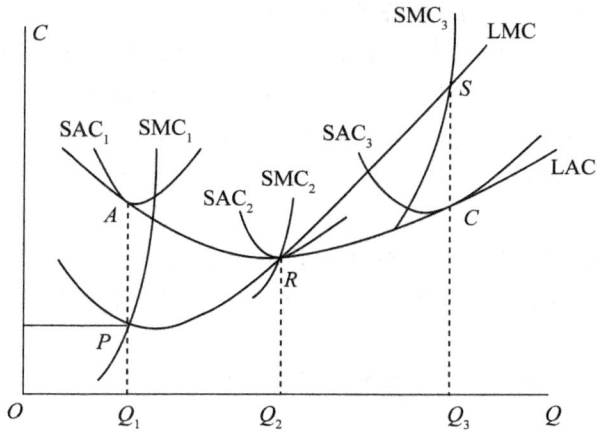

图 16-4 长期边际成本曲线

即在长期平均成本下降时，长期边际成本小于长期平均成本，在长期平均成本上升时，长期边际成本大于长期平均成本，在长期平均成本的最低点，长期边际成本等于长期平均成本。这一点可以用图 16-5 来说明。

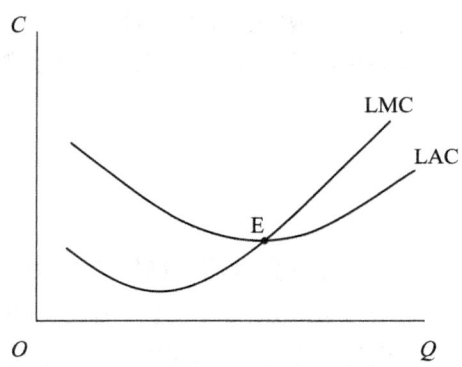

图 16-5 长期边际成本、长期平均成本关系图

在图 16-5 中，LMC 为长期边际成本曲线，LAC 为长期平均成本曲线，两者相交于 E 点。E 点是长期平均成本的最低点。相交之前，LAC 在 LMC 之上，说明长期边际成本小于长期平均成本；在相交之后，LAC 在 LMC 之下，说明长期边际成本大于长期平均成本。

为什么苹果公司的黑色笔记本电脑比同样配置的白色笔记本贵 70 英镑？

2007 年 11 月，苹果英国网站上公布其 2.2GHz、13 英寸屏幕的传统白色塑料外壳 MacBook 笔记本电脑售价为 829 英镑，形成对比的是，同样的黑色外壳 MacBook 笔记本的售价却是 949 英镑。仔细对比后发现，黑色型号的硬盘为 160GB，比白色大 40GB，这个差价似乎没有任何奇怪之处，显然高配置等于高价格。然而，进一步调查发现，白色型号也可搭配 160GB 硬盘，因为增加的硬盘空间，额外加收 50 英镑。这就奇怪了，为什么生产成本完全一样的黑色机器要多卖 70 英镑？

虽然黑色 iPod 与传统的白色 iPod 在技术上完全一样，但消费者对黑色的需求迅速超过了公司的库存量，而白色的仍有许多存货。黑色版因为新颖而出众，吸引了更多顾客订购。

请思考：黑白色机器的价格差是否公平？

分析提示

生产计算机的成本，随某公司生产产品数量而下降。这主要是因为，公司用于产品研发的成本不会随生产数量改变。因此，公司能以低于平均成本、高于边际成本(产量每增加或减少一个单位所引起的成本变动数额)的价格出售增产部分机器，以此增加赢利。但是，为弥补开发成本，公司也必须以高于平均成本的价格卖掉一部分产品。在一个公平的世界里，那些更在意得益于研发计划的产品新特色(功能)的顾客将支付不成比例的高成本。这些人究竟是谁？那些对价格最不敏感的人往往也是那些愿意为新机器的前卫特色花大价钱的人。公司的研发计划让所有顾客受益，但受益最多的是那些最在乎新特色的人。因此，黑色 MacBook 的买家们没有什么可抱怨的。

16.3 任务分析

在前文的任务描述中，政府举办的大型养鸡场失败的原因是多方面的，重要的一点则在于鸡蛋市场是一个完全竞争市场。任何一个生产者，即使是大型养鸡场，在市场总供给量中占的比例都是微不足道的，难以通过操纵产量来影响价格，只能接受市场决定的价格。

在长期中，当价格等于平均成本时，生产者的经济利润为零。生产者所赚的是由机会成本带来的会计利润，如生产者不向自己支付工资。如果某个生产者采用了新的养鸡技术，使其平均成本低于行业平均成本，就可以获得利润。如果生产者的平均成本高于行业平均成本，显然只好退出市场或者破产。

政府建立的大型养鸡场规模不足以大到能控制市场，而其成本明显大于行业平均成本。它们建有大鸡舍，采用机械化方式，而且有一批管理人员，工作人员也是有工资的工人，其固定成本自然远远高于农民。这些成本的增加远远大于机械化养鸡所带来的好处。大型养鸡场在与农民的竞争中并无优势。当鸡蛋行业的主力是农民时，行业平均成本也是由他们决定的。当大型养鸡场的成本高于行业平均成本，而价格等于行业平均成本时，其破产就是必然的。从某种意义上说，政府出资办大型养鸡场是出力不讨好，其动机也许不错,但结果却不好。其实这些完全竞争行业,完全可以让市场调节,让农民去办,政府不要与民争利,何况也争不到利。

任务十七　厂商收益分析

学习目标

1. 理解总收益、平均收益、边际收益之间的关系。
2. 会用边际分析法分析遇到的经济问题。
3. 掌握对厂商利润最大化产量的决策。

17.1　任务描述

从杭州开往南京的长途车即将出发。无论哪个公司的车,票价均为50元。一个匆匆赶来的乘客见一家国有公司的车上尚有空位,要求以30元上车,被拒绝了。他又找到一家也有空位的私人公司的车,售票员二话没说,收了30元后允许他上车了。哪家公司的行为更理性呢?乍一看,私人公司允许这名乘客用30元享受50元的运输服务,当然亏了。但如果用边际分析法分析,私人公司的确比国有公司精明。请用增量成本与增量收益关系解释为什么私人公司要精明些。

17.2　任务精讲

17.2.1　厂商收益

厂商收益是指厂商销售产品得到的收入。厂商收益包括总收益、平均收益与边际收益三个概念。

总收益(TR)是指厂商销售一定量产品得到的全部收入。其计算公式为:
$$TR = P \times Q$$
式中:P 为产品的单价;Q 为产品的销量。

平均收益(AR)是指厂商每销售一单位产品所增加的收入。其计算公式为:
$$AR = TR/Q = P \times Q/Q = P$$
可见,厂商的平均收益曲线也就是厂商所销售产品的需求曲线。

边际收益(MR)是指企业每增加销售一单位产品所增加的收入。即每多售出一个单位产品而得到的总收益的增加额。其计算公式为:
$$MR = \frac{\Delta TR}{\Delta Q}$$

由表17-1可见,MR始终是下降的,即厂商销售的产品越多,其单位售价就越低,多售出一单位产品所增加的收入就越少。事实上,MR很容易变成负数,这意味着厂商降低价格造成的损失大于其增加销售量所带来的收益。

表 17-1　总收益、平均收益、边际收益之间的关系

销量(Q)	单价(P)	总收益 ($TR = P \times Q$)	平均收益 ($AR = TR/Q = P$)	边际收益 ($MR = \Delta TR / \Delta Q$)
0	—	0	0	—
1	21	21	21	21
2	20	40	20	19
3	19	57	19	17
4	18	72	18	15
5	17	85	17	13
6	16	96	16	11
7	15	105	15	9
8	14	112	14	7
9	13	117	13	5
10	12	120	12	3

小知识

知识依赖型经济与边际收益递增

1986 年，经济学家罗默在《政治经济学》杂志上发表《收益递增和长期增长》一文，提出了"边干边学"模式，并指出技术进步实质上是内生于经济增长过程，使边际效益递增，从而在此基础上实现经济的可持续增长。这个模型被称为"阿罗—罗默"模型。随着知识经济的兴起，越来越多的学者在研究美国"新经济"现象时都提出了边际收益递增的现象普遍存在于知识依赖型经济中。边际收益递增是指：在知识依赖型经济中，随着知识与技术要素投入的增加，产出越多，生产者的收益呈明显的递增趋势。这一规律以知识经济为背景，在知识依赖型经济中将生产要素简化成知识性投入和其他物质性投入。

17.2.2 厂商利润

厂商从事生产或出售商品的目的是为了赚取利润。如果总收益大于总成本，就会有剩余，这个剩余就是利润。值得注意的是，这里讲的利润，不包括正常利润，正常利润包括在总成本中，这里讲的利润是指超额利润。如果总收益等于总成本，厂商不亏不赚，只获得正常利润，如果总收益小于总成本，厂商便要发生亏损。

假设 π 为利润，Q 为厂商产量，TR 为厂商总收益，TC 为厂商总成本，则利润计算公式为：

$$\pi(Q) = TR - TC$$

由于正常利润已包括在总成本中，则：TR-TC>0，厂商获得超额利润；TR-TC<0，厂商亏损；TR-TC=0，超额利润等于零，但厂商可以获得正常利润。

17.2.3 利润最大化原则

在经济分析中，企业实现最大利润所要遵循的原则可以表述为：在其他条件不变的情况下，企业应该选择最优的产量，使得最后一单位产品所带来的边际收益等于所付出的边际成本。或者简单地说，企业实现最大利润的均衡条件是边际收益等于边际成本，即 MR=MC。

大商场平时为什么不延长营业时间？

节假日期间许多大型商场都延长营业时间，为什么平时不延长？可以用边际分析理论来解释这个问题。从理论上说，延长一小时时间，就要支付这一小时所耗费的成本，这种成本包括直接的物耗，如水、电等，也包括由于延时而需要的售货员的加班费，这种增加的成本就是边际成本。假如延长一小时所增加的成本是1万元（注意这里讲的成本是西方的成本概念，包括成本和正常利润），那么在延长的一小时里，如果他们由于卖出商品而增加的收益大于1万元，作为一个精明的企业家，还应该将营业时间在此基础上再延长，这是因为他们还有一部分该赚的钱没赚到手。相反，如果在延长的一小时里增加的成本是1万元，增加的收益却不足1万元，在不考虑其他因素的情况下就应该取消延时的经营决定，因为在延长一小时里成本大于收益。

讨论题：

①什么是边际收益？什么是边际成本？

②为什么边际收益等于边际成本时利润最大？

案例分析

边际成本是指增加一单位产品所增加的成本。边际收益是指增加一单位产品的销售所增加的收益。无论是边际收益大于边际成本还是小于边际成本，厂商都要进行营业时间调整，说明在这两种情况下都没有实现利润的最大化。只有在边际收益等于边际成本时（MR=MC），厂商才不会调整营业时间，这表明已把该赚的利润都赚到了，即实现了利润的最大化。节假日期间，人们有更多的时间去旅游购物，能使商场的收益增加，而平时紧张工作的人们没有更多时间和精力去购物，就是延长服务时间也不会有更多的人光顾，增加的销售额不足以抵偿延时所增加的成本。这就能够解释为什么在节假日期间延长营业时间而在平时不延长营业时间的经济学问题。

为什么在边际收益等于边际成本时能实现利润最大化呢？

如果用 π 表示厂商的利润，可表示为：π＝TR－TC。因为 TR 与 TC 都是产量的函数，都随产量的变化而变化，所以 π 是产量的函数。厂商要实现利润最大化，就是要确定一个恰当的产量，在这一产量水平上，函数 π 确定极大值。用 $π_{max}$ 表示最大利润，Q_0 表示此时的产量水平，则：利润极大化的必要条件是 π 对 Q 的一阶导数为零。

$$\frac{d\pi(Q)}{dQ} = \frac{dTR(Q)}{dQ} - \frac{dTC(Q)}{dQ} = 0$$

$$\frac{dTR(Q)}{dQ} = \frac{dTC(Q)}{dQ}$$

而 TR 对 Q 的一阶导数 $\frac{dTR(Q)}{dQ}$ 就是边际收益 MR，同样，$\frac{dTC(Q)}{dQ}$ 就是边际成本 MC。所以，当 MR＝MC，即边际收益等于边际成本时，利润极大。

即厂商利润最大化的必要条件是 MR＝MC。如果 MR>MC，则厂商每增加一单位产量所带来的收益大于生产这一单位产量的成本，所以厂商增加产量有利于厂商利润总额的提高；反之，如果 MR<MC，则厂商每增加一单位产量所带来的收益小于生产这一单位产量的成本，所以厂商增加产量将导致利润总额的减少；只有当 MR＝MC 时，虽然最后一单位产量的收支相似，无利润可赚，但以前生产的产量使总利润达到最大程度。因此 MR＝MC 是厂商利润最大化的基本原则。

假设某商品价格不变，如图 17-1 所示，MR＝AR，它是一条水平线，MC 曲线先下降后上升，两线的交点为 E，是厂商利润最大化的均衡点。

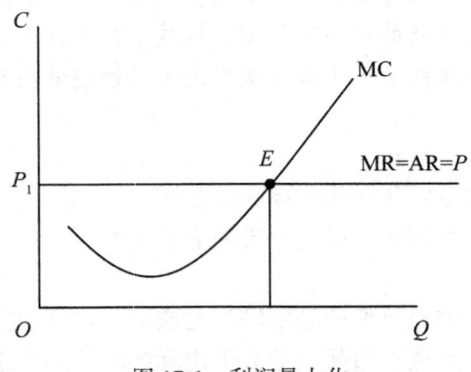

图 17-1 利润最大化

在图 17-1 中 E 点时，MR＝MC，在 E 点的左边，MR>MC，表示增加单位产量可使增加的收益大于增加的成本，从而增加厂商的利益，厂商将扩大生产，使利润进一步增加。而在 E 点的右边，MR<MC，表示增加单位产量可使增加的成本大于增加的收益，利润下降，厂商将会减少产量。只有在 E 点时，MR＝MC，表示在现有生产状态下，每增加一单位产出所获取的利润等于为此而付出的成本，则达到了最大利润，应该维持现有产出。因此厂商必须根据边际收益与边际成本时的关系，尽可能地选择最接近边际收益等于边际成本的产出水平。这样的分析方法也称为边际分析方法。

 想一想

公汽按5元的票价来收钱，就要发车时，跑来的人悄悄问司机3块钱走不走，司机在一般情况都会招手让他上来，这是为什么？难道司机的5块的票价是不按成本算出来的么？生活中的许多决策涉及对现有行动计划进行微小的增量调整。经济学家把这些调整称为边际变动。

分析提示

其实这一瞬间司机的决策，已经涉及边际的概念了。多一个乘客，司乘人员的开销和过路费都不会增加，汽油费和车辆磨损费用也不会增加多少，因此，这位多出来的乘客的边际成本很低，几乎可以忽略，如果还有空位，那么多挣3块钱谁不干呢？但是，如果还一个劲儿地增加乘客的话，成本的大小可就不好说了。比如，按照规定，车不得超员，如超员一人，罚款100元。这时，边际成本上升到100元，显然大于3元的边际收益，司机还会允许客人上车吗？

在许多情况下，人们可以通过考虑边际量来作出最优决策。例如飞机票的价格原本是200元但是由于各种因素本次航班的票没有全部售完，现在机长提出将票以100元的价格售出。这样有可行性吗？答案当然是肯定的。如果将票以100元的价格售出，它的边际成本就可能是乘客在飞机上喝的饮料或吃的饭，这些肯定是少于100元的。但是如果你不将票售出，你就要白白损失这些票的价格。所以权衡之下得出边际效益要大于边际成本，理性的销售人员都会将票低价处理掉，而不是白白损失它们的价值。

 小案例

大学生暑期打工的成本与收益分析

房屋粉刷是一个夏季的行业，因为天气炎热而且白天很长，高中和大学正好放假，因而有大量的低技能的劳动力。为了挣点钱，小明同学打算在修完经济学入门课之后，在夏季开设一个粉刷公司。

开设公司需要一笔固定费用。小明同学在他的父母家里做生意，因而没有租借办公室的成本。开设公司肯定涉及一笔数目不少的开支，需要购买一辆二手车作运输之用，当然也少不了其他物资，如刷子、油漆以及方便顾客联络用的电话线路和应答装置，需要制作广告和宣传单，雇人四处散发，还要印刷名片和估价单据，等等。据测算，粉刷公司的固定成本总额为9000元。

小明同学雄心勃勃地开展工作。他接听顾客打来的电话，上门估算粉刷房屋需要多少钱，然后报价。当然，由于他面对许多竞争对手，因而他的价格必须与竞争对手的价格差不多，不然就揽不了活。

小明同学发现，劳动的现行价格是每小时10元。在现实世界中，劳动并不是粉刷房屋所需的唯一可变的投入品，还有添加刷子和油漆的成本。但是为了简便，

项目四 经营背后的一笔账

我们假设他在夏天开工前就已经拥有刷子和油漆。因此他的可变成本只与他雇佣的工人有关。

可变成本还与粉刷一幢房子所耗费的时间有关，这又取决于他所雇佣的工人的质量。小明公司的可变成本如表 17-2 所示：

表 17-2　　　　　　　　　　粉刷公司的可变成本

粉刷房屋数(幢)	雇佣的劳动力小时数	工资支出(元)
5	100	1000
10	300	3000
15	600	6000
20	1000	10000
25	1500	15000
30	2100	21000

由此可以计算出公司的总成本、平均成本和边际成本(如表 17-3 所示)。

表 17-3　　　　　　　　　　粉刷公司的成本

粉刷房屋数(幢)	可变成本	总成本	平均成本	每幢房屋边际成本
0	0	9000		
5	1000	10000	2000	2000
10	3000	12000	1200	400
15	6000	15000	1000	600
20	10000	19000	950	800
25	15000	24000	960	1000
30	21000	30000	1000	1200

鉴于它的边际成本曲线和平均成本曲线，小明同学计算出，如果市场条件允许他向每栋房屋索取 1000 元，那么他至少要粉刷 25 栋房屋才能赚取利润。这也就是他夏天的打算：粉刷 25 栋房屋，每栋 1000 元，最后盈利 1000 元。

但在表中，并没有考虑到小明同学的机会成本。他没有获得粉刷房屋的 10 元/小时那么多，因为他在忙于洽谈生意、雇佣工人、接顾客的电话、处理顾客的不满等。

假设还有一家餐厅侍者的工作在等着小明同学。他可以在 12 周的暑期，每周工作 40 小时，每小时挣 6 元。因此，他可以在夏天挣 2880 元，而没有压力和风险。如果将这一机会成本计算在他自己开设公司的固定成本中，那么他显然会亏本。由于开办公司不能赚回小明同学的机会成本和补偿他经营公司所承担的风险和压力。因此，与其替人粉刷房屋，不如去做餐厅侍者，这在经济上更划算。

(资料来源：[美]斯蒂格利茨，《经济学小品和案例》，中国人民大学出版社 1998 年版)

案例讨论：假如你有一个暑期工作计划，你将如何进行成本与收益分析？

谁为免费买单？

俗话说"天下没有免费的午餐"，但与之形成鲜明对比的是，我们生活中随处可以看到的免费体验、免费报纸、免费食物、免费软件等各种免费形式，层出不穷、五花八门的免费产品让顾客挑花了眼，也让人看不懂企业是否有足够的资金将免费进行到底。免费似乎让企业失去了盈利的可能，厂商靠什么盈利呢？

分析提示

免费的根源在于数字时代能够实现边际成本趋近于零，用户数越大，边际成本反而越低。免费模式之下的企业，其基本服务对用户免费，可以向第三方收费，也可以采用向绝大部分用户免费但向一小部分用户提供增值服务并收费。与此同时，免费的升级版——"倒贴"也应运而生。老牌杀毒厂商金山和中国人保财险（PICC）共同推出了一种新的保险品类"网购敢赔险"。金山斥资为其每一个用户向 PICC 购买一份保险，保额为 8000 元一年，当用户使用金山毒霸或者猎豹浏览器网购，因安全问题导致财产损失时，可获得一年最多 8000 元的赔付。对用户而言这一切都是免费的。厂商推出给客户更实惠和更保障的做法，只会让企业品牌的形象变得更高大，更加熠熠生辉。"免费"作为对传统的成本收益分析的新突破，已经上升为一种企业精神，成为一种变革！"免费"已经越来越多地被那些具备洞察力的企业所认知和广泛运用，并为它们创造着可观的利润。

17.3 任务分析

我们可以用最后一名乘客的票价这个例子来说明边际分析法的用处。当我们考虑是否让这名乘客以 30 元的票价上车时，实际上我们应该考虑的是边际成本和边际收益这两个概念。边际成本是增加一名乘客（自变量）所增加的收入（因变量）。在我们前文这个例子中，增加这一名乘客，所需磨损的汽车、汽油费、工作人员工资和过路费等都无需增加，对汽车来说多拉一个人和少拉一个人一样，所增加的成本仅仅是发给这个乘客的食物和饮料，假设这些东西值 10 元，边际成本也就是 10 元。边际收益是增加一名乘客（自变量）所增加的收入（因变量）。在这个例子中，增加这一名乘客所增加的收入是 30 元，边际收益就是 30 元。

在根据边际分析法作出决策时就是要对比边际成本与边际收益。如果边际收益大于边际成本，即增加这一名乘客所增加的收入大于所增加的成本，让这名乘客上车就是合适的，这是理性决策。如果边际收益小于边际成本，那么让这名乘客上车就要亏损，是非理性决策。从理论上说，乘客可以增加到边际收益与边际成本相等时为止。在我们的例子中，私人公司让这名乘客上车是理性的，无论那个售票员是否懂得边际的概念与边际分析法，他实际上是按边际收益大于边际成本这一原则作出决策的。国有公司的售票员不让这名乘客上车，或者是受严格制度的制约（例如，售票员无权降价），或者是缺少"边际"这根弦。我们常说国有企业的经营机制不如私人企业的灵活，这大概可以算一个例子。

技 能 训 练

一、单项选择题

1. 长期与短期的区别在于（　　）。
   A. 短期中存在着不变的收益而长期中不存在
   B. 从长期来看，所有的投入都可变
   C. 超过三个月是长期，否则是短期
   D. 平均成本在短期内是递减的，而长期成本在长期内是递增的
2. 某厂商每年从企业的总收入中取出一部分作为自己所提供的生产要素的报酬，这部分资金被视为（　　）。
   A. 显性成本　　　B. 隐性成本　　　C. 经济利润　　　D. 沉没成本
3. 正常利润是（　　）的一个组成部分。
   A. 显性成本　　　B. 隐性成本　　　C. 机会成本　　　D. 固定成本
4. 在从原点出发的射线与总成本曲线相切的产量上，必有（　　）。
   A. 平均成本值最小　　　　　　　B. 平均成本＝边际成本
   C. 边际成本曲线处于上升段　　　D. 上述说法都对
5. 等成本曲线在坐标平面上与等产量曲线相交，那么要生产等产量曲线所表示的产量水平（　　）。
   A. 应该增加成本的支出　　　　　B. 不能增加成本的支出
   C. 应该减少成本的支出　　　　　D. 不能减少成本的支出
6. 已知等成本曲线和等产量曲线既不能相交也不能相切，此时要达到等产量曲线所表示的产出的水平，应该（　　）。
   A. 增加要素投入　　　　　　　　B. 保持原有的要素投入不变
   C. 减少要素投入　　　　　　　　D. A 或 B
7. 当一个行业中存在较少的厂商时，往往意味着（　　）。
   A. 不变成本和可变成本差不多相等　B. 不变成本相对于可变成本来说很大
   C. 不存在不变成本　　　　　　　　D. 不变成本相对于可变成本来说很小
8. 对于厂商决策而言，最重要的成本是（　　）。
   A. 边际成本　　　B. 可变成本　　　C. 不变成本　　　D. 总成本
9. 下列选项中，对农夫而言最可能是不变成本的是（　　）。
   A. 财产的保险费　　　　　　　　B. 用于灌溉的水
   C. 种子　　　　　　　　　　　　D. 额外的帮手
10. 如果不变投入的成本上升，则（　　）。

A. 平均成本曲线和边际成本曲线下移
B. 平均成本曲线和边际成本曲线上移
C. 边际成本曲线上移，平均成本曲线不变
D. 平均成本曲线上移，边际成本曲线不变

11. 短期内，在每一产量上的边际成本值应该(　　)。
    A. 是该产量上的总可变成本曲线的斜率，但不是该产量上的总成本曲线的斜率
    B. 是该产量上的总成本曲线的斜率，但不是该产量上的总可变成本曲线的斜率
    C. 既是该产量上的总可变成本曲线的斜率，又是该产量上的总成本曲线的斜率
    D. 是该产量上的总可变成本曲线的斜率，但不是该产量上的总成本曲线的斜率

12. 某工厂每日产出1000个单位的产品，总成本为4900元，如果产量减少1单位，则总成本为4890元，在这个产出的范围以内(　　)。
    A. 平均成本高于边际成本　　B. 平均成本和边际成本大致相等
    C. 边际成本高于平均成本　　D. 平均成本递减

13. 平均成本曲线呈"U"形，这是(　　)作用的结果。
    A. 边际技术替代率递减规律　　B. 边际报酬递减规律
    C. 不确定　　D. 边际效用递减规律

14. 下列关于边际成本和平均成本的说法中，正确的选项是(　　)。
    A. 如果平均成本上升，边际成本可能上升也可能下降
    B. 在边际成本曲线的最低点，边际成本等于平均成本
    C. 如果边际成本上升，平均成本一定上升
    D. 在平均成本曲线的最低点，边际成本等于平均成本

15. 下列选项中，正确的是(　　)。
    A. 边际成本递增时，边际产量递增　　B. 边际成本递增时，平均成本递增
    C. 边际成本递增时，边际产量递减　　D. 边际成本递增时，边际产量不变

16. 长期总成本曲线是各种产量的(　　)。
    A. 最低成本点的轨迹　　B. 最低平均成本点的轨迹
    C. 最低边际成本点的轨迹　　D. 平均成本变动的轨迹

17. 如果生产过程中劳动报酬递减，我们可以发现(　　)。
    A. 当其他要素的使用量保持不变，劳动使用量增加时，劳动的总产量下降
    B. 随着所有的生产要素增加越多，它们的边际产量最终将变为负数
    C. 随着所有的生产要素增加越多，产量最终会下降
    D. 当其他要素的使用量保持不变，而劳动的使用量增加时，劳动的边际产量将下降

18. 当边际报酬递减规律发生作用时，总成本曲线开始(　　)。

A. 以递增的速度下降　　　　　　B. 以递增的速度上升
C. 以递减的速度下降　　　　　　D. 以递减的速度上升

19. 对应于边际报酬的递增阶段，短期总成本曲线(　　)。
    A. 以递增的速率上升　　　　　　B. 以递增的速率下降
    C. 以递减的速率上升　　　　　　D. 以递减的速率下降

20. 当产出增加时，长期平均成本曲线下降，这是由于(　　)。
    A. 规模的不经济性　　　　　　　B. 规模的经济性
    C. 收益递减规律的作用　　　　　D. 以上都正确

21. 在规模经济和规模不经济的作用下，长期平均成本曲线表现为(　　)。
    A. 下降趋势　　　　　　　　　　B. 上升趋势
    C. 先下降后上升　　　　　　　　D. 先上升后下降

22. 在规模经济作用下，长期平均成本曲线是呈(　　)。
    A. 下降趋势　　　B. 上升趋势　　　C. 不变趋势　　　D. 无法判断

23. 如果生产的过程中存在着规模收益递减，这意味着，当所有要素的投入以相同比例增加时，产量将(　　)。
    A. 保持不变　　　　　　　　　　B. 以比要素增幅大的幅度增加
    C. 以和要素增幅相同的幅度增加　D. 以比要素增幅小的幅度增加

24. 在任何产量上的长期总成本绝不会大于该产量上由最优生产规模所决定的短期总成本。这句话(　　)。
    A. 总是对的　　　　　　　　　　B. 肯定错了
    C. 有可能对　　　　　　　　　　D. 视规模经济的具体情况而定

25. 一个企业在(　　)时应该选择停业。
    A. 平均可变成本的最低点大于价格的时候
    B. 平均成本的最低点大于价格的时候
    C. 发生亏损的时候
    D. 边际成本大于边际收益

二、分析讨论题

1. 假定某企业的短期成本曲线如下图所示，试问：

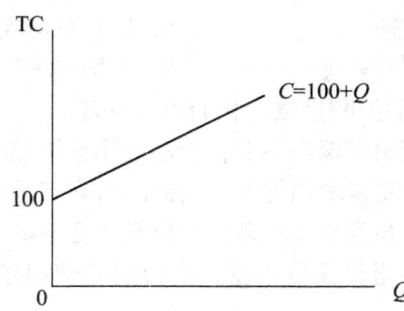

（1）这一成本曲线的假定前提是什么？
（2）短期边际成本函数是什么？它说明了什么？
（3）假定该产业中所有企业的成本函数都是 $C=Q+100$，而且产品的市场需求量为1000，这时在一个占有40%市场的企业与一个占有20%市场的企业之间，哪一个在成本上占有优势？为什么？
（4）从长期来看，该企业规模为规模的经济还是规模的不经济？为什么？
（5）有人认为企业产量水平越高，企业的利润也越高，这种想法正确吗？
2. 机会成本对决策分析有什么意义？为什么？
3. 为什么长期和短期的平均成本曲线都是U形？

三、计算题

1. 假设某厂商的短期边际成本函数 $MC=3Q^2-12Q+10$，当 $Q=5$ 时，总成本 $TC=55$，求解：
①TC、TVC、AC、AVC 分别是多少？
②当企业的边际产量最大时，企业的平均成本为多少？
2. 某企业的短期成本函数为 $C=(2X-K)^3+K^3+10$，其中 X 为产量，K 为资本规模。求该企业的长期成本函数。
3. 假设某产品生产的边际成本函数是 $C^1=3Q^2-8Q+100$。若生产单位产品时总成本是595，求总成本函数、平均成本函数、可变成本函数及平均可变成本函数。
4. 某企业短期总成本函数为 $STC=1000+240Q-4Q^2+Q^3$，求问：
（1）当 SMC 达到最小值时产量是多少？
（2）当 AVC 达到最小值时产量是多少？

四、技能分析

1. 根据案例，回答下列问题。

转行的机会成本

张依依今年28岁，从事行政人事工作五年多了。最近，依依越来越觉得行政人事工作没有太大的发展前景，加上年龄逐渐增长，她对自己的职业发展方向产生了迷惑。她一直想转行，但是一想到自己在大学里学的是英语专业，也没什么特长，若是真要转行还需要一番苦功。

张依依先去做了市场调查，根据市场需求和实际情况，她决定转行做律师：一来自己这多年一直对法律感兴趣；二来考个律师证相对而言节省时间与金钱。当然还有最重要的一点，就是律师越老越值钱，再也不会为年龄发愁。

然而真正面对转行时，张依依又犹豫了："28岁才预谋转行晚不晚呢？"
（1）分析案例中机会成本的大小，思考自己上大学的机会成本。
（2）思考并讨论自己曾经经历的大大小小的选择，你是如何进行选择的？又是如何进行成本与收益分析的？
2. 阅读案例资料，联系实际情况，运用所学理论进行评析。

会计成本与机会成本区别

在"下海"的浪潮中，某服装公司处长小王与夫人用自己的20万元资金办了一个服装厂。一年结束时，会计拿来了收支报表。当小王查看报表时，他的一个经济学家朋友小李来了。小李看完报表后说，我的算法和你的会计不同。然后小李也列出了一份收支报表。这两份报表如下：

（单位：万元）

会计的报表（会计成本）		经济学家的报表（经济成本）	
销售收益	100	销售收益	100
设备折旧	3	设备折旧	3
厂房租金	3	厂房租金	3
原材料	60	原材料	60
电力	3	电力	3
工资	10	工资	10
贷款利息	15	贷款利息	15
		小王和夫人应得的工资	4
		自有资金利息	2
总成本	94	总成本	102
利润	6	利润	-2

（资料来源：梁小民，《微观经济学纵横谈》，生活·读书·新知三联书店2000年版）

五、单项实训

企业调查——了解厂商成本特点及决策依据

实训要求：

(1)以小组为单位，在不同的行业中各自选择一家企业进行现场调查。调查内容包括：深入了解企业的成本范畴以及实际成本是由哪些要素构成的；这些要素是如何发生和计算的；与经济学上的成本理论又有哪些不同。

(2)通过小组的调查、分析与讨论，形成调研报告，并把调查结果以PPT的形式进行宣讲。

项目五 竞争压力下的市场决策

学习目标

知识目标：

1. 了解市场的类型及完全竞争市场、垄断市场、垄断竞争市场、寡头市场的特征。
2. 掌握不同市场类型的厂商的需求曲线、收益曲线、短期均衡、长期均衡。
3. 明确企业停产条件，熟悉垄断市场的价格歧视以及垄断竞争市场的产品差别竞争。

能力目标：

1. 能根据所学知识较好地区分市场的类型。
2. 能根据厂商的均衡理论为企业做出相应的生产或停产的建议。
3. 能区分不同的价格歧视形式。

案例导入

汽油市场和自来水市场有区别吗？

如果你们当地的加油站把它收取的汽油价格提高20%，就会发现汽油的销售量大幅下降。它的顾客会很快转而去买其他加油站的汽油。与此相比，如果你们当地的自来水公司提高20%的水价，就会发现水的销售量只有微不足道的减少。人们会比往常少用一些水浇他们的草地，并买一个节水的喷头，但他们很难让用水量大幅度减少。汽油市场和自来水市场的差别是显而易见的：有许多企业卖汽油，但只有一家企业卖水。正如你可以预见到的，这种市场结构的差别影响了在这些市场经营的企业的定价与生产决策。

你也许还记得，如果每个买者和卖者与市场规模相比微不足道，因而没有什么能力影响市场价格，那么市场就是竞争性的。与此相比，如果一个企业可以影响它出售的物品的市场价格，就是说该企业有市场势力，例如，你们当地的自来水公司。

（资料来源：[美]曼昆，《经济学原理》（第二版），梁小民译，北京大学出版社2002年版）

任务十八　熟悉市场及其结构

学习目标

1. 了解市场及行业的概念。
2. 熟悉不同市场类型的划分标准。

18.1　任务描述

萨姆是 PC 方案解决公司的 CEO，该公司发展很快，主要是组装电脑并在竞争激烈的"克隆计算机"市场上销售。现在它正在面试大学毕业生，计划将员工数量扩大一倍。但是现在三星电子和现代电子都计划在下周暂停生产内存芯片，其市场占有率是世界的30%。萨姆知道后给人事主任打电话，讨论是否扩招，如果你是人事主任，你会给出什么建议？请根据市场特点及其结构回答。

18.2　任务精讲

18.2.1　市场与行业的概念

每个家庭几乎每天都要到市场上去买一些新鲜的蔬菜、鱼肉、禽蛋以及各种副食品。菜市场上充满了大大小小的各种商贩，仔细观察我们会发现，虽然市场上的商贩非常多，但相同的蔬菜的价格几乎是没有差异的，任何擅自抬高菜价的商贩都将无人问津，而作为消费者的我们，对于购买哪一种蔬菜，要多还是要少，有着绝对的自主权。

再来看手机移动通信市场。在现代社会，通信越来越发达，手机几乎成为人们必备的一项日常工具，但在相当长的时间里，我们却只能在移动与联通这两家公司中做出选择。如果我们要使用手机，就必须接受它们所提供的仅有的几项业务服务，并为此支付它们所要求的报酬。在这个市场上，作为消费者的我们，失去了在菜市场上所拥有的大部分权利。

微观经济学中的市场是指从事某一商品买卖的交易场所或接触点。市场可以是一个有形的买卖商品的场所，也可以是一个利用现代化通信工具进行商品交易的接触点。任何一种商品都有一个市场，有多少种商品，就有多少个市场。譬如这种市场可以是大米市场、服装市场、汽车市场、期货市场等。

与市场这一概念紧密联系的另一个概念是行业。行业是指为同一商品市场生产和提供产品的所有厂商的总体。同一种商品的市场和行业的类型是一致的。例如，与完全竞争市场对应的是完全竞争行业等。

市场结构是指市场的组织和构成，它会影响厂商的行为和活动。

18.2.2　市场结构划分标准

从本质上讲，市场是物品买卖双方相互作用并得以决定其交易价格和交易数量的一种组织形式或制度安排。

任何一种交易物品都有一个市场。例如，可以有石油市场、土地市场、大米市场、自行车市场、铅笔市场等。市场可以根据不同标准进行分类，如根据市场上交易产品的特点可分为：产品市场和要素市场，要素市场又可分为劳动力市场、土地市场、资本市场和技术市场等。

经济学家按照市场竞争程度的不同，将市场结构区分为不同的市场类型。划分市场类型的主要因素有以下四点：

第一，市场上厂商数量的多少。参与者越多，竞争程度可能就越高，否则竞争程度就越低。参与者多的市场，每个参与者的交易量只占市场交易量很小的份额或比重，对市场价格缺乏控制能力，竞争能力比较小，厂商之间的竞争相对比较激烈；反之，如果市场上交易者的数量很少，每个厂商在市场上都占有重要地位，厂商之间就缺乏竞争，容易形成垄断。

第二，厂商所生产的商品的差别程度。差别程度是指同一种产品在质量、形式、包装等方面的差别。产品差异会引起垄断，产品差异越大，垄断程度越高；产品之间的差异越小，甚至没有差异，相互之间替代品越多，竞争程度就越强。

第三，单个厂商对市场价格影响的程度。凡是产品交易价格由市场供求关系来决定的市场，其竞争程度就越强；反之，凡是企业能够用自己的力量在不同程度上决定产品的价格，其市场竞争程度就比较弱，在这一市场中就容易产生不同程度的垄断。

第四，厂商进入或退出该行业的难易程度。一个行业的进入门槛越高，进入限制越多，企业就越难进入，从而垄断程度越强；反之，一个行业的进入门槛越低，进入限制越少，企业就越容易进入，从而竞争程度越强。

其中，可以认为，第一个因素和第二个因素是最基本的决定因素。根据这四条标准，微观经济学中将市场划分为完全竞争和不完全竞争两大类型。不完全竞争又分为完全竞争、垄断竞争、寡头、完全垄断。关于这四个市场的类型和相应的厂商区分及其特点可以用表 18-1 来概括说明。

表 18-1　　　　　　　　　**市场类型的划分和特点**

市场类型	厂商数目	产品差别程度	对价格控制的程度	进出一个行业的难易程度	接近哪种商品市场
完全竞争	很多	完全无差别	完全不能	非常容易	农产品
垄断竞争	较多	有一定差别	一定程度	比较容易	轻工业产品
寡头	很少	有一定差别或无差别	相当程度	比较困难	重工业产品
完全垄断	唯一	唯一的产品，且无相近的替代品	很大程度，但经常受到管制	非常困难，几乎不可能	公用事业

注　意

如何区分厂商数量是"多数"还是"少数"呢？三个、五个是少，三十个、五十

项目五　竞争压力下的市场决策

个、上百个就是多吗？多和少的区别到底在哪呢？有没有一个数目上的界限呢？回答是"没有"。这不是一个数目的问题，而是一个行业的问题。判断一个行业的厂商数目是多还是少，要看其是否"相互注视"着。在一个行业中，如果一家厂商实行减价策略，而其他厂商根本没有反应，仍然各行其是，这个时候我们就说是"多"，即厂商的数目就是"多数"；如果一家厂商减价就会被别的厂商注意到并且在行动上有所反应，这时我们就说是"少"，即厂商的数目就是"少数"。

想一想

举出一个政府创造的垄断的例子。创造这种垄断必定是一种"坏政策"吗？请解释原因。

分析提示

在中国，铁路运输是政府创造的垄断，在2013年以前全国的铁路运输是由铁道部独家管理和经营。在新中国成立初期，铁路作为国家经济的大动脉，由国家进行垄断经营，这是适应我国经济发展需要的，也符合当时的市场要求。

政府创造垄断不一定是一个坏政策，要看这种政策是否符合经济发展的需要。

18.3　任务分析

首先萨姆的产品市场是完全竞争的，而他在要素市场（即芯片市场）面对的应该是一些多头寡头的非竞争市场的厂商。

在未来，芯片的供给将会下降，所以生产要素的价格是上升的，而产品市场是完全竞争的，萨姆只是一个价格的接受者，他没有办法控制价格，提高边际收益。因此，当要素的价格上升，引发边际成本上升时，生产的平均成本已经处于平均成本曲线的右半部分，规模报酬是递减的，这时萨姆扩招员工，提高生产规模会导致边际成本高于边际收益，是不合理的。

所以人事经理给出的建议应该是不需要扩招。

任务十九　完全竞争市场分析

学习目标

1. 了解完全竞争市场的条件。
2. 掌握完全竞争市场的需求曲线，以及完全竞争厂商的收益曲线、短期均衡、长期均衡状态。

19.1　任务描述

春节贴春联是中国民间的一大传统，春节临近，春联市场红红火火，而在农村，此种风味更浓。春联市场中存在许多买者和卖者；供应商的进货渠道大致相同，且产品的差异性很小，产品具有高度同质性(春联所用纸张、制作工艺相同，区别仅在于春联所书内容的不同)；供给者进入退出没有限制；农民购买春联时的习惯是逐个询价，最终决定购买，信息充分；供应商的零售价格水平相近，提价基本上销售量为零，降价会引起利润损失。原来，我国有着丰富文化内涵的春联，其销售市场结构竟是一个高度近似的完全竞争市场。

供应商在销售产品的过程中，都不愿意单方面降价。春联是农村过年的必需品，购买春联的支出在购买年货的支出中只占很小的比例，因此其需求弹性较小。某些供应商为增加销售量，扩大利润而采取的低于同行价格的竞争方法，反而会使消费者认为其所经营的产品存在瑕疵(例如：认为春联是上年库存货，产品质量存在问题等)，反而不愿买。

农村集贸市场条件简陋，春联商品被习惯性地席地摆放，大部分供应商都将春联放入透明的塑料袋中以防尘，保持产品质量。而少部分供应商则更愿意损失少部分产品暴露于阳光下、寒风中，以此展示产品。因此就产生了产品之间的鲜明对照。暴露在阳光下的春联更鲜艳，更能吸引消费者目光、刺激购买欲望，在同等价格下，该供应商销量必定高于其他同行。由此可见，在价格竞争达到极限时，价格外的营销竞争对企业利润的贡献不可小视。

多年前一颗小小的纽扣风靡全国并使一大批人致富的情况提醒我们，在落后地区发展劳动密集、技术水平低、生产成本低的小商品生产不失为一种快速而行之有效的致富方法。

春联市场是一个特殊的市场，时间性很强，仅在过年前存在 10 天左右，供应商只有一次批发购进货物的机会。供应商对于该年购入货物的数量主要基于上年销售量和对新进入者的预期分析。如果供应商总体预期正确，则该春联市场总体商品供应量与需求量大致相同，则价格相对稳定。一旦出现供应商总体预期偏差，价格机制就会发挥巨大的作用，将会出现暴利或者亏损。

综上可见，小小的农村春联市场竟是完全竞争市场的缩影与体现，横跨经济与管理两大学科。这也就不难明白经济学家为何总爱将问题简化研究，就像克鲁格曼在《萧条经济学的回归》一书中，总喜欢以简单的保姆公司为例得出解决经济问题的办法，这也许真的有效。

请用相关经济学原理解释这一现象。

19.2 任务精讲

19.2.1 完全竞争市场的条件

完全竞争也叫纯粹竞争。这是一个完全非个性化的市场，卖者之间完全感觉不到竞争，他们的产品出售价格是相同的，谁也没有能力和意愿去改变这一价格，而且谁都可以自由进出这个市场；买者也感觉不到相互之间的竞争，只要有需求，都能以相同的价格购买到相应的产品。要成为完全竞争市场必须具有以下四个条件：

第一，市场上有众多的买者和卖者，他们的规模很小。

每一个消费者或每一个厂商都没有能力影响甚至控制市场价格，他们对市场供求的影响都是微不足道的，所有市场参与者都只能被动地接受既定的市场价格，因此，他们被称为价格接受者。

第二，产品是同质的，即任何生产者的产品都是无差别的。

对于消费者来说，购买任何一家厂商的产品都是没有区别的。在这种情况下，单个厂商既没有必要单独降价，更不会单独降价或单独提价。因为降价意味着他的利润降低，而提价将使得他的产品完全卖不出去。由此可见，这个条件进一步强化了在完全竞争市场上每一个买者和卖者都是被动的既定市场价格的接受者的说法。

第三，各种资源都可以完全自由地流动而不受任何限制。

意味着厂商进入或退出一个行业是完全自由和毫无困难的。任何一种资源都可以及时地投向能获得最大利润的生产，并及时地从亏损的生产中退出。劳动力不仅可以在地区间自由流通，而且可以在不同的职业间自由流动，资本也可以自由地进入或退出某一行业。

第四，市场信息是完全的、对称的，厂商与居民都可以获得完备的市场信息。

市场上的每一个买者和卖者都掌握与自己的经济决策有关的一切信息。任何时候他们都能做出对自己而言最优的经济决策，从而获得最大的经济利益。这也就排除了由于信息不通畅而可能导致的在一个市场内同时按照不同的价格进行交易的情况。

这些条件是非常苛刻的，在现实经济生活中，真正符合以上四个条件的市场是不存在的。比较接近的是农产品市场，如大米市场、小麦市场等，但是现实中是否存在真正意义上的完全竞争市场并不重要，重要的是从对完全竞争市场模型的分析中，可以得到关于市场机制及其配置资源的一些基本原理。

小案例

没有天敌的世界并不完美——完全竞争市场

在美国的阿拉斯加自然保护区里，人们为了保护鹿，消灭了狼。鹿没有了天敌，生活很是悠闲，不再四处奔波，便大量繁衍，引起了一系列的生态问题，致使瘟疫在鹿群中蔓延，鹿大量死亡。

后来护养人员及时引进了狼，狼和鹿之间又展开了血腥的生死竞争。在狼的追逐捕食下，鹿只得紧张地奔跑逃命。这样一来，除了那些老弱病残者被狼捕食外，其他鹿的体质日益增强，鹿群显得生机勃勃，恢复了往日的灵秀。

小知识

完全竞争本身假定生产者和消费者具有完全的信息或知识，无需做广告。厂商做广告只会增大产品的成本，使所获利润减少甚至亏损。完全竞争下的厂商仅是价格的接受者，它能按市场决定的价格卖出它愿意出卖的任何数量的产品，故厂商不愿做广告。

现实的市场中信息和知识绝不是完全的。即使是对其中一个非常不起眼的产品，市场交易也需要非常丰富的信息：质量、价格变化、产地、需求量等，这些信息对需求者来说常常是稀缺的。而且很多时候，市场上充斥着虚假和无用的信息，这些情况越严重，信息的不完全性就越严重，市场偏离完全竞争也就越严重。要在不完全的信息市场上，传递和获取有利于交易的信息，绝不会是不需要成本的。广告的基本职能就在于传递这些信息，真正的完全竞争市场是不存在广告的。

广告的确是市场信息不完全的产物，然而厂商不惜重金地为自己的产品做广告，绝不仅仅是在传递自己产品的信息，很多时候他们是在宣示和制造自身产品的差异性。事实上，抽象的"完全信息"基本上是不现实的。即使是完全相同的产品，厂商也常常会制造差异，有采取差异化竞争的冲动。常见的做法就是个性的包装、个性的广告以及个性的营销。这些做法不仅仅是为了向消费者宣传自己的产品，更重要的是使自己的产品与众不同，从而从市场上获得在完全竞争市场中得不到的垄断势力，赢得平均利润之外的某种垄断利润。可以说，广告等行为创造了或者至少是加大了产品的差异，把完全竞争的市场转变为不完全竞争的市场。

小案例

近乎完全竞争的小麦市场

小麦市场是一个比较接近完全竞争的市场。因为这个市场有众多买者和卖者，并且没有谁能够影响小麦的价格。相对于市场规模，每个小麦购买者的购买量很小，以致无法影响价格，也就是说，他不可能因为自己的购买量较大，而以比别人低的价格进行购买，因为，即使购买者有再大的购买量，对于市场规模来说仍然微乎其微；对于卖者来说，提供的是几乎同质的小麦产品，而且任何一个卖者所提供的小麦数量，对于市场规模来说都是微不足道的。因此，每个卖者可以在现行价格水平上卖出他想卖的所有产量，他没有什么理由收取较低价格，如果他收取高价格，买者就会到其他地方购买。因此，在小麦市场上，小麦的价格由众多的买者与卖者的需求和供给共同决定。买者和卖者都是价格的接受者，他们必须接受市场供求所决定的价格，按照市场价格买卖。

与此同时，对于一个种植小麦的农民来说，是决定继续种植小麦呢，还是改种蔬菜、水果甚至挖鱼塘养鱼，主要取决于种植小麦的成本收益比较，以及种植小麦与从事其他种植业和养殖业的净收益比较。如果种小麦有利可图，那么总有农民愿意继续种植小麦，甚至有更多的农民会加入种植小麦的行列；如果种植小麦是亏损的，或者种植小麦的净收益比从事其他种植业的净收益要小，那么长期来看，农民就会改种其他作物。在农民决定是继续种植小麦还是改种其他作物时，他们的选择基本是自由的，也就是说，农民进入或退出小麦种植的障碍很小。

略微不足的是，在小麦市场上无法满足信息完全的假定条件。这是大多数农产品市场化过程中存在的通病。当众多的小生产者与大市场对接时，由于单个的小生

产者无法及时准确地把握决策所需要的所有信息，而只能在有限的信息条件下做出决策，只能以上一时期的价格作为本期产量的决策依据。这样决策的结果很可能导致其决策与整体市场的实际运行情况相反，从而遭遇价格波动所带来的市场风险。小麦等农产品市场经常性地出现"去年买粮难，今年卖粮难"的现象，就是信息不完全所致。

19.2.2 完全竞争市场的需求曲线

厂商所面临的需求曲线是用来表示市场对这一厂商的产品的需求状况。在完全竞争市场条件下，厂商是既定市场价格的接受者，所以，完全竞争厂商的需求曲线只能是一条由既定市场价格水平出发的水平线，如图 19-1(b)所示。

在完全竞争市场中，单个消费者和单个厂商无力影响市场价格，但这些并不意味着完全竞争市场的价格是固定不变的。完全竞争市场的需求曲线是由众多家庭的个别需求曲线横向叠加而成，自左上方向右下方倾斜，具有负的斜率，如图 19-1(a)所示。也就是说，在完全竞争的市场上个别企业的需求曲线是与横轴平行的，而整个行业的需求曲线却还是向右下方倾斜的(行业需求曲线向右下倾斜是因为产品的边际效用递减原理和与其他产品之间的效用替代，这个原因和其他类型的市场上行业需求曲线向右下倾斜的原因是一样的)。

在完全竞争市场上，如图 19-1(a)所示，整个行业面对的市场的需求曲线 D 和供给曲线 S 相交的均衡点所决定的市场的均衡价格为 P_0，由于产品的无差异性，它与图 19-1(b)中单个代表性厂商的需求曲线中的 P_0 相等。

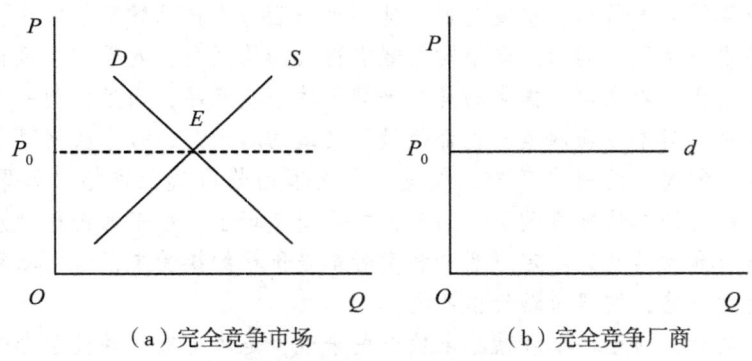

图 19-1 完全竞争厂商需求曲线

当外来因素，如政府政策变化、居民收入变化等因素使得众多消费者的需求量变化时，市场供求曲线的位置就有可能发生移动。在这种情况下，我们就会得到由新的均衡价格水平出发的一条水平线，如图 19-2 所示。

在图 19-2 中，开始时的需求曲线为 D_1，供给曲线为 S_1，市场的均衡价格为 P_1，相应的厂商的需求曲线是由价格水平 P_1 出发的一条水平线 d_1。以后，当需求曲线的位置由 D_1 移至 D_2，同时供给曲线的位置由 S_1 移至 S_2 时，市场均衡价格上升为 P_2，于是相应

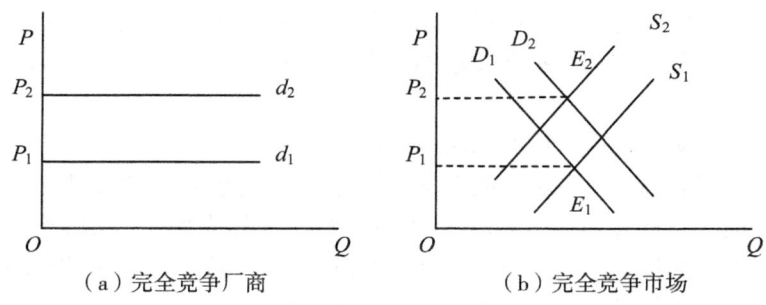

图 19-2 完全竞争市场价格变动和厂商需求曲线

的厂商的需求曲线是由新的价格水平 P_2 出发的另一条水平线 d_2(这里厂商的数量可能已经发生了改变,也可能没有变化。但只要市场完全竞争的几个基本条件还存在,厂商所面对的需求曲线就还是与横轴平行的,在完全竞争的市场环境下,它们仍然是价格的被动接受者,没有办法获得超过平均利润水平的垄断利润)。

19.2.3 完全竞争厂商的收益曲线

根据完全竞争条件下需求曲线的特点,可以得到完全竞争厂商的收益曲线。为了说明完全竞争厂商的收益曲线,我们先看看厂商收益的概念。

厂商的收益可以分为总收益、平均收益和边际收益,它们的英文简写分别为 TR、AR 和 MR。

总收益指厂商按一定价格出售一定量产品时所获得的全部收入。以 P 表示既定的市场价格,以 Q 表示销售总量,总收益的定义公式为:

$$\mathrm{TR}(Q) = P \times Q \tag{19-1}$$

平均收益指厂商在平均每一单位产品销售上所获得的收入。平均收益的定义公式为:

$$\mathrm{AR} = \frac{\mathrm{TR}}{Q} = \frac{P \times Q}{Q} = P \tag{19-2}$$

边际收益指厂商增加一单位产品销售所获得的总收入的增量。商品的价格为既定时,边际收益就是每单位商品的卖价,边际收益的定义公式为:

$$\mathrm{MR}(Q) = \frac{\Delta \mathrm{TR}(Q)}{\Delta Q} \tag{19-3}$$

或者

$$\mathrm{MR}(Q) = \lim_{\Delta Q \to 0} \frac{\Delta \mathrm{TR}(Q)}{\Delta Q} = \frac{\mathrm{dTR}(Q)}{\mathrm{d}Q}, \quad 即 \mathrm{MR} = \frac{\mathrm{dTR}}{\mathrm{d}Q} = \frac{\mathrm{d}(P \times Q)}{\mathrm{d}Q} = P \tag{19-4}$$

由式(19-4)可知,每一销售水平上的边际收益值就是相应的总收益曲线的斜率。

由于我们均假定厂商的销售量等于厂商所面临的需求量,这样,在完全竞争厂商的需求曲线是水平时,在每一个销售量上,厂商的销售价格是固定不变的,于是,必然有厂商的平均收益等于边际收益,且等于既定的市场价格的结论,即必有 $\mathrm{AR} = \mathrm{MR} = P$,

如图 19-3(a)所示。

由于完全竞争厂商的每一个销售量水平都有 AR = MR = P，故完全竞争厂商的平均收益 AR 曲线、边际收益 MR 曲线和需求曲线 d 三条线重叠，重叠于一条由既定价格水平出发的水平线。

下面我们来说明完全竞争厂商的收益曲线：

假定某牛奶厂面临世界市场上的牛奶价格每斤加 6 元钱的情况，那么当该牛奶厂的牛奶产量为 Q 时，它的收益就是 $6Q$，由于该牛奶厂与世界牛奶市场相比是微不足道的，所以，它只能被动地接受市场给定的价格。这意味着，实际上牛奶的价格不取决于该牛奶厂生产并销售的牛奶量。如果该牛奶厂使自己的牛奶产量增加一倍，市场价格依然不变，而且它的总收益也将增加一倍。由此编制该牛奶厂的收益表，如表 19-1 所示。

表 19-1　　　　　　　　　　某牛奶厂的收益表

产量(斤)	价格(元)	总收益(元)	平均收益(元)	边际收益(元)
Q	P	TR = $P \times Q$	AR = TR/Q	MR = ΔTR/ΔQ
1	6	6	6	6
2	6	12	6	6
3	6	18	6	6
4	6	24	6	6
5	6	30	6	6
6	6	36	6	6
7	6	42	6	6
8	6	48	6	6

从表 19-1 中可以看出，在牛奶的每一个销售量水平，该牛奶厂都按照既定的市场价格(P = 6 元)出售牛奶。随着牛奶销售量的增加，牛奶厂的总收益 TR 是不断增加的。但牛奶的单位销售价格是固定不变的，这不仅使得牛奶厂的平均收益 AR 保持不变，而且使得牛奶厂每增加一单位牛奶的销售所获得的边际收益 MR 也保持不变。这表明完全竞争厂商在任何时候的销售量水平上都有：AR = MR = P。

如图 19-3(b)，完全竞争厂商的总收益 TR 曲线是一条由原点出发的斜率不变的上升的直线。

总而言之，完全竞争市场最大的特点在于，在这样的市场上，单个厂商(企业的数量往往很多)面对着独特的需求曲线和收益曲线，它只能作为产品市场价格的被动的接受者(这一市场价格由整个市场的供需曲线的交点决定)，而不能成为它的制定者(或者说厂商面对的需求价格弹性无穷大)。在这样的条件下，厂商可以做出的决策只有三个：

①决定留在某一行业，还是退出这一行业。

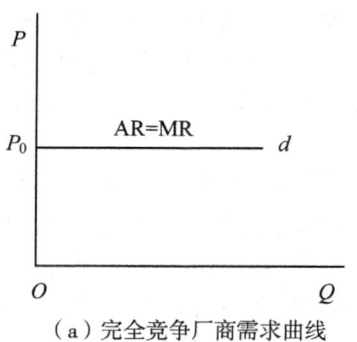 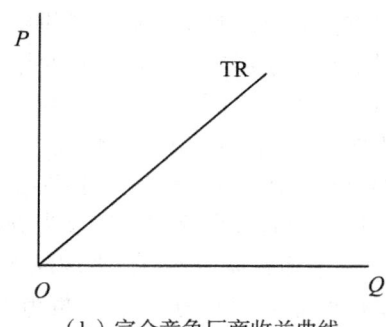

(a) 完全竞争厂商需求曲线　　　　　(b) 完全竞争厂商收益曲线

图 19-3　完全竞争厂商需求与收益曲线

② 如果决定留在这一行业，那么，是进行生产还是暂时停业。
③ 如果决定进行生产，那么，生产多少。
代表性厂商将根据自己的利润最大化的原则来做出以上的三项决策。

19.2.4　完全竞争厂商的短期均衡

在短期内，消费者的偏好和收入以及厂商的生产技术与成本不会发生变化，这意味着市场的供需曲线都是既定的，因此，由供需曲线决定的市场价格在短期内是保持不变的。厂商可以在给定的生产规模和产品价格下，通过对产量的调整来实现 MR = MC 的利润最大化的均衡条件。

表 19-2 表示了某牛奶厂的收益情况，从中我们可以看出，牛奶厂通过调整自己的产量来影响边际收益和边际成本，从而实现利润最大化。

表 19-2　　　　　　　　　　　某牛奶厂的收益表

产量(斤) Q	总收益(元) TR	总成本(元) TC	利润(元) TR−TC	边际收益(元) MR=ΔTR/ΔQ	边际成本(元) MC=ΔTC/ΔQ
1	6	5	1	6	5
2	12	8	4	6	3
3	18	12	6	6	4
4	24	17	7	6	5
5	30	23	7	6	6
6	36	30	6	6	7
7	42	38	4	6	8
8	48	47	1	6	9

在完全竞争条件下，厂商短期均衡及利润最大化或亏损最小化的条件是：MR =

MC。当厂商实现短期均衡时，究竟是盈利还是亏损，只能比较在均衡产量下的市场价格和平均成本。如果从整个行业来说供给小于需求，市场价格大于平均成本，厂商便有盈利；如果供给大于需求，市场价格小于平均成本，厂商便会亏损。短期均衡就是要分析这两种情况下个别厂商产量的决定与盈利情况。具体地讲，个别完全竞争厂商的短期均衡表现为图19-4中的下述五种情况。

在图19-4(a)中，均衡价格高于平均成本的最低点。根据 MR＝MC 的利润最大化的均衡条件，厂商利润最大化的均衡点为 MR 曲线和 MC 曲线的交点 E，相应的均衡产量为 Q_0。此时，平均收益为 EQ_0，平均成本为 FQ_0，平均收益大于平均成本，厂商将获得利润，而单位产品的利润为 EF，产量为 OQ_0，故总利润量应该等于两者的乘积。由于存在着利润，根据利润最大化原则，可以预见厂商有在长期扩大生产规模、提高产量的冲动；由于完全竞争市场没有进入门槛，新的厂商也可能进入这一市场。整个市场的供给曲线将会右移，均衡价格下降，直到厂商不再能获得利润。

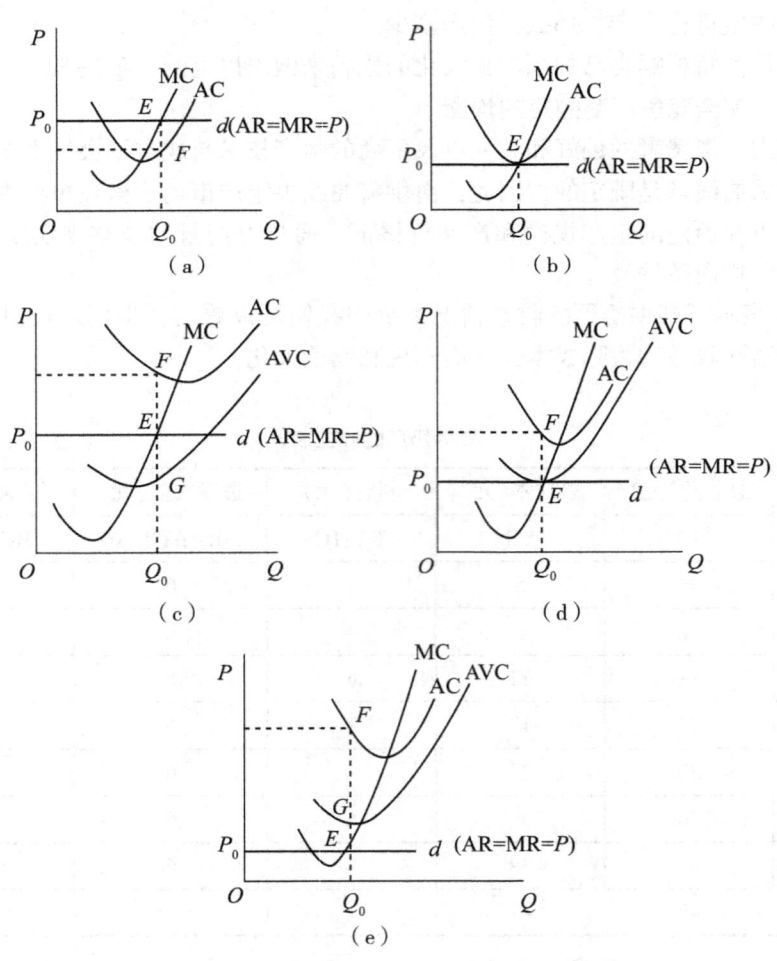

图 19-4　完全竞争厂商短期均衡的五种情况

在图 19-4(b)中,均衡价格等于平均成本的最低点。如前文所述,这一点是 AC 曲线和 MC 曲线的交点,也应该是 MR=MC 的利润最大化的均衡点 E。此时,平均收益等于平均成本,都为 EQ_0,因此厂商的利润为零。正是由于在这一点上,厂商利润为零,所以该均衡点也被称为厂商的收支相抵点。由于不存在利润,厂商将没有扩大产量的冲动,也不会有新厂商进入,市场将出现长期均衡。

在图 19-4(c)中,均衡价格小于平均成本的最低点但大于平均可变成本的最低点。同样的,根据 MR=MC 的利润最大化的均衡条件寻找出均衡点 E 和均衡产量 Q_0。此时,厂商的平均收益为 EQ_0,平均成本为 FQ_0,平均收益小于平均成本,厂商将出现亏损。但由于在 Q_0 的产量上,厂商的平均收益 AR 大于平均可变成本 AVC,所以,即使厂商亏损,但仍继续生产。用全部收益弥补全部可变成本将剩下部分用来弥补部分短期不变成本,所以,厂商即使亏损也不会停产,因为停产只会造成更大的损失。很显然,这样的亏损局面在长期不可能维持,厂商将压缩生产规模,某些企业还会因为破产而退出市场供给,供给曲线将会在长期向左移,市场均衡价格上升,直到达到代表性厂商收支相抵的长期均衡点。

想一想

爱迪生是第一位美国产品倾销专家

美国的爱迪生(Thomas Edison,1847—1931)是一位电器发明家。事实上,根据 1911 年 12 月 20 日《华尔街日报》的报道,他也是一位懂得可变成本与固定成本、边际成本与边际收益的营销专家。下面引述他在报上的谈话:"我是美国第一位把卖不掉的存货向国外倾销的制造商。30 年前我的财务报表显示没有赚什么钱。工厂的设备没有得到完全利用,因为产品在国内市场已经饱和。我们就想到让工厂设备完全利用,把生产出来的卖不掉的产品以低于总成本(固定成本与可变成本之和)的价格向国外销售。所有同事都反对我,但我早就请有关专家做了成本的计算。如果我们增加产量 25%,可变成本只增加 2%,我就请人把在国内卖不掉的产品以远低于欧洲产品的价格向欧洲倾销。"

请问这个案例说明了什么问题?

(资料来源:罗余才,《西方经济学原理》,华南理工大学出版社 2002 年版)

分析提示

爱迪生了解到,只要卖到欧洲商品的价格高于可变成本,其高出的收入就可以用来偿付固定成本。这种短期策略有助于减少损失,长期来说,也有助于市场占有率的扩大、公司的成长与利润的增加。

在图 19-4(d)中,均衡价格等于平均可变成本的最低点。如前文所述,这一点是 AVC 曲线和 MC 曲线的交点,也应该是 MR=MC 的利润最大化的均衡点。此时,平均收益小于平均成本,厂商是亏损的。而且由于厂商的平均收益 AR 等于平均可变成本

AVC，如果厂商生产，则全部收益只能弥补全部的可变成本，不变成本将得不到任何弥补。如果厂商不生产，厂商虽然不必支付可变成本，但是全部不变成本仍然存在，厂商生产或不生产的结果都是一样的，也就是说此时的厂商处于关闭企业的临界点上，因此，该均衡点也被称作停业点或关闭点。与上一种情况一样，许多企业将退出市场供给或者是压缩生产规模，供给曲线将会在长期向左移，市场均衡价格上升，直到达到代表性厂商收支相抵的长期均衡点。

在图 19-4(e)中，均衡价格小于平均可变成本的最低点。根据 MR＝MC 的利润最大化的均衡条件寻找出均衡点 E 和均衡产量 Q_0。此时，厂商的平均收益 AR 小于平均可变成本 AVC，厂商全部收益无法全部弥补可变成本，生产越多，亏损越厉害，所以厂商将停止生产。从长期来看，由于许多企业退出市场供给，供给曲线将会向左移，市场均衡价格上升，直到达到代表性厂商收支相抵的长期均衡点。

小案例

你是否曾经走进一家餐馆吃午饭，却发现里面几乎没人？你会问为什么这种餐馆还要开门呢？看起来几个顾客的收入不可能弥补餐馆的经营成本。

在做出是否经营的决策时，餐馆老板必须记住固定资本与可变成本的区分。餐馆的许多成本——租金、厨房设备、桌子、盘子、餐具等都是固定的。在午餐时停止营业并不能减少这些成本。当老板决定是否提供午餐时，只有可变成本——增加的食物价格和额外的侍者工资等是相关的。只有在午餐时从顾客那得到的收入少到不能弥补餐馆的可变成本，老板才会在午餐时间关门。也就是说，当老板在决定是否提供午餐时，已经不可能设法挽回的固定成本应当被看做沉没成本，只有可变成本才是影响老板决策的机会成本。

夏季度假区小型高尔夫球场的经营者也面临着类似的决策。由于不同的季节收入变动很大，企业必须决定什么时候开门和什么时候关门。固定成本——购买土地和建球场的成本又是无关的。只要在一年的这些时间里，收入大于可变成本，小型高尔夫球场就要开业经营。

（资料来源：［美］曼昆，《经济学原理》（第二版），梁小民译，北京大学出版社 2002 年版）

想一想

完全竞争厂商的短期均衡有哪几种情况？

分析提示

考虑 AC 曲线和 MC 曲线的交点、AVC 曲线和 MC 曲线的交点以及 P_0 直线的位置关系。

第一，P_0 直线高于 AC 曲线和 MC 曲线的交点；

第二，P_0 直线与 AC 曲线和 MC 曲线的交点相切；

第三，P_0 直线介于 AC 曲线和 MC 曲线的交点与 AVC 曲线和 MC 曲线的交点之间；

第四，P_0 直线与 AVC 曲线和 MC 曲线的交点相切；

第五，P_0 直线低于 AVC 曲线和 MC 曲线的交点。

19.2.5 完全竞争市场长期条件下的厂商调整

在完全竞争市场上，短期内厂商来不及调整固定要素投入，只要市场价格大于或等于平均可变成本就会继续生产，因而可能出现获得超额利润或亏损的情况。而在长期中，所有的生产要素投入量都是可以调整的，一方面厂商可以对生产规模进行调整，另一方面厂商可以进入或退出一个行业，对行业内企业的数量进行调整。因此，整个行业的供求就会影响市场价格，从而影响各个厂商的均衡，使得短期中的超额利润或亏损的状态不能持续，使得各个厂商处在不盈不亏的状态。此时，整个行业供求均衡，各个厂商也不再调整产量，从而实现了厂商的长期均衡。

(1) 厂商对最优生产规模进行调整

图 19-5 说明了厂商对最优生产规模的调整过程。

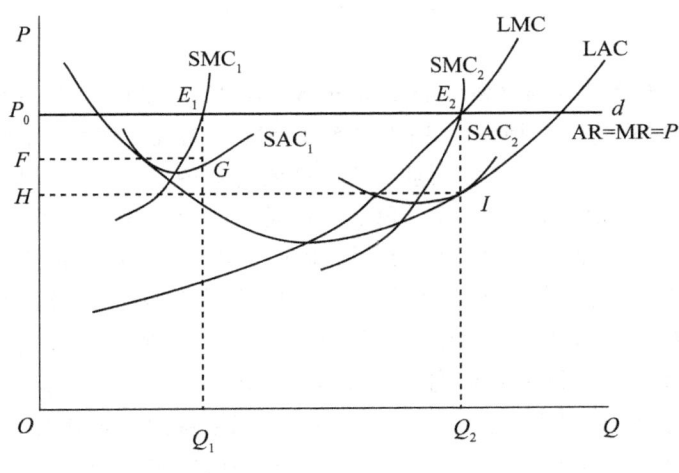

图 19-5　长期中厂商均衡

在图 19-5 中，假定市场的价格为 P_0 并保持不变。在短期内，假定厂商拥有的生产规模以 SAC_1 曲线和 SMC_1 曲线所表示。如前文所述，在短期内，根据 MR＝SMC 短期利润最大化的均衡条件，厂商选择的最优产量为 Q_1，所获得的总利润为图中 P_0E_1GF 所围成的矩形面积。而在长期内，厂商会根据 MR＝LMC 长期利润最大化的均衡条件，将生产规模调整到长期均衡点 E_2，因为 E_2 点是长期边际成本 LMC 曲线和长期边际收益 MR 曲线的交点。将 E_2 对应的生产规模用 SAC_2 曲线和 SMC_2 曲线表示，厂商按照这个生产规模进行生产将达到最优，相应的最优产量为 Q_2，此时，厂商所获得的总利润为图中 P_0E_2IH 所围成的矩形面积。显然，长期中，厂商通过对最优生产规模的选择，获得了比在短期中所能获得的更大的利润。

(2) 厂商进出一个行业

图 19-6 说明了厂商通过进出一个行业达到最优状态的过程。

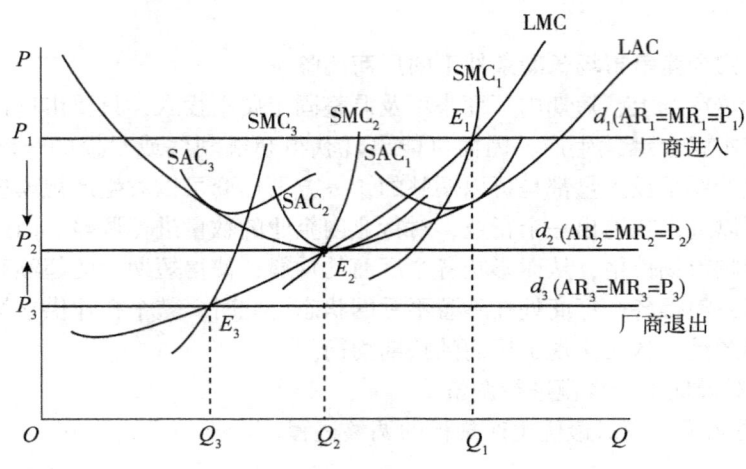

图 19-6　厂商进入或退出行业

图 19-6 中，开始时市场价格为 P_1，根据 MR = LMC 利润最大化原则，厂商选择的产量为 Q_1，相应的最优生产规模由 SAC_1 曲线和 SMC_1 曲线为代表。此时，厂商获得利润，这便会吸引一部分厂商进入该行业中来。随着行业内厂商数量的增加，市场上的产品供给就会增加，市场价格就会逐步下降，相应地，单个厂商的利润就会逐步减少。只有当市场价格水平下降到使单个厂商的利润减少为零时，新厂商的进入才会停止。相反，如果市场价格较低，为 P_3 时，则厂商选择的产量为 Q_3，相应的最优生产规模由 SAC_3 曲线和 SMC_3 曲线为代表。此时，厂商是亏损的，这使得行业内原有厂商中的一部分退出该行业的生产。随着行业内厂商数量的逐步减少，市场的产品供给就会减少，市场价格就会逐步上升。相应地，单个厂商的亏损就会减少。只有当市场价格水平上升到使单个厂商的亏损消失即利润为零时，原有厂商的退出才会停止。

总之，不管是新进入的厂商，还是退出的厂商，最后，这种调整一定会使市场价格达到等于长期平均成本的最低点的水平，即图中的价格水平 P_2。在这一价格水平上，行业内的每个厂商既无利润，也无亏损，但都实现了正常利润。于是，厂商失去了进入或退出该行业的动力，行业内的每个厂商都实现了长期均衡。

图中 E_2 点是完全竞争厂商的长期均衡点。在厂商的长期均衡点 E_2，LAC 曲线达到最低点，相应的 LMC 曲线经过该点；厂商的需求曲线与 LAC 曲线相切于该点；代表最优生产规模的 SAC_2 曲线经过该点。总之，完全竞争厂商的长期均衡出现在 LAC 曲线的最低点。这时，生产的平均成本降到长期平均成本的最低点，商品的价格等于最低的长期平均成本。

所以，完全竞争厂商的长期均衡条件为：MR = LMC = CMS = LAC = SAC，式中，MR = AR = P。此时，单个厂商利润为零。

 想一想

1991年12月4日，世界著名的泛美国际航空公司寿终正寝。这家公司自1927年投入飞行以来，数十年中一直保持国际航空巨头的骄人业绩。有人甚至认为，泛美公司的白底蓝字徽记（PAN AM）可能是世界上最广为人知的企业标识。但是对于了解它的人来说，这个巨头的死亡算不上什么令人吃惊的新闻。1980—1991年，除一年外，泛美公司年年亏损，总额接近20亿美元之巨。1991年1月，该公司正式宣布破产。细心的读者一定应该知道，这个日子同关闭之日相距将近一年。究竟是什么力量支持垂死的巨人多活了一年时间？而且，就在1980年出现首次亏损之后，为什么不马上停止这家公司的业务？又是什么因素使得这家公司得以连续亏损经营长达12年之久？

分析提示

从经济学角度看，这是以市场供求曲线为基础的企业进出（市场）模式作用的结果。可变成本是随着生产规模变化而变化的成本。按照企业进出模式，只要企业的平均成本高于平均销售价格，必将导致企业亏损。但只要该企业的平均可变成本不高于平均销售价格，这个企业的经营就算有经济意义的，也就可以继续存在。当然，企业要想在亏损情况下继续经营，必须通过出售其原有资产来维持。泛美公司在几十年的成功经营中积累了巨大的资产财富，足够它出售好一段时间的。在整个20世纪80年代，尽管泛美公司仍然坚持飞行，但同时已开始逐步撤出国际市场。其实，在现实世界里，"企业进出模式"中的"撤出"通常就意味着缩减规模。

注　意

竞争企业在长期中获得零利润似乎是荒唐的。我们这里所说的"不盈不亏"是经济学中的概念，与生活中的盈亏概念略有不同。在经济学上，你的劳动也被认为是成本之一，所以，"不盈不亏"指你的劳动也得到了应有的报酬，而这在生活中常被看做是盈利。

为了更充分地理解零利润条件，回想一下，利润等于总收益减总成本，而总成本包括企业的所有机会成本。特别是，总成本包括企业所有者用于经营的时间和金钱的机会成本。在零利润均衡时，企业的收益应该补偿所有者期望用于使其企业维持的时间和金钱。

例如，假设一个农民一定要投入100万美元去开垦他的农场，他必须放弃一年能赚到2万美元的其他工作。这样，农民耕作的机会成本包括他从10万美元中赚到的利息以及放弃的2万美元工资。即使他的利润为零，他从耕作中的收益也弥补了他的这些机会成本。

 小知识

完全竞争市场的优缺点

一直以来,完全竞争市场由于其维持了最大程度的竞争和对厂商最大限度的限制而备受经济学家们的推崇。那么,完全竞争市场应该成为我们追求的理想状态吗?答案是:未必。以下是完全竞争市场的优劣清单:

优点:

①厂商之间竞争充分,使得供给与需求能最快地实现平衡,在需求得到满足的条件下,即使在短期内也不会有严重的生产不足或生产过剩。

②长期均衡时,平均成本处于长期平均成本曲线的最低点,这意味着生产技术得到了充分发挥,各种生产要素得到了最优配置。

③平均成本最低决定了产品价格最低,这对消费者有利,他们得到了最大的消费者剩余。

缺点:

①产品毫无差别,功能和外观单一,无法满足消费者的多样化需要。

②单个生产者的规模可能都很小,而且没有超额利润,常常无力去实现重大的科技突破。许多传统的手工业就有这种特点,完全竞争的市场环境和过于分散的生产规模反而限制了重大的技术革新。

③厂商的平均成本最低不一定是社会成本最低。许多污染严重的产业,都表现出完全竞争的特征,完全竞争市场的高产量和厂商的成本竞争给环境治理带来更严重的压力。

④实现完全竞争的条件太苛刻,实际中完全竞争市场很少,而且难以维持。出现垄断势力的原因很多,比如:厂商使用产品的功能差异化战略、垄断原材料供给、个性广告和包装等。

19.3 任务分析

前文的案例中提到了农村春联市场,春联产品的同质性,厂商进入与退出市场没有障碍,买卖双方的数量很多以及信息的充分说明春联市场接近于一个完全竞争的市场。这种竞争的充分性主要来源于产品的同质性即产品之间的完全替代,而厂商数量的无限保证了单个厂商不能控制产品的价格,在模型中要求参与者数量是无数个,他们的经济行为对价格没有影响。在现实中,尽管厂商和消费者的数量很多,但总是有限的,也就不能满足个体行为对价格没有影响的条件。从信息的充分与对称性来看,忽略了获取信息是有成本的,人们对于信息的搜寻与获取也是建立在成本与收益的比较之上而做出决策,在现实中人们往往根据经验来做出产品相关性质的判断,所以在一些外观形状、颜色等较容易判断的低级产品上容易产生接近于完全竞争性质的市场,而在一些个体化

的、对产品和服务需要更多信息的高级产品,以及需要相关制度安排来保证交易顺利进行的产品和劳务就不太容易形成接近于完全竞争性质的市场。在自由进出市场上,政府扮演一个非常重要的角色,我们似乎可以从政府是不是促进了厂商之间,不论是国有企业还是私有企业的充分竞争来判断政府的社会价值是不是从效率出发,如果人为规定某个领域不能让某几类厂商进入,那么可以肯定的一点,就是政府一定有经济效率之外的考虑,即并没有完全从经济效率的角度来促进社会经济的发展。

任务二十 完全垄断市场分析

学习目标

1. 了解完全垄断市场的特点、垄断市场形成的原因。
2. 掌握完全垄断需求曲线和收益曲线。
3. 掌握完全垄断市场的短期均衡和长期均衡。
4. 理解价格歧视。

20.1 任务描述

近20年的中国季节性大迁徙——春运,已成为中国特色。春运市场提供了世界上罕见的爆发性最大的商机。国家铁路运输部门为了缓解春运的压力,在春运期间对火车票实行价格上涨。有关人士解释,涨价是为了"削峰平谷",以达到"均衡运输"的目的,但我们看到的是涨价后,铁路并没有减少乘客,达到"均衡运输"的目的。因为对于中国大多数老百姓而言,出门坐火车是首选交通工具,无论火车票涨不涨价,该回家的还得回家,涨价根本无法"削峰平谷",只能是让铁路部门狠狠赚一笔。据北京的一家报纸报道,春节前15天,北京西站和北京东站客票收入增长了50%,收入近3亿元。春节给了铁路部门一个极为厚重的大礼包。有舆论指责,这是"垄断行业大发横财"。请用垄断市场理论解释这一现象。

20.2 任务精讲

20.2.1 垄断市场的特点

微软公司为什么被起诉?

美国司法部起诉微软公司捆绑销售IE浏览器软件,涉嫌违反美国《反托拉斯法》,要求将它一分为二。哈佛大学教授高里·曼昆对分拆微软公司计划提出了质疑,并且在文章中讲述了一个寓言故事:某人发明了第一双鞋,并为此申请了专利，成立了公司。鞋很快卖疯了，他成为了最富裕的人。但是这时他变得贪婪了，把袜子和鞋捆绑销售，还声称这种捆绑销售对消费者有利。

对于微软公司是否涉嫌垄断，经济学家们意见不一，产生意见分歧主要源于经济学家们对垄断的不同看法。像微软公司这样的企业是靠技术创新形成的，分拆了它对鼓励创新没有好处，应在一定时期内允许它拥有垄断地位。

理论上纯粹的完全垄断市场要满足什么条件呢？

①市场上只有一家厂商生产和销售这种商品，这意味着一个厂商就是一个行业。

②该厂商生产和销售的商品没有任何相近的替代品，消费者只能消费垄断企业所生产的商品，没有任何相关商品可替代。

③任何其他厂商进入这个行业都极为困难或者不可能。

由以上特点可知，垄断厂商排除了任何竞争因素，这就造成了在这个行业中垄断者一家独大，它可以控制整个行业的生产和销售，并通过生产和销售来控制市场价格，即垄断厂商是商品价格的操纵者。但值得注意的是，由于商品都具有一定的需求价格弹性，垄断厂商不能随意地抬高价格，而是根据消费者的需求曲线进行"高价少销"和"低价多销"的方式来获取最高利润。

注 意

完全垄断厂商并不能控制消费者，即使是非买不可的垄断产品，如果价格太高，消费者也可以尽量少买甚至不买。如果牙膏业被一家厂商完全垄断了，一支牙膏可能卖20块钱，但是为什么不卖1万元呢？因为那样的话，买的人就会大量减少——大家宁可改用盐刷牙，或用药物来漱口，或是多嚼一些口香糖。所以，对垄断产品的需求仍然符合需求定理：价格高，大家买得少，需求量少；价格低，则需求量大。所以，一家完全垄断的企业，也并不是能够达到它想达到的任何利润水平。

20.2.2 垄断市场形成的原因

①资源独占。即垄断厂商控制了生产这种商品的全部资源或关键资源。如第二次世界大战前的美国铝业公司长期独占美国制铝行业，因为它控制了所有铝土矿资源，铝土矿是生产铝的关键和基本的资源。

②专利持有。即厂商持有生产某种商品的知识产权、工艺技术或专利权。这是专利法为了保护发明者对其发明成果的拥有权的一种有期限的保护，使它在一定期限内不能被其他人无偿使用。因此，厂商在这个期限内具有对这种商品的垄断。如在一定时期内某电视台具有独家播放《新红楼梦》的权利，某企业具有生产节能汽车电池的专利等。

③政府特许。即政府往往在某些行业实行垄断性政策而特许一些部门独立经营某个行业，如城市的自来水和天然气的供应，中国邮政公司对邮政业务的垄断，铁道部对铁路运输业务的垄断等。

④自然垄断。有一些行业的生产具有规模经济的特点,即生产的前期需要投入大量地资本和设备,要想获得利润就得大量地生产和销售,以至于整个行业的产量只要由一个企业来生产就能满足整个市场或绝大部分市场的需求。这种行业在规模经济的带动下,市场竞争的自然结果就是垄断,总会有某个厂商凭借雄厚的经济实力和其他优势最先占领市场,垄断整个行业或绝大部分行业的生产和销售。这就是自然垄断。

小案例

钻石恒久远　一颗永流传

产生于一种关键资源所有权垄断的典型例子是南非的钻石公司戴比尔斯。1870年,17岁的罗德斯首次来到南非。经过几年的奋斗,他迅速建立起"德比尔联合矿业公司",垄断了当时占全世界90%的南非钻石矿业,成为钻石大王。1884年和1886年,在德兰士瓦境内又发现了世界上蕴藏量最丰富的金矿,罗德斯再次以过人的精明吞并其他公司,建立"南非矿金公司",垄断了南非的黄金矿业,成为南非最大的垄断资本家。

戴比尔斯控制了世界钻石生产的80%左右。虽然这家企业的市场份额不是100%,但它也大到足以对世界钻石价格产生重大影响的程度。那么戴比尔斯拥有多大的市场势力呢?答案大部分取决于有没有这种产品的相近替代品。

如果人们认为翡翠、红宝石和蓝宝石都是钻石的良好替代品,那么,戴比尔斯的市场势力就较小了。在这种情况下,戴比尔斯的任何一种想提高钻石价格的努力都会使人们转向其他宝石。但是,如果人们认为这些其他石头都与钻石非常不同,那么,戴比尔斯就可以在相当大的程度上影响自己产品的价格。

戴比尔斯支付了大量广告费。乍一看,这种决策似乎有点奇怪。如果垄断者是一种产品的唯一卖者,为什么它还需要广告呢?戴比尔斯广告的一个目的是使消费者在心目中把钻石与其他宝石区分开来。当戴比尔斯的口号告诉你"钻石恒久远,一颗永流传"时,你马上会想到翡翠、红宝石和蓝宝石并不是这样(而且,要注意的是,这个口号适用于所有钻石,而不仅仅是戴比尔斯的钻石——戴比尔斯垄断地位的象征)。如果广告是成功的,消费者就将认为钻石是独特的,不是许多宝石中的一种,而且,这种感觉就使戴比尔斯拥有更大的市场势力。

20.2.3　垄断厂商的需求曲线和收益曲线

(1)垄断厂商的需求曲线

在非完全市场上,垄断厂商在整个行业中是唯一的,厂商的生产量和销售量就是整个市场的供给量和需求量。那么,垄断厂商所面临的一条需求曲线就是整个行业面临的需求曲线,即它是一条向右下方倾斜的曲线,如图20-1(b)所示。也就是说,市场的需求曲线即垄断厂商的需求曲线是向右下方倾斜的曲线,垄断厂商可以通过调整产量来影响市场价格,可以通过减少产量来提高产品价格,增加产量来降低产品价格,其最终目

的是为了实现利润最大化。

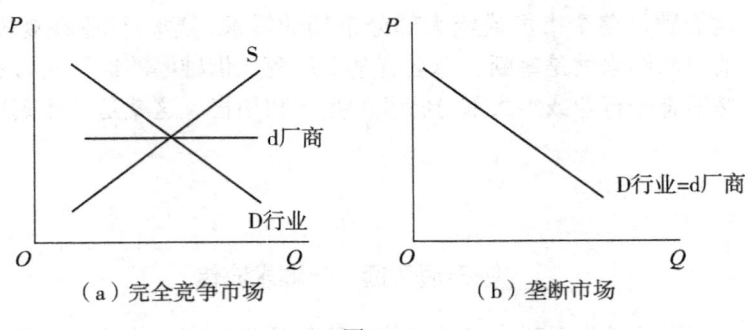

图 20-1

(2) 垄断厂商的总收益曲线、平均收益曲线和边际收益曲线

由于垄断厂商的需求曲线是向右下方倾斜的曲线,即垄断厂商的产品在市场上的价格是随着产量的变化而变化的,价格和产量是互为反向变动的,即假定为 $P=a-bQ$,其中 a、b 为常数,且 a、b>0,由此可以得出,垄断厂商的总收益函数为:

$$TR(Q) = PQ = (a-bQ)Q = aQ - bQ^2$$

则平均收益函数为:

$$AR(Q) = \frac{TR(Q)}{Q} = P = a - bQ$$

边际收益函数为:

$$MR(Q) = \frac{dTR(Q)}{dQ} = a - 2bQ$$

由上式可知需求曲线的斜率为:$dP/dQ = -b$。

边际收益曲线的斜率为:$dMR/dQ = -2b$。

根据以上分析可画出垄断厂商的总收益曲线、平均收益曲线和边际收益曲线,如图 20-2 所示,边际收益曲线与 Q 轴的交点位于平均收益曲线与 Q 轴交点的中点位置,并当 $MR=0$ 时总收益达到最大。

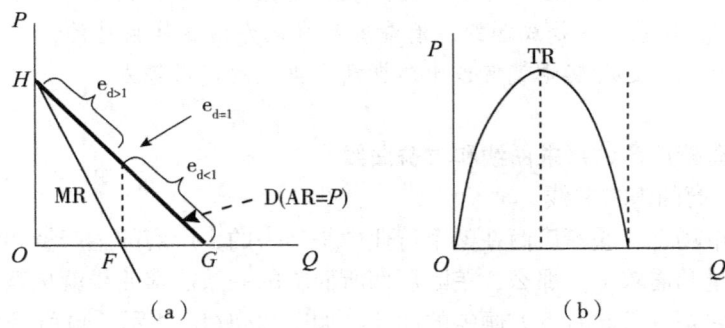

图 20-2 垄断厂商收益曲线

（3）厂商的短期均衡

垄断厂商的短期均衡就是追寻利润最大化，因此必须遵循 MR=MC，即边际收益等于边际成本的原则。短期内，垄断厂商无法改变固定要素投入量，垄断厂商是在既定的生产规模下通过对产量和价格的调整，来实现 MR=MC 的利润最大化原则。如图 20-3 所示，SMC 与 MR 相交时的最佳产量（或者销售量）为 Q^*，由此对应的市场价格为 P^*，阴影部分为差额利润。

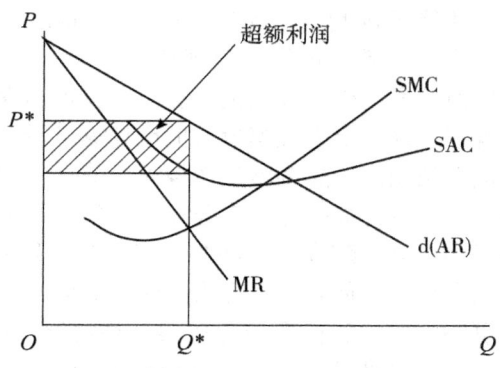

图 20-3　垄断厂商短期均衡盈利情形

以上图形是表示厂商有超额利润的时候，但在短期内，垄断厂商并不是总有超额利润的。如图 20-4 所示，垄断厂商出现了亏损，这可能是因为短期内既定的生产规模的成本过高，也就是图中的成本曲线过高，也可能是因为垄断厂商所面临的市场需求过小，也就是图中的需求曲线的位置过低。

也有一种情况，就是在短期内垄断厂商的生产成本和市场价格正好相等，出现了经济利润为零的情况，如图 20-5 所示。

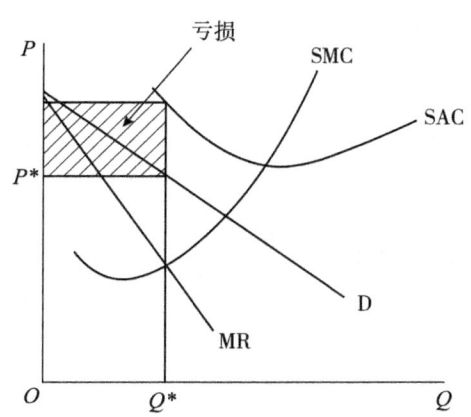

图 20-4　垄断厂商短期均衡亏损情形

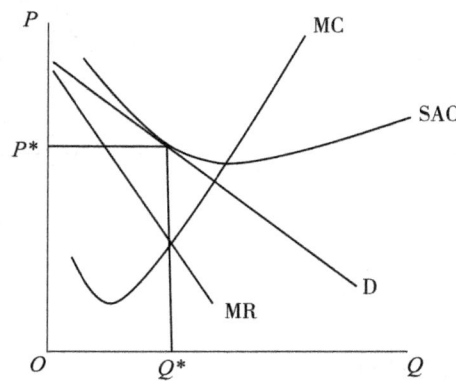

图 20-5　垄断厂商短期均衡零利润

以上几种情况均为垄断厂商的短期均衡，无论是出现超额利润还是亏损，都实现了利润最大化(或者叫亏损最小化),都是垄断厂商在短期内的最优产量。

20.2.4 垄断厂商的长期均衡

在长期里,厂商的所有投入都是可变的,这说明长期内厂商是可以通过改变生产规模来实现利润最大化的。在完全竞争市场中,厂商是可以自由进出行业的,因此厂商想长期保持超额经济利润是不可能的,但对于垄断厂商而言,由于其他厂商进入这个行业非常困难,使得垄断厂商在某一行业具有长期的排他性。因此,如果垄断厂商在短期内获得超额利润,那么,在长期内它也不会因为其他厂商的加入而使这些超额利润消失。

从长期来看,垄断厂商能否盈利,还与厂商的生产规模、生产成本与市场需求有关。垄断厂商通过长期的生产调整,可能会出现三种结果,一是垄断厂商在短期内亏损,长期内即使调整到厂商的最优生产规模也无法使它获得利润,那么该厂商将退出该行业。这种情况往往出现在那种需要大规模投入但市场需求量不大的行业。二是垄断厂商在短期内是亏损的,但在长期内通过调整生产规模、降低成本等措施,使厂商扭亏为盈。这种情况在现实中非常常见,如一些汽车公司通过扩大规模生产,从而降低了平均成本,使之出现了规模经济,最后赚取超额利润。三是垄断厂商在短期内有超额利润,在长期内通过选择最优生产规模,使之出现更大的超额利润。

以上三种情况分析思路一致,我们下面分析第三种情况。如图20-6所示,在长期内厂商可以选择最优的生产规模进行生产,即在短期平均成本 SAC_2 等于长期成本 LAC 时,此时的利润达到了最大化,即均衡点为 E_0,均衡价格为 P_0,均衡产量为 Q_0,图中较大的阴影部分即为超额利润。完全垄断厂商长期均衡的条件是 $MR=LMC=SMC$。

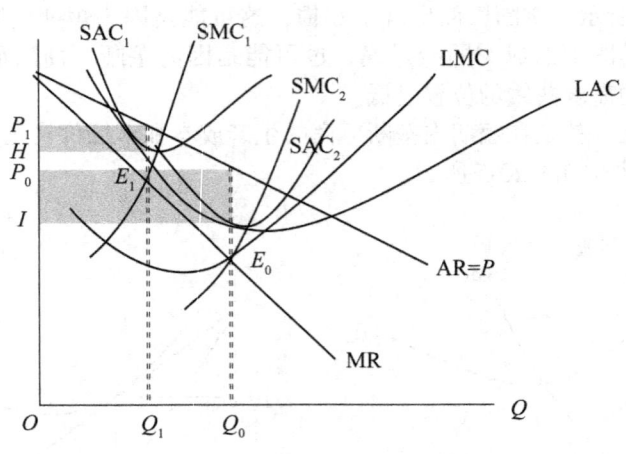

图20-6 垄断厂商长期均衡

微软垄断案

2000年6月8日,美国地方法院法官托马斯·杰克逊对微软公司(Microsoft)的垄断案件作出了历史性的宣判——微软一分为二，根据这份裁决书，微软将被分解为两个独立的公司，一个专营电脑操作系统，另一个则经营除去操作系统以外的微软目前所经营的其他内容，包括 Office 系列应用软件、IE 浏览器等。

该案源于美国微软公司和另外一家软件公司网景公司之间的网络浏览器之争。早在 1995 年 6 月，微软公司在自己尚未研制出网络浏览器的情况下，要求网景公司不要发布与其 Windows 操作系统配套的网络浏览器，在遭到拒绝后，微软采取了一些惩罚性措施，如撤回对网景公司的技术支持，投巨资迅速开发出自己的网络浏览器并免费与其 Windows 操作系统捆绑销售来打击网景公司，导致网景公司的浏览器市场份额从最初的 80% 降至 62%，并仍呈下降趋势，而微软浏览器的市场份额则从零激增至 36%，而且微软的这些举动还最终导致网景公司被美国在线收购。当然，在美国受到微软公司胁迫的公司远不止网景一家，还包括英特尔、苹果、IBM 等一些著名的厂商，如苹果曾被迫放弃在自己的苹果电脑中预装网景公司的浏览器而改装微软公司生产的浏览器，英特尔也曾因害怕失去微软的技术支持而被迫放弃投入巨额 R&D 费用开发出来的一种新型的中央处理器的市场开拓。

这项裁决刚一宣布，微软主席比尔·盖茨表示他们将提出上诉申请，后在微软公司的多方努力下，这个裁决并没有真正实施。2001 年 11 月 1 日美国司法部和微软公司达成了一项临时性协议，宣布就"美国诉微软公司垄断案"双方进行庭外和解。至此，持续四年之久的"微软垄断案"终于暂告一段落。

20.2.5 价格歧视

价格歧视是一种差别定价法，即具有一定垄断地位的销售者在销售同一种商品或提供同一种服务时，针对不同的需求者以不同的价格出售。例如，电力公司分时段计算电费，电话公司分时段计算话费，铁路运输公司在客流高峰期提高票价，航空公司对不同的顾客给予不同的票价折扣等。

实施价格歧视需要具备几个条件：一是销售者具有一定程度的垄断地位；二是销售者能够知道不同消费者的市场需求，即他们的购买欲望和能力；三是采取价格歧视的市场是可以通过时间、空间或其他方式分离的。

价格歧视一般可以分为三类：一级、二级、三级价格歧视。

（1）一级价格歧视

一级价格歧视是指厂商对每一单位产品都按消费者所愿意支付的最高价格出售。这种差别定价法将消费者剩余几乎搜刮得干干净净，因此又叫做完全的价格歧视。实施一级价格歧视有两个前提条件：一是垄断者知道每一个消费者对每一单位产品愿意支付的最高价格；二是垄断者销售的产品不能被倒卖。由此可知，实行一级价格歧视的垄断厂商最终将达到竞争性厂商的产量水平，从这个意义上说，一级价格歧视有利于提高垄断行业的资源配置效率，但它剥夺了全部的消费者剩余。

在现实经济中，实行一级价格歧视是很困难的，它要求厂商具有完全信息，了解每一个买者的情况，一般只有在买者很少的行业才有可能实施。现实中较常见的是二级和三级价格歧视。

(2) 二级价格歧视

二级价格歧视是指垄断厂商针对消费者不同的购买数量规定不同的价格。一般来说，厂商根据不同的购买量规定不同的折扣，一次性购买量越大，折扣越大，价格越低。从以上的分析中我们了解到，垄断厂商通过二级价格歧视可以占有部分消费者剩余，从而增加垄断利润。受经济利益的驱使，垄断厂商有可能将生产扩大到价格等于边际成本的产量水平，实现资源的有效配置。

(3) 三级价格歧视

三级价格歧视是指垄断厂商在不同的市场（或针对不同的消费群体）收取不同的价格。在不同的国家或地区，人们的收入水平、生活习惯、消费偏好存在较大的差异，即使在同一地区也存在穷人和富人之分，因此，不同特征的人群对同一种产品的需求存在较大的差异。垄断厂商可以利用人们需求的差异，规定不同的价格。例如，学生乘火车的票价低于普通乘客的票价；在许多地方，白天的电价高于晚上的电价；许多产品在国内的销售价格高于国外的销售价格，等等，类似的情况不胜枚举。

厂商之所以要实施差别定价，是因为不同的市场有不同的需求价格弹性。垄断厂商声称在不同市场上实施差别定价，可以用高价市场获得的收入弥补低价市场所获收入的不足，避免因整体市场需求的限制而损害整个行业的生产。

小案例

在广州，能够很容易地以750元左右的价格买到从广州到济南的经济舱飞机票。但是，在济南，只能买到1420元的从济南到广州的经济舱飞机票，乘的是同一家航空公司的飞机，甚至是同一架飞机、同样的机组，时间里程也一样，价格居然如此悬殊。

在发达的资本主义国家，这种事也是常有的。以美国为例，航空公司之间经常发生价格大战，优惠票价常常只是正常票价的三分之一甚至四分之一。然而，即使是价格大战，航空公司也不愿意让出公差的旅客从价格大战中得到便宜。但是，当旅客去买飞机票的时候，他脸上并没有贴着是出公差还是私人旅行的标记，那么航空公司如何区分乘客和分割市场呢？原来，购买优惠票总是有一些条件，如规定要在两个星期以前订票，又规定必须在目的地度过一个甚至两个周末等。老板派你出公差，往往都比较急，很少有在两个星期以前就计划好了的，这就避免了一部分出公差的旅客取得优惠。最厉害的是一定要在目的地度过周末的条件。老板派你出公差，当然要让你住较好的旅馆，还要付给你出差补助。度过一个周末，至少要多住两天，两个周末的话更不得了。这笔开支肯定比享受优惠票价所能节省下来的钱多得多，更何况，度完周末才回来，你在公司上班的日子又少了好几天，精明的老板才不会为了眼前的那点优惠，而贪小便宜、吃大亏。就这样，在条件面前人人平等，这些优惠条件就把出公差者排除得八九不离十了。

（资料来源：http://jpkc.hdu.edu.cn/rwxy/max/newsshow.asp?id=17，2014-05-01）

小案例

近日，在南京瑞金路一家大型超市里，一个兔肉商家为了吸引人气，竟然根据购买者的肥胖程度来确定是否打折。据悉，男性体重须达 80 公斤，女性体重达 67 公斤，儿童体重达 50 公斤，其购兔肉可享受 7 折优惠。若超过 100 公斤，不论何人，均可按 5 折购买，此外，当日体重最重的购买者，还能吃一个月的免费兔肉。

（资料来源：http://news.sina.com.cn/c/2003-06-07/02281144591.shtml，2014-05-01）

想一想

麦当劳连锁店一直采取向消费者发放折扣券的促销策略。它们对来麦当劳就餐的顾客发放麦当劳产品的宣传品，并在宣传品上印制折扣券。为什么麦当劳不直接将产品的价格降低？

分析提示

折扣券使麦当劳公司实行了三级差别价格。麦当劳公司知道并不是所有的顾客都愿意花时间将折扣券剪下来保存，并在下次就餐时带来。此外，剪折扣券意愿与顾客对物品的支付意愿和他们对价格的敏感相关。富裕而繁忙的高收入阶层到麦当劳用餐的弹性低，对折扣券的价格优惠不敏感，不可能花时间剪下折扣券保存并随时带在身上，以备下次就餐时用。而且用折扣券所省下的钱他们也不在乎。但低收入的家庭到麦当劳用餐的弹性高，他们更可能剪下折扣券，因为他们的支付意愿低，对折扣券的价格优惠比较敏感。

有人曾对麦当劳连锁店进行了真实的调查，发现来麦当劳的消费者中平均十个顾客就有一个没有带折扣券，假定每天来麦当劳就餐的顾客有 500 人，就有 50 人没有享受折扣，如果折扣是 3 元，那么麦当劳就从中得到超额收入 150 元。

20.3 任务分析

我国的铁路运输是典型的完全垄断行业。在春运期间外出工作的老百姓要回家过年，无论火车票涨不涨价，该回家的还得回家（其他的交通工具，如飞机等票价更贵，无法与火车形成替代关系，也就是说这个市场缺乏弹性），不会因为火车票定价高，老百姓就不回家过年，这样铁道部就能获取最大利润。

垄断也有存在的合理性，因为铁路运输、电力、自来水、邮电等部门，其生产设备与管网铺设需要一次性的大笔投资，固定成本很高，但增加一个电话或多发一度电的边际成本却相对很低，于是用户越多、产量越大，平均到每一户或产品上的成本才会越小。而这些大多是政府垄断。如果有两家以上的厂商经营，不仅会造成浪费，也容易引起混乱。

任务二十一　垄断竞争市场分析

学习目标

1. 了解垄断竞争市场的特点。
2. 理解垄断竞争厂商的需求曲线。
3. 掌握垄断竞争厂商的短期均衡和长期均衡。

21.1　任务描述

打开电视，扑面而来的广告都是垄断竞争市场的产品。通过这种大众媒体播出的广告大多数是化妆品、洗涤用品、牙膏、药品、家电等轻工业产品，而从来也没有看到过石油、煤炭、钢铁，更没有看到过大米、白面、水、电等(不包括公益广告)。

请用经济学理论分析其中的缘由。

21.2　任务精讲

前面我们分析了两个市场：完全竞争市场和垄断市场，这是两个极端的市场，即一个是竞争程度最强的市场，一个是垄断程度最强的市场。垄断竞争市场则是有一定垄断因素的竞争性市场，且偏重于竞争，也就是说垄断竞争市场与完全竞争市场比较接近，但具有一定的垄断性。

在了解垄断竞争市场前，我们先介绍一下生产集团的概念，我们在完全竞争市场里将生产无差别产品的厂商集合称为行业。而生产有差别产品的厂商集合显然不能称为行业，经济学中，将生产同类的有差别的产品的生产者集合称为生产集团，以与完全竞争市场中的行业相区别。

21.2.1　垄断竞争市场的特点

第一，垄断竞争厂商之间是通过生产和销售有差别的产品来参与竞争的，这些产品彼此之间的替代性较强，但又不能完全替代。例如在日化行业，洗发水就有无数种，不光它们的功能不同(去屑型、滋润型、护理型、修护型等)，还有品牌、包装、商标、配方、档次、广告的不同，因此可替代但又不可完全替代。由于垄断竞争厂商生产的是有差别的产品，每种产品都有自身唯一的特点，因此垄断竞争厂商对自己的产品的价格具有一定的垄断力量，产品的差别越大，厂商的垄断程度就越高，但由于大量替代产品的存在，每一种替代产品都是该产品的竞争者，因此市场中也有竞争的因素。

第二，由于市场中的厂商数量多，以至于每个厂商都会认为自己的行为影响小，不会引起竞争对手的注意和反应，因而自己也不会受到竞争对手的任何报复措施的影响。

第三，垄断竞争厂商的规模一般比较小，并且同一生产集团中的厂商数量非常多，因此新厂商或新品牌进入该行业或退出该行业比较容易，它们不需要很高的门槛或很大的规模，由于厂商数目非常多，单个厂商的行为也不会对该行业有很大影响。

"平成酒"

1989年1月，日本裕仁天皇逝世，皇太子明仁继位，改年号为"平成"。一家酒商灵机一动，于明仁继位的第二天推出"平成酒"。日本消费者一见酒名，立即产生了浓厚的兴趣。加上该酒限量1008瓶，更煽动了消费者的购买欲。尽管酒价昂贵，每瓶2500多日元，购买者却很踊跃，该酒一上市就被抢购一空。其实，该酒原名"多满多漫"，用米酿成，十分平常，而名称一变，却立刻身价百倍。

书 的 市 场

书的市场看来是极富竞争性的。当你观察书店的书架时，你能发现许多吸引你的作者和书籍。这个市场上的买者都有可供选择的成千上万种竞争的产品。而且，因为任何一个人都可以通过写作和出版一本书而进入这个行业，所以经营书并不十分有利。对高收入的小说家来说，总有数以百计的人在争夺这一地位。但书的市场也是极有垄断性的。因为每本书都是独一无二的，出版商在某种程度上可以选择所收取的价格。这个市场上的卖者是价格决定者，而不是价格接受者。而且实际上，书的价格大大超过了书的边际成本。例如，一本典型的精装小说的价格是35元左右，而多印一本小说的成本低于6元。

21.2.2 垄断竞争厂商的需求曲线

垄断厂商的产品存在差别，这些产品彼此之间又是相近的替代品，所以垄断竞争厂商面临的需求曲线有两种(具体原因见下文)，它们通常被区分为主观的需求曲线 d 和客观的需求曲线 D。具体情况如下：

主观需求曲线 d 表示，在垄断竞争生产集团中，当某一个生产厂商改变产品价格，而它的竞争者并不随之改变价格时，该厂商的产品价格和销售量之间的关系。如图21-1所示，d_1 是一条弹性较大的主观需求曲线。在价格为 P_1 时，该厂商的销售量为 Q_1；在价格降到 P_2 时，销售量增加到 Q_2。由于该厂商自认为它的降价行为不会让其他厂商做出反应，因此不仅能使自己的顾客增加购买量，而且可以吸引一部分其他厂商的顾客过来，这样可以大幅度地提高销售量；反之，若该厂商涨价，销售量就会大减。因此，需求曲线是一条比较平坦的曲线，具有较大的需求价格弹性。

客观需求曲线 D 表示，在垄断竞争生产集团的某个厂商改变产品价格，集团内的其他竞争者也使产品价格发生相同变化时，该厂商的产品价格和销售量之间的关系，即该厂商面临的客观需求曲线，如图21-1中的 D 曲线所示。在价格为 P_1 时，该厂商的销售量为 Q_1；在价格降到 P_2 时，销售量增加到 Q_3，Q_3 小于该价格下的预期需求量 Q_2。该厂商降低价格，使自己的销售量随着客观需求曲线 D 由 E 点平移到 F 点，即 d_2 所表

项目五 竞争压力下的市场决策

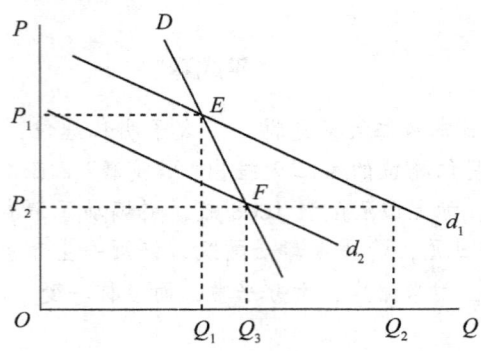

图 21-1 垄断竞争厂商的需求曲线

示的主观需求曲线。D 曲线表示厂商的销售量不仅随着厂商本身商品的价格变动,而且随着行业中其他企业的价格变动而变动。当一家厂商的价格下降时,由于其他厂商的价格也同样下降,所以该厂商增加的销售量必然大大低于独自降价时的销售量;反之,若这家厂商提高价格,由于其他厂商的价格也会同样提高,所以该厂商减少的销售量必然大大低于独自提价时所减少的销售量。D 曲线是实际反映厂商产品的需求曲线,它比 d_2 曲线更加陡峭,它的需求价格弹性比 d_2 曲线小。

21.2.3 垄断竞争厂商的短期均衡

根据前面的分析,垄断竞争厂商生产的是有差异的产品,它对自己具有特色的产品有一定的垄断性,厂商可以采取低价多销、高价少销或者歧视性定价来实现利润最大化。所以,在短期内,垄断竞争厂商均衡的条件与完全垄断厂商的均衡条件一样,也就是当 MR = MC 时,如图 21-2 所示。

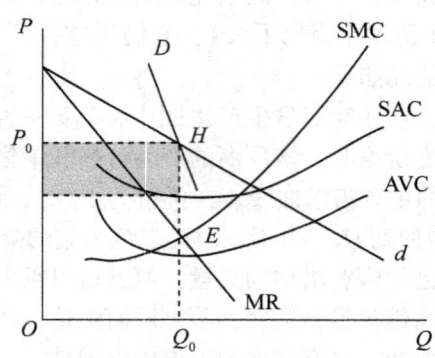

图 21-2 垄断竞争厂商的短期均衡

图 21-2 中的 D 曲线与 d 曲线的交点不是任意产生的一个交点,而是在垄断竞争厂商调整价格过程中,主观需求曲线与客观需求曲线的无数个交点中能使利润最大化的那一个。另外,图中说明的是垄断竞争厂商有超额利润的情况,在短期内,不是所有厂商

都能获得超额利润的,仍然有厂商亏损或者利润为零的情况,其主要取决于厂商在均衡状态下的平均成本是小于、等于还是大于销售价格。

21.2.4 垄断竞争厂商的长期均衡

垄断竞争厂商在短期内可能获得超额利润,但是从长期来看,由于垄断竞争行业的进入和退出门槛较低,当有经济利润时,新的厂商就会进入,从而分摊一部分市场份额。另外,原有的厂商也会扩大生产规模,从而使价格下降。所以,原先的客观需求曲线 D 和主观需求曲线 d 以及边际收益曲线 MR 都将向左下方移动,厂商进行价格和产量的调整,直到如图 21-3 中所示,即垄断竞争厂商的利润为零时达到长期均衡。同理,在短期垄断竞争厂商出现亏损时,厂商的调整过程相反,最终都达到图中的长期均衡状态。垄断竞争厂商的长期均衡条件是:MR=SMC=LMC 并且 AR=LAC=SAC。

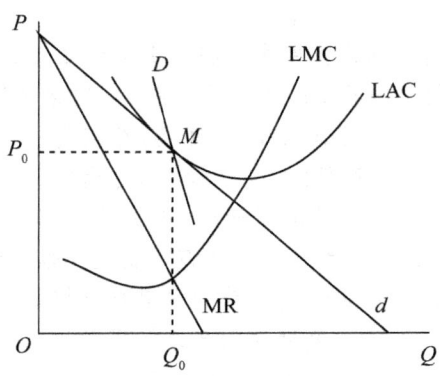

图 21-3 垄断竞争厂商的长期均衡

垄断竞争厂商实现长期均衡后,企业只能得到正常利润,那么怎样才能改善利润状况呢?由于厂商影响价格、控制价格的能力相对较弱,因而会采取各种形式的非价格竞争手段,努力造成产品的差别,产品有了差别,就可以在一段时间内取得垄断的好处。产品的差别可以由两个方面来造成:一是从产品自身品质的变异上下功夫,这就是品质竞争;二是从消费者对产品的心理感觉上下功夫,这就是各种促销活动的竞争。

第一,品质竞争。

就是企业在产品上引进新的、与竞争对手不同的、能更加迎合顾客需要的特征,以吸引更多的消费者。它包括提高产品质量、改进产品性能和结构、增加产品用途,也可以从包装、售后服务上下工夫,千方百计地制造产品差别来满足不同消费者的需要,较小的厂商还可以把产品设计为只为市场上某一特定顾客群的特定需要服务,而不是面向整个市场,以求至少在这一细分市场上取得自己的优势,从而在整个市场上为自己找到并占领适合的位置。

第二，各种促销活动的竞争。

在完全竞争市场上，产品同质，厂商不需要做广告，只要按照市场价格，想卖多少就可以卖多少，但在垄断竞争市场，广告竞争、产品策划以及一些别的促销活动常常是品质竞争的重要补充，一般的消费者对于产品的结构、性能等品质差异的评价能力是有限的，通过广告等促销活动能向消费者提供产品信息，起到显示以致强化产品差异化的作用，当然广告费等支出也并不是越多越好，因为边际收益递减规律对广告支出等也是适用的。

（资料来源：沈昊驹，《微观经济学》，化学工业出版社2010年版）

小案例

作为商品，眼镜的特殊性主要表现在：①由于近视患者对眼镜的依赖性，决定了眼镜属于需求弹性较小的商品；②眼镜由镜片和镜架两种互补商品组成，除了佩戴的舒适性要求外，消费者对眼镜（尤其是镜架）存在装饰性的需求；③由于缺乏识别手段，消费者很难判断眼镜质量（特别是镜架）的优劣；④对消费者而言，眼镜属于"耐用"的消费品，一旦购买，使用期较长。2004年9月13日，《钱江晚报》一篇题为"眼镜价格，你有多少水分"的调查文章披露了杭州市眼镜市场中存在的问题。

一位负责杭州某眼镜店进货的经营者向记者介绍了一副170元的眼镜是如何翻到上千元的。第一步，进货。经销商到产地按照镜片50元、镜架120元（合计170元）进货。第二步，包装运输。出货方按照买主要求对镜片和镜架按类别重新包装，几角钱的包装纸加上运输成本，经销商会给这个环节计算大概相当于眼镜本价的50%~200%的成本。第三步，重新贴牌。材料进店后，根据消费者的偏好进行贴牌，或干脆贴一个谁也看不懂的英文标贴（这也许就是不少所谓"进口眼镜"的来源）。贴牌和不贴牌的眼镜材料价格会有50%~200%的差价。第四步，上柜成交。这时的眼镜已经是"面目全非"，玻璃柜台里的眼镜配以各种灯光，显得尤其高档。加上房租、人工、税收后，其价格一般都会再翻上200%。简单计算一下，经过经销商的几番"忙活"，眼镜的价格最终定在680~2020元左右。

通过分析不难发现，眼镜经销商高价卖出眼镜的获利法宝无不与眼镜的特殊性相关。

其一，根据经济学原理，对弹性小的商品提高价格有利于厂商收益水平的提高，反之，则收益下降。不过，对于弹性小的商品，如果市场竞争是充分的，厂商试图通过提高价格来增加收益是不容易的（除非通过限产）。

其二，眼镜市场应该属于垄断竞争市场，差别经营是经营者在市场竞争中获胜的手段之一，这种差别经营包括产品的质量、销售地点、品牌和服务等。为迎合消费者的偏好，眼镜经销商通过贴不同的标签进行"品牌差别"经营。而由于信息的缺失，消费者无法对眼镜的"性价比"进行比较。

其三，由于眼镜的"耐用性"，经销商也许认为通过诚信经营拉来"回头客"不是其近期的目标。

（资料来源：圣才学习网，http://yingyu.100xuexi.com/view/specdata/20120906/83ca3a8d-c906-4bdo-9d07-16c4sf44b587.html，2012-09-16）

在垄断竞争之下，企业在短期与长期内是否可以获得经济利润？

分析提示

企业在短期内可以获得正的或负的经济利润。但从长期来看，自由进入和退出将使每个企业取得零经济利润。

21.3 任务分析

这里所说的产品差别不是指不同产品之间的差别，而是指同种产品在质量、包装、牌号或销售条件等方面的差别。例如产品差别不是指自行车与汽车的差别，而是指自行车在质量、牌号或销售条件方面的差别。正是因为大米、面粉、鸡蛋和蔬菜等农贸市场上出售的商品没有差别，个别厂商也没有必要做广告。有差别的产品需要做广告，就是把自己产品的特色告诉消费者，这本身就是产品的特色，从而赢得了市场，并在竞争中获胜。

比如，"农夫山泉有点甜"，广告词突出了它的特色在于与其他矿泉水不同的口感，从而赢得了市场。创造品牌是企业重要的营销策略。品牌的创造是产品质量和广告宣传结合的产物，两者缺一不可。"好酒也怕巷子深"是说好酒也需要吆喝着卖，但没有好酒，再吆喝也没有用。

任务二十二 熟悉寡头垄断市场

学习目标

1. 了解寡头的含义及特征。
2. 熟悉寡头垄断厂商之间的影响。

22.1 任务描述

在北方城市的牛奶市场中，基本上是三家公司的天下：蒙牛、伊利和三元。南方的牛奶市场情况是：蒙牛、伊利和光明三足鼎立。相似的产品，是寡头市场的一大特征。不管什么牌子的牛奶，其成分高度一致，产品的内在属性是一致的。生产牛奶，似乎不是什么了不得的科技，为什么新牛奶品牌却很难出现？

22.2 任务精讲

22.2.1 寡头市场的含义

寡头市场也叫寡头垄断市场，它指的是只有少数几家厂商生产有差别或无差别的同类产品,从而控制整个行业大部分产品的生产和销售的一种市场类型。现实中有很多行业的市场属于或类似于这样的类型,如飞机、钢铁、汽车制造、电信运营、石油化工等,这类市场的竞争程度和垄断程度处于完全竞争市场和完全垄断市场之间,更加偏向于完全垄断市场。

根据寡头市场生产的产品是否具有差异性,可将寡头市场分为生产相同产品的纯粹寡头市场(如石油、钢铁生产的寡头)和生产有差别产品的有差别寡头市场(如汽车生产的寡头)。根据寡头市场厂商之间的关系,可将寡头市场分为有独立行动的寡头和有勾结行为的寡头。

22.2.2 寡头市场的特征

寡头垄断市场一般具有以下四个特征:

(1)厂商数量很少

寡头垄断市场的厂商只有少数几家,每个厂商在其市场上都有相当大的份额和举足轻重的地位。

(2)各寡头垄断者之间相互依存

在寡头垄断行业中,由于厂商数目很少,所以当一家厂商决定削减产品售价时,由于会对其他厂商产生显著影响,所以其他厂商也必然会做出相应的反应。在寡头垄断市场上,每个厂商的收益和利润不仅取决于自己的产量,而且受到其他厂商产量的影响。因此,每个厂商总是首先推测其他厂商的产量,然后再根据最大利润原则来决定自己的产量。在寡头垄断条件下,价格不是由市场供求决定的,而是由少数寡头通过无形的勾结、形式不同的协议或默契等方式决定。这种价格被称为操纵价格或价格领导。寡头价格一经确定,不易改变。

为了获得最大利润,面对其他厂商,寡头的选择是:合作或竞争。

(3)进出困难

寡头垄断市场在石油、钢铁、汽车等行业中普遍存在。由于规模、资金、信誉、市场、专利、法律等原因,其他厂商很难进入,再加上投入巨大的缘故,寡头退出困难。

(4)产品同质或异质

寡头垄断市场的厂商生产的产品有同质的或异质的。寡头垄断市场根据寡头厂商的产品差异程度,将其分为纯粹寡头和差别寡头。纯粹寡头是指产品同质、没有差别的寡头垄断。例如,石油、钢铁、炼铝、水泥等行业。这类寡头厂商之间彼此关系密切,相互依存程度很高,垄断性很强。差别寡头是指生产的产品性质相同,但在产品规格型号、质量外观、售后服务等方面各有自己的特色,彼此有差别,各个厂商之间必然存在竞争。

由于在寡头垄断行业中,相互竞争的卖者很少且都是相互依存的,所以寡头垄断厂商通常相互合作、协调行动,以此来减少竞争和限制外来厂商的进入,以便保障利润或增加利润。

 小案例

雷克航空公司的搏斗

1977年,一个冒失的英国人弗雷迪·雷克闯进航空运输市场,开办了一家名为"雷克"的航空公司。他经营的是从伦敦飞往纽约的航班,票价是135美元,远远低于当时的最低票价382美元。毫无疑问,雷克公司一成立便生意不断,1978年雷克荣获大英帝国爵士头衔。到1981年,弗雷迪爵士的年营业额达到5亿美元,简直让他的对手们(包括一些世界知名的老牌公司)气急败坏。但是好景不长,雷克公司于1982年破产,从此消失。

出了什么事?原因很简单,包括泛美、环球、英航和其他公司在内的竞争对手们采取联合行动,一致大幅降低票价,甚至低于雷克。一旦雷克消失,它们的票价马上回升到原来的高水平。更严重的是这些公司还达成协议,运用各自的影响力量阻止各大金融机构向雷克公司贷款,使其难以筹借到抗争的资金,进一步加速了雷克的破产。

但弗雷迪爵士并不甘心,他依照美国反垄断法提出起诉,指责上述公司联手实施价格垄断,为了驱逐一个不愿意接受其"游戏规则"的公司,竟然不惜采用毁灭性价格来达到目的。1985年8月,被告各公司以800万美元的代价同雷克达成庭外和解,雷克随即撤回起诉。1986年3月,泛美、环球和英航三大公司一致同意设立一项总值3000万美元的基金,用于补偿在雷克公司消失后的几年中,以较高票价搭乘这几家公司的航班飞越大西洋的20万旅客的损失。

赔款以及达成和解不等于认罪。从技术上讲,官方没有认定弗雷迪爵士是被垄断价格驱逐出航空市场的。但是这个案例已经明显地透露出威胁信号,那就是如果其他任何人企图加入跨越大西洋的航空市场分一杯羹,必须认真考虑到其中可能面临的破产危险。从来没有其他公司尝试提供低廉的越洋机票,至少没有做到雷克公司做到的地步。

这个例子告诉我们寡头之间的竞争不适宜价格竞争。

(资料来源:[美]斯蒂格利茨,《经济学小品与案例》,中国人民大学出版社1998年版)

22.2.3 寡头厂商之间的影响

寡头厂商的均衡也是从最大利润的要求出发来决定其产品的产量和价格的。但是寡头厂商之间的关联性对其产量和价格的决定具有重要的影响。这影响主要体现在:

(1)难以对产量和价格决策给出确切的答案

由于关联性的存在,任何一个厂商在决策时不能不把竞争对手可能做出的反应考虑在内。任何一个厂商的行动会产生的后果,与竞争对手做出的反应关联着,而这种反应事先是难以确定的。这种不确定性使得分析寡头厂商的产量和价格的决定理论都是在某种假设下进行的,没有唯一的结论,即很难有一个确定的答案。

(2)产量和价格一旦确定便有其相对的稳定性

由于关联性的存在，任何一个寡头厂商如果轻易地去打破已确定的产量和价格，就又会引起一场硝烟弥漫的"残酷"竞争，如价格战等，其结果是两败俱伤，没有赢家。所以不到万不得已，寡头厂商是不会轻易地去主动破坏这种"稳定"局面的。

(3) 寡头厂商之间更易于形成勾结

为了避免两败俱伤，又要保住自己利益，所以寡头厂商之间容易彼此妥协，形成某种形式的勾结。但是，妥协和勾结是暂时的，竞争则是永恒的。因为妥协和勾结中仍蕴含着"竞争"。所谓"台上握手，台下踢脚"，就是这种勾结与竞争情况的真实写照。

 小案例

彩电寡头的两难抉择

近年来，家电企业结成价格联盟一直很流行，却又并不成功。从 1997 年 30 多家 VCD 企业召开圆桌会议发布宣言，到 1999 年 8 大彩管厂共同宣布停产一个月；从各大彩电厂的"价格自律"，到多家空调企业的价格同盟，尽管开始时都曾轰轰烈烈，结果又全是不欢而散。价格联盟经历了一个"搞起来—失灵—再搞起来—再失灵"，却还要再搞的轨迹。且看，在屡试不灵后，2000 年 6 月，国内 9 家彩电厂又召开所谓"峰会"，再一次搞起了"最低限价协议"。也许是倡导者和参加者们总希望能从价格垄断中获益，也许是他们未能思考以往价格联盟之所以不奏效的原因何在。讨论这个问题，我们可以从现代经济学中博弈论里的"囚犯难题"得到一些启示。

在现实的经济、社会活动中，各个行为主体(人或企业)作为"经济人"总是要追求经济利益的。此类追求经济利益的行为可用一事当前，在多种选择中，选择最有利的策略来描述。当不同的经济利益主体互为竞争对手，每个主体的决策及其互动行为都会影响对手的利益之时，这就是一盘博弈(游戏)。那么，博弈的结果如何，又是由各方主体的选择互动行为共同决定的。著名的"囚犯难题"模型指出：博弈的参与者们总会从利己的动机出发，选择对自己最有利的策略——而最后的结果通常是对各方均不利的。

依"囚犯难题"模型来看现实中的价格联盟，其命运通常是雷同的。假设市场上有两家生产同样产品的公司——甲和乙，两家公司都面临降价还是不降价这两种选择。假设两家公司都不降价，可以各赚 3 个单位，都降价则可赚 2 个单位，一家降而另一家不降，则降价的赚 4 个单位，不降的赚 1 个单位的话，那么：

①两家公司都不降价，它们可各自赚得 3 个单位的收入；

②两家公司都实施降价，则都会受到损害，各自只能赚 2 个单位的收入；

③若是甲公司在乙公司未降价时，单方面实行降价，甲会因抢占了乙公司的市场份额，提高了销售量而获益，获得 4 个单位的收入；而乙会因此受到损害，只能得到 1 个单位的收入；

④反过来，若是乙公司单方面降价，将得到 4 个单位的收入，令甲公司受损，

只得到 1 个单位的收入。

表面看来，甲乙可以签订价格联盟，都不降价，只要各方面遵守协议，可望出现对双方都有利的结果。而在实际上，由于甲乙两公司都是单独的经济利益主体，它们会从利己的动机出发，选择对自己最有利的策略。

甲公司会想，我该不该守协议呢？问题在于有两种可能：第一，若乙不守协议，擅自降价，我就会遭受损失，因而乙若降价，我也必须降，以保住市场份额，减少损失（至少保住 2 个单位的收入）；第二，如果乙公司真正地守协议、当好人，不降低价格，此时我只要单方面降价，可获得 4 个单位的高收入。所以，对甲公司而言，不论乙公司降价与否，甲公司以降价作为最有利的策略。

同理，对乙公司而言，一番理性思考，可得出同样结论，不论甲公司降价与否，乙公司也是以降价作为最有利的策略。

这就决定了甲乙两公司谁也不会真心地、长久地遵守协议。现实中，价格联盟长不了、靠不住的原因正出于此。

小案例

为什么电影院老板在门票上给学生打折，而爆米花却不打折？

影院老板之所以能给学生门票折扣是因为一个人不可能在以较低价格看完电影后，再以较高价格将他的所见卖给别人。同样，律师和医生也可以对不同的客户收取不同的价格，因为他们的需求价格弹性不同。但对爆米花这样的产品来说，市场分割却是很难做到的。如果影院老板将爆米花以 5 元的价格出售给学生，而以 8 元的价格出售给成人，一些聪明的学生便会抓住这个套利的机会，以 7 元的价格将爆米花出售给不服气的成年人。在套利者相互之间的竞争压力下，价格的差异最终会降至仅足以弥补学生们的交易成本。

想一想

把下列市场分为完全竞争、垄断和垄断竞争，并解释原因。
A. 瓶装水　　B. 铜　　C. 地区性电话服务　　D. 花生　　E. 唇膏
分析提示

D 项的花生市场是完全竞争市场。因为市场上的产品是相同的，有许多买者和卖者，买卖双方可以自由进出市场。

A 项的瓶装水、E 项的唇膏市场是垄断竞争市场。因为市场有许多垄断企业，但每个企业所提供的产品是略有不同的，而且企业可以自由进出市场。

B 项的铜、C 项的地区性电话服务市场是垄断市场。因为在这两种市场中，只有唯一的生产者，而且产品没有相近替代品，其他企业想进入这个市场几乎是不可能的。

22.3 任务分析

北方和南方的牛奶市场基本上都形成了一个寡头垄断市场，它们之间都存在着一种"策略依赖"，比如，蒙牛在做出降价决策前，必须考虑伊利和三元的反应，而是不是真降，最终取决于蒙牛对伊利和三元将会如何反应的判断。但是在面临潜在进入者时，蒙牛、伊利和三元，就由冤家变成了"同一个战壕里的战友"，它们会同仇敌忾、一致对外。所以一旦发现有新厂商意欲进入的话，它们就会打出低价牌，以阻吓意欲进入者，这样有了进入门槛，才形成了三家几乎占领整个市场的态势。

技 能 训 练

一、选择题

1. 下列行业中最接近于完全竞争模式的一项是(　　)。
   A. 飞机制造业　　　　　　　　B. 烟草业
   C. 日用小商品制造业　　　　　D. 汽车制造业
2. 假定在某一产量水平上，某厂商的平均成本达到了最小值，这意味着(　　)。
   A. 边际成本等于平均成本　　　B. 厂商获得了最大利润
   C. 厂商获得了最小利润　　　　D. 厂商的超额利润为零
3. 在完全竞争市场上，厂商短期均衡的条件是(　　)。
   A. $P=AR$　　B. $P=MR$　　C. $P=MC$　　D. $P=AC$
4. 在一般情况下，厂商得到的价格若低于(　　)时就要停止营业。
   A. 平均成本　　B. 平均可变成本　　C. 边际成本　　D. 平均固定成本

二、计算题

假设完全竞争市场的需求函数和供给函数分别为 $Q_D = 50000 - 2000P$ 和 $Q_S = 40000 + 3000P$。求：

(1) 市场均衡价格和均衡产量。
(2) 厂商的需求函数是怎样的？

三、技能分析

1. 某一彩电制造商认为他所在的行业是完全竞争行业。他觉得同其他彩电制造商之间存在激烈的竞争，其他彩电制造商一旦大做广告、采取降价措施或提高服务质量时，他也及时做出反应。请你根据所学的有关完全竞争知识判断，彩电制造商所在行业是完全竞争行业吗？

2. 汽车行业是寡头行业，但为什么中国汽车市场不断爆发价格战？价格战对各方利益影响如何？对社会有没有好处？有人主张应该由政府出面来制止价格战的发生，你同意吗？说说你的理由。

四、单项实训

市场调查——某行业的竞争优势和劣势分析

实训要求：

学生以小组为单位，每 5 人组成一个调查小组，选取某一个行业进行调查，对该行业的竞争优势和劣势进行分析，并据此提出市场竞争策略，如下表所示：

某行业的竞争优势和劣势分析

调查行业	竞争优势	竞争劣势	竞争策略

项目六　认识生产要素分配奥秘

学习目标

知识目标：

1. 理解厂商面对的生产要素的需求曲线、供给曲线。
2. 掌握劳动力市场、资本市场和土地市场中的要素需求、供给及均衡。
3. 了解洛伦兹曲线和基尼系数的定义。

能力目标：

1. 能分析各种生产要素均衡价格的形成。
2. 能够运用分配理论解释简单的现实生活问题。

案例导入

漂亮的收益

美国经济学家丹尼尔·哈莫米斯与杰文·比德尔在1994年第4期《美国经济评论》上发表了一份调查报告。根据这份调查报告，漂亮的人的收入比长相一般的人高5%左右，长相一般的人又比丑陋一点的人收入高5%~10%。为什么漂亮的人收入高？经济学家认为，人的收入差别取决于人的个体差异，即能力、勤奋程度和机遇的不同。漂亮程度正是这种差别的表现。

个人能力包括先天的禀赋和后天培养的能力，长相与人在体育、文艺、科学方面的天才一样是一种先天的禀赋。漂亮属于天生能力的一个方面，它可以使漂亮的人从事其他人难以从事的职业（如当演员或模特）。漂亮的人少，供给有限，自然市场价格高、收入高。

漂亮不仅仅是指脸蛋和身材，还包括一个人的气质。在调查中，是否漂亮由调查者打分，实际上是包括外形与内在气质的一种综合。这种气质是人的内在修养与文化的表现。因此，在漂亮程度上得分高的人实际上往往是文化程度高、受教育程度高的人。两个长相接近的人，也会由于所受教育的不同而表现出来的漂亮程度不同。所以，漂亮是反映人受教育水平的标志之一，而所受教育是个人能力的来源，受教育多、文化高、收入水平高就是正常的。

漂亮也可以反映人的勤奋和努力程度。一个工作勤奋、勇于上进的人，自然会打扮得体、举止文雅，有一种朝气。这些都会提高一个人的漂亮程度。漂亮在某种程度上反映了人的勤奋，与收入相关也就不奇怪了。

最后，漂亮的人机遇更多。有些工作，只有漂亮的人才能从事，漂亮往往是许多高收入工作的条件之一。就是在所有的人都能从事的工作中，漂亮的人也更有利。漂亮的人从事推销更易于被客户接受，当老师会更受到学生热爱，当医生会使病人觉得可亲，所以，在劳动市场上，漂亮的人机遇更多，雇主总爱优先雇用漂亮的人。有些人把漂亮的人机遇更多、更易于受雇称为一种歧视，这也不无道理。但有哪一条法律能禁止这种歧视？这是一种可能无法克服的社会习俗。

漂亮的人的收入高于一般人。两个各方面条件大致相同的人，由于漂亮程度不同而得到的收入也不同。

收入分配不平等是合理的，但有一定限度，如果收入分配差距过大，甚至出现贫富两极分化，既有损于社会公正的目的，又会成为社会动乱的隐患。因此，各国政府都在一定程度上采用收入再分配政策以纠正收入分配中较为严重的不平等问题。

(资料来源：梁小民，《西方经济学》，中央广播电视大学出版社 2003 年版)

任务二十三 熟悉生产要素的需求与供给

学习目标

1. 了解引致需求、联合需求。
2. 理解厂商的生产要素需求曲线和厂商的生产要素供给曲线。
3. 熟悉不同情况下生产要素市场的均衡。

23.1 任务描述

小张与小王在某大学分别学习计算机专业和农业机械专业，两人学习都很努力，成绩也很优秀。毕业后，小张成为一名计算机维护员，小王在一家农机厂工作，同样是优秀的员工，他们的收入水平却有不小的差别。小李与小孙都是名牌大学毕业的博士研究生，小李是电子工程博士，小孙是文学博士，毕业后，两人分别在不同的岗位就职，可小李的工资比小孙的工资高出 4 倍多。

为什么不同专业的人收入有如此大的差异呢？

23.2 任务精讲

23.2.1 生产要素的需求

(1) 生产要素

生产要素指进行物质生产所必需的一切要素及其环境条件。生产要素包括劳动、资本、土地和企业家才能四大类，但长期以来我们只强调劳动在价值创造和财富生产中的作用，而其他生产要素的作用及其对国民收入的分割则要么被忽视了，要么重视不够，因而一直只强调劳动参与收入分配的问题。这其中特别要强调两种要素的作用和回报：

一是人力资本。资本包括物质资本和人力资本两种形式。各国的经济发展实践表明，人力资本的作用越来越大，教育对于国民收入增长率的贡献正在大幅攀升，人的素质和知识、才能等对经济发展越来越具有决定性意义。因此，如何使人力资本得到足够的回报，对于经济的持续发展以及国民收入的分配变得非常重要。

二是土地以及资源性财产。它们对于财富生产的作用早已为人们所认识，但对于它们参与收入分配的必要性却一直存在模糊认识，这表现在我国的土地和自然资源在很多情况下是被免费或低价使用的。在我国，土地和自然资源属于国有或集体所有，它们的免费或低价使用，意味着它们的收益被少数人侵占了。这也是我国收入差距急剧扩大的一个重要原因。因此，土地和资源性要素如何参与分配，是在完善收入分配制度时应认真加以考虑的问题。

想一想

"四位一体"公式概括了哪些内容？

分析提示

"四位一体"公式由英国经济学家马歇尔在法国经济学家萨伊的"三位一体"基础上进行完善的，它是经济学分配理论的中心，即劳动—工资，资本—利息，土地—地租，企业家才能—利润。

(2) 生产要素需求的特点

生产要素的需求是指厂商在一定的时间内、一定的价格水平下，愿意并且能够购买的生产要素的数量。生产要素市场与产品市场相似，由生产要素的供给方和生产要素的需求方共同决定价格，并以此来实现对稀缺资源的有效配置。但是与产品的需求不同，生产要素的需求有自己的特点：

第一，生产要素的需求是一种引致需求。

在产品市场上，需求来自消费者。消费者为了满足自己的消费需求而购买产品，因此对产品的需求是直接需求。在要素需求市场上，需求来自厂商。厂商购买生产要素并不是直接用来消费的，而只是增加生产能力，从而生产出更多的产品用来出售给消费者，以便获得利润。因此，厂商对生产要素的需求是一种间接需求，或者叫做派生需求，这种需求被称为引致需求。比如，消费者为了填饱肚子，需要的是面包，而厂商为了获得利润，需要的是面粉，从而制作出面包，再卖给消费者赚取利润，正是由于消费者对面包的需求才导致了厂商对面粉的需求，因此，经济学家就把对生产要素的需求称为引致需求。

第二，生产要素的需求是一种联合需求。

任何生产行为所需要的都不只是一种生产要素，而是将多种生产要素进行组合运用，即对生产要素的需求是共同的、相互依赖的需求。这个特点往往是由生产要素不能单独发生作用的技术因素决定的。比如，蛋糕厂商不能只雇佣工人，还要准备原材料，还要租用厂房、机器，雇佣有经验的企业家等，只有将人与机器、原材料等结合起来才能起到生产产品的作用。

(3)生产要素的边际生产力

消费者购买产品是因为产品具有效用,能满足其需要,同样,厂商购买生产要素是因为生产要素具有生产力。如同消费者对产品的需求取决于产品的边际效用一样,厂商对生产要素的需求取决于要素的边际生产力。

①生产要素的边际生产力。

边际生产力是指在其他生产要素数量不变的条件下,追加一个单位的某种生产要素所带来的生产率。

生产要素的边际生产力有两种表现形式:

i. 实物形式,表现为生产技术以及其他生产要素数量不变的情况下,每追加一单位要素时总产量增加的数量,被称为边际物质产品(Marginal Physical Product,即MPP,也可以被简称为边际产品,即MP)。

ii. 货币形式,表现为每增加一单位要素投入所增加的实物产量带来的收益,被称为边际收益产品(Marginal Revenue Product,即MRP)。

②边际收益产品。

厂商的收益取决于产量,产量又取决于要素。假定所讨论的厂商的收益函数和生产函数分别为 $R=R(Q)$ 和 $Q=Q(L)$,其中 $R(Q)=Q\times P$,R、Q、P 分别为厂商的总收益、产量和价格。另外,L 表示投入的生产要素——劳动,则使用一定量的劳动要素将创造出一定量的产量。要素与产量之间的这种数量关系,就是生产函数 $Q=Q(L)$,那么收益可以看成是生产要素的复合函数:

$$R=R[Q(L)]$$

根据边际收益产品的定义,对收益函数中的生产要素求偏导,根据复合函数求导法则即有:

$$\frac{dR}{dL}=\frac{dR}{dQ}\times\frac{dQ}{dL}$$

式中,等式右边第一项 dR/dQ 为收益对产量的导数,即所谓产品的边际收益 MR;第二项 dQ/dL 为产量对要素的导数,即所谓要素的边际产品 MP①,它反映了增加一单位要素所增加的产品。

厂商使用要素的边际收益等于产品的边际收益 MR 和要素的边际产品 MP 的乘积 MR×MP。这个乘积即被称做要素的边际收益产品,并用 MRP 来表示,即:

$$\text{MRP}=\text{MR}\times\text{MP} \qquad (23\text{-}1)$$

注 意

MRP 是厂商(包括完全竞争和不完全竞争厂商)使用要素的边际收益。

边际收益产品 MRP 与产品的边际收益 MR 的区别:产品的边际收益或简称为边际收益通常是对产量而言,故称为产品的边际收益;边际收益产品则是对要素而

---

① 即上文中提到的边际物质产品的简称。

言的，是要素的边际收益产品。

③边际产品价值。

与边际生产力相关的另一概念是边际产品价值（Value of Marginal Product，即VMP），它是边际产品与价格的乘积，即 VMP=MP×P。

当厂商面对的产品市场是完全竞争的市场结构时，厂商的边际收益 MR 与其价格 P 相等，即 MP=P，由于 VMP=MP×P，MRP=MR×MP，所以 MRP=VMP。

当产品市场是非完全竞争的市场结构时，厂商的产品价格大于其边际收益，即 P>MR，所以可推出 VMP=MP×P>MRP=MR×MP。

④边际生产力递减规律。

由于要素的边际产品 MP 是产量对要素的导数，故它也是要素的函数。为了表示这层意思，有时也把它写成 MP(L)。我们已知生产要素的边际报酬是递减的，可以得出该函数曲线向右下方倾斜，即在其他生产要素数量不变的条件下，如果连续地追加一种生产要素的量，经过一段时间后，每追加一单位的生产要素所增加的边际产品会呈递减状态，其边际收益产品、边际产品价值也是递减的，这就是边际生产力递减规律。

⑤VMP 曲线、MRP 曲线。

i. VMP 曲线。表 23-1 给出某个只使用劳动要素的厂商的边际产品价值的部分数据。

表 23-1　　　　　　　　　　厂商的边际产品和边际产品价值

要素数量 L	边际产品 MP	产品价格 P	边际产品价值 VMP=MP×P
1	10	2	20
2	9	2	18
3	8	2	16
4	7	2	14
5	6	2	12
6	5	2	10
7	4	2	8
8	3	2	6
9	2	2	4
10	1	2	2

根据边际生产力递减规律，即随着要素使用量的增加，边际产品不断下降，价格 P 为常数，所以 VMP 曲线和边际产品曲线一样向右下方倾斜。

它们之间的相对位置关系取决于产品价格是大于1，还是小于或等于1，如图 23-1 所示。图中横轴表示劳动要素的数量 L，纵轴表示边际产品 MP 和边际产品价值 VMP。

如果 $P>1$，则 VMP>MP，即 VMP 曲线高于 MP 曲线；

如果 $P<1$，则 VMP<MP，即 VMP 曲线位于 MP 曲线下方；

如果 $P=1$，则 VMP=MP，即 VMP 曲线与 MP 曲线重合。

ii. MRP 曲线。在不完全竞争市场中，产品的边际收益随着产量的增加而递减，那么对于 MRP，即除了由于要素的边际产品原因之外，还由于产品的边际收益是递减的，所以它随着要素数量增加而下降。因此，一般而言，边际收益产品曲线要比边际产品价值曲线更加陡一些，如图 23-2 所示。图中横轴表示劳动要素的数量 L，纵轴表示边际收益产品 MRP。

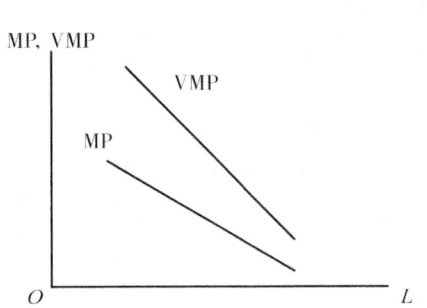 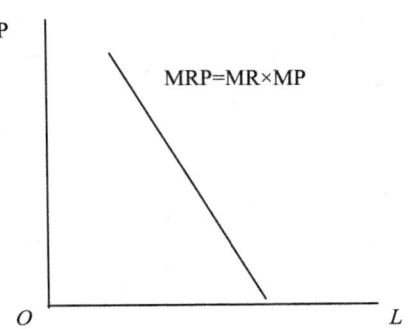

图 23-1　厂商的边际产品 MP 和边际产品价值 VMP　　　图 23-2　边际收益产品曲线

23.2.2　生产要素的需求曲线

厂商购买生产要素进行生产是为了获取利润，而厂商的利润是总收益与总成本的差额，总收益是产品销售量与产品价格的乘积，总成本则是要素使用量与要素价格的乘积。这样，厂商要获取最大利润，除了要考虑产品市场上产品的数量和价格外，还必须考虑要素市场上要素的使用量及其价格。

厂商的要素需求曲线讨论的是厂商对于不同的生产要素的数量所愿意支付的价格。厂商为了实现利润最大化，依然要让使用要素的"边际成本"和相应的"边际收益"相等。

以下是完全竞争产品市场的情况。

①厂商使用要素（L）的原则。

完全竞争厂商使用要素的原则可以表示为：VMP=W，即 MP×P=W。其中 VMP 为完全竞争产品市场中厂商的边际收益，W 为完全竞争要素市场中的边际成本。如果两者不等，假设 VMP>W，那么增加使用一单位生产要素所带来的收益大于成本（工资），厂商将会增加要素的使用量以提高利润，直至相等；反之，如果 VMP<W，减少使用一单位生产要素所损失的收益小于所节省的成本，厂商将会减少要素的使用以提高利润，直至两者相等。

我们也可以用数学方法推导要素使用原则。假设 π 代表完全竞争厂商的利润，它是要素 L 的函数，则由利润的定义可有：

$$\pi(L)=P\times Q(L)-W\times L=0$$

为了达到利润最大化，必须使 $d\pi(L)/dL=P[dQ(L)/dL]-W=0$，即 $P[dQ(L)/dL]=W$，所以 VMP=W。

②完全竞争产品市场中厂商对生产要素的需求曲线。

完全竞争厂商对生产要素 L 的需求函数反映的是：在其他条件不变时，完全竞争厂商对要素 L 的需求量与要素价格 W 之间的关系。这个关系可以用要素需求表来表示，如表 23-2 所示。其中，要素价格是不变的常数。为了保证利润最大化，厂商使用的要素量必须使要素价格与要素的边际产品价值相等。表中的第一栏和最后一栏合起来就表示厂商的要素需求曲线。完全竞争厂商的要素需求曲线与其边际产品价值曲线一样，是向右下方倾斜的，并且两条曲线完全重合。

表 23-2　　　　　　　　　　完全竞争厂商的要素需求表

要素数量 L	边际产品 MP	产品价格 P	边际产品价值 VMP=MP×P	要素价格 W
1	10	10	100	100
2	9	10	90	90
3	8	10	80	80
4	7	10	70	70
5	6	10	60	60
6	5	10	50	50
7	4	10	40	40
8	3	10	30	30
9	2	10	20	20
10	1	10	10	10

在完全竞争的市场条件下，VMP=MRP，因此，生产要素的需求曲线 dd、MRP 曲线以及 VMP 曲线是同一条向右下方倾斜的曲线，表明随着生产要素数量的增加，要素的边际收益产品及边际产品价值递减，厂商对其愿意支付的价格也随之下降（见图 23-3）。

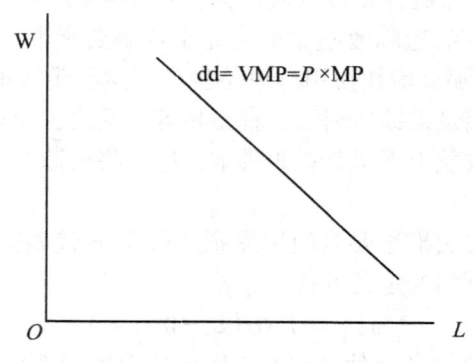

图 23-3　完全竞争厂商要素需求曲线

23.2.3 生产要素的供给曲线

同完全竞争产品市场一样,完全竞争要素市场的基本特征可以描述为:要素的供求双方人数都很多;要素没有任何区别;要素供求双方都具有完全的信息;要素可以充分自由地流动,等等。

在完全竞争条件下,要素的买卖双方数量很多,任何一家厂商和居民都不会影响到要素价格,厂商和居民都是既定市场价格的接受者,所以,完全竞争要素市场的要素供给曲线是一条由既定市场价格出发的水平线。假设生产要素为劳动,劳动的市场价格为 W_0,那么成本函数为:

$$C = W_0 \cdot L \qquad (23-2)$$

式中,W_0 为常数。那么,使用要素的"边际成本"MFC,即成本函数对要素的导数恰好等于劳动价格:

$$\text{MFC} = \frac{dC(L)}{dL} = W_0 \qquad (23-3)$$

所以,劳动的边际成本曲线和供给曲线为同一条水平直线,如图 23-4 所示。

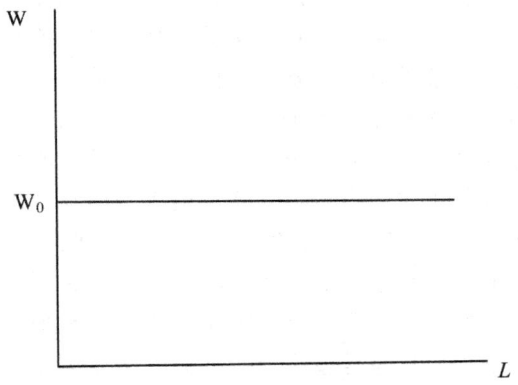

图 23-4　完全竞争要素市场的供给曲线

23.2.4 生产要素价格的决定

同产品市场的均衡一样,要素市场的均衡也取决于要素的供给和需求。当生产要素的供给和需求相等时,生产要素市场达到均衡状态,此时的要素价格为均衡价格,要素使用量为均衡数量。要素市场的均衡如图 23-5 所示。

在图 23-5 中,横轴代表要素数量,纵轴代表要素价格,dd 为要素的需求曲线,ss 为要素的供给曲线,E 点为需求曲线和供给曲线的交点,此时需求量和供给量相等,要素市场达到均衡状态,P_0 为均衡价格,X_0 为均衡数量。

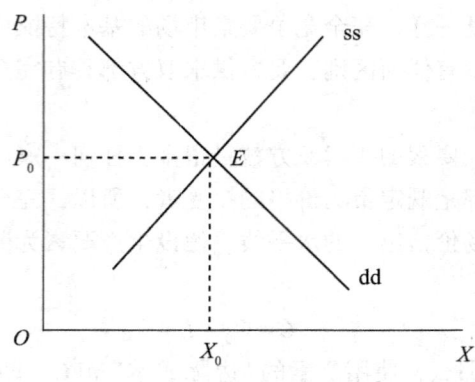

图 23-5　要素市场均衡

小案例

　　2003 年 5 月深圳市政府下发了《进一步推行按劳分配与按生产要素分配相结合分配制度的指导意见》，推行按劳分配与按生产要素分配相结合制度，这是深圳在分配制度改革上的一次重大突破。指导意见明确提出了关于国有企业资本、管理和技术等要素参与分配的若干政策性意见。强调放开员工持股的比例和行业限制。对经政府部门批准的国有资本退出的企业，取消原来的 35%～50% 持股比例限制。扩大员工购股的资金来源，除个人现金出资外，还可以采取向公司股东借款、银行贷款、公益金划转购股等方式。另外，对获得超额垄断利润的政策垄断性企业的工资分配加强调控，实施"国家工资控制线"，防止工资过度增长。对供电、供水、公交等影响国计民生的公益性企业，实行"员工平均工资不低于社会平均工资"；对高新技术企业，允许其工资水平高于一般企业的工资水平。

　　市场经济的分配原则应当是按生产要素分配，即按照对产出要素作用的大小来决定分配比例结构。这样才符合市场经济规律要求，用这种分配制度来配置资源才真正有效率。生产要素包括土地、劳动、资本、企业家才能等，那么，作为要素的所有者就可以通过要素的占有量，按照要素的价格得到收入。前面几章分析了产品市场的均衡价格以及相应均衡产量的决定，回答了微观经济学生产什么、生产多少和如何生产的问题。这一章则是要探讨生产要素的价格是如何决定的。在社会上，每个人都是生产要素的所有者，生产要素的价格就是他们的收入，因此，生产要素价格如何决定的问题也就是国民收入如何分配的问题，这就是微观经济学所要回答的为谁生产的问题。

小案例

　　近年来，经济体制改革的深入，对国企经营者赋予了新的职责，也提出了更高的要求，然而，现行的经营者收入管理办法已不能适应形势发展的需要，在实践中产生了不少问题：有的经营者业绩很好，却不敢领取应得收入，只拿基本工资(国家规定的档案工资或企业内部确定的基本工资)和企业的平均奖金；而有的经营者并没有付出相应的劳动，收入却高出职工几倍甚至十几倍。

针对现行国有企业经营者收入制度存在的问题，借鉴国外企业的通行做法，很多国有企业实行经营者收入年薪制，以年度为单位确定经营者的报酬，并视其经营成果发放风险收入。经营者年薪一般由基薪和风险收入两部分组成，基薪是经营者的"基本身价"，是经营者的劳动报酬，风险收入则是经营者的人力资本收益，要根据经营者在经营期间企业上缴利税、国有资产保值增值等经济指标的完成情况、风险程度等因素来确定。风险收入在年薪收入中所占份额往往大于基薪收入，是年薪制激励作用的主要体现。

有人认为，年薪制的实施，有利于克服国有企业短期行为和腐败现象，是实现国有资产保值增值的有效措施，是造就企业经营者队伍的必由之路。

结合实际谈谈你对年薪制的看法。

以下将讲解完全竞争条件下的生产要素价格的决定。

当产品市场是完全竞争时，产品的价格与边际收益相等，即 $P=\mathrm{MR}$，此时，对生产要素的需求曲线 dd、MRP 和 VMP 是同一条向右下方倾斜的曲线。

当要素市场是完全竞争时，厂商只能接受由市场的要素供给和需求所决定的要素价格。对于厂商来说，在这一价格水平上，所面对的要素供给是无限的，此时，每追加一单位生产要素所增加的成本就是要素的价格。因此，要素的供给曲线 ss，即 $W(L)$ 曲线，与厂商的 MFC 曲线是同一条平行于横轴的直线。

当产品市场和要素市场都是完全竞争时，厂商对要素需求的均衡决定如图 23-6 所示。

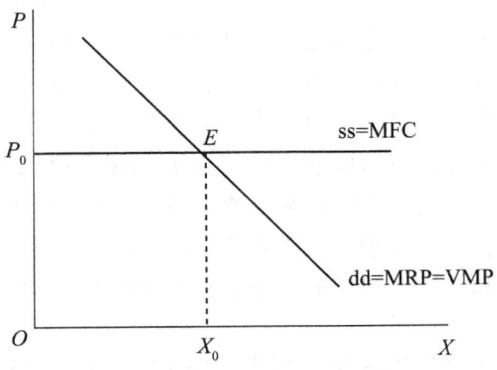

图 23-6 完全竞争性要素市场均衡

在图 23-6 中，横轴代表要素数量，纵轴代表要素价格。厂商面临的要素供给曲线 ss 与其对要素的需求曲线 dd 相交于 E 点，此时，$\mathrm{MRP}=\mathrm{MFC}$，厂商对生产要素的投入达到均衡状态。由 E 点所决定的要素投入量为 X_0，要素价格为 P_0。从图 23-6 中不难看出，在产品市场和要素市场都是完全竞争时，由 MRP＝MFC 所决定的均衡状态，使厂商的总收益与总成本相等，厂商无超额利润。

想一想

你到镇上最好的餐馆吃饭，点了一道 70 元钱的龙虾。龙虾吃了一半，你就感到饱了。你的女友想劝你吃完，因为你无法把它拿回家，而且也因为"你已经买了单"。那么你应该吃完吗？

分析提示

不应该吃完。因为龙虾已经买下，买龙虾所付的钱成为沉没成本。短期均衡中，沉没成本应不予考虑。此时，我只衡量吃龙虾的边际成本与边际收益就可以了。我感到饱了，就是我的收益已经最大化。如果再吃，就会产生不适感，边际成本大于边际收益，利润会为负。这就像竞争厂商的短期均衡一样，只要 MR＝MC，厂商就不再增加产量，因为已经达到利润最大化。

23.3 任务分析

一个人收入的高低在相当大程度上取决于他从事哪一类行业。在市场经济下，这一事实也许并不让人吃惊，但是它的原因并不总是显而易见的。例如，并没有法律规定，计算机维护人员的收入一定要比农机修理员的高，工学博士一定比文学博士挣得多。相反，从某些可能获得广泛赞同的观点来看，小王的工作与农业这一基础产业相联系，小孙的事业有助于提高人们的精神修养，这类工作也许更加重要，因而应得到更多收入。

在一个成熟的市场经济中，劳动、土地、资本的供给和需求决定了支付给工人、土地所有者和资本所有者的价格；在劳动力市场内部，人们的收入水平主要取决于不同工种或行业劳动力供给和需求力量的平衡。当然，这并不是说，由市场力量决定的收入分配状态是理想状态。相反，正是由于市场供求关系决定收入分配与现代社会某些目标或价值判断不一致，才需要通过政府职能介入二次分配来弥补市场分配的局限性。然而，在国民收入的一次分配范围内，不同种类要素的价格必然由它们各自的供求关系和相对稀缺程度所决定。因而，小张和小李工资高于他们的同学小王与小孙，正是由他们所在劳动力市场的供求关系和他们所提供的劳动的相对稀缺程度所决定的。

任务二十四　掌握劳动市场与工资

学习目标

1. 了解劳动市场的需求、劳动的市场供给。
2. 理解劳动市场均衡与工资的决定。

24.1 任务描述

在中国盛行了 20 多年的"民工潮"现象却在 2004 年的东南沿海发生了意想不到的变化，出现大量农民工返乡引发了"民工荒"，从原先的劳动力可以无限供给突然转变成劳动力的短缺，进而演变成了"民工荒"。2010 年春节刚过，新一轮"民工荒"再次在沿海地区和部分内地出现，"民工荒"又一次成为人们热议的话题。那么，究竟是什么原因导致了中国由"民工潮"向"民工荒"的转变呢？

24.2 任务精讲

24.2.1 劳动市场的需求

厂商对劳动的需求取决于劳动的边际生产力，劳动的边际收益产品 MRP 曲线就是厂商对劳动的需求曲线。由于劳动的边际生产力递减，所以劳动市场的需求曲线向右下方倾斜。将所有厂商的劳动需求曲线加总，就得到了市场的劳动需求曲线。劳动市场的需求曲线如图 24-1 所示。

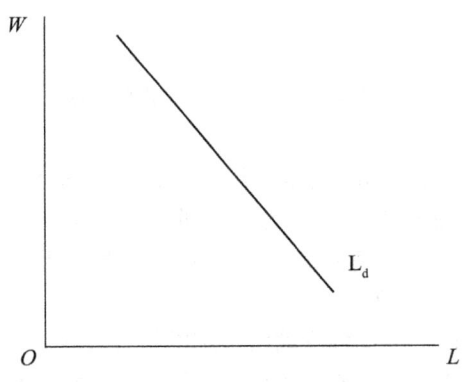

图 24-1 劳动市场的需求

举出两例可以变动劳动需求的事件。

分析提示

①产品价格。例如，苹果价格上升增加了每个摘苹果工人的边际产量值，因此增加了供给苹果企业的劳动需求。

②技术变革。技术进步增加了劳动的边际产量，这又增加了劳动需求。

24.2.2 劳动的市场供给

劳动的供给取决于居民对时间的分配。居民拥有的全部时间通常可以分为两部分：一部分是工作时间，在这段时间里人们从事生产活动，并获取相应的报酬即工资；另一部分是闲暇时间，一天中除工作之外的其他时间均可归为此类，主要用于睡眠、娱乐、旅游等非生产活动。闲暇时间虽然不能带来收入，但可以使人获得满足感，因而具有效用。居民将时间在工作和闲暇之间进行分配，同一时间，选择闲暇就必然意味着放弃工作，同时也放弃了相应的工资收入，因此，工资率即为闲暇的机会成本，相当于闲暇的"价格"。这样一来，居民时间的分配主要取决于工资水平。

不同于其他要素的供给，居民的劳动供给曲线是一条向后倒弯的曲线，如图24-2所示。

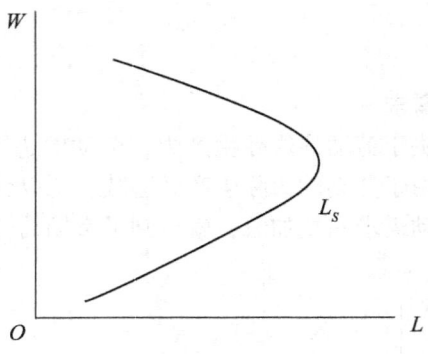

图24-2　居民户的劳动供给曲线

在图24-2中，横轴表示劳动的数量，纵轴表示工资水平，向后倒弯的L_S曲线表示劳动的供给曲线。在低工资阶段，劳动的供给量与工资同方向变化；在中等工资阶段，劳动供给量不随工资的变动而变动；在高工资阶段，劳动供给量与工资反方向变动，即工资增加，劳动的供给量反而减少。

劳动供给量的这种变化是由工资变动所引起的替代效应和收入效应造成的。替代效应是指工资率上升后，闲暇的代价增加，劳动者会用劳动来替代相对昂贵的闲暇，导致闲暇减少，劳动供给增加。收入效应是指工资率上升后，劳动者由于收入增加而更加富裕，相应地增加了对闲暇的需求，导致劳动供给减少。一般来说，当工资率处于较低水平时，替代效应大于收入效应，因此，劳动供给量随工资率的上升而增加，两者正相关；当工资率处于中等水平时，替代效应与收入效应相等，这时，劳动供给量不随工资率的变化而变化；当工资率处于较高水平时，替代效应小于收入效应，劳动供给量随工资率的上升反而减少。在替代效应和收入效应的作用下，居民的劳动供给曲线向后倒弯。

想一想

劳动市场的供给曲线为什么会向后弯曲？

分析提示

当工资增加，使收入效应大于替代效应时，就会出现向后弯曲的劳动力供给曲线。单个劳动力通过选择使自己最满意的劳动、其他活动（休闲）时间分配方式决定了劳动力的供给。当收入上升后，单个劳动力的工作时间可以少一点，这是收入

效应；当工资率上升时，休闲时间的价值(休闲的机会成本)也同步上升，因此导致劳动力工作更多的时间，这是替代效应。由于这两个效应作用的方向相反，单个劳动力的劳动供给曲线的形状就由单个劳动力对工作、消费和休闲的偏好决定。

 小知识

SOHO 一族

SOHO，即 Small Office Home Office，家居办公，大多指那些专门的自由职业者：自由撰稿人、平面设计师、工艺品设计人员、艺术家、音乐创作人、产品销售员、平面设计师、广告制作者、服装设计师、商务代理、做期货、网站人员等。SOHO 族自由、浪漫的工作方式吸引了越来越多的中青年人加入这个行列，在这片天空里，他们的才华得到充分的展露。SOHO 跟传统上班族最大的不同是可不拘地点，时间自由，收入高低由自己来决定。

SOHO 作为一种时尚、轻松、自由的生活方式和生活态度，既可以专注一职，也可以是兼职工作，都可以自豪地称自己是 SOHO 一族。于是，我们更愿意把 SOHO 叫成 Super Office (and) Human Office，即超级的办公室、人性化的办公室。

SOHO 族的生活方式与传统的生活方式有很大差别。他们免掉了因上下班交通拥挤而浪费的时间，他们远离了办公室的人事纠纷，从事着自己所喜爱的工作，更有人自己做了老板。他们是当今时代的"新新人类"。

24.2.3 劳动市场均衡与工资的决定

工资作为劳动要素的价格，是由劳动的供给和需求决定的。在完全竞争的劳动市场上，当劳动的供给和需求相等时，劳动市场就处于均衡状态，此时的工资即为均衡工资。劳动市场的均衡如图 24-3 所示。

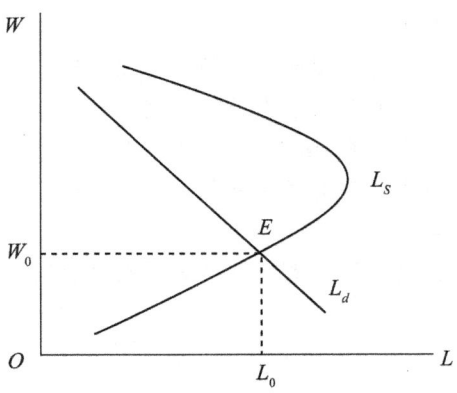

图 24-3　居民户的劳动供给曲线

在图 24-3 中，横轴表示劳动的数量，纵轴表示工资，L_s 曲线表示劳动的供给曲线，L_d 曲线表示劳动的需求曲线。L_d 曲线与 L_s 曲线的交点 E 为劳动市场的均衡点，决定了劳动的均衡使用量为 L_0，均衡工资为 W_0。

需要注意的是，在完全竞争的市场条件下，劳动市场的均衡在价格机制的作用下可以自发实现，而无需外在力量的干预，但这并不意味着该均衡是稳定不变的，实际上，随着时间的推移，劳动的供给曲线和需求曲线均会移动，相应地，劳动市场的均衡工资和均衡就业量都会发生变化。

工资的来历

蜜蜂的社会也由大量的蜜蜂的个体组成。它们一只一只地离开蜂房去采集蜂蜜。虽然蜂蜜是每个蜜蜂的劳动所得，但是当它们将蜂蜜放入公共的仓库以后，它们并没有获得什么工资。这是为什么呢？

这是因为同一个蜂房的蜜蜂虽然有许多的个体，但是它们都是一家的。它们将蜂蜜放在公共的仓库中就是放在自己家的仓库中。它们可以随时取用，就像人到自己家的仓库中取用食品一样。所以蜜蜂不需要获得工资，否则就是多此一举。难道左手给右手东西也要付钱吗？

而人就不同了。人是分成许多的家庭的，相应地，人的财产也是分开的，分成你的财产和我的财产。工人在工厂中上班，使工厂得以运行。而工厂却是别人家的，不是工人的。所以工厂主必须付给工人工钱，以便工人可以养活自己的家庭。这样工资也就出现了。

所以如果要工人也像蜜蜂一样地不拿工资，那么人类也就必须像蜜蜂一样只有一个家庭，相应的财产也是属于整个社会的。这样整个社会也就成了一个工厂，工厂也就是工人自己的工厂。工人们需要什么，也就可以从社会中随时取用。工人们自然也就不再需要什么工资了。

那么是不是仅仅生产资料属于工人们就可以了呢？不可以。因为只要工人们是分成家庭的，那么，就只有工人们自己家的财产才是工人们自己的。工人们也就不会认为工厂的财产是工人们自己的。所以工人与工厂之间，工人与工人之间就会有隔阂。这样工人们也根本不可能像蜜蜂那样地无私奉献，社会也就根本不可能成为工人们不挣工资的社会。

那么这个不可思议的天下一家的社会是什么社会呢？这就是博爱的社会。

说明下列每一个事件对电脑制造行业劳动市场的影响。

①更多的大学生选择工程与计算机科学专业。

②电脑企业建立新的制造厂。

分析提示

①更多的大学生选择工程与计算机科学专业，意味着本国电脑制造行业劳动市场的劳动供给将增加，因此劳动市场的均衡工资会下降。

②电脑企业建立新的制造厂将增加电脑制造行业劳动市场的劳动需求，均衡工资会增加。

24.2.4 工资的差别及其原因

在现实中，劳动报酬的差别是广泛存在的，我们称为差别性工资。引起工资差别的原因主要有以下几种：

①劳动质量的工资差别。这是由于劳动者天生的能力差别，再加上在学校和工作中积累起来的技术和训练成果的差别所造成的。例如社会对高级经济分析师、注册会计师的需求大，但是供给量小，因而工资高，但是对会计专业的普通人才需求量小，供给量大，因而工资水平低。

②补偿性的工资差别。这是指支付给那些接受差的或艰苦的工作条件的工人的额外工资，这是由劳动条件的不同带来的。比如经常在野外工作的石油工人、矿井下的挖煤工人、企业中常年驻外的工作人员等。

③特殊的工资差别。这是指那些具有很高天赋或拥有非凡才能的人，因具有一种在目前经济中被高度偿付和定价的特殊技能而获得特别高的收入而形成的工资差别。如对有特殊贡献的科学家的奖励，对体育界的世界冠军的奖励，给著名明星付高额的出场费等。

④非竞争性工资差异。现实生活中的市场是一个非完全竞争市场，由于不完全信息、不完全劳动流动性、市场分割、非竞争群体等竞争因素的存在，也会导致工资差异。比如劳动市场按职业被分割为若干子市场，医生和飞行员之间要进入对方的市场是困难和代价昂贵的，所以，就算飞行员的工资再高，医生也是望尘莫及，这就造成了行业工资水平的差异。

小案例

在深圳，华为公司新建的华为城分为生活区、科研开发区和生产厂房三个部分，均由来自美国、德国和香港地区的工程师规划和设计。这个设施齐全、技术先进、环境优美的现代化工业城为员工提供"比这个城市的其他人相对优越的生活和待遇"。

华为是个创造神话的企业。它不仅创造超过20亿元的年销售额，而且创造出一批敬业高效、贴着"华为创造"标签的华为人。3万名华为员工用自己的全部青春和热情，日复一日地过着两点一线的生活。

据猎头公司介绍，摩托罗拉和贝尔等外资企业要想挖华为的人很难，但华为要挖他们的人就容易多了。其中，钱是重要的因素。一名刚毕业的硕士生可拿到10万元的年薪；一位刚工作两年、本科毕业的技术或市场人员可派发8万股内部股票；对于一个总监级的员工（约占公司人数的2%），平均拥有300万的内部股票。华为的基本管理费用都比竞争对手——如中兴通讯等要高。

总之，高薪和一个巨大的持股计划，使得华为员工都很关心公司的市场前景和发展，也使他们愿意用自己的努力创造企业的神话。

美国CEO年薪几何？苹果总裁以2.19亿美元夺魁

美国财经资讯公司彭博于2003年8月13日公布的一份报告显示，2002年，美国243家大型企业的CEO平均年薪已经达到1200万美元。其中，年薪最高的CEO是苹果计算机公司的斯蒂夫·乔布斯，年薪高达2.19亿美元。

乔布斯于1977年1月与合伙人一起创办了苹果公司，并且在3年后成功地让其在华尔街上市。但是，1985年，为人骄傲粗暴的乔布斯在一场权力争夺战中，被人扫地出门。离开苹果后，乔布斯遭遇过不少失败。他创立的Next公司一直不景气，最终在1996年被苹果公司收购。

1997年，正是苹果遭遇严重危机的时候，无论是个人电脑还是商业电脑，苹果的市场份额都被竞争对手抢得一干二净。就在这时，身为苹果公司顾问的乔布斯当上了临时CEO。重回苹果领导职位的乔布斯一反常态，他虚心向公司其他负责人请教，共商挽救苹果的大计，还出人意料地提出，自己在1997年只拿1美元薪水。在乔布斯的领导下，苹果在1998年成功推出iMac电脑，并且迅速成为美国最畅销的个人电脑。1999年，苹果乘胜追击，接连推出iBook、G4和iMac DV产品。到了2001年，苹果推出平面式iMac电脑，抢回了更多的市场。

所以，2002年乔布斯拿到2.19亿美元的薪水，与他5年来的巨大贡献有直接关系。

微观经济理论认为，生产要素划分为四种类型，分别是劳动、资本、土地以及企业家才能。企业家才能是指企业家的经营管理能力和冒险、创新精神，其价格为利润。而大型公司的CEO就是企业家，他对一个公司的成功来说至关重要。其对公司的贡献越大，创造的利润率越高，那么给其的报酬就应该越高。另外，企业家才能作为生产要素之一，其价格应与其他要素一样，由供求关系来决定。一方面由于企业家才能是决定企业成败的关键要素，因此，市场对其需求是极大的；另一方面，由于企业家不仅需要天赋，而且需要经过特殊训练培养，因此，企业家才能的供给又是很小的。这样一来也决定了企业家的高报酬。

外科医生与快餐工人的收入差别

在美国，外科医生每年平均收入为245000美元，而全职的快餐工人每年平均收入为 12000 美元。为什么外科医生和快餐工人的收入差异会这么大？

我们可以用生产要素的价格和需求决定要素价格的理论来分析这个问题，如图 24-4、图 24-5 所示：

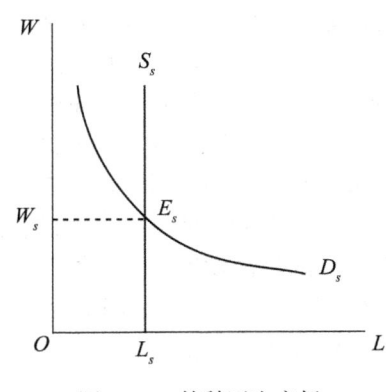

图 24-4　外科医生市场

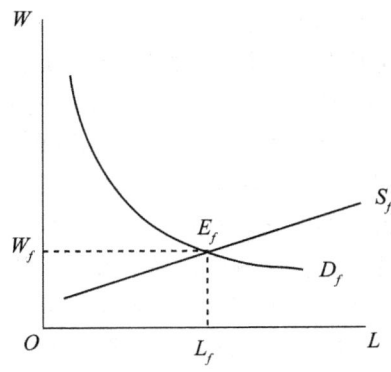

图 24-5　快餐工人市场

由于行医需要执照，成为一个外科医生所受教育和训练时间长、成本高，外科医生的供给相当有限，因而美国的职业外科医生只有 50000 名。而由于对外科医疗的需求与其他医疗服务的需求一起迅速增长，结果外科医生每年平均收入为 245000 美元。此外，由于需求上升比产出增长来得要快，因此医生的收入还会急剧增长。

快餐行业的工作对于技术或教育没有什么要求，几乎每个人都能做，劳动供给很有弹性。它雇用的人员已由 1970 年的 150 万上升到 1993 年的 250 万。快餐工人的工资接近于最低工资，因为进入这个市场很容易，全职工人平均每年挣 12000 美元。外科医生和快餐工人的收入悬殊的原因何在？关键是劳动质量的差别，而不是工作时间的差别。

分析提示

生产要素价格及人们的收入并不仅仅由机会决定。供求的力量会成为使供给有限或需求很大的要素，通过较高的边际收益产品的形成，产生很高的收益。如果一种要素，如外科医生，因培训要求提高而变得更为紧缺，那么这种要素的价格就会上升，医生就会享受到更高的收入。然而如果某些领域（如精神病学领域）的需求减少——或许因为保险公司缩减了精神病的承保范围，或者由于社会工作者和心理学家拉走了病人，或者是人们不再需要这么多的咨询——精神病医生的收入会降低。

竞争会给予一切，也会带走一切！

24.3　任务分析

所谓"民工荒"实际上仅仅表明了廉价劳动力的供给不足，并不是说整个劳动力市场已经出现供给短缺。因此,"民工荒"的本质是在既定工资水平下,低级劳动力供给的减少、企业试图在接近甚至低于法定最低工资以及不提供相应福利待遇条件下招收足够的劳动力确实已经成为困难的事情。劳动力成本是决定劳动力供给的重要因素。而劳动力成本既包括了与工人的工作时间成正比的可变成本,又包括具有准固定性质的劳动力成本。具体来说,准固定成本一般是非工资成本,比如,企业新雇员的雇用和培训成本、法定社会保险计划(如社会保障和失业补偿)等。对于民工来说,其可变成本部分(工资)经常性、普遍性地被企业主拖欠,更不用说社会保障和失业补偿、健康保险休假、病假工资这些了,估计民工连听都没听说过。对比发达国家,我们许多民营企业的发展大多是建立在削减民工待遇、压缩劳动力成本基础上的。对于民工来说,一方面由于谈判力量的缺乏以及对相应的法律法规不甚了解,不能合理维护自身的合法权利,因此导致劳动力价格偏低;另一方面,随着整个中国的经济发展,中国城乡居民生活水平已经有了实质性提高,民工在城市里的生活成本大幅提高。正是因为民工做了简单的"收益—成本"比较,得出"入不敷出"的结论,民工荒的出现就成为一个必然趋势。

任务二十五 熟悉资本与利息

学习目标

1. 了解资本市场的需求、供给。
2. 理解资本市场均衡与利息的决定。

25.1 任务描述

1996年,中国人民银行启动利率市场化改革,2003年2月,中国人民银行在《2002年中国货币政策执行报告》中公布了中国利率市场化改革的总体思路:先外币、后本币;先贷款、后存款;先长期、大额,后短期、小额。我国的利率市场化进程实质上分为货币市场的利率市场化、资本市场的利率市场化和金融机构存贷款的利率市场化进程。

金融机构存贷款利率的市场化进程:当前,虽然金融机构人民币贷款利率仍然受中央银行下限管制,但贴现利率与外币贷款已经基本实现市场化定价,贷款利率基本实现市场定价;人民币存款利率仍然受到严格的上限管理。

货币市场利率市场化进程:我国基本在1996年实现了同业拆借市场的利率市场化,并且在随后的10多年里,货币市场利率市场化程度不断完善。同业拆借市场成交量和回购市场成交量自实行市场化利率后均出现大幅增长,2006年前回购交易量增速高于同业拆借量增速,自2006年开始,同业拆借量加快增长,与回购交易量差距逐渐缩小。到2010年,质押式回购交易量大约为银行同业拆借量的3倍。两者利率也高度相关,相关度达到98.9%。此外,买断式回购业务也逐步增长,2010年累计成交已超2.9万亿元人民币,大约为质押式回购交易量的3.4%。

债券市场利率市场化进程:中国的债券发行利率早期需要由人民银行审批,后随着利率市场化的推进,逐步放开了金融债券、国债、企业债的利率管制,债券市场基本实施的是市场化利率。

请问:中国的利率市场化进程应该如何改革才能达到预期目标?

25.2 任务精讲

25.2.1 资本的需求

资本的需求主要是企业的投资需求,因此,通常用投资来代表资本的需求。任何社会的经济发展都与投资密切相关,投资意味着放弃部分当前产出的消费,以换取将来的产出。厂商的投资需求取决于预期投资收益率和投资成本的比较,只有当预期收益大于投资成本时,厂商进行投资才是值得的。预期投资收益率也被称为资本的边际效率,即厂商每追加一单位资本预期可以获得的利润率,该利润率使得厂商在某一时期内恰好收回投资。厂商的投资成本是利息率,它是厂商使用资本的代价,利息率的高低对厂商的投资决策具有决定性的作用。

在资本边际效率不变的情况下,利息率越高,预期收益与投资成本的差越小,厂商的投资需求越少;相反,利息率越低,两者相差越大,厂商的投资需求越多。因此,厂商对资本的需求曲线是一条向右下方倾斜的曲线,表示厂商对资本的需求量与利息率呈反方向变动。厂商的资本需求曲线如图 25-1 所示。

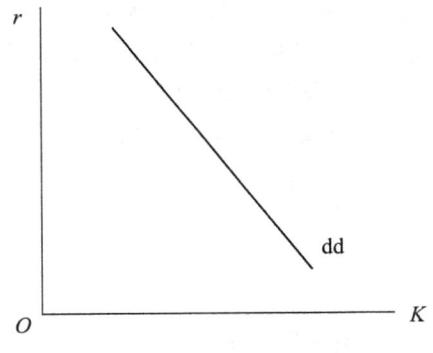

图 25-1 资本需求曲线

在图 25-1 中,横轴表示资本数量,纵轴表示利息率,dd 表示资本的需求曲线,它是一条向右下方倾斜的曲线,表示当利息率上升时,投资需求减少;当利息率下降时,投资需求增加,投资需求与利息率负相关。

同样,将所有厂商的资本需求曲线水平相加,就可以得到市场的资本需求曲线,与单个厂商的资本需求曲线相同,市场的资本需求曲线也是一条向右下方倾斜的曲线。

25.2.2 资本的供给

资本的供给来自于家庭的储蓄,储蓄意味着牺牲当期消费以用于未来消费,因此,家庭的储蓄决策实际上是家庭在当期消费与未来消费之间的跨期选择,影响这种选择的主要因素是利息率。

储蓄虽然以牺牲当期消费为代价,但可以获得利息收入,因此,可以将利息率看做是当期消费的机会成本。在其他条件不变的情况下,利息率上升,当期消费的成本增加,人们会减少消费增加储蓄,使资本供给增加;利息率下降,当期消费的成本减少,人们会增加消费减少储蓄,使资本供给减少。因此,家庭的资本供给与利息率成同向变动关系,家庭的资本供给曲线是一条向右上方倾斜的曲线。家庭的资本供给曲线如图25-2 所示。

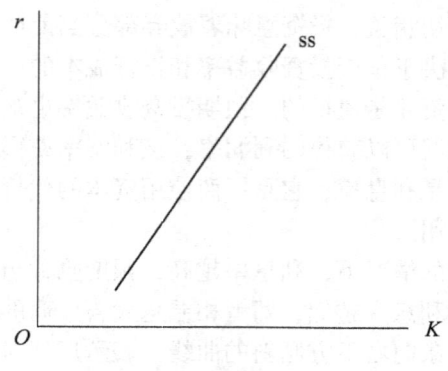

图 25-2　资本供给曲线

在图25-2 中,横轴表示资本数量,纵轴表示利息率,ss 表示资本的供给曲线,它是一条向右上方倾斜的曲线,表示当利息率上升时,资本供给量增加;当利息率下降时,资本供给量减少,资本供给量与利息率正相关。将所有家庭的资本供给曲线水平相加,就可以得到市场的资本供给曲线,与单个家庭的资本供给曲线相同,市场的资本供给曲线也是一条向右上方倾斜的曲线。

储蓄是如何转化成资本的呢?企业家的资本是从银行的贷款中得来的。在传统的经济渠道中,当自己的储蓄不能够满足供应创新活动对资金的需要时,企业家唯一的办法,就是向银行借款。当然,借款到期是要偿还的,并且还要付利息。然而,当企业家运用自己的知识和智慧并且看准机会时,他们的创新活动就会创造出巨大的利润,而且在还本付息之后,还会有很大的剩余。

25.2.3　资本市场的均衡与利息率的决定

资本市场的均衡由资本的供给和需求决定。当资本的供给和需求相等时,就实现了资本市场的均衡,由此决定了资本的均衡价格即均衡利息率。资本市场的均衡如图25-3 所示。

在图25-3 中,横轴表示资本的数量,纵轴表示资本的价格利息率,ss 曲线表示市场的资本供给曲线,dd 曲线表示市场的资本需求曲线。ss 曲线与 dd 曲线的交点 E 为资

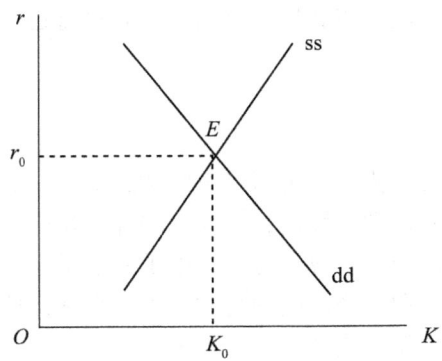

图 25-3　资本市场的均衡

本市场的均衡点，决定了均衡的利息率为 r_0。

资本市场的均衡过程与其他市场的均衡决定一样，是在价格机制的作用下自发实现的，只要资本的供求不相等，利息率就会上升或者下降，进而调整资本的供给和需求，直至两者相等，资本市场实现均衡。

小知识

近年来，我国利率市场化改革稳步推进。1996 年以后，先后放开了银行间拆借市场利率、债券市场利率、银行间市场国债和政策性金融债的发行利率，放开了境内外币存贷款利率，试办人民币长期大额协议存款，逐步扩大人民币贷款利率的浮动区间。目前，我国利率市场化实现了"贷款利率管下限、存款利率管上限"的阶段性目标。未来利率市场化推进重点将是人民币贷款利率下限和人民币存款利率上限的放开。

想一想

假设你是千万富翁，遇上大洪水，正在急流中，就要被巨浪淹没，你的一个好朋友从你旁边经过，他可以救你，而且是举手之劳。假设，除了他之外没有人知道你有危险，没有人能救你。假设你的朋友给你两个方案供你选择：第一，马上救你，但是你必须给他你的全部财产；第二，明天早上再来救你，只需要给他 100 元。那么你将如何选择？

分析提示

毫无疑问，肯定应该选择第一个方案。现在保命是最重要的，即使为此倾尽所有也不会吝惜，明天再救，表面上一样，而且只要付出 100 元，但是明天可能自己就不存在了。当然这是一种极端情况，可以由此推及资本和利息。同样一笔钱，放在今天比起放在未来，比如一年后，其价值更大。当现在的一笔钱和未来的一笔钱相交换时，未来的一笔钱必须得再加上一个余额，才能与现在的价值相等，这就是利息。如果没有利息，谁也不会把钱借出去，利息就是对承担风险的一个补偿。

25.3 任务分析

第一，正确把握利率市场化改革的指导方向和原则。应抓住时机逐步扩大利率浮动区间，而不是一次性完全放松利率管制；应先允许部分符合标准的金融机构试行市场化定价，限制不达标金融机构的定价权；应全盘慎重考虑不同阶段的利率政策对金融市场的影响，尽量避免不同类型利率产品间的套利行为；利率的放开程度应与金融机构和企业、居民的接受程度一致，而不应产生过大偏离。

第二，完善利率传导机制。目前我国市场化利率调控机制不完善：一是中央银行利率调控框架尚未完全建立；二是利率传导机制不畅通；三是金融基础设施不健全，市场基准利率体系仍不完善。所以应该首先确立中央银行宏观调控的目标利率；其次要疏通利率传导渠道。

第三，进一步推进贷款利率市场化。从改革的经验来看，简化放宽贷款利率下限和贷款利率档次是推进贷款利率市场化的主要方式。

任务二十六　掌握土地与地租

学习目标

1. 了解土地市场的需求、土地的市场供给。
2. 掌握地租的决定。
3. 理解准地租和经济地租。

26.1 任务描述

土地丰度以及交通位置对土地产量有比较大的影响。从土地肥沃程度看，甘肃省1979年全省平均亩产小麦221斤，水利灌溉条件较好的酒泉地区平均亩产584斤，中等的庆阳地区平均亩产214斤，临夏自治州平均亩产249斤，而干旱缺水的定西地区只有102斤。从1979年全省农村人口人均收入的梯度，可以看出土地位置差别的影响：省会兰州市（按三县六区）平均为92.57元，陇南地区的武都县，只有27.27元。兰州市郊各区依次排列是城关区233.50元，安宁区201.39元，西固区145.80元，白银区131元，红古区125元。表现为离市区距离越近，收入递高。请问这是为什么呢？

26.2 任务精讲

26.2.1 土地和地租

地租是土地这种生产要素的价格，它形成土地所有者的收入。这里所说的土地是指在生产过程中使用的自然资源，包括山川、江河、海洋、矿藏、阳光、风雨等。土地是大自然赋予的，不是人为因素作用的结果。经济学中把可以人为地进行再生产的物质称为资本，把非人为因素的自然赋予的物质称为土地。地租可以理解为使用这些自然资源的租金。

26.2.2 地租的决定

（1）土地的需求

厂商对土地的需求取决于土地的边际生产力。由于边际生产力递减规律，因此，厂商对土地的需求曲线是一条向右下方倾斜的曲线。厂商对土地的需求曲线如图 26-1 所示。

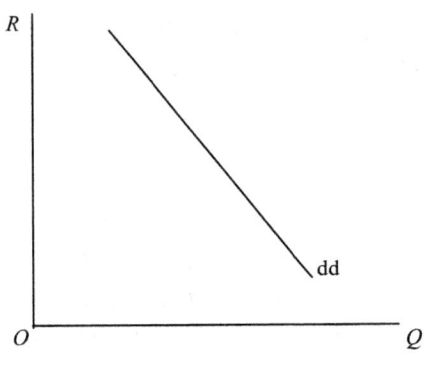

图 26-1　厂商对土地的需求曲线

在图 26-1 中，横轴表示土地的数量，纵轴表示土地的价格地租，dd 表示厂商对土地的需求曲线，它是一条向右下方倾斜的曲线，表示当地租上升时，对土地的需求减少；当地租下降时，对土地的需求增加，对土地的需求与地租负相关。

（2）土地的供给

由于土地是大自然赋予人类的，从整个社会的角度来看，土地的数量基本上是固定的，不会随土地价格的波动而增减。因此，土地的供给曲线是一条垂直于横轴的直线。土地的供给曲线如图 26-2 所示。

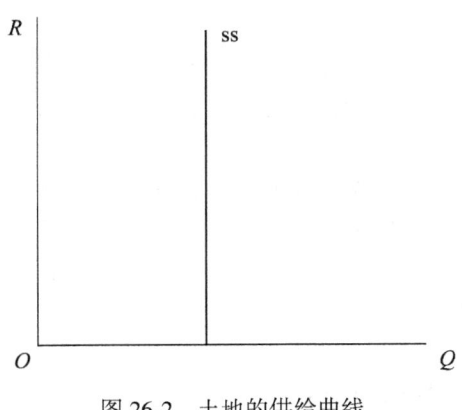

图 26-2　土地的供给曲线

在图 26-2 中，横轴表示土地的数量，纵轴表示土地的价格地租，ss 表示土地的供给线，它是一条垂直于横轴的直线，表示无论地租怎样变化，土地的供给量始终不变。

想一想

土地市场的供给曲线与劳动市场和资本市场的供给曲线有何异同？

分析提示

第一，土地市场的供给受土地资源供给限制，其长期供给曲线只能是垂直于横轴，但短期供给曲线不用考虑土地供给限制，它向右下方倾斜。

第二，劳动市场和资本市场的供给，无需考虑资本总量或劳动力总量限制，其长期供给曲线和短期供给曲线均向右下方倾斜。

小知识

在我国，土地市场是指国有土地使用权单独或连同其地上建筑物、其他附着物以价值形态流通及流通过程的集合。我国土地市场有以下几个特点：

土地市场中交易的是国有土地使用权而非土地所有权。按照我国宪法和土地管理法及其他有关法律法规的规定，城市土地属于国家所有，其所有权不能出让，只能出让使用权，所以在我国土地市场交易的只是国有土地使用权。这种使用权不同于一般的使用权，它包含了一定时期内对土地处置、收益、使用的权利。

土地市场中交易的土地使用权具有期限性。按照《城镇国有土地使用权出让和转让暂行条例》和《城市房地产管理法》的规定，国有土地使用权出让是有期限的，最高期限按用途分为：居住用地为 70 年，工业用地为 50 年，教育、科技、文化、卫生、体育用地为 50 年，商业、旅游、娱乐用地为 40 年，综合或者其他用地为 50 年。

土地价格分为期限价格和用途价格。因为出让的土地使用权具有期限性，所以，同一地块由于使用期限不同，造成出让价格也不相同。另外，由于我国对不同用途的土地在地价上给予了不同的标准，所以，同一块土地因为用途不同，其地价也不同。

由于我国土地市场分为土地使用权出让市场和土地使用权转让市场两个层次，而且这两个层次的市场在运行上各有特点，所以不能以一种市场模式对我国土地市场作出评价。

土地使用权出让市场是完全垄断市场，在这个市场中，卖方只有一个，即国有土地使用权的出让方——国家。这个市场的运行分为两个过程：第一个过程是政府征用农村集体土地和收回国有土地使用权；第二个过程是政府将其掌握的国有土地使用权出让给土地使用者。

(3) 土地市场的均衡与地租的决定

土地市场的均衡是由土地的供给和需求决定。当土地的供给和需求相等时，就实现了土地市场的均衡，由此决定了土地的均衡价格即均衡地租。土地市场的均衡如图26-3所示。

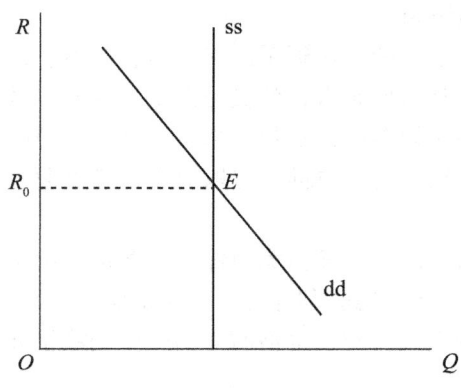

图26-3　土地市场的均衡

在图26-3中，横轴表示土地的数量，纵轴表示土地的价格地租，ss曲线表示土地的供给曲线，dd曲线表示土地的需求曲线。ss曲线与dd曲线的交点E为土地市场的均衡点，决定了均衡的地租为R_0。

由于土地的供给量基本为一常数，因此，地租水平主要取决于土地的需求。随着经济的发展和人口的增加，人们对土地的需求不断增加，地租也在不断上升。

小案例

黑死病的经济学

14世纪的欧洲，鼠疫的流行在短短几年内夺去了大约1/3人口的生命。这个被称为黑死病的事件为检验我们刚刚提出的要素市场理论提供了一个可怕的自然试验。我们来看看黑死病对那些幸运地活下来的人的影响。你认为工人赚到的工资和地主赚到的租金会有什么变动呢？

为了回答这个问题，我们来考察人口减少对劳动的边际产量和土地的边际产量的影响。在工人供给减少时，劳动的边际产量增加了（这只是边际产量递减在相反方向起作用）。因此，我们估计，黑死病提高了工资。

由于土地和劳动共同用于生产，工人供给减少也影响土地市场，土地是中世纪欧洲另一种主要生产要素。由于可用于耕种土地的工人少了，增加一单位土地所生产的额外产量少了。换句话说，土地的边际产量减少了。因此，我们可以认为黑死病降低了租金。

实际上，这两种判断都与历史证据相一致。在这一时期，工资将近翻了一番，而租金减少了50%甚至更多。黑死病给农民阶级带来了经济繁荣，而减少了有土

地阶级的收入。

（资料来源：[美]伊兰伯格，《现代劳动经济学——理论与公共政策》（第六版），中国人民大学出版社 1999 年版）

26.2.3 准地租与经济租

准地租是指使用土地以外的其他资源，如厂房、机器、设备等所支付的报酬，即固定资产的收益。这些资源从短期来看，数量是固定不变的，其使用价格在某种程度上类似于地租。准地租只存在于短期内，从长期来看，这些资源的供给量也会变化，那时使用这些资源的报酬不仅取决于需求方面，也取决于供给方面，由供求均衡决定，准地租也就不存在了。

经济租是指生产要素实际得到的报酬与使该要素被供给出来所必须支付的报酬之间的差额，即要素的实际收入超过其"机会成本"的余额。经济租的含义与生产者剩余类似，所不同的是生产者剩余是就产品价格而言的，而经济租涉及的是要素价格。可用图 26-4 来说明经济租。

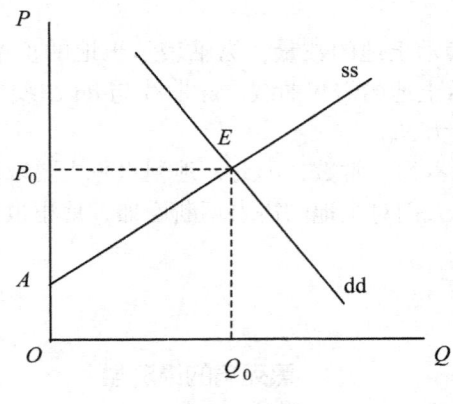

图 26-4　经济租

在图 26-4 中，横轴表示要素数量，纵轴表示要素价格，ss 表示要素的供给曲线，dd 表示要素的需求曲线，供给曲线 ss 和需求曲线 dd 的交点为 E 点，决定了均衡的要素价格为 P_0，均衡的要素数量为 Q_0。在均衡的条件下，要素的全部收入为要素均衡数量与均衡价格的乘积，即图中矩形 OP_0EQ_0 的面积。根据定义，要素的供给曲线表示对于每一单位生产要素居民户愿意接受的最低价格，据此可知，对于提供 OQ_0 数量的要素，供给者预期的全部收入为四边形 $OAEQ_0$ 的面积。这样厂商实际支付的要素报酬大于要素所有者愿意接受的报酬，其差额即为经济租。

显然，经济租的大小取决于要素供给曲线的形状。供给曲线的弹性越小，经济租就越大，当供给曲线完全无弹性时，要素的全部收入均为经济租，此时的经济租也称为纯经济租，显然，地租就是纯经济租。而当供给曲线完全有弹性时，要素的经济租为零。可见，经济租与供给曲线的弹性负相关。

 小知识

经济租与准地租

例如，劳动市场上有A、B两类工人各100人，A类工人素质高，所要求的工资为200元，B类工人素质低，所要求的工资为150元。如果某种工作A、B两类工人都可以胜任，那么，企业在雇佣工人时，当然先雇佣B类工人。但在B类工人不够时，也不得不雇佣A类工人。假设某企业需要工人200人，它就必须雇佣A、B两类工人。在这种情况下，企业必须按A类工人的要求支付200元的工资。这样，B类工人所得到的收入就超过了他们的要求。B类工人所得到的高于150元的那50元收入就是经济租。其他生产要素所有者也可以得到这种经济租。

由此可见，经济租属于长期分析，而准地租属于短期分析。经济租是对于某些特定要素来说的，而经济利润是对整个厂商来说的。厂商存在经济利润，并不意味着其要素也存在经济租。一种要素在短期中存在准地租，也不意味着长期中存在经济利润。

26.3 任务分析

土地的差别，包括土地丰度、地理位置等是级差地租产生的物质基础。由于土地丰度、地理位置等不同，等量劳动投入面积相等的土地上，会有不等量的收获；等量物品位置转移时，会消耗不等的劳动。社会主义土地公有制的建立，虽然为土地的改良、经济位置的改善提供了条件，使土地总面积的绝对丰度有可能提高，进入市场所支付的运输费用可能会降低，但土地的等级差别、各块土地的相对丰度和位置的差别并不会因此消失。

任务二十七　熟悉洛伦兹曲线与基尼系数

学习目标

1. 理解公平和效率。
2. 了解洛伦兹曲线与基尼系数。
3. 能用分配理论解释我国的分配政策。

27.1 任务描述

从原始社会后期到现在的几千年来，贫富差距就不同程度地持续存在着，中国当然也存在着"富裕的贫困"问题。比如，中国内地的手机、电话加起来有4亿多部，早就超过了美国，中国是世界上拥有电话最多的国家；再看住宅，现在我国东南沿海不少人

买了别墅；至于购车，其热潮更是一年比一年高。但是在许许多多的富裕表现面前，确实还存在着贫困的问题。

分配不公的问题，可以说是全球性的问题，而且贫富的差距也在扩大，不仅是现在，以前和未来都有扩大的趋势。

1. 贫富差距是怎样来衡量的呢？
2. 靠什么手段可以缩小已经存在的贫富差距呢？

27.2 任务精讲

27.2.1 社会收入分配标准和分配方式

在经济学中，收入分配的标准一般有两个：一是效率标准，即按照社会成员的贡献大小来分配国民收入，这种分配标准能保证经济效率，但是由于各社会成员存在能力、机遇的差别，会引起收入分配的不平等；二是平等标准，即按照公平的原则来分配国民收入，这种分配标准有利于收入分配的平等化，但是不利于刺激经济发展。

根据不同的标准，有不同的收入分配方式：

①效率优先。效率优先就是竞争优先，这种观点认为这符合市场经济竞争的原则，效率来自于个人的努力程度，它反映的是个人的勤奋，如果不重视效率，就会挫伤勤奋、鼓励懒惰。

②公平优先。这种分配方式认为要以公平为分配的标准，认为效率本身就来自于不公平，因为个人在市场中拥有的生产工具、占有的生产资源有差异，会导致在效率上的差异，另外由于个人的生活经历不同，效率不一定是勤奋的结果。

在实际经济生活中，既不能只讲公平，搞收入分配的绝对平均主义，也不能只讲效率，完全按照市场机制要求来进行收入分配，而是应将两者结合起来。一般来说，对公平和效率的关系的处理原则是效率优先、兼顾公平。

小案例

中国政府对收入分配格局的调节

按照社会主义市场经济体制的要求，在调整和规范国家、企业和个人分配关系时，我国确立了劳动、资本、技术和管理等生产要素按贡献参与分配的原则，这一原则是对按劳分配制度的完善。具体做法是：坚持效率优先、兼顾公平，既提倡奉献精神，又落实分配政策，既反对平均主义，又防止收入悬殊。初次分配要注重效率，发挥市场的作用，鼓励一部分人通过诚实劳动、合法经营先富起来。再分配要注重公平，加强政府对收入分配的调节，调节差距过大的收入。要规范分配秩序，合理调节少数垄断性行业的过高收入，取缔非法收入。以共同富裕为目标，扩大中等收入者比重，提高低收入者水平。

 **小案例**

向富人征税只能使富人少富而不会使穷人变富

收入分配要有利于经济效率的提高，则要按贡献来分配，这样有利于鼓励每个社会成员充分发挥自己的能力，在竞争中取胜。这就是效率优先的分配原则，但这种分配方式使不平等加剧，甚至出现严重的贫富两极分化。因此，在收入分配中不仅要效率优先，而且要兼顾公平。效率优先、兼顾公平是许多国家收入分配的原则。但在现实中做起来却颇为困难。以收入分配平等化政策为例，应该承认，各种收入平等化政策对于缩小贫富之间的差距，对改善穷人的地位和生活条件，提高他们的实际收入水平，确实起到了相当大的作用，对于社会的安定和经济发展也是有利的。但是，这些政策有两个严重的后果，其一是降低了社会生产效率。增加个人所得税和各种各样的社会保障使人们生产的积极性下降，社会生产效率下降。其二是增加了政府的负担。从美国来看，1980年福利支出开支在联邦政府支出中已占到56.8%，超过了军费支出的比例，在国民生产总值中占了18.7%。近年来，联邦政府和地方政府用于福利支出的钱已达4000亿美元左右。以1975年不变价格计算，每户美国公民所得到的社会福利支出已达2279美元。再以最著名的福利国家瑞典为例，公共支出(包括公共投资在内，但主要是福利支出)在1981年已占国民生产总值的66%，这种巨额的福利支出成为各国财政赤字的主要原因。

向富人征税只能使富人少富而不会使穷人变富。收入平等化政策的必要性与所引起的问题，一直是经济学家着手研究的问题，如何解决这一问题，已成为经济学的中心之一。

27.2.2 洛伦兹曲线

洛伦兹曲线研究的是国民收入在国民之间的分配问题。它是由美国统计学家洛伦兹提出的。它先将一国人口按收入由低到高排队，然后考虑收入最低的任意百分比人口所得到的收入百分比。例如，收入最低的20%人口、40%人口等所得到的收入比例分别为3%、7.5%等，如表27-1所示，最后，将这样得到的人口累计百分比和收入累计百分比的对应关系描绘在图形上，即得到洛伦兹曲线。参见图27-1，*ODL*为该图的洛伦兹曲线。

表27-1　　　　　　　　　　收入分配资料

人口累积	收入累积
0%	0%
20%	3%
40%	7.5%
60%	29%
80%	49%
100%	100%

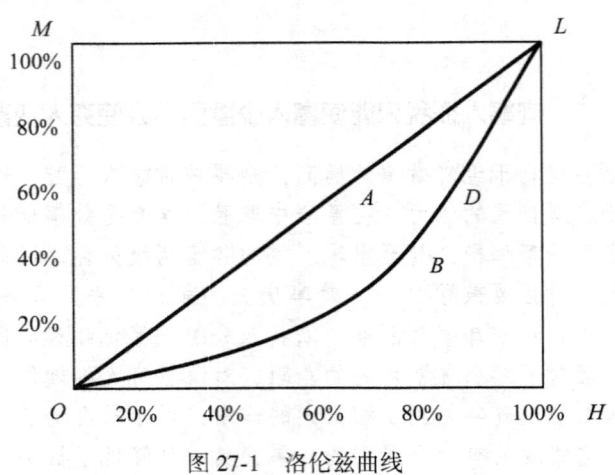

图 27-1 洛伦兹曲线

显而易见，洛伦兹曲线的弯曲程度具有重要意义。一般来说，它反映了收入分配的不平等程度。弯曲程度越大，收入分配程度越不平等；反之亦然。特别是，如果所有收入都集中在某一个人手中，而其余人口均一无所有，收入分配达到完全不平等，洛伦兹曲线成为折线 OHL。另外，如果任一人口百分比等于其收入百分比，从而人口累计百分比等于收入累计百分比，则收入分配就是完全平等的，洛伦兹曲线成为通过原点的 $45°$ 线 OL。

27.2.3 基尼系数

一般来说，一个国家的收入分配，既不是完全不平等，也不是完全平等的，而是介于两者之间；相应的洛伦兹曲线，既不是折线 OHL，也不是 $45°$ 线 OL，而是像 ODL 那样向横轴凸出，尽管凸出的程度有所不同。收入分配越不平等，洛伦兹曲线就越是向横轴凸出，从而它与完全平等线 OL 之间的面积越大。

因此，可以将洛伦兹曲线与 $45°$ 线之间的部分 A 叫做"不平等面积"。当收入分配达到完全不平等时，洛伦兹曲线成为折线 OHL，OHL 与 $45°$ 线之间的面积 $A+B$ 就是"完全不平等面积"。不平等面积与完全不平等面积之比，称为基尼系数，是衡量一个国家贫富差距的标准。设 G 为基尼系数，则：

$$G = A/(A+B) \quad (0 \leq G \leq 1)$$

当 $A=0$，$G=0$，收入分配绝对平等；当 $B=0$，$G=1$，收入分配绝对不平等。

基尼系数被西方经济学家公认为一种反映收入分配平等程度的方法。它也被现代国际组织（如联合国）作为衡量各国收入分配的一个尺度。

 小知识

国家富裕程度的划分

按国际上通用的标准：

基尼系数小于 0.2，表示绝对平均；
0.2~0.3 表示比较平均；
0.3~0.4 表示基本合理；
0.4~0.5 表示差距较大；
0.5 以上表示收入悬殊。

 小案例

中国基尼系数远超正常水平

社科院最新发布的 2011 年《社会蓝皮书》指出，近年来收入分配改革举步维艰，基尼系数远超正常水平，中国要警惕进入"中等收入国家陷阱"。《社会蓝皮书》副主编、社会学研究所副所长陈光金表示，全社会总收入差距一直在扩大，基尼系数目前在 0.5 左右。陈光金在谈及"城乡居民收入"时表示，"对于中国的基尼系数，2007 年国家统计局公布已经是 0.47，近 3 年，这个数据还在扩大，根据社会科学院调查，已经接近 0.5。"

蓝皮书指出，近年来，社会各界对收入分配改革的关注程度明显增加。尽管我国已经采取一系列措施，旨在扭转城乡、区域、行业和社会成员之间收入差距扩大的态势，但收入差距持续扩大的趋势并未根本扭转，收入分配秩序还有待理顺。近年来，居民收入在国民收入中的占比不断降低，劳动者收入相对于资本收入增长过缓。特别是收入分配秩序中存在的一些不合理、不合法的因素，引起人民群众强烈不满，这是一个需要引起全社会高度重视的难题。贫富差距过大，基尼系数远超正常水平，将造成社会矛盾加剧，影响社会和谐稳定。

（资料来源：深圳商报媒体数字版，http://szsb.sznews.com/html/2010-12-16/content-1361364.htm, 2010-12-16）

 注 意

在引用基尼系数作为参照标准时，我们要对它有一个科学的了解。它是衡量收入分配差距的指标，可是它并不是唯一的标准，更不能认定超过 0.4 社会就会不稳定，甚至陷入"基尼恐慌"之中。我们应当做到具体问题具体分析，要懂得社会是一个非常复杂的大系统，并不是任何一个指标、系数就能做出衡量的。就算是普遍认同的一些标准，在一定程度上也只能反映出社会的某一侧面，它绝不能全面地反映出整个社会的状况。

想一想

洛伦兹曲线与基尼系数各自的优缺点是什么？

分析提示

洛伦兹曲线具有形象、直观、生动的优点，但它不能用一个确切的数值来表示收入差距的总体水平。

基尼系数是国际上最流行的指标，优点是以一个数值来反映居民收入分配的总体公平程度，便于对各国居民收入公平程度进行国际比较。缺点是仅从基尼系数本身看不出个别阶层的收入变动情况，基尼系数对低收入阶层的收入比重变化不敏感。在实际运用中采用的具体计算方法多种多样，而不同方法所要求的数据又不同，因而出现不同的计算结果，给收入分配公平程度的判断带来困难。

27.3 任务分析

在经济学中，一般以洛伦兹曲线和基尼系数来作为衡量贫富差距的标准。洛伦兹曲线反映的是人口的收入分布状况，而基尼系数是洛伦兹曲线与对角线之间的面积占对角线下总面积的比例，它比洛伦兹曲线更为直观。为了缩小贫富差距，就要在注重效率的前提下，更加关注公平，所以各国政府可以通过税收和福利政策调节收入分配。对富人征收更多的税收，比如累进的个人所得税、遗产税、赠与税、公司所得税等；对穷人多进行支持，如政府组织的再就业培训，免费的医疗保险和医疗救助，实行廉租房政策，立法保护劳动者的权益等。

技 能 训 练

一、单项选择题

1. 在完全竞争市场上，生产要素的边际收益取决于(　　)。
   A. 该要素的边际生产力　　B. 该要素的平均收益
   C. 该要素的价格水平　　　D. 该要素的需求量
2. 工资分为货币工资和实物工资，这是按照(　　)。
   A. 计算方式划分的　　　　B. 支付手段划分的
   C. 购买力划分的　　　　　D. 以上都不对
3. 在完全竞争市场上，厂商对劳动的需求主要取决于(　　)。
   A. 劳动的价格　　　　　　B. 劳动的边际生产力
   C. 劳动的边际产品价值　　D. 劳动在生产中的重要性
4. 随着工资水平的提高，(　　)。
   A. 劳动的供给量会一直增加
   B. 劳动的供给量会一直减少
   C. 劳动的供给量先增加，但工资提高到一定水平后，劳动的供给不仅不会增加，反而会减少
   D. 劳动的供给量增加到一定程度后就不会增加也不会减少了
5. 经济学家认为，工会的存在是(　　)。

A. 对劳动供给的垄断 　　　　B. 对劳动需求的垄断
C. 对劳动供求双方的垄断 　　D. 没什么作用

6. 用先进的机器设备代替劳动，这一措施会导致(　　)。
   A. 劳动的供给曲线向右移动 　　B. 劳动的供给曲线向左移动
   C. 劳动的需求曲线向左移动 　　D. 劳动的需求曲线向右移动

7. 如果产品需求下降，用于生产产品的劳动力需求曲线将(　　)。
   A. 左移 　　B. 右移 　　C. 上移 　　D. 下移

8. 在以下四种方式中，工会为了提高工资可能提出的要求是(　　)。
   A. 要求政府增加进口产品 　　B. 要求政府鼓励移民入境
   C. 要求政府限制女工和童工的使用 　　D. 要求政府增加税收

9. 工会在工资决定中的作用(　　)。
   A. 是至关重要的，可以决定工资水平
   B. 是无关紧要的，起不了什么作用
   C. 是有一定的作用的，取决于劳资力量的对比等客观因素
   D. 以上都有可能

10. 使地租不断上升的原因是(　　)。
    A. 土地的供给与需求共同增加
    B. 土地的供给与需求共同减少
    C. 土地的需求日益增加，而供给不变
    D. 土地的供给不断减少，而需求不变

11. 土地的供给曲线是一条(　　)。
    A. 向右上方倾斜的线 　　B. 与横轴平行的线
    C. 与横轴垂直的线 　　D. 与纵轴垂直的线

12. 经济学家认为，超额利润中可以作为剥削收入的是(　　)。
    A. 由于创新所获得的超额利润
    B. 由于承担风险所获得的超额利润
    C. 由于垄断所获得的超额利润
    D. 以上都是

13. 根据基尼系数的大小，下列三个国家中分配最为平均的是(　　)。
    A. 甲国的基尼系数为 0.1 　　B. 乙国的基尼系数为 0.15
    C. 丙国的基尼系数为 0.2 　　D. 丁国的基尼系数为 0.25

14. 收入分配绝对平均时，基尼系数(　　)。
    A. 等于零 　　B. 等于一 　　C. 大于零且小于一 　　D. 大于一

15. 如果收入分配要有利于经济效率，则要按(　　)。
    A. 贡献大小来分配 　　B. 需要标准来分配
    C. 平等标准来分配 　　D. 工作时间来分配

二、计算题

某一行业对劳动的需求由曲线 $L=1200-10w$ 给出，其中 L 是每天的劳动需求，w 是

工资率。供给曲线由 $L=20w$ 给出。均衡工资率和雇佣的劳动数量是多少？

三、技能分析

摇滚乐师有时候年收入超过 100 万元。你能从经济租的角度来解释这笔大收入吗？

四、单项实训

课堂讨论——如何看待我国恩格尔系数的下降与基尼系数的上升？

实训要求：

(1) 此次实训项目以团队形式完成，团队分工情况如下表所示。

(2) 收集我国 1990 年至今的恩格尔系数与基尼系数。

(3) 形成书面的分析报告。报告应分析这两个指标所代表的经济与社会的现状及变化趋势，尝试在同一个坐标上画出这两个指标的图像，分析我国的经济发展情况以及分配公平情况。制作用于报告的 PPT，与大家交流分享。

团队分工情况表

团队成员	任务分工	完成起止时间

项目七　市场中政府的作用

学习目标

知识目标：

1. 理解市场失灵的定义。
2. 理解公共物品、垄断和信息不完全的定义。
3. 理解由公共物品、垄断和信息不完全所引起的市场失灵。
4. 掌握政府干预的理由及方式。

能力目标：

1. 对市场失灵现象的认识。
2. 对政府微观经济政策的理解与应用。

 案例导入

AT&T 的分割

　　1984 年 1 月，美国政府决定放开电话市场，公众的普遍反应是并不乐意甚至抱怨不断，指责政府非要将国民生活中少得可怜的几种有用之物（这次轮到电话）搞垮而后快。在分割改革之前，AT&T（美国电话电报公司）垄断着美国的电话通信服务，为所有人提供长短途电话服务，现在则改由一家地方电话公司（有时被称为"婴儿贝尔"的那家公司）承办本地电话，而长途电话市场则出现包括 AT&T、MCI、Sprint 在内多家公司竞争的局面。从公众的反应来看，多数人悲观地认为现代通信业就此结束了。人们打电话也变得不方便，他们投诉说必须要先拨一个长途代号，然后再拨电话号码，并且要收到两份话费单：一份是短途的，还有一份是长途的。

　　然而，现实证明电话市场的分割与竞争正在逐步开始起作用，而且相当积极。是时候对政府的反垄断政策给予公正评价了。在这一政策实施 5 年后，租用电话的费用下降了 50%，许多增设的电话服务种类，如拨号等待、电话信箱、自动重拨、话语转达等都已经广为人知，为人们带来了极大的便利。电话卡同信用卡一样广泛进入日常生活，传真设备也成为办公室的必备用品之一。固然，即使没有这一项政策，随着时间的推移，技术进步也会将传真机这样的新设备普及到公众的生活中，但这一政策带来的竞争压力毕竟极大地推动了这一进程。

　　这个案例说明了这样几个问题：一是政府的反垄断政策给企业注入了竞争力，使各个企业意识到竞争的重要性；二是电话市场分割给人们带来的好处正日益显现

项目七 市场中政府的作用

出来；三是企业要想长久地生存和发展，就在于完善服务，尽量满足人们的需求。

（资料来源：[美]斯蒂格利茨，《经济学小品和案例》，中国人民大学出版社1998年版）

这一章节是连接"微观行为"和"宏观现象"的一个过渡章节。在这一章里，我们会探讨市场机制作用未发挥好、市场失灵的情况。市场失灵（market failure）是指由于市场价格机制在某些领域、场合不能或不能完全有效发挥作用而导致社会资源无法得到最有效配置的情况。导致市场失灵的因素主要有四个，即公共物品、外部性、垄断和信息不完全。下面，我们将对其一一进行分析。

任务二十八 认识垄断与反垄断

学习目标

1. 了解垄断的低效率。
2. 掌握政府对垄断造成的市场失灵的干预方式。

28.1 任务描述

可口可乐与汇源果汁在2008年9月3日联合发布公告称，可口可乐旗下全资子公司将以总价179亿港元现金收购中国汇源果汁集团有限公司。对于此次收购，业界看法不一，舆论亦是哗然。新浪网发起的投票结果显示，参与投票的四万余人中，持不赞同意见的比例高达82.3%。中国食品工业协会一位专家表示，这让他想起十几年前可口可乐进入内地市场时本土碳酸饮料全军覆没的往事，汇源被收购后，果汁市场也许将重蹈覆辙。在一些论坛上看到，不少人在宣泄对此事的不满：有人不无讽刺地说，汇源集团总裁朱新礼年初还在"掷地有声"地声称"要做民族品牌、做百年老店"；有论者惊呼："难道我们只能眼睁睁地看着民族品牌消失殆尽吗？乐百氏、大宝、中华牙膏、乐凯、娃哈哈……现在又轮到汇源了。"

请用垄断、反垄断来分析可口可乐收购汇源果汁的案例。

28.2 任务精讲

28.2.1 垄断的负面影响

垄断（monopoly）是市场不完善的表现，垄断市场是一个产量较低而价格较高的市场。它的存在，不仅造成资源浪费和市场效率低下，而且使社会福利减少。

（1）垄断造成市场效率低下

在垄断市场条件下，垄断厂商为实现自身利益最大化，也会像竞争厂商一样努力使生产定在边际收益等于边际成本的点上，但与竞争企业不同的是，垄断市场的价格不是等于而是大于边际收益，因此，它最终会选择在价格大于边际成本的点上组织生产。垄断厂商不需要被动地接受市场价格、降低成本，而可以在既定的成本水平之上加入垄断利润形成垄断价格。所以，垄断市场的价格比竞争市场高，产量比竞争市场低。

这样一方面，导致厂商丧失了降低成本、提高效率的动力；另一方面，抬高的垄断定价成为市场价格，扭曲了正常的成本价格关系，对市场资源配置产生误导，造成一种供不应求的假象，导致更多的资源流向该行业。

（2）垄断造成社会福利损失

垄断对社会福利造成损失主要表现为使消费者剩余大大减少。

（3）垄断造成寻租

寻租（rent-seeking）通常指那些通过公共权力参与市场经济从而谋取非法收益的非生产性活动。在垄断市场条件下，垄断厂商为获取垄断利润，就必须保持其垄断地位，为此而付出的花费和开支就是寻租成本。比如向政府游说或贿赂立法者，采取合法手段规避政府的管制以及进行反垄断调查等发生的费用都属于寻租成本。由于寻租成本未用于生产性经营活动，因此会造成社会资源的浪费和社会福利水平的降低。比如，在药品的销售与采购中，寻租腐败的现象非常严重。由于各家医院拥有独立的药品采购权，其权利在行使过程中很难受到控制与监督。在患者难以承受的高昂医药费用中，有相当大的一部分作为药品的销售费用流入个人手中。

小案例

航线资源稀缺导致权力寻租

《第一财经日报》在 2010 年 6 月 14 日报道：对于中国民航来说，一场前所未有的反腐风暴已经降临。2009 年年底至今，已先后有多位民航高官要员落马，包括民航局副局长宇仁录、民航局华北局局长黄登科、首都机场原董事长张志忠、发改委民航局原处长匡新等。这些人腐败案发，大半是与"航线时刻"审批制度有关。

航空时刻资源是一种稀缺的资源，一直以来都被各种力量争夺，如首都机场在高峰时每小时最高容量是 83 架次，现在的航线时刻早已经比黄金还金贵。业内专家表示，由于天空资源必然被国家所掌握，而最终这种权利的分配又必须由国家职能部门来进行，甚至由某一两个部门来负责主要分配。权利的过于集中，很容易导致在上述利益链条中出现寻租。

在民航内部，航线往往被称为"生命线"，拥有航线和时刻的好坏，可以直接决定航空公司的经济效益。在民航内部，争取更多、更好的航线和航班时刻资源，是各航空公司不约而同的目标。这也导致每年的两季航班时刻协调会，它被称为不少人利益的"交易会"，航空公司都会采取各种办法，为获得优质资源而努力。其中，与地区管理局、空管局的有关人员疏通关系，已经成为公开的秘密。如已经"落马"的黄登科曾管理的民航华北局是民航局下设的 7 个地区管理局之一，主要负责北京、天津、内蒙古、河北等地的航空事务管理，其中也包括对上述省市的航线、航班时刻审批。航线、航班时刻的审批制度给予了获得申请者的垄断权力，为

了这种垄断权力，申请者一定会对审批者实施寻租，这是导致民航多位高官"落马"的根本原因。

（资料来源：陈建萍，《微观经济学》，中国人民大学出版社2012年版）

28.2.2 政府对垄断造成的市场失灵的干预

针对垄断导致的市场失灵，政府干预的方式主要有：

（1）制定反托拉斯法

当垄断有害于消费者时，政府可以采取通过立法来打破垄断或禁止垄断的形式。通过制定反垄断法，即反托拉斯法，来实施对垄断行为的管制。例如，国家可以缩短专利的期限或使专利的延期更加困难。

（2）公共管制

政府对垄断的管制主要是政府对垄断价格进行管制并进而影响到价格。价格管制就是使管制之下的垄断厂商制订的价格等于边际成本。这样可以将垄断造成的社会福利损失减少到最低限度，以实现资源的优化配置。比如在自来水和电力公司中，这种价格管制是常见的。政府不允许它们任意收取高价格，而是对它们的定价进行限制。再比如一个垄断厂商在正常情况下索取150元的价格，那么，政府可以实施一个120元的最高限价，以便降低消费者使用该产品的成本。在一定条件下，对垄断价格的强制限制，可能会导致垄断产量的提高。

价 格 管 制

价格管制通常会阻止价格体系分配供给，所以必然要有其他的分配机制来代替。排队，这在东欧计划经济下常见的情形，是一种可能。当美国在1973—1979年间设置汽油价格上限时，商人以"先到先得"的理念销售汽油，这让司机们略微尝到了当时人们生活的滋味：他们不得不排着长队等待购买汽油。汽油的真实价格，包括人们为汽油付出的货币以及他们花费在排队上的时间，往往比价格管制以前的价格还要高。例如，在1979年的某个时候，政府把汽油价格固定在每加仑1美元（1加仑＝3.785升）。如果市场价格是每加仑1.2美元，一个买了10加仑汽油的司机表面上省了2美元，但如果这个司机必须花费半个小时用来排队，而他的时间是每小时价值8美元，那么他真正花费的就是10美元汽油费加4美元时间成本，最终汽油的价格变成了每加仑1.4美元。逃避管制的激励一直存在，逃避的方式也是多种多样的。具体方式有赖于物品或服务的特点、产业的组织形式和政府的行政力度等。

（资料来源：徐辉，《经济学基础》，电子工业出版社2012年版）

通过可口可乐收购汇源的案例，思考企业并购是否会造成垄断，主要考虑的因素有哪些？

分析提示

①并购会不会对市场竞争造成损害，如果会，就予以否决或者禁止并购。

②行业发展需要一个什么样的环境，怎么样做更有利于行业的发展，或对消费者有好处，或对国家经济发展更有好处。

28.3 任务分析

根据商务部的数据，自《中华人民共和国反垄断法》实施以来，可口可乐并购汇源果汁案是首个被商务部"腰斩"的个案。在可口可乐并购汇源果汁案中，反垄断法发挥了作用。商务部依法做出禁止可口可乐收购汇源果汁的决定，体现了我国经济法所追求的价值目标、符合我国反垄断法的立法精神和理念。反垄断法不具体保护哪一个人的利益，既不保护可口可乐的利益，也不保护汇源果汁的利益，它保护消费者的利益、其他经营者的利益，保护整个民族产业的利益，从而达到保护社会整体经济利益的要求。反垄断法属于经济法范畴，经济法的立法原则是维护国家和公共利益，虽然之前可口可乐和汇源果汁已达成收购协议，但国家出于公共利益的考虑，做出禁止的决定是符合立法精神的。可口可乐收购汇源果汁不符合中国的公共利益。

任务二十九　熟悉外部效应

学习目标

1. 了解外部性的含义和种类。
2. 掌握政府对外部性导致市场失灵的干预方式。

29.1 任务描述

20世纪初的一天，列车在绿草如茵的英格兰大地上飞驰。车上坐着英国经济学家庇古（A. C. Pigou）。他一边欣赏风光，一边对同伴说：列车在田间经过，机车在田间经过，机车喷出的火花（当时是蒸汽机）飞到麦穗上，给农民造成了损失，但铁路公司并不用向农民赔偿。这正是市场经济的无能为力之处，称为"市场失灵"。

将近70年后的1971年，美国经济学家乔治·斯蒂（G. J. Stigler）和阿尔钦（A. A. Alchian）同游日本。他们在高速列车（这时已是电气机车）上见到窗外的禾苗，想起了庇古当年的感慨，就问列车员，铁路附近的农田是否受到列车的损害而减产。列车员说，恰恰相反，飞速奔驰的列车把吃稻谷的飞鸟吓走了，农民反而受益。当然，铁路公司也不能向农民收"赶鸟费"。这同样是市场经济所无能为力的，也称为"市场失灵"。

同样一件事情在不同的时代和地点结果不同，两代经济学家的感慨也不同。

请用外部效应来解释案例中的现象：

1. 案例中产生市场失灵的原因是什么？
2. 政府可采取什么政策来弥补市场失灵？

29.2 任务精讲

29.2.1 外部性

（1）外部性的含义

外部性（externality）是指经济活动的当事人对其他人所造成的无法通过价格体系反映的影响。当市场交易对交易双方以外的第三者产生影响，并且这种影响又不能反映为市场价格时，就会出现外部性。外部性是一方对另一方的非市场影响。通过市场发生的影响不是外部性。在现实生活中，很多活动都具有外部效应。例如，周围人吸烟会给你带来危害，但你却不能要求赔偿；当你欣赏到邻居家阳台的鲜花时，会有一种美的享受，但却无需付费。这些都是外部性的表现。

（2）外部性的种类

根据外部性对他人福利造成的影响，可以将其分为正外部性和负外部性；根据外部性发生的领域，可以将其分为生产外部性和消费外部性。

①生产正外部性。

当某个厂商的生产经营活动给其他厂商或别人产生有利的影响，即带来收益时，生产正外部性就产生了。例如，在你公司接受过业务培训的职工跳槽到其他单位，此时，你公司的行为就给其他单位提供了技术更高的劳动力，有利于该单位的生产，但却不能向该单位索要培训费用。

②消费正外部性。

当某个消费者的行为给他人产生有利的影响，即带来收益时，产生了消费正外部性。例如，某人进行了肝炎疫苗接种，不但可使自己不患肝炎，并且由于减少了肝炎传染源而使他人感染此病的概率大大降低，有利于他人身体健康。

③生产负外部性。

当某个厂商的生产经营活动给其他厂商或别人产生不利的影响，即带来损失时，会产生生产负外部性。例如，上游化工厂排放的污水导致下游鱼苗死亡，渔民却无法追偿损失。

④消费负外部性。

当某个消费者的行为给他人产生不利的影响，即给他人造成损失或不利影响时，产生了消费负外部性。例如，私人轿车方便了个人的出行，但汽车尾气的排放会污染环境，损害他人的身体健康。

外部性的以上分类可以用表29-1来表示。

表 29-1　　　　　　　　　　　　外部性的分类

分类标准		发生领域	
		生产	消费
对他人影响	收益	生产正外部性	消费正外部性
	损失	生产负外部性	消费负外部性

小案例

　　近些年来，补钙之风刮遍了全国市场的每一个角落，各大媒体有关补钙产品的广告更是形形色色。此时，人们在日常生活中的饮食结构也发生了改变，人们开始通过吃肉骨头来补钙，使曾备受冷落的肉骨头成为菜市场中最畅销的商品。经过各个厂家大肆宣传补钙对人体的重要性，人们意识到了吃什么补什么的原理，觉得吃肉骨头才是最补钙的，并且吃肉骨头比吃补钙药品要便宜，还能避免药品所带来的副作用。

　　由于观念的改变，也因为肉骨头含钙量丰富，所以人们在买菜时开始将目光停留在猪骨头上。特别是猪的脚筒骨，因为其骨髓多，所以大家都争相抢购。但是一只猪身上的脚筒骨仅有一公斤，供应满足不了需求，所以脚筒骨的价格一路上涨，甚至比里脊肉的价格还要高。各家饭店业纷纷推出了各种骨头汤，并且名列菜单"点击率"的首位。这种现象是那些补钙产品生产厂商所始料不及的，他们没想到自己的广告费为饭店做了嫁衣。在经济学中，这种现象被称为"外部性定律"。

　　（资料来源：郑月玲，《每周一堂经济课》，人民邮电出版社 2009 年版）

小案例

<h4 style="text-align:center">石光银现象</h4>

　　2002 年 8 月 10 日，中央电视台《新闻调查》栏目播出了《石光银的选择》节目，当年 60 岁的石光银是陕西定边县人，他在 1984 年成立治沙公司，营造了 60000 多亩林子，林木经济价值高达 3000 多万元。因为他造的大多是生态林，一棵也不许砍，直到今天，石光银不仅没有拿到一分钱，反而欠了银行几百万元贷款。

　　人们常说林子是绿色银行，造林时往绿色银行里存钱。石光银往绿色银行里存了上千万元，按一般经济学常识，石光银应该取得一定的利息，即收益。可悲的是石光银不仅没有取得利息，反而连本也取不出来了。像石光银这种投入了人力物力，到头来不仅没有挣钱却赔钱的现象不在少数，人们将这种现象统称为"石光银现象"。

　　（资料来源：徐辉，《经济学基础》，电子工业出版社 2012 年版）

项目七　市场中政府的作用

所有给交易双方之外的第三方造成的影响都属于外部性吗？

分析提示

对第三方造成的可以通过市场价格得到体现的影响不属于外部性。

29.2.2　政府对外部性的对策

针对外部性原因导致的市场失灵，政府干预的方式主要有：

（1）税收与补贴

政府通过对产生负外部性的企业征税，使其私人成本等于社会成本；通过对产生正外部性的企业进行补贴，使其私人收益等于社会受益。

例如，企业在生产过程中向周围环境排放污染物，如废水、废气和废渣等，这些污染物超过环境的自净能力或者环境容量，就会破坏环境，造成负外部性。1920年，英国著名经济学家庇古（Pigou）在《福利经济学》中提出，可以采取对污染者征税或收费的办法来解决外部性问题，其税收标准应等于污染的外部成本，从而使企业成本等于社会成本。这时企业最优的产量决策就等于社会最优的产量决策，污染水平也是社会最低的。这种税就被称为庇古税或者排污收费。

同样，政府也可对教育实行某种程度的扶持。例如，利用公立学校和免费教育的方式，或者对私立学校给予非营利机构的免税权利，或者对学生给予奖学金、助学金或无息、低息贷款，以降低学生求学或学校办学的边际成本，使教育水平提高到社会所需要的水平。

碳　税

碳税（carbon tax）是指针对二氧化碳排放所征收的税。它以环境保护为目的，希望通过削减二氧化碳排放来减缓全球变暖。碳税通过对燃煤和石油下游的汽油、航空燃油、天然气等化石燃料产品，按其碳含量的比例征税来实现减少化石燃料消耗和二氧化碳排放。与总量控制和排放贸易等市场竞争为基础的温室气体减排机制不同，征收碳税只需要额外增加非常少的管理成本就可以实现。

2008年2月9日，加拿大BC省公布2008年度财政预算案，规定从今年7月起开征碳税，即对汽油、柴油、天然气、煤、石油以及家庭暖气用燃料等所有燃料征收碳税，不同燃料所征收的碳税不同，而且未来5年燃油所征收的碳税还将逐步提高。BC省政府通过增加碳税一年可增加税收3.38亿加元，并且表示，省政府不会借由碳税来增加收入，而会通过减税的方式，将碳税的收入还给省民，还希望通过征收碳税减少能源消耗，减少二氧化碳等温室气体排放。

（资料来源：http://www.baidu.com，2014-05-01）

(2)实行"内部化"政策

一个企业对另一企业可能产生正外部性或负外部性,但当政府将两个企业进行合并,在合并后的一个企业内部核算成本与收益时,就消除了外部性影响,也就是说使其"内部化"了。所以,内部化就是用企业合并的方法,使外部性内在化(Internalizing Externality)。例如,一个企业的生产影响到另外一个企业,如果影响是正的(正外部性),则第一个企业的生产就会低于社会最优水平;反之,如果影响是负的(负外部性),则第一个企业的生产就会超过社会最优水平。但是,如果把这两个企业合并为一个企业,则此时的外部影响就消失了,即被"内部化"了。合并后的单个企业为了自己的利益,将使自己的生产确定在其边际成本等于边际收益的水平上。而由于此时不存在外部影响,故合并企业的成本与收益就等于社会的成本和收益,于是资源配置达到帕累托最优状态。

将负外部性"内部化",比如将产生外部影响的钢铁厂和受其外部影响的养鱼场合并,则钢铁厂对于养鱼场的影响就变成了企业内部要解决的问题,企业就会考虑如何控制污水的排放,降低污染,以保证养鱼场的产量。再比如,一家化工厂给附近一家小餐馆造成了污染,那么由政府出面协调,以合适的价格把餐馆卖给这家化工厂,这样外部性就被"内部化"了,合并后的企业为了自己的利益,会考虑化工厂对餐馆污染的成本。当然,正的外部性也可以通过此方法"内部化"。

 **想一想**

我们看到现在的购物中心很多都是集娱乐、休闲、购物、餐饮等于一体,起到集聚效益,保证各方面的收益都不流失。请用本项目内容来分析这个现象。

分析提示

实行"内部化"可以消除外部性影响。

(3)界定产权

科斯认为,外部性之所以会产生效率问题,是因为产权没有明确的归属。只要解决了财产权的界定和交易费用过高的问题,则完全可以通过市场交易解决外部性问题,这就是著名的科斯定理。

科斯曾经分析了火车溅出的火星损害路边居民的案例。在这个案例中,铁路公司拥有合法权利经营火车业务,但是在火车运行时,溅出的火星将会对路边居民造成损害。科斯指出,如果火车有权溅出火星,则路边居民可能会购买这一权利。其表现方式为付给铁路公司一定数量的钱,要求其减少火星。如果铁路公司拒绝减少火星,它就收不到这笔钱;反之,如果路边居民有权要求火车不溅出火星,铁路公司可能会付给居民一定数量的钱,购买溅火星的权利,以保证铁路业务可以继续进行。因此,科斯进一步指出,不管在初始状态下产权如何分配,只要双方产权已明确界定,并可以自由交换,在交易成本为零时,私有制的市场机制总会找到最有效率的办法,从而达到帕累托最优状态。

 小知识

什么是产权？

产权是与所有权相联系的概念。传统意义上的所有权指经济活动主体对于资源排他性占有权，这种占有权受到社会强制力量的保护，包含法律拥有、使用、支配、剩余索取等一组权利。产权则是侧重刻画不同主体在行使这些权利过程中发生的权利界定关系。因而，产权不仅包含传统意义上的所有权内涵，而且包含不同主体行使所有权时发生的权利关系。产权概念开辟了理解外部性现象的新思路。

下面我们举例说明：假设有两个厂商，一个是向河流排污的化工厂，另一个是在河流下游的渔场。假设渔场在没有污染时能够生产价值 5 万元的鱼，如果河流被化工厂污染，鱼将不能食用，丧失全部的价值。那么如何解决这一外部性问题呢？

科斯认为，只要河流的产权能够清晰地界定，就能产生最有效率的结果。政府需要做的只是将河流的产权明确赋予化工厂和渔场中的一方即可。

假设过滤器的成本为 C。

情形一：将河流的产权给化工厂，

如果 C<5 万元，渔场将为化工厂购买一个过滤器，这样河中鱼将免受污染；

如果 C>5 万元，渔场将不会安装过滤器，任凭河流污染。

情形二：将河流的产权给渔场，

如果 C<5 万元，化工厂自己购买一个过滤器，这样河中鱼将免受污染；

如果 C>5 万元，化工厂将支付 5 万元赔偿费给渔场。

 小案例

公 地 悲 剧

15—16 世纪的英国，草地、森林、沼泽等都属于公共用地，耕地虽然有主人，但是庄稼收割完以后，要把栅栏拆除，敞开作为公共牧场。一群牧民一同在一块公共草场放牧。每一个牧民都想多养一只羊以增加个人收益，但是他明知草场上羊的数量已经太多，再增加羊的数目，将使草场的质量下降。牧民将如何取舍？结果是每个人都从自己的私利出发，选择多养羊以获取收益，因为草场退化的代价是由大家负担的。每一位牧民都如此思考时，"公地悲剧"就上演了——草场持续退化，直至无法养羊，最终导致所有牧民破产。之后，一些贵族通过暴力手段非法获得土地，开始用围栏将公共用地圈起来，据为己有，这就是我们从历史书中学到的奥名昭著的"圈地运动"。"圈地运动"使大批的农民和牧民失去了维持生计的土地，历史书中称为血淋淋的"羊吃人"事件。但是书中没有提到，"圈地运动"的阵痛过后，英国人惊奇地发现，草场变好了，英国人整体的收益提高了。由于土地产权的确立，土地由公地变为私人领地的同时，拥有者对土地的管理更高效了，为了长远利

益,土地所有者会尽力保持草场的质量。同时,土地兼并后以户为单位的生产单元演化为大规模流水线生产,劳动效率大为提高。英国正是从"圈地运动"开始,逐渐发展为"日不落帝国"。

> **注 意**
>
> 在个人利益与社会利益相冲突的领域,就会不可避免地发生公地悲剧。经济学者把这种现象解释为"市场失灵"。强调公共利益的一方强烈要求政府介入,但当政府真正介入的时候,又很可能会侵害另一些人的个人自由。

(4)可交易的污染许可证

现在我们假设,尽管经济学家提出了建议,政府环保部门仍采用管制,并规定每个工厂每年要把排污量减少到300吨。在管制实施并且两个工厂都遵守之后的某一天,两个企业来到环保部门提出一个建议。钢铁厂想增加100吨的排污量。造纸厂同意,如果钢铁厂付给它500万元,它就减少等量的污染。政府环保部门应该允许这两个工厂进行这种交易吗?

从经济效益的观点看,允许这种交易是一种好政策。这个交易必然使这两个厂所有者的状况变好,因为他们是自愿对此达成一致的。而且,这种交易没有任何外部影响,因为污染总量仍然是相同的。因此,通过允许造纸厂把自己的排污权出卖给钢铁厂可以提高社会福利。同样的逻辑也适用于任何一种排污权从一个企业转移到另一个企业。如果政府环保部门允许进行这些交易,实际上它就创造了一种新的稀缺资源:污染许可证。交易这种许可证的市场将最终形成。只有以高成本才能减少污染的企业将愿意为污染许可证付出最高的价格,那些以低成本可以减少污染的企业也愿意出卖它们所拥有的许可证。

虽然,用污染许可证减少污染看起来与征税的方式完全不同,但实际上这两种政策有许多共同之处。在这两种情况下,企业都要为污染进行支付。在征税时,排污企业必须向政府交税。在采用污染许可证时,排污企业必须为购买许可证进行支付。征税和污染许可证都通过使企业在排污时付出成本而把污染的外部性内在化。

(5)运用行政措施

政府可以采取直接的行政干预、强制性管制措施或推行强制性标准以及采取限制措施对资源配置进行安排或处置。如为了保护环境,对一些地方的林木实行强制性的禁采禁伐,对汽车实行强制性的报废标准,对学校和居民区周围实行强制性的噪音控制等。政府还常常运用限制性措施对资源进行直接的安排和处置。如直接安排一些高污染企业的选点布局,对一些企业强行实施关停并转,指导上下游关联企业联合等,通过这样一些措施,约束和纠正企业的行为,促使企业更为有效地利用资源,限制企业生产的外部影响。

 **小案例**

为什么黄牛没有绝种

历史上，许多动物都遭到了灭绝的威胁。即使现在，像大象这种动物也面临着这样的境况，偷猎者为了得到象牙而进行疯狂捕杀。但并不是所有有价值的动物都面临这种威胁。例如，黄牛作为人们的一种有价值的食物来源，却没有人担心它会由于人们对牛肉的大量需求而绝种。

为什么象牙的商业价值威胁到大象，而牛肉的商业价值却成了黄牛的护身符呢？这就涉及产权的界定问题。因为野生大象没有确定的产权，而黄牛属于私人所有。任何人都可以捕杀大象以获取经济利益，而且谁捕杀的越多，谁获取的经济利益越大。而黄牛生活在私人所有的牧场上，每个农场主都会尽最大努力来维持自己牧场上的牛群，因为他能从这种努力中得到收益。

政府试图用两种方法解决大象的问题。如肯尼亚、坦桑尼亚、乌干达等非洲国家把捕杀大象并出售象牙作为一种违法行为，但由于法律实施难度较大，收效甚微，大象种群仍在继续减少。而同在非洲，纳米比亚以及津巴布韦等国家则允许捕杀大象，但只能捕杀自己土地上作为自己财产的大象，结果大象开始增加了。由于私有产权和利润动机在起作用，非洲大象或许会像黄牛一样摆脱灭顶之灾。

（资料来源：郭万超、辛向阳，《轻松学经济》，对外经贸大学出版社 2005 年版）

29.3 任务分析

从经济学的角度看，无论火车经过农田的结果如何，其实说明了同一件事情：市场经济中外部性与市场失灵的关系。

蒸汽列车对附近农田的损伤可以看做铁路公司运输服务产品的外部性所在，同样的道理，电气列车对农田的"无意识的帮助"即将飞鸟赶走也是其外部性所在。对农民来说，电气列车使他们的农田受益，但是他们无需为这种受益缴纳费用，因为他们之所以受益不是因为有人故意提供产品或服务，而是受到列车运输服务的外部性影响。同样的，蒸汽列车使农田受损，农民也无法得到铁路公司对农田的补偿，因为列车不是"有意伤害"他们的农田。这两种对农田的影响，在现行的市场经济运行中仅仅依靠市场"看不见的手"是找不到有力的解决方式，只能通过政府这只"看得见的手"实施微观经济政策来弥补市场失灵。

具体的解决办法可以是：政府对经过农田的蒸汽列车征收附加税，用来弥补农民的损失；政府也可以因为电气列车附近的农田免受虫害而将这部分农田认定为优质农田，对其征收高额税收，"熨平"这部分农田主的超额利润。

任务三十　熟悉公共物品

学习目标
1. 了解公共物品的含义、特征以及分类。
2. 了解公共物品诱发市场失灵的原因。
3. 掌握政府对公共物品导致市场失灵的干预方式。

30.1　任务描述

折筷子的故事

在很久很久以前，有一个有钱的老爷，他有五个不齐心合力的儿子。他们做事的时候都是自己管自己，从来不帮助别人。有一天，老爷得了重病。临死之前，老爷把他的五个儿子叫到床前，又叫人拿来一大把筷子，分给五个儿子。他分给老二、老三、老四、老五每人一根筷子，把剩下的一大把筷子都给了老大，然后说："你们把手上的筷子都折断吧！"老二、老三、老四、老五没费多少力气就折断了筷子，老大使出了全身的力气，都没把筷子折断。老爷说："你们看，一根筷子很容易被人折断，一把筷子就不容易被人折断。"

这个故事的寓意很明显：团结就是力量。这个故事虽然简单，但是从这一节所要讲的公共物品的角度来看，会蕴含一些更为重要的概念。

请思考问题：如果老爷要五个儿子一起折筷子，是不是就一定能折断整把的筷子呢？

30.2　任务精讲

在我们的日常生活中，从隔壁邻居养的狗深夜狂吠、公车上刺鼻的烟味或香水味这些小事，到国防、教育、交通这些大事，实际上都是人与人之间相处的问题。如何处理这些层次不一样、大小不同的人与人之间相处的共同问题？下面我们来研究公共物品的相关问题。

30.2.1　公共物品

（1）公共物品的含义

公共物品（public goods）是指私人不愿意或无能力生产而由政府提供的具有非排他性和非竞争性的物品。一国的国防、警务、公共卫生、道路、广播电视等都属于公共物品。一种物品要成为公共物品，必须具备以下三种特性。第一，非排他性。公共物品的非排他性是指无论是否付费，任何人都无法排除他人对该产品的消费。之所以会出现免费消费，是因为要么技术上不允许，要么由收费的成本太大而放弃收费。第二，非竞争性。公共物品的非竞争性是指任何人对某一物品的消费，都不会给他人对该产品的消费造成影响。即人们无法排斥别人对同一物品的共同享用，也不会由于自己的加入而减少他人对该公共物品享用的质量与数量。第三，不可分割性。公共物品的不可分割性是指公共物品的供给与消费不是面向哪一部分人或利益集团，而是面向所有人的；公共物品也不能被分成细小的部分，只能作为一个整体被大家享用。

 小案例

公共事业民营化是走出"诺斯悖论"的试金石

2006年9月19日，湖南省政府召开新闻发布会宣布：从10月1日起，《湖南省市政公用事业特许经营条例》正式实施，城市自来水供应、管道燃气供应、集中供热、城市公共客运、城市污水处理、垃圾处理六大行业，将向社会资本敞开大门，以招标、招商、谈判等多种方式选择特许经营者。

昔日，自来水、燃气、供热、公共客运等部门，都是在国家一手直接"操办"下的公共事业。其中，政府担当着双重角色———一方面要承担行政监管职责，另一方面又直接管理着这些面向市场的单位。然而，这种既当"裁判员"又当"运动员"的角色，往往使这些政府部门和公共服务单位竞相为自己牟利，很容易陷入"诺斯悖论"中。

"诺斯悖论"是制度经济学中的一个术语，意指政府部门本来应该提供公共物品，但提供的却有可能是公共灾祸。经济学家认为，由于政治和法律上的唯一性，政府部门的自然垄断特性一旦走向反面，后果不堪设想。政府部门可能打着提供社会公共物品的招牌，为政府的利益而损害社会的利益，为自己的利益而侵犯他人的利益，却很难受到有效的约束。

要想彻底根除政府职能部门，既当"裁判员"又当"运动员"引发的"诺斯悖论"怪象，政府管理部门必须给这些公共服务部门"断奶"，将政府部门不能利用这种公共服务单位来牟取自身利益。通用的做法是，将政府管理低效甚至无效的一些公共事业推向市场。而湖南省的做法，正是将这些公共事业全面推向市场，可谓是走出"诺斯悖论"的一块试金石。

对于城市公共事业民营化来讲，起码有两点好处：对老百姓而言，在充分竞争环境下，这些公共事业则面临市场竞争的强大压力，必须不断提高效率，否则将无法生存。所以，消费者则拥有了更多的选择机会，从而使自己的权益能够得到切实保障；同时，对政府来说，公用事业的民营化意味着政府可以减少财政支出，吸引大量的民间资金，投入到公用事业中来，并能改进公共服务的质量。

虽然，湖南省公共事业民营化是一个值得期待的举措，但是，笔者以为，要想真正实现公共事业民营化，应该先培育产生这种政策的土壤和氛围。首先是强化政府监管。就市场准入而言，政府的监管构架还没有相应建立，政府应制定出公正、公开、透明的程序、规则和法律，并在保护消费者和投资者的利益之间找到一个平衡点。其次是避免公共垄断变成私人垄断。公私混合，公私的边界，最容易发生腐败。所以，政府要积极改善招标方法，使其更好、更诚实、更具有竞争性，提高招标的透明度。最后，还要建立科学合理的价格形成

机制。政府要打破传统的定价模式，依据市场化改革的方向，按照成本加微利的原则稳步推进市政公用产品价格改革，逐步建立起激励社会投资的科学的价格形成和管理机制。

（资料来源：http://hn.rednet.cn/c/2006/09/21/987603.htm，2014-05-02）

由政府提供的物品一定是公共物品吗？试举例说明。

分析提示

判断某一物品是否是公共物品，要看它是否具备公共物品的特性，即非排他性、非竞争性和不可分割性。

（2）公共物品的分类

根据公共物品所具有的非排他性和非竞争性的不同程度，公共物品可以分成纯公共物品和准公共物品两类。

①纯公共物品。纯公共物品(pure public goods)是指同时具有非排他性和非竞争性的产品，如国防、外交、天气预报等。纯公共物品必须以不拥挤为前提，否则随着消费者数量的增加会影响他人的消费，从而影响公共物品的性质。如节日期间，免费的露天广场就会由于拥挤而具有竞争性。

教育产业化

似乎是在人们的不经意之间，"教育产业化"的大潮已经滚滚而来。尽管许多人还不明白"教育产业化"的内涵、目的及其发展方向究竟是什么，但它却在很多地方和学校风风火火地实施了。从一些学校出台的有关规定和举措来看，"教育产业化"似乎就是大幅度地提高学费。如今，一个大学生一年缴费七八千乃至上万元已经十分普遍。

于是，围绕"教育产业化"这一问题，社会各界展开了激烈争论。主张教育产业化的人士认为，随着市场化的与日俱进，将"产业化"引入教育领域，不仅可以摆脱教育经费捉襟见肘的窘境，而且能够开拓教育发展的新领域，符合我国经济建设和社会发展的内在要求；反对人士则认为，尽管高校收费是弥补经费短缺、有利于高校教育持续发展的措施之一，但高校收费绝不意味着有钱就能上大学，它要考虑受教育机会的平等问题。

在高等教育越来越向大众普及的国际潮流面前，把教育当成赚钱的一种产业，既不符合我国国情，也无益于教育的普及和提高。

（资料来源：陈建萍，《微观经济学》，中国人民大学出版社2012年版）

②准公共物品。准公共物品(quasi public goods)是指具有不完全排他性和竞争性的产品。准公共物品又分为两类：一类是具有非竞争性和排他性的物品，称为俱乐部物品，如有线电视、社区绿化等；另一类是具有非排他性和竞争性的物品，称为公共资源，如公海中的鱼类资源、拥挤的免费道路等。

与公共物品相对的物品是私人物品(private goods)，它是指既具有排他性又具有竞争性的产品，如家具、自行车等。由此，我们可将物品的分类用表30-1来表示。

表30-1　　　　　　　　　　　　　　物品的分类

项　目	非排他性	排他性
竞争性	公共资源	私人物品
非竞争性	纯公共物品	俱乐部物品

 小案例

灯塔的故事

在一个靠海的渔港村落里住了两三百个人，大部分的人是靠出海捕鱼维持生计。港口附近的礁石险恶，船只一不小心就可能触礁沉没而人财两失。如果这些村民都觉得该盖一座灯塔，好在雾天和夜晚指引迷津，而且大家对于灯塔的位置、高度、材料、维护也都毫无异议，那么，剩下的问题就是怎么样把钱找出来，分摊盖灯塔的费用。

村民们怎样分摊这些费用比较好呢？

既然灯塔是让渔船趋福避祸，就依船只数平均分摊好了！

可是，船只有大有小，船只大的船员往往比较多，享受到的好处比较多。所以，依船员人数分摊可能比较好！

可是，船员多少不一定是好的指标，该看渔获量。捞的鱼多，收入较多，自然能负担比较多的费用。所以，依渔获量来分摊比较好！

可是，以哪一段时间的渔获量为准呢？要算出渔获量还得有人称重和记录，谁来做呢？而且，不打鱼的村民也间接地享受到美味的海鲜，也应该负担一部分的成本。所以，依全村人口数平均分摊最公平！

可是，如果有人是素食主义者，不吃鱼，难道也应该出钱吗？

可是，即使素食主义者自己不吃鱼，他的妻子儿女还是会吃鱼啊。所以还是该按全村人口平均分摊。

可是，如果这个素食主义者同时也是个独身主义者，没有妻子儿女，怎么办？还是以船只数为准比较好。船只数明确可循，不会有争议！

可是，如果有人反对：虽然家里有两艘船，却只是在白天出海捕鱼，傍晚之前就回到港湾。所以，根本用不上灯塔，为什么要分摊？或者有人表示：即使是按正

常时段出海，入夜之后才回港，但是因为是讨海老手，所以港里港外哪里有礁石，早就一清二楚，闭上眼睛就能把船开回港湾，当然也就用不上灯塔！

好了，不管用哪一种方式，如果大家都勉强同意，那么还有一个问题：由谁来收钱呢？在这个没有村长的村落里，谁来负责挨家挨户地收钱保管呢？

好吧，如果有人自告奋勇，或有人众望所归、勉为其难地出面为大家服务，总算可以把问题解决了！可是，即使当初大家说好各自负担多少，如果有人事后赖皮，或有意无意地拖延时日，就是不付钱，怎么办？大家是不是愿意赋予这个"公仆"某些像纠举、惩罚等的"公权力"呢？

灯塔的例子很具体而深刻地反映了一个社会在处理"公共物品"这个问题上所面临的困难。灯塔所绽放的光芒德泽广布，让过往的船只均蒙其利。可是，其他的东西如牛奶、面包，一个人享用了之后别人就不能再享用。灯塔的光线却不是这样，多一艘船享用不会使光芒减少一丝一毫。而且，你在杂货店里付了钱才能得到牛奶、面包。可是，即使你不付钱，还是可以享有灯塔的指引，别人很难因为你不付钱而把你排除在灯塔的普照之外。

 小案例

杜莎夫人蜡像馆的不良行为

一个人非常喜欢旅游，对各地名胜更是爱护有加。一日他游走在皇家陵园，有些疲倦，看见很多画廊楼阁，便进去纳凉休憩。当他进入亭子后，看到红漆的雕龙亭柱上，很多人写了"某某某到此一游"的话，非常气愤，于是他掏出小刀在亭柱上刻了六个字，请勿乱写乱画。

也许此人的初衷是好的，但举止却比那些乱写乱画的人要严重得多。因为写上去的字有擦去的可能，但用刀刻上去的该怎么弥补呢？这就是公共物品的悲剧，它属于大众所有，却又最容易受大众的损坏。

英国留学生哈定1968年在《科学》杂志上撰文提出：在共享公有物的社会中，每个人，也就是所有人都追求各自的最大利益，这就是悲剧的所在。因为过度地追求将导致公有物的透支，最终的结果只能是任何人的需要都得不到满足，这就意味着毁灭是所有人都奔向着的目的地。

在上海杜莎夫人蜡像馆正式对外开放一周的时间内，尽管125元一张的成人票价在一定程度上限制了游客量，但种种不文明行为在馆内仍时有上演。为此，馆内不得不采取一些"因事制宜"的措施以保护展出的蜡像及设备。

尽管蜡像馆不是免费开放的，但公共场所的性质还是使其遭遇了悲剧。在游览蜡像的过程中，部分游客想到的是怎样最大限度地获得身心的享受，而没有顾及自己的行为是否逾越了规矩，是否对蜡像和设施造成了破坏。于是，在破坏形成一定规模时，蜡像馆不得不做出防范措施，其结果不仅加大了蜡像馆的经营成本，而且还影响了随后所有人游玩的质量。

公共物品的悲剧可以解释和分析很多经济现象：由政府部门出资建立的公园、绿化带往往过不了多长时间就面目全非了，这与个体的利己性不无关系。许多人在私人领域内可能文质彬彬，与亲人、朋友和睦相处，但是到了公共领域，就脱去了文明的外衣，随心所欲，甚至粗俗不堪。同时这也与相关部门的管理不善和服务不周到有关，如果个体的不雅行为得不到应有的约束，或者是一种现实情形下的必要选择，那么管理部门就应该承担一定的责任。

与之相对应，消除公共物品的悲剧也应从素质的提高和管理的完善入手。一方面，通过教育和舆论，加大个体在公共领域违规的道德成本，让道德的自觉性约束利己的冲动性；另一方面，通过完善服务、科学管理，让遵守公共道德的人获得最大的收益，而不是逾越规则者获得更多的利益。公共意识的养成需要一个漫长的过程，只有在道德和规则双重作用下，公共物品悲剧才能有效地减少。

（资料来源：王同来，《关于经济学的100个故事》，南京大学出版社2011年版）

(2) 公共物品导致市场失灵

公共物品本身所具有的特性，使得任何私人部门都不愿意或不能充分提供。因此，其产量会低于合理的水平，即达不到帕累托最优状态下的产量水平，由此会造成社会福利的减少和资源的浪费。此时，市场机制在公共物品的提供上不能较好地发挥作用，导致市场失灵。

①公共物品的非排他性导致市场失灵。

非排他性使得任何购买公共物品的人都不能独自占有该产品所能提供的全部效用或收益，都不能阻止别人去无偿地享用该产品。因此，尽管公共物品的社会潜在收益大于它给单个购买者带来的收益，但潜在的购买者在做出支付决策时并不会将他人的潜在收益考虑在内，公共产品的提供者就要独自承担提供该物品的全部成本。这样一来，任何人都想无偿地去享用别人提供的公共物品，继而出现搭便车的行为。搭便车者的增多，就会使得公共物品的提供者减少或几乎没有，最终导致资源配置效率的低下，造成市场失灵。

假如，你为一个社区考虑一个除灭蚊蝇计划，你估计社区成员对实现该计划带来的环境改善的真实总支付意愿远远大于实施该计划所需要的成本5万元。然而，这并不能保证你能够通过私人投资从中获得赢利。因为你不能强迫人们为这一计划付费，更不可能让人们按照他们对环境改善的真实主观评价来支付费用。由于蚊蝇到处飞动，没有一种既提供该服务又使得不交费用的人无法获得利益的办法，于是人们会有一种"搭便车"(free rider)的心理和行为：即便我不支付费用，其他人支付以后我照样可以享受到利益。由于显示的支付意愿被压低，因而市场配置缺乏效率。

因此需要政府公共部门提供公共物品。政府特征是具有强制性权力，因而有可能超越"搭便车"问题。向社会有效地提供公共物品是政府公共部门的一个基本职责。

 小知识

"搭便车者"一词的由来

"搭便者"一词的英文是"free rider",它来源于美国西部城市道奇城的一个故事。当时,美国西部到处是牧场,大多数人以放牧为生。在牧场露天圈养的大量马匹对一部分人产生了诱惑,于是出现了以偷盗马匹为业的盗马贼。在道奇城这个城市,盗马贼十分猖獗。为避免自己的马匹被盗,牧场主就联合组织了一支护马队伍,每个牧场主都必须派人参加护马队伍并支付一定的费用。但是,不久就有一部分牧场主退出了护马队,因为他们发现,即使自己不参加,只要护马队存在,他就可以免费享受别的牧场主给他带来的好处。这种个别退出的人就成了"free rider"(自由骑手)。后来,几乎所有人都想通过自己退出护马队伍来占集体的便宜。于是,护马队解散了,盗马贼又猖獗起来。后来,人们把这种为得到一种收益但避开为此支付成本的行为成为"搭便车",将这样的人称为"搭便车者"。

(资料来源:樊纲,《市场机制与经济效率》,上海人民出版社1997年版)

想一想

当你在考试时看到有人作弊但不揭发,这算不算是"搭便车"?如果除了你之外,还有好几位同学都看到有人作弊而不揭发,这是不是"搭便车"?为什么?

分析提示

"搭便车"是指通过某种方式让别人付出精力、时间等,而自己袖手旁观、坐享其成的行为。

②公共物品的非竞争性导致市场失灵

前面介绍的俱乐部物品虽具有非竞争性,但可以实现排他性使用。如高速公路的修建者实行收费管理,不付费就不能消费。这种排他性使用,虽然可以收回提供公共物品的成本,提高其生产者的积极性,增加供给,但不能使所有人免费使用,致使公路的社会效用得不到充分有效的发挥,从而降低了资源的配置效率,也会造成市场失灵。

30.2.2 政府对公共产品造成的市场失灵的干预

针对公共物品原因导致的市场失灵,政府干预主要决定是否提供公共物品以及提供多少的问题。

第一,政府在确定某一公共物品是否值得提供以及提供多少时,往往采用成本—利益分析的方法。

首先估算提供某一公共物品的成本及获得的收益,然后将两者加以比较,最后根据结果确定该公共物品是否值得提供。如果有几个可供选择的公共物品,则分别比较各自的成本与收益,最后选择提供社会净收益较大的公共物品。

第二,具体来说,政府往往通过以下方式提供公共物品:

①由中央政府直接经营公共物品。比如，在西方国家，造币厂和中央银行通常是由中央政府直接经营的。除此之外，各国之间的差异较大。例如，美国在公共物品生产方面会更多地偏向由私人提供。还有一些国家的中央政府直接生产军工、医院、学校、图书馆、自来水、煤气等产品。

②政府与私人部门签订合同，共同提供公共物品。与私人企业签订合同共同经营公共产品是发达国家使用最普遍、范围最大的一种形式。适用于这一类的公共产品主要是具有规模经济的自然垄断型产品，大部分为基础设施，也包括一些公共服务行业。

③政府以授权、许可的形式委托私人部门提供公共物品。在发达国家，许多公共领域都以这种方式委托私人公司进行经营，如自来水公司、电话公司和供电公司等。此外，还有很多公共项目也是由这种方式经营生产的，如电视台、广播电台、航海灯塔、报纸和杂志等。

④政府参股。政府参股的方式主要有四种：收益分享债券、收购股权、国有企业经营权转让以及公共参与基金。政府参股的方法主要应用于桥梁、水坝、发电站、高速公路、铁路、电信系统、港口和飞机场项目。比较引人注目且效果较好的参股领域之一是高科技开发研究领域。

⑤政府对私人部门提供补贴，鼓励其提供公共物品。鉴于公共物品市场低收益的特性，政府往往对私营企业生产公共物品进行经济资助。这种资助从表面上看是付给了私营企业，实际上有利于公众。对私人企业提供经济资助的途径和方法非常多，主要形式有补助津贴、优惠贷款、无偿捐赠和减免税收等。享受财政补贴的公共领域主要有科学技术、住宅、教育、卫生、保健、图书馆和博物馆等。

小案例

公共产品"豪华化"

有关公共产品"豪华化"甚至"奢侈化"的现象近来再度引起社会的广泛关注。比如各地竞相兴建豪华的大型公共文化设施（如新型大剧院、歌剧院、艺术中心等）；还有一些城市公交车的竞相"空调化"等。这些做法，不仅与公共产品服务的基本性质相违背，也是对公共财政的浪费，应该引起职能部门的高度警惕。

毫无疑问，公共产品或者准公共产品的主要功能，就是满足绝大多数普通百姓的基本生活需求和公益性需求，因此公共产品具有很大的"外部正效应"或"公益性"。也正因为如此，生产公共产品和公共设施需要由政府财政投入或者资助。公共文化设施和公共交通工具是比较典型的公共产品或准公共产品，理所当然地得到了政府财政的大量投入和补助。从这个角度来讲，公共产品作为一种本来应该大众化、平民化的产品，它们的"豪华化"和"奢侈化"就是对普通大众的背离。

不仅如此，盲目追求公共产品的豪华化还会带来不少负面作用，加重了公共财政的负担，降低了公共财政的使用效率。公共财政出现了严重的支出不平衡，特别是在教育、住房、养老、医疗等关系百姓切身利益的方面，不仅总量上捉襟见肘，分配结构上也严重失衡。早在20世纪90年代初期就提出的国家财政性教育经费占GDP比例必须达到4%，而目前还不到3%；社会保障支出，仅养老保险资金的缺口就高达数千亿元，"窟窿"巨大；对普及性的图书馆、博物馆等公共设施的投入更是寥寥无几。比如目前全国的公共图书馆不到3000座，平均40多万人才拥有一座；博物馆不到1500座，平均80多万人才拥有一座。这些数据均大大低于发达国家的水平，比如人口仅有500多万的丹麦却拥有200多座各种类型的博物馆，英国伦敦平均每5万人就有一个博物馆。此外，城市与农村公共产品的供给也有很大差距。

公共物品、公共资源污染的解决方案是什么？

分析提示

①通过政府的直接控制。

②通过市场的方法。

30.3 任务分析

在折筷子的故事中，如果老爷要五个儿子一起折筷子，是不是就一定能折断整把的筷子呢？结论是不一定。五个人一起动手时，由于折筷子需要付出体力，大家很容易产生搭便车、坐享其成的心理。折筷子是一件简单的事情，大家有一个共同而明确的目标，结果也很容易看到。但在正常的环境下，当需要合作的人数增加、范围扩大时，要达成共同的目标就不是容易的事情了，这也就是共同解决公共物品的问题。

任务三十一　认识不完全信息

学习目标

1. 了解信息不完全的含义。
2. 了解信息不完全的风险。
3. 掌握政府对信息不完全导致市场失灵的干预方式。

31.1 任务描述

非典中的市场失灵

2002年11月16日，中国广东佛山发现第一起后来称为非典型肺炎（SARS）的病例，2003年2月广东发病率进入高峰。此后，非典型肺炎迅速在全国传播。到2003年6月，非典疫情得到控制。

非典型肺炎让我们看到了典型的市场失灵。引人注目的首先是商品价格的不正常上涨。以北京为例，起初是与治疗非典相关的药品和医疗器械、用品的价格迅速上涨，人们熟知的中草药板蓝根、医用口罩、消毒剂、体温表等；后来，4月23日、24日，以蔬菜、粮食为主的生活必需品大幅度涨价。

应该说涨价有正常成分：由于人们对部分与非典型肺炎相关联的商品需求增加，供求关系在短时间内发生了较大的变化，不少商品从供过于求变为供不应求。然而，从稍长时段看，这些商品的大幅度涨价的不正常因素更多。因为就全国来看，大多数商品（包括中草药）供过于求，这种供求关系并未发生根本的变化，一些药品、蔬菜价格的成倍甚至十几倍上涨缺乏内在理由。

请用信息不完全理论来分析案例中的现象：为什么这些商品的价格能够扶摇直上，达到平时人们想都想不到的高价？

31.2 任务精讲

相信同学们都有过上市场买水果、蔬菜的经验。在市场里买苹果的时候，我们都会挑挑拣拣，货比三家，选那些看起来比较香甜可口的苹果。但是你能确保你所挑选出来就是香甜可口的吗？怎样避免选出的是金玉其外而败絮其中的坏苹果呢？下面我们一起来搜寻克服信息不完全的方法。

31.2.1 信息不完全

(1) 信息不完全的含义及原因

完全竞争市场上能够实现帕雷托最优状态的一个重要假定就是完全信息，即市场交易双方对交易产品具有充分的信息。然而，在现实生活中，人们对信息的掌握是不完全的，而这种不完全又往往表现为信息的不对称。信息不完全(asymmetric information)是指参与经济活动的当事人拥有不同信息的状况，即有些人拥有比其他人更多的相关信息。例如，商品的卖方要比买方掌握更多的关于产品质量和数量等方面的信息。

信息不完全的产生是多种因素造成的。首先，获取信息需要成本。其次，由于人们认识能力的局限性和差异性，使其不可能掌握全部的信息。此外，充分占有信息的一方会为了自身利益而对对方隐藏信息。

(2) 逆向选择

逆向选择(adverse section)是指当市场的一方不能察知市场另一方的商品的类型或质量时，市场中大量的劣货会排挤好货并最终占领市场的过程。逆向选择最经典的例子是二手车市场。在该市场上，既有质量较好的二手车也有质量很差的二手车，但只有卖者掌握车的质量信息，而买者对其缺乏了解。因此，在该市场上，双方的信息是不对称的。购买者此时的出价会介于质量较好的二手车价格与质量很差的二手车价格之间。这样一来，质量较好的二手车，质量高于价格，车主会不愿进入或退出此市场；而质量很差的二手车，价格高于质量，车主愿意进入或留在此市场，最终导致该市场上的车都是质量较差的二手车。但是，当购买者知道他要买到的车是质量较差的二手车时，他会降低自己的出价，这又会使得比质量最差的二手车稍好一些的二手车退出市场，最后质量最差的二手车占据了整个市场。

小案例

保险市场中的逆向选择

逆向选择的问题也会出现在保险市场中。如果投保是自愿的，那就只有身体差的人才会去投医疗保险，如此一来，保险公司的赔付率就会极大上升。此时，为了保持收支平衡，保险公司就要提高保费，这又会让投保的人进一步减少，直至保险费极高，无人投保。

如果想避免这种情况，一个办法就是实行强制投保，而这又会产生一种让人头疼的"败德行为"，也就是因为信息不完全、不对称，信息优势方有意向对方隐藏自己的行动，而出现市场失灵。

例如，汽车保险。假设在投保以前，车主采取了应有的防盗措施后，汽车的被盗率是1%。此时，如果保险公司创办了一项汽车偷盗保险业务，并依据这个被盗率计算出了保险费，那么车主在投了保以后也许就不再那么谨慎了，例如时常忘记锁车、随便停放等。与此同时，小偷也知道车主不再那么在乎自己的车辆是否被盗，于是就会愈加大胆地偷车。因此，汽车盗窃案就会直线上升，被盗率也许会升到1/10，甚至更高。

这些情况都是保险公司在开办这项业务时没有想到的。不过，保险公司获取的信息仅仅是最后受损时的事实情况，而这种损失究竟是因为意外情况还是因为投保人本身行为不当所致，保险公司无从知晓，或得到的成本极高。此时，保险公司就要为隐藏的信息付出沉重的代价，必须付出比预计多得多的赔偿金，因此保险公司所要支付的总体赔偿金就会直线上升，从而导致支出远远超过收入。最终，保险公司就会停止这项保险业务。

如果保险公司走向另外一个极端——不再提供任何保险，又会怎么样呢？若没有汽车偷盗保险，车主就会安装一个十分贵重的防盗锁；若没有健康保险，人人都会注意保重身体，并在生病时尽可能减少医药开支。总而言之，若个人自己承担所有风险，他就会努力把损失降到最低限度，这是保险公司所欢迎的。不过，若没有保险业务，保险公司就不会有收入，所以其不会因噎废食走这样一个极端；另外，厌恶风险的大众也就没有办法通过保险来规避风险，所以潜在的投保人也不愿见到这种局面。这就产生了一种矛盾现象，即保险太少，就表示人们要自己承担过多风险；而保险过多，人们又会制造出更大的风险。

现实生活中，保险公司选择了一种折中的办法，他们提供"不全额"的保险，如果某辆汽车价值20万元，那保险公司只允许车主投保10万元。车子如果丢了，保险公司最多只赔偿10万元，其余10万元由车主本人承担，也就是说，保险公司和车主共担风险。这样的话，为了避免风险，车主就算买了保险也会比全额投保要小心，失窃的现象自然就会少很多。

（资料来源：郑月玲，《每周一堂经济课》，人民邮电出版社2009年版）

(3)道德风险

道德风险(moral hazard)指在合约条件下,代理人凭借自己拥有的私人信息优势,可能采取"隐蔽信息"、"隐蔽行为"等方式,以有利于自己、有损于委托人的一种经济现象。根据信息经济学,拥有私人信息优势的参与者被称为代理人,不拥有私人信息优势的参与者被称为委托人。

道德风险并不等同于道德败坏,违背职业道德并不属于道德风险。道德风险产生的原因在于代理人与委托人之间存在信息不完全。比如签订了劳动合同后的员工不再像以往一样勤勉地工作,而是在领导不在时偷懒或工作不认真负责;购买了汽车保险后的车主开车时不再小心翼翼,也不再像以前那样小心保管自己的车子了,等等。所以道德风险是在交易或合约达成后,由于信息多的一方的行为难以被信息少的一方察觉,所以信息多的一方以损害对方的利益为代价获得自己的利益。

小知识

"柠檬市场"

"柠檬"在美国俚语中表示"次品"或"不中用的东西"。"柠檬市场"为次品市场的意思。当产品的卖方对产品质量比买方拥有更多信息时"柠檬市场"将会出现,并且低质量产品会不断驱逐高质量产品。

著名经济学家乔治·阿克尔罗夫以一篇关于"柠檬市场"的论文摘取了2001年的诺贝尔经济学奖,并与其他两位经济学家一起奠定了"非对称信息学"的基础。阿克罗夫在其1970年发表的《柠檬市场:产品质量的不确定性与市场机制》中举了一个二手车市场的案例,指出在二手车市场,显然卖家比买家拥有更多的信息,两者之间的信息是非对称的。买者肯定不会相信卖者的话,即使卖家说得天花乱坠。买者唯一的办法就是压低价格以避免信息不完全带来的风险损失。买者过低的价格也使得卖者不愿意提供高质量的产品,从而使得低质品充斥市场,高质品被逐出市场,最后导致二手车市场萎缩。

小知识

1996年诺贝尔经济学奖获得者詹姆斯·莫里斯,在信息经济学理论领域作出了重大贡献。尤其是针对不对称信息条件下的"经济激励理论"的论述,让他荣膺了诺贝尔经济学奖。詹姆斯·莫里斯提出:"当保险赔偿金数额庞大的时候,就会出现试图故意肇事之后获取保险赔偿金的人,这就是道德风险。"

想一想

从信息不完全的知识角度来分析"知道得了绝症而买巨额寿险"和"买巨额寿险

后酗酒高速驾车"的区别。

分析提示

哪一个为"逆向选择"？何为"道德风险"？

31.2.2 政府对信息不完全造成的市场失灵的干预

针对信息不完全原因导致的市场失灵，政府干预的方式主要有：

(1)解决逆向选择问题的措施

一是由政府规定企业对自己出售的产品提供质量保证。政府可以制定各种质量以及各种技术安全质量标准并监督生产厂商实施。

二是由政府引导企业对自己出售的产品提供不同的产品包修年限。如在家用电器空调市场上，空调保修期一般为3年，但是个别品牌推出了10年甚至更长的保修期限，这就是一个市场信号，说明该品牌空调的质量更优秀，也反映了企业对自身产品质量的信心。

 小知识

市 场 信 号

市场信号是信息多的一方向信息少的一方发出的传递质量等方面的信号，以便于信息少的一方区分出不同的情况。比如有些产品为消费者展示其各种级别（如ISO9000体系、QS14949体系）的鉴定证书或是被某种大型活动（如奥运会或世博会）指定的专用产品等，这些都是在向消费者传递市场信号，有助于消费者做出判断和选择产品。

三是政府鼓励企业对自己的产品树立品牌，通过"声誉"来分辨优质产品与劣质产品。

一些公司为了在市场中树立良好形象，实行了不满意就退货的销售政策。例如某些大型商场规定，购买商品后一星期内可以无条件退货（只要物品没有受损）。有些消费者利用这一退货政策，免费使用商场的商品，不满意就退货。

四是政府鼓励企业通过广告等宣传方式来区分优质产品与劣质产品。

企业可以通过电视、报刊、网络、活动等方式来打广告，达到树立企业的形象、宣传企业产品的目的。例如耐克品牌资助的街头篮球赛、汉帛品牌资助的设计师大赛、李宁品牌资助的中国体育队领奖队服等方式。因为参与或关注人群众多，并且能够较有针对性地将该品牌形象推向目标受众人群，有利于企业产品市场认知度的提升。

五是政府鼓励企业实现产品标准化。

同时政府也可以设立消费者权益保护部门，制定保护消费者权益的法令，一旦出现商品买卖后的劳务纠纷，消费者可以进行投诉来维护自身的合法权益。

(2)解决道德风险问题的措施

解决道德风险问题的措施主要是一些制度安排：一是预付保证金；二是订立合同；

项目七 市场中政府的作用

三是树立品牌声誉；四是激励制度、效率工资。

道德风险产生的原因是因为个人不必承担其行动的后果。比如员工偷懒不被发现的话就不会被扣工资，购买了健康保险的人不再像以往一样注重锻炼身体，因为生病了有保险公司支付治疗费用。如果能让制造风险的人承担一部分的后果，那么道德风险的问题就能够解决。比如效率工资，大多数企业都会规定员工在一段时期内的任务额度，没有完成就扣发相应的工资，超额完成就加发奖金。多劳多得，超额越多员工赚的就越多，以此来激发员工的工作积极性。还有的企业会分给员工小额度的企业股份，一方面让员工有主人翁意识，另一方面使员工认识到自身的收入直接和企业的效益挂钩，因此而努力工作。

小案例

职业砍价人的出现

如果你还在为买东西时的讨价还价而苦恼的话，就去找我们的职业砍价人——邹诚挚吧。他可是大名鼎鼎的砍价高手，五万元的钻戒他能砍到两万三，120元的衣服他能砍到90元……如今的邹诚挚已经专门成立自己的砍价公司，干起了职业砍价人的行当。

邹诚挚用"突发灵感"来形容他成为"职业砍价人"的原因。以前，他曾经营过建材，干过化妆品、酒水饮料等生意。期间，他经常受朋友委托帮他们买东西，并给他们省了不少钱。多年飘忽不定的营销生活使他感到厌倦，于是有朋友就提醒他："何不发挥你的砍价特长，做个职业砍价手吧。"

说做就做，邹诚挚先到商场外发宣传单，但大多人都不屑一顾，随手就扔掉了。几天的空手而归并没有令邹诚挚心灰意冷。一天，机会终于来了。一位妇女想买件貂皮大衣，售价17000元，她自己已经砍到了9800元，她让邹诚挚再试试，并答应砍下价格的30%就是他的佣金。接到电话的当天晚上，邹诚挚这个对服装一窍不通的年轻人先到图书城查看了貂皮的有关知识，咨询了经营服装生意的朋友。第二天，邹诚挚胸有成竹地到商场去"砍"了。经过40分钟的讨价还价，最终以4800元成交。

第一次的成功坚定了邹诚挚做职业砍价手的信心。凭着自己不懈的努力，邹诚挚作为中国职业砍价的先行者，名声越来越大，业务也越来越多。

邹诚挚曾对自己成功的"秘诀"进行了总结：首先要抓住商家与客户的心理，搞心理战术；其次，要熟悉市场行情；最后，还要为客户提供除砍价之外的更周全的服务。

实际上，我们可以用经济学中信息不完全的理论来解释邹诚挚做职业砍价手的成功秘诀。商家与客户作为交易的双方，从对产品信息的掌握程度上看，商家占有优势。而处于信息劣势的顾客如果要取得较大的利益（比如说降低产品的价格），就必须通过各种手段搜集信息，增加自己的信息量，以此来降低信息不完全的劣势。而现实生活中，每个人不可能全部掌握各种产品的所有信息，因此，他们利用掌握的较少的信息同处于信息优势的商家进行讨价还价，获取利益的机会不会太大。

邹诚挚是作为交易的第三方出现的，即充当了商家与客户中间人的角色。作为买方的代理人，他以前的经历和对特定专业知识的快速学习使他具有较强的信息优势，这既包括专业知识和买卖交易时的信息，也包括卖家的心理活动等信息，而这些信息是普通人所不具备的。正是这些信息优势，使邹诚挚作为交易的第三方在一定程度上降低了商家与客户交易双方的信息不完全的程度，并最终取得了砍价的成功。

(资料来源：金雪军，《西方经济学案例》，浙江大学出版社2004年版)

31.3 任务分析

在"非典"期间，一些药品、蔬菜的价格成倍上涨的原因，一是由于这部分商品需求的陡增，使供应商成为一种市场势力，在一定程度上控制了市场抬高价格。二是由于信息不完全，或者说信息不对称。俗话说，从北京到南京，买的没有卖的精明。消费者再善于砍价，最后还是会给商家留下客观的利润空间。"非典"流行之后，各种谣言在民间流传，在相当程度上干扰了正常的市场信息传播。尤其是在4月下旬的头几天，有关北京要封城、要戒备森严之类的谣言满天飞，加剧了人们原本就有的恐慌心理，从而出现波及全市的抢购风潮。一些卖菜的小贩有意趁火打劫，言之凿凿地称"明天就没地儿进菜了"，使这种信息的扭曲、失真达到了空前高度。市场失灵的另一个表现是以伪劣商品冒充合格商品。商家以假乱真和以次充好的主要原因也是信息不对称，普通消费者几乎没有能力辨别药材之类商品的真伪和好坏。

市场失灵意味着看不见的手不能正常发挥作用了。这时，看得见的手就要出面矫正市场失灵，这就是政府的调控和管制。我们看到，"非典"疫情加重以后，政府在这方面做了大量工作。首先是价格管制，其次是组织货源增加供应，再来通过官方新闻发布会以及新闻媒体的报道澄清事实，消除谣言，这正是改变信息不对称、不完全状况的重要手段。

技 能 训 练

一、单项选择题
1. 公共物品不具备以下特性(　　)。
 A. 非排他性　　　　　　B. 竞争性　　　　　　C. 排他性
2. 具有非排他性和竞争性的物品是(　　)。
 A. 公共资源　　　　　　B. 私人物品　　　　　　C. 纯公共物品
3. 周围人吸烟会给你带来危害，这属于(　　)。
 A. 生产正外部性　　　　B. 消费正外部性　　　　C. 消费负外部性

4. 针对垄断原因导致的市场失灵，政府干预的方式主要有（　　）。
   A. 制定反垄断法　　　B. 实行"内部化"政策　　C. 界定产权

二、判断题

1. 同国防、外交一样，有线电视也属于纯公共物品。　　　　　　　　（　　）
2. 所有给交易双方之外的第三方造成的影响都属于外部性。　　　　（　　）
3. 逆向选择和道德风险问题普遍存在的原因是外部性。　　　　　　（　　）
4. 当市场失灵时，政府干预就能实现资源的最优配置即达到帕累托最优状态。
　　　　　　　　　　　　　　　　　　　　　　　　　　　　　　（　　）

三、技能分析

1. 2003年7月14日，家住北京市东城区的朱大爷因发现院内水管漏水，便在没有征得邻居同意的情况下，自行请人对自来水管线进行了检测，并交纳了检测费100元。为了收回每户该分摊的7.14元检测费，朱大爷费尽口舌却没有结果，于是便告到了法院。东城区法院审理后，从法理上认定朱大爷在未得到他人授权的情况下，"擅自主张"检测水管，邻居完全有理由拒绝朱大爷分摊检测费的要求。然而，从更深的层面上讲，朱大爷的败诉是由公共物品自身性质决定的。

（资料来源：郭万超、辛向阳，《轻松学经济》，对外经贸大学出版社2005年版）

请问：

（1）漏水的水管是否属于公共物品？为什么？

（2）公共物品何以导致市场失灵？

（3）用经济学原理解释朱大爷败诉的原因。

2. 上游化工厂排放的废水给下游渔民造成了15000元的损失。如果双方谈判的成本是每方承担5000元，界定产权对该问题的解决是否有效？若成本是每方承担20000元时呢？

四、单项实训

1. 辩论赛——高速公路该不该收费

实训要求：

（1）阅读背景资料"我国高速公路的收费"。

2012年10月1日是高速公路首个免费通行日，据中央电视台报道，各地选择在9月30日出行的人们大多陷入一场空前的拥堵当中。

路堵，出行游玩或回家团聚的人们心里更堵，有人调侃称这是在"免费添堵"。

据传经济学家李稻葵就此评论：长假高速免费？我们在创造吉尼斯纪录。这是世界愚蠢政策的新纪录！价格是社会协调机制，高速免费等于动员大家1、2、3一起上路堵车！今日中国，有车族不是最低收入层。真为了民生，为何不宣布长假高速涨价50%，所有增加的收费分给100个贫困县，扶贫办学，建航母也行。实在想不出比免费更馊的主意了？太有才了！

而经济学家马光远对此评论称："一，长假涨价50%和免费其实都很愚蠢，涨价物流成本最终是老百姓埋单，就不能正常点，不涨价不降价？涨价为了啥，为了不让回家过节？二，政府没有节假日的定价权，因为高速大多不属于政府资产；三，即使涨价，增加的费用为何要扶贫？为何办学？扶贫、办学、航母要靠涨价来搞？还有比这更愚蠢的政策？"

公说公有理，婆说婆有理。我看谁都没有错，错在没有免费通行的高速公路！

高速公路究竟该不该免费，可能首先还是要弄清楚：高速公路究竟是属于全民所有的公共设施呢，还是属于企业向社会提供服务的生产资料？

如果属于公共设施则应该由政府投资，归全民所有，就不应该收费，或者是还完贷款后就停止收费；如果属于企业向社会提供服务的生产资料，那就应该收费。企业就是以赢利为目的，追求利润最大化是企业性质所定。因此，政府就无权要求企业在什么时候免费向社会开放。

其实现在最需要讨论研究的是：把高速公路当做谋取企业利益的生产资料，由企业来经营管理合不合理？是不是有公权出租，损害全民利益的嫌疑？是不是应该随着改革的发展，逐步收回高速公路的所有权归全民所有？

很多人认为，作为社会主义国家，党和政府的责任就是为人民大众某福利，既然市政设施都向全民免费提供，那么同样直接关乎人民群众日常生活的公路，不管是普通公路还是高速公路，都应该对人民群众免费开放，或者是按车/月收取一定的公路建设基金后，免费开放。

（2）学生分成偶数组，两两对弈，双方各自持不同观点，准备资料并进行讨论。

（3）教师主持辩论赛，并选出获胜者，进行点评。借此让学生充分讨论公共产品（半公共产品）与政府的关系。

2. 实地考察——二手车市场考察分析

实训要求：

（1）学生以小组为单位，对二手车市场进行调查。

（2）小组讨论二手车市场出现失灵的原因，并提出治理逆向选择的可行性方法及策略。

（3）各小组写成书面调查报告，并派代表陈述主要观点。

（4）教师对各小组的讨论结果进行归纳和点评。

项目八　推开宏观经济之窗

学习目标

知识目标：

1. 了解国内生产总值、国民生产总值、国民收入、总需求、总供给、投资乘数等基本概念。
2. 掌握消费、储蓄与投资的关系，掌握宏观经济均衡的条件以及国内生产总值的计算方法，学会运用乘数原理。

能力目标：

1. 能运用所学原理解读国家的经济运行。
2. 能运用乘数原理对重大投资项目对于社会的发展做出初步的预测。

中国 GDP 超越日本

2010 年，中国 GDP 同比增长 10.3%，超过 39.7 万亿元，在金融危机后重拾两位数增长。在西方经济分析人士看来，这一数据有些"出人意料"。美联社说，在中国国家主席胡锦涛成功访美之际，该消息凸显了复苏强劲的中国与依然步履蹒跚的美欧经济体之间的差异。两位数的增速足以确保中国从日本头上抢过其戴了 42 年的"世界第二大经济体"的帽子。虽然世界近年对"GDP"争议颇多，认为它不够全面和科学，有批评者甚至将其形容为让美国制造出原子弹的"曼哈顿计划"，不过日本舆论对"中日经济地位逆转"的沮丧是实实在在的。在更科学的统计方式出来之前，GDP 仍被看成是衡量各国实力的最"硬"指标。

任务三十二　掌握国民收入核算理论与方法

学习目标

1. 了解国内生产总值的定义，能理解国内生产总值概念的含义。
2. 了解国民收入指标体系的内容和相关概念以及它们之间的关系。
3. 掌握国民收入核算基本理论与方法，能进行简单的相关计算。

32.1 任务描述

广州的发达

2013年广州GDP破1.5万亿，同比增加11.6%。这一成绩比2013年初定下的地区生产总值增长10%的目标高出了1.6个百分点，也明显高于全国(7.7%)、全省(8.5%)的增速。

一夜之间，广州"站在了现代化的门槛上"，各大媒体的重要版面纷纷为"广州的发达"留出一席之地，一时之间，因了广州率先迈入"发达"之列，神州大地也跟着一片欢腾。然而这欢腾中却也不乏反对之音，许多明眼人士指出，广州的这一统计数字是以户籍人口为分母，而忽略了对GDP同样作出贡献的外来劳动者，即占广州近一半的外来劳动者只被作为创造GDP的分子，而不作为这一"人均数字"的分母来享受分配。于是，广州的人均GDP过万美元的神话被人直指虚假，舆论又是一片哗然。

赞成也好，反对也罢，引起这轩然大波的就是国人向来唯其马首是瞻的GDP。那么，什么是GDP？它能衡量什么？不能衡量什么？GDP与中国的国情国力、国事国策、国际影响之间，有着怎样的互动关系？

(资料来源：中国新闻网，http://finance.chinanews.com/cj/2014/01-22/5765178.shtml，2014-02-22)

32.2 任务精讲

众所周知，美国是当今世界上经济实力最强的国家，属于发达国家，而我国则属于发展中国家，但是经济发展非常快，经济实力正在不断增强。在日常生活中，人们经常谈到一个国家的经济实力，经常把多个国家的经济实力作比较。那么，我们评价一个国家经济实力强弱的依据是什么呢？

宏观经济学以整个国民经济活动作为考察对象，其核心理论是国民收入决定理论。要想从总体上把握整个国民经济活动，就必须要有一套定义和计量总产出或总收入的方法，这套方法即通常所说的国民收入核算体系。经济学已经建立一整套相对科学、系统和合理的国民收入核算体系，目前世界上绝大多数国家均采用1993年经联合国修订的《国民经济核算体系》。

32.2.1 国内生产总值的含义

国内生产总值(Gross Domestic Product，简称GDP)是指在一定时期内(一个季度或一年)，一个国家或地区的经济中所生产出的全部最终产品和劳务的价值，常被公认为衡量国家经济状况的最佳指标。它不但可反映一个国家的经济表现，还可以反映一国的国力与财富。GDP这个定义，包含以下几个方面的意思：

第一，国内生产总值是一个市场价值的概念。各种最终产品的价值都是用货币加以衡量的。产品市场价值就是用这些最终产品的单位价格乘以产量而获得的。假如某个国家一年生产10万件上衣，每件上衣售价50美元，则该国一年生产上衣的市场价值就是500万美元。

第二，国内生产总值测度的是最终产品的价值，中间产品的价值则不计入国内生产总值,否则就会造成重复计算。一般根据产品的实际用途,可以把产品分为中间产品和最终产品。所谓最终产品,是指在一定时期内生产的可供人们直接消费或者使用的物品和服务。这部分产品已经到达生产的最后阶段,不能再作为原料或半成品投入其他产品和劳务的生产过程中去,如消费品、资本品等。中间产品是指为了再加工或者转卖用于供别种产品生产使用的物品和劳务,如原材料、燃料等。

举个例子,假定一件上衣从生产到消费者最终使用共要经过五个阶段:种棉、纺纱、织布、制衣、销售。假设棉花的价值为15美元,并假定它都是当年新生产的价值,不再包含为生产棉花所花费的化肥、种子等价值。再假定纺纱厂买进棉花纺织成纱的售价为20美元,于是纺纱厂生产的新价值就是5美元,即增值5美元;织布厂买进棉纱织成布的售价为30美元,于是织布厂生产的新价值是10美元,即增值10美元;制衣厂买进布匹制成成衣再卖给售衣商的价格为45美元,于是制衣厂生产的新价值是15美元,即增值15美元;售衣商将成衣卖给消费者的价格为50美元,于是售衣商在销售中增值了5美元。这样一来,衣服这种最终产品的价值恰好等于服装生产销售所经历的五个阶段所增加的价值,这可以从表32-1中看出。

表32-1　　　　　　　　　服装生产过程中的价值增值　　　　　　　　　(单位:美元)

项　目	棉花	棉纱	棉布	制衣	销售
投入的中间产品的价值	0	15	20	30	45
产品的售价	15	20	30	45	50
新增的价值	15	5	10	15	5

由表32-1可见,这件上衣在5个阶段中新创造的价值共计:$15+5+10+15+5=50$美元,正好等于这件上衣的最后售价。因此,如果我们要计算这一时期生产的价值,可以采用两种方法:一是计算所生产出来的最终产品的价值;二是计算这一最终产品生产过程中新增加的价值,二者一定相等。

如果我们把投入的中间产品的价值也计算进去,必然会产生重复计算的问题。例如,如果把棉花、棉纱、棉布以及制衣的价值都算进这个时期的生产价值,则其总额就会变为:$15+20+30+45+50=160$美元。结果,棉花的价值被重复计算了四次,棉纱的价值被重复计算了三次,棉布的价值被重复计算了两次,制衣的价值也被重复计算了一次。要避免这一弊病,只要从这个时期所出售的全部产品的价值中减去中间产品的价值,就能得到这一时期所生产的最终产品的价值。在上例中,最终产品的价值就是$160-(15+20+30+45)=50$美元。

在这里,要弄清楚什么是最终产品、什么是中间产品是极其重要的。在上例中,出售给消费者的服装就是最终产品,可见二者不是从产品的本身物质属性来区分的,而是从它在生产循环流转中的功能来区分的。一块布卖给制衣厂作原料,是中间产品,卖给家庭主妇直接制衣就是最终产品了。根据不重复出售这个定义,一般把用做个人消费、投资、政府购买和出口的产品称为最终产品。作投资用的产品如一台机器卖给某个企业作设备，看来似乎是用于生产别种产品的中间产品，但是由于它不再出售，因而还是最终产品，这和用做原料的中间产品不同。此外，在企业年终盘存的时候，库存货物也被当做是最终产品，它可以看做是企业自己最终卖给自己的最终产品，计算国内生产总值时也应该把库存的产品的价值计入。

第三，国内生产总值是一定时间内所生产的而不是所销售的最终产品的市场价值。假定今年某国所销售的货物为1000亿美元，但是其中50亿美元的产品是去年生产的，则计算今年的国内生产总值时，这50亿美元的产品的价值就不能计算在内，而应该从1000亿美元中扣除出去，因为这50亿美元已经作为去年的存货投资计算到去年的国内生产总值中去了。同样，假如今年生产了1000亿美元的产品，只卖掉了900亿美元，则所余的100亿美元库存同样应该计算到今年的国内生产总值。根据上述的道理，假定某国今年出售的最终产品为1000亿美元，上年留下的库存为50亿美元，今年留作库存为100亿美元，则可知今年生产的国内生产总值为1050亿美元。总之，今年生产的最终产品价值等于今年售卖的最终产品的价值减去上年库存，而加进今年库存的价值。

国内生产总值是计算期内生产的最终产品的价值，因而是流量而不是存量。流量是指一定时期内发生的变量，存量是指一定时点上存在的变量。例如，某人花20万美元买了一幢旧房，这20万美元就不能计入国内生产总值，因为在它的生产年份，其价值已经被计入国内生产总值了。但是买卖这幢旧房的经纪人的手续费则可以计入国内生产总值，因为这笔费用是经纪人买卖旧房的过程中所获得的劳务报酬。

第四，国内生产总值是指一个国家领土内所生产的产品和劳务，既包括本国企业所生产的产品和劳务，也包括外国企业在本国生产的产品和劳务。例如日本公民在我国工作所获得的收入就应该计入到我国的国内生产总值中，但是它不计入日本的国内生产总值。

第五，国内生产总值一般仅仅是指为了市场而生产的物品和劳务的价值，而非市场活动则不包括在内。在我们的现实生活中，许多产品和劳务虽然对于人们的经济福利也很有关系，但是如果不是市场交换活动，就不能包括在国内生产总值中。自给自足的生产，慈善机构的活动，在家中做饭和打扫卫生的活动等，都不能计入国内生产总值中。例如，一个人花钱请人当保姆，那么保姆的收入就应该计入到国内生产总值中；而如果该主人和保姆结婚了，这位妻子的生活费也许和她当保姆时的收入一样多，但是由于不再是市场交易活动，因而就不能够再计入到国内生产总值。

第六，国内生产总值仅仅是一定时期内生产的价值，所以包含时间的因素。因为国内生产总值统计的复杂性，所以一般来说，各个国家都将一年的时间作为一个统计周期，当然在不同的地区有的也会将季度、月作为统计周期。

 想一想

下列项目是否应当计入GDP？
①银行助学贷款的利息；
②私人向贫困大学生的捐赠；

③妻子从事的家务劳动；
④保姆从事的家务劳动；
⑤政府的转移支付；
⑥一个厨师在自己家里烹调食物；
⑦某企业在当年年底生产的但没有销售出去的 20 万件成衣；
⑧某人从市场买来一辆已经用了 5 年的二手车；
⑨某面包店为生产面包而购买了 10 斤面粉。

分析提示

根据 GDP 的含义可以知道，①、④、⑦应该计入 GDP，而其他项不应计人。

一国的 GDP 与其公民的生活水平密切相关

确定 GDP 有用性的一个方法是把 GDP 作为经济福利的衡量指标来考察国际数据。富国与穷国人均 GDP 水平差异巨大。如果高的 GDP 导致了高的生活水平，那么，我们就应该看出 GDP 与生活质量的衡量是密切相关的。而且，事实上我们也是这样做的。在美国、日本和德国这样一些富国，人们预期可以活到 70 多岁，而且，几乎所有的人都识字。而在一些穷国，人们一般只能活到 50 多岁，而且，只有一半的人识字。尽管生活质量其他方面的数据还不完全，但这些数字也说明了类似的情况。在人均 GDP 低的国家出生的婴儿往往体重轻，婴儿死亡率高，母亲生孩子时死亡率高，儿童营养不良的比率高，而且，不能普遍得到安全的饮用水。在人均 GDP 低的国家，学龄儿童实际在校上学的人少，而且上学的儿童也只有靠很少的教师来学习。这些国家往往拥有的收音机少、电视少、电话少、铺设的道路少，而且，有电器的家庭也少。国际数据无疑表明，一国的 GDP 与其公民的生活水平密切相关。

32.2.2 名义国内生产总值和实际国内生产总值

一个社会经济体系生产千千万万种的物品和劳务，它们之所以能加总统计，就是因为都用货币来衡量其价值。例如，每公斤香蕉 0.20 美元，每公斤柑橘 0.22 美元。这样，各种不同的货物的价值才可以比较并合计。每种最终产品的市场价值就是用各种产品和劳务的单位价格乘以产量获得的。把所有最终产品的市场价值加总起来就是国内生产总值。

由于国内生产总值的核算中有价格乘以产量的关系，因此，产量和价格的变动都会使国内生产总值变动。但是人们的物质福利只与所生产的物品与劳务的数量和质量有关系。如果产品和劳务的数量和质量不变，而价格提高一倍，国内生产总值就会增加一倍，但人们的物质福利并未增加。为此，我们有必要把国内生产总值变动中的价格因素抽象出来，只研究产品和劳务的数量变化。这就要区别名义国内生产总值和实际国内生产总值这两个概念。

名义国内生产总值是指用生产物品和劳务的当年价格计算的全部最终产品的市场价值。实际国内生产总值是指用以前某一年作为基期的价格计算出来的全部最终产品的市场价值。假设某国的最终产品以香蕉和上衣代表。两种物品在2008年(现期)和1998年(基期)的价格分别如表32-2所示，则以1998年价格计算的2008年实际国内生产总值为260万美元。

表32-2　　　　　　　　　　　　名义 GDP 和实际 GDP

	1998年的名义 GDP	2008年的名义 GDP	2008年的实际 GDP
香蕉	15万单位×1美元 =15万美元	20万单位×1.5美元 =30万美元	20万单位×1美元 =20万美元
上衣	5万单位×40美元 =200万美元	6万单位×50美元 =300万美元	6万单位×40美元 =240万美元
合计	215万美元	330万美元	260万美元

某个时期名义国内生产总值和实际国内生产总值之间的差，可反映出这一时期和基期相比的价格变动程度，因为通过计算名义国内生产总值的比率，可计算出价格变动的百分比。

在上例中，$\frac{330}{260}=126.9\%$，说明从1998—2008年该国的价格水平上涨了26.9%。

32.2.3　国民收入指标体系

国民收入的指标体系中，除了上面说过的国内生产总值(GDP)之外，还包括国内生产总值(GNP)、国内生产净值(NDP)、国民收入(NI)、个人收入(PI)、个人可支配收入(PDI)。它们之间也存在一定的关系，下面分别进行讨论。

(1) 国民生产总值(GNP)

国民生产总值是指一个经济社会在某一给定的时期内由一国所拥有的全部生产要素所生产的全部最终产品和劳务的市场价值总和，简称GNP。国民生产总值和国内生产总值这两个统计指标在统计思想上反映了是按国土原则还是按国民原则进行统计的区分。国民生产总值测量一国居民的收入，是按国民原则进行统计，包括本国公民从国外取得的收入，但不包括外国居民在本国取得的收入。

国民生产总值和国内生产总值的关系如下：

国民生产总值=国内生产总值+本国公民在国外生产的最终产品的价值总和-外国公民在本国生产的最终产品的价值总和

在1991年11月之前，美国均是用GNP作为对经济总产出的基本衡量指标。后来改用了GDP，现在大多数国家都采用GDP，主要原因如下：

① 一般来说，一个国家的对外开放程度越大，用GDP作为衡量指标就越具有科学性。在当今世界，国际贸易在各国经济中越来越重要，许多国家对外贸易的比例在不断增加，因此，大多数国家都采用GDP。

②由于国外要素收入的数据不足，而 GDP 的数据则比较容易获得，于是采用 GDP。

③GDP 相对于 GNP 来说是国内就业潜力的更好的衡量指标（本国利用外资的时候解决的是本国的就业问题）。

(2) 国内生产净值(NDP)

国内生产净值(Net Domestic Product)简称 NDP，是指在一个国家或地区里，在一定时期内所生产的最终产品和劳务按市场价格计算的净值，以及新增加的产值。NDP 是按市场价格计算的国内生产净值的简称，等于国内生产总值减去所有常住单位的固定资产折旧，即 NDP = GDP - 资本折旧(depreciation)。

(3) 国民收入(NI)

这里说的国民收入是狭义的国民收入，是指一个国家在一定时期内用于生产产品与提供劳务的各种生产要素获得报酬和收入的总和。国民收入与国民生产净值的区别是：从理论上来讲，前者是从分配的角度考察的，后者是从生产的角度考察的；从数量上来讲，国民收入等于国民生产净值减去企业间接税加上政府津贴。间接税从形式上看是由企业负担的，实际上间接税附加在成本上，在销售的时候转移出去了。间接税作为产品的价格附加，既不是任何生产要素提供的，也不能为任何生产要素所获得，因此在计算国民收入时要扣除。政府津贴是国家对产品售价低于生产要素成本价格的企业的补贴，目的是弥补企业的损失来维持这种产品的生产，属于企业生产要素的收入。因此在计算国民收入时要从间接税中扣除政府补贴。

用公式表示为：

$$国民收入 = 国民生产净值 - 企业间接税 + 政府津贴$$

(4) 个人收入(PI)

个人收入是指一个国家在一定时期内，个人从各种来源所得到的收入的总和。它包括劳动收入、企业主收入、租金收入、利息和股息收入、政府转移支付收入和企业转移支付收入等。个人收入与国民收入的区别在于：国民收入中有一部分不分配给个人，如利润收入中要给政府缴纳公司所得税，公司还要留下一部分利润，另外职工收入中也要有一部分以社会保险费的形式上缴有关机构，这些都不构成个人收入。而个人收入中通过再分配的渠道取得的部分，如人们以各种形式从政府和企业那里得到的转移支付，则不属于国民收入。

个人收入的构成可用公式表示：

$$个人收入 = 国民收入 - (公司未分配利润 + 公司所得税 + 公司和个人缴纳的社会保障费) + (政府对个人支付的利息 + 政府对个人的转移支付 + 企业对个人的转移支付)$$

(5) 个人可支配收入(DPI)

个人可支配收入是指一个国家所有的个人在一定时期内所得到的收入总和减去个人或家庭纳税部分后实际得到的由个人自由使用的收入。个人收入并不是人们实际得到的、可任意支配的款项，它必须扣除个人所得税后才能归个人自由支配。

个人可支配收入一方面是用于个人消费，它包括食品、衣物、居住、交通、文娱和其他杂项方面的支出；另一方面用于个人储蓄，它包括个人存款、个人购买债券等。个人可支配收入用公式表示为：

个人可支配收入=个人收入−个人所得税=个人消费支出+个人储蓄

2001年年初《北京晚报》报道,2000年北京的人均GDP达到了2700美元,按当时人民币与美元1比8的汇率来简单换算,约为2万余元。不少读者给报社打电话说,前几天刚报道过北京人均年收入为1万余元,现在却翻了一番,这是怎么回事呢?

分析提示

新闻中所报道的2000年人均GDP为2700美元就是指人均实际GDP,即扣除了通货膨胀的影响。人均实际GDP反映出一国的富裕程度。世界银行在比较各国的总体经济状况与规模时按实际GDP排序,在比较各国的富裕程度时按人均实际GDP排序。在国民收入核算中还有其他四个指标,这些指标都可以根据GDP推算出来。国内生产净值(NDP)指一国一年新增加的产值。我们知道,在一国一年所生产的最终物品中有一部分要用于补偿生产中所消耗的东西(称为折旧),减去这一部分后才是净增加值。因此,从GDP中减去折旧后才是NDP。

国内生产净值(NDP)并不是国民收入(NI),简单来说要从NDP中减去间接税才是国民收入。间接税是税收负担不由纳税人承担的税收。例如,对汽油征收的销售税。汽油生产者和销售者是纳税人,但他们可以通过提价把税收全部或部分转嫁给消费者,消费者承担了全部或部分税收,这种税就是间接税。国民收入是一国居民提供各种生产要素得到的各种收入之和。从生产者的角度看就是生产成本,GDP是按市场价格计算的,而价格等于生产成本加间接税,因此,从NDP中推算出国民收入时还要减去间接税。我们经常听到人均国民收入这个词,严格来说,人均GDP不等于人均国民收入。有时媒体把这两个概念等同起来,并不是一种准确的说法。只不过习惯成自然,大家也接受了。

表32-3　　　　　　　　中国国内生产总值一览(2000—2011)

年份	初步核算数				最终核实数				初步核算		最终核实	
	亿元	名义%	实际%	人均(元)	亿元	名义%	实际%	人均(元)	亿美元	人均(美元)	亿美元	人均(美元)
2000	89404	9.0	8.0	7081	99215	10.6	8.4	7.858	10800	855	11985	949
2001	95933	7.3	7.3	7543	109655	10.5	8.3	8622	11590	911	13248	1042
2002	102398	6.7	8.0	7997	120333	9.7	9.1	9398	12371	966	14538	1135
2003	116694	14.0	9.1	9057	135823	12.9	10.0	10542	14099	1094	16410	1274

续表

年份	初步核算数				最终核实数				初步核算		最终核实	
	亿元	名义%	实际%	人均（元）	亿元	名义%	实际%	人均（元）	亿美元	人均（美元）	亿美元	人均（美元）
2004	136515	17.0	9.5	10533	159878	17.7	10.1	12336	16494	1273	19316	1490
2005	182321	33.6	9.9	13985	184937	15.7	11.3	14185	22257	1707	22576	1732
2006	209407	14.9	10.7	15973	216314	17.0	12.7	16500	26268	2004	27135	2070
2007	246619	17.8	11.4	18713	265810	22.9	14.2	20169	32433	2461	34957	2652
2008	300670	21.9	9.0	22698	314.045	18.1	9.6	23708	43292	3268	45218	3414
2009	335353	11.5	8.7	25191	340903	8.6	9.2	25608	49093	3688	49905	3749
2010	397983	18.7	10.3	29728	401513	17.8	10.4	29992	58791	4391	59312	4430
2011	471564	18.5	9.2	35083					73011	5432		

（资料来源：中国国家统计局，2011年1月17日）

 小案例

GDP不是万能的，但没有GDP是万万不能的

越来越多的人包括非常著名的学者，对GDP衡量经济增长的重要性发生了怀疑。斯蒂格利茨曾经指出，如果一对夫妇留在家中打扫卫生和做饭，这将不会被列入GDP的统计之内，假如这对夫妇外出工作，另外雇人做清洁和烹调工作，那么这对夫妇和佣人的经济活动都会被计入GDP。说得更明白一些，如果一名男士雇佣一名保姆，保姆的工资也将计入GDP；如果这位男士与保姆结婚，不给保姆发工资了，GDP就会减少。1998年湖北发了大水，遭了大灾，湖北的经济增长速度却提高到了13%。基于以上的分析，三位学者深刻地指出："平心而论，GDP并没有定义成度量财富或福利的指标，而只是用来衡量那些易于度量的经济活动的营业额"。需要进一步指出的是，国内生产总值中所包括的外资企业虽然在我们境内从统计学的意义上给我们创造了GDP，但利润却是汇回到他们自己的国家的。一句话，他们把GDP留给了我们，把利润转回了自己的国家，这就如同在天津打工的安徽民工把GDP留给了天津，把挣的钱汇回了安徽一样。看来GDP只是一个"营业额"，不能反映环境污染的程度，不能反映资源的浪费程度，看不出支撑GDP的"物质"内容。在当今中国，资源浪费的亮点工程、半截子工程，都可以算在GDP中，都可以增加GDP。尽管GDP存在着种种缺陷，但这个世界上本来就不存在一种包罗万象、反映一切的经济指标，在我们现在使用的所有描述和衡量一国经济发展状况的指标体系中，GDP无疑是最重要的一个指标。正因为有这些作用，所以说GDP不是万能的，但没有GDP是万万不能的。

关于 GDP 的故事

一位德国学者和两位美国学者在合著的《四倍跃进》一书中,对 GDP 这样描写道:"乡间小路上,两辆汽车静静驶过,一切平安无事,它们对 GDP 的贡献几乎为零。但是,其中一个司机由于疏忽,突然将车开向路的另一侧,连同到达的第三辆汽车,造成了一起恶性交通事故。'好极了',GDP 说。因为,随之而来的是:救护车、医生、护士、意外事故服务中心、汽车修理或买新车、法律诉讼、亲属探视伤者、损失赔偿、保险代理、新闻报道、整理行道树等,所有这些都被看做是正式的职业行为,都是有偿服务。即使任何参与方都没有因此而提高生活水平,甚至有些还蒙受了巨大损失,但我们的'财富'——所谓的 GDP 依然在增加。"他们在最后指出:"平心而论,GDP 并没有定义成度量财富或福利的指标,而只是用来衡量那些易于度量的经济活动的营业额。"

绿色 GDP

绿色 GDP,指用以衡量各国扣除自然资产损失后新创造的真实国民财富的总量核算指标。简单地讲,就是从现行统计的 GDP 中,扣除由于环境污染、自然资源退化、教育低下、人口数量失控、管理不善等因素引起的经济损失成本,从而得出真实的国民财富总量。

在过去的 20 多年里,中国是世界上经济增长最快的国家之一。世界银行的统计显示,从 1978 年以来,中国平均 GDP 增长率达到 9.83% 的高速经济增长,在全球 206 个国家和地区居于第 2 位(仅次于非洲资源国家博茨瓦纳)。但是,由于中国资源的浪费、生态的退化和环境污染的严重,在中国经济增长的 GDP 中,至少有 18% 是依靠资源和生态环境的"透支"获得的。

中国正在竭力应对经济高速发展带来的环境后果,正在大力倡导科学发展和可持续发展,"绿色 GDP"正越来越受到关注和重视。

32.2.4 国内生产总值的核算方法

GDP 核算有三种方法,即支出法、生产法和收入法,三种方法从不同的角度反映了国民经济生产活动成果。

(1)用支出法核算 GDP

用支出法核算 GDP,就是从产品的使用出发,把一年内购买的各项最终产品的支出加总而计算出该年内生产的最终产品的市场价值。这种方法又称最终产品法、产品流动法。从支出法来看,国内生产总值包括一个国家(或地区)所有常住单位在一定时期内用于最终消费、资本形成总额,以及货物和服务的净出口总额,它反映本期生产的国内生产总值的使用及构成。

如果用代表各种最终产品的产量 P_1，P_2，…，P_n，代表各种最终产品的价格，则使用支出法核算 GDP 的公式是：

$$Q_1P_1 + Q_2P_2 + \cdots + Q_nP_n = GDP$$

在现实生活中，产品和劳务的最后使用，主要是居民消费、企业投资、政府购买和出口。因此，用支出法核算 GDP，就是核算一个国家或地区在一定时期内居民消费、企业投资、政府购买和净出口这几方面支出的总和。

①居民消费(用字母 C 表示)，包括购买冰箱、彩电、洗衣机、小汽车等耐用消费品的支出、服装、食品等非耐用消费品的支出以及用于医疗保健、旅游、理发等劳务的支出。建造住宅的支出不属于消费。

②企业投资(用字母 I 表示)，是指增加或更新资本资产(包括厂房、机器设备、住宅及存货)的支出。投资包括固定资产投资和存货投资两大类。固定资产投资指新造厂房、购买新设备、建筑新住宅的投资。为什么住宅建筑属于投资而不属于消费呢？因为住宅像别的固定资产一样是被长期使用、慢慢地消耗的。存货投资是企业掌握的存货(或称成为库存)的增加或减少。如果年初全国企业存货为 2000 亿美元而年末为 2200 亿美元，则存货投资为 200 亿美元。存货投资可能是正值，也可能是负值，因为年末存货价值可能大于也可能小于年初存货。企业存货之所以被视为投资，是因为它能产生收入。从国民经济统计的角度看，生产出来但没有卖出去的产品只能作为企业的存货投资处理，这样从生产角度统计的 GDP 和从支出角度统计的 GDP 是相一致的。

计入 GDP 中的投资是指总投资，即重置投资与净投资之和，重置投资也就是折旧。

投资和消费的划分不是绝对的，具体的分类则取决于实际统计中的规定。

③政府购买(用字母 G 来表示)，是指各级政府购买物品和劳务的支出，它包括政府购买军火、军队和警察的服务、政府机关办公用品与办公设施、举办诸如道路等公共工程、开办学校等方面的支出。政府支付给政府雇员的工资也属于政府购买。政府购买是一种实质性的支出，表现出商品、劳务与货币的双向运动，直接形成社会需求，成为国内生产总值的组成部分。政府购买只是政府支出的一部分，政府支出的另一部分如政府转移支付、公债利息等都不计入 GDP。政府转移支付是政府不以取得本年生产出来的商品与劳务的作为报偿的支出，包括政府在社会福利、社会保险、失业救济、贫困补助、老年保障、卫生保健、对农业的补贴等方面的支出。政府转移支付是政府通过其职能将收入在不同的社会成员间进行转移和重新分配，将一部分人的收入转移到另一部分人手中，其实质是一种财富的再分配。有政府转移支付发生时，即政府付出这些支出时，并不相应得到什么商品与劳务，政府转移支付是一种货币性支出，整个社会的总收入并没有发生改变。因此，政府转移支付不计入国内生产总值中。

④净出口(用字母 $X-M$ 表示，X 表示出口，M 表示进口)是指进出口的差额。进口应从本国总购买中减去，因为进口表示收入流到国外，同时，也不是用于购买本国产品的支出；出口则应加进本国总购买量之中，因为出口表示收入从外国流入，是用于购买本国产品的支出，因此，净出口应计入总支出。净出口可能是正值，也可能是负值。

把上述四个项目加起来，就是用支出法计算 GDP 的公式：

$$GDP = C+I+G+(X-M)$$

若某国某年度国内个人消费量为 4000 亿元,私人投资量为 1000 亿元,政府购买量为 600 亿元,出口量为 400 亿元,进口量为 300 亿元,则该国当年 GDP = 4000+1000+600+(400−300) = 5700 亿元。

 小知识

表 32-4　　　　　　　　支出法核算的美国 GDP 数据

时间	2005 1Q	2005 2Q	2005 3Q	2005 4Q	2006 1Q	2006 2Q	2006 3Q	2006 4Q
实际 GDP	100.00%	100.00%	100.00%	100.00%	100.00%	100.00%	100.00%	100.00%
实际个人消费	70.91%	70.08%	71.03%	70.86%	70.73%	70.73%	70.88%	71.19%
耐用消费品	10.23%	10.46%	10.58%	10.19%	10.52%	10.45%	10.56%	10.61%
非耐用消费品	20.54%	20.62%	20.58%	20.69%	20.70%	20.65%	20.62%	20.79%
服务	40.27%	40.18%	40.08%	40.10%	39.72%	39.83%	39.71%	40.00%
实际私人投资	16.95%	16.66%	16.70%	17.26%	17.35%	17.29%	17.17%	16.38%
实际私人固定投资	16.41%	16.69%	16.77%	16.82%	16.92%	16.74%	16.61%	16.12%
实际私人非住宅投资	10.99%	11.04%	11.09%	11.18%	11.39%	11.44%	11.66%	11.50%
实际私人住宅投资	5.34%	5.54%	5.58%	5.54%	5.47%	5.27%	4.98%	4.69%
实际企业库存变化	0.51%	−0.07%	−0.11%	0.39%	0.36%	0.47%	0.48%	0.19%
实际出口净额	−5.74%	−5.51%	−5.47%	−5.70%	−5.63%	−5.48%	−5.49%	−5.06%
实际出口总额	10.67%	10.83%	10.80%	11.00%	11.22%	11.31%	11.45%	11.67%
实际进口总额	16.41%	16.33%	16.27%	16.71%	16.84%	16.80%	16.94%	16.73%
实际政府采购	17.84%	17.75%	17.71%	17.59%	17.56%	17.48%	17.47%	17.51%
实际联邦政府采购	6.60%	6.56%	6.64%	6.54%	6.58%	6.47%	6.46%	6.49%
实际州及地方政府采购	11.24%	11.19%	11.07%	11.05%	10.98%	11.02%	11.01%	11.02%

(资料来源：Bloomberg，申银万国研究所)

(2) 用收入法核算 GDP

用收入法核算 GDP，就是从收入的角度，把生产要素在生产中所得到的各种收入相加来计算 GDP，即把劳动所得到的工资、土地所有者得到的地租、资本所得到的利息以及企业家才能得到的利润相加来计算 GDP。这种方法又叫要素支付法、要素成本法。

在没有政府的简单经济中，企业的增加值即其创造的国内生产总值，就等于要素收入加上折旧，但当政府介入后，政府往往征收间接税，这时的 GDP 还应包括间接税和企业转移支付。间接税是对产品销售征收的税，它包括货物税、周转税。这种税收名义上是对企业征收，但企业可以把它打入生产成本之中，最终转嫁到消费者身上，故也应视为成本。同样，还有企业转移支付（即企业对非营利组织的社会慈善捐款和消费者呆账），它也不是生产要素创造的收入，但要通过产品价格转移给消费者，故也应看做成本。

资本折旧也应计入 GDP。因为它虽然不是要素收入，但包括在总投资中。

还有，非公司企业主收入也应计入 GDP 中。非公司企业主收入，是指医生、律师、小店铺主、农民等的收入。他们使用自己的资金，自我雇用，其工资、利息、租金很难像公司的账目那样，分成其自己经营应得的工资、自有资金的利息、自有房子的租金等，其工资、利息、利润、租金常混在一起作为非公司企业主收入。

这样，按收入法计算的公式就是：GDP＝工资+利息+利润+租金+间接税和企业转移支付+折旧。也可看成是 GDP＝生产要素的收入+非生产要素的收入

从理论上讲，用收入法计算出的 GDP 与用支出法计算出的 GDP 在量上是相等的。

表 32-5　　　　　　美国 2002 年 GDP 的构成及其比重（收入法）

国内生产总值的构成	金额（10 亿美元）	百分比（%）
1. 工资、薪水和津贴	4427	57.98
2. 净利息	425	5.57
3. 个人租金收入	146	1.91
4. 企业间接税、调整与统计误差	553	7.24
5. 折旧	830	10.87
6. 非公司业主收入	520	6.81
7. 公司税前利润	736	9.64
国内生产总值	7636	100.00

（资料来源：[美]保罗·萨谬尔森、威廉·诺德豪斯，《经济学》（第 16 版），机械工业出版社 1998 年版）

（3）用生产法核算 GDP

用生产法核算 GDP，是指按提供物质产品与劳务的各个部门的产值来计算国内生产总值。生产法又叫部门法。这种计算方法反映了国内生产总值的来源。

运用这种方法进行计算时，各生产部门要把使用的中间产品的产值扣除，只计算所增加的价值。商业和服务等部门也按增值法计算。卫生、教育、行政、家庭服务等部门无法计算其增值，就按工资收入来计算其服务的价值。

按生产法核算国内生产总值，可以分为下列部门：农林渔业；矿业；建筑业；制造业；运输业；邮电和公用事业；电、煤气、自来水业；批发、零售商业；金融、保险、不动产；服务业；政府服务和政府企业。把以上部门生产的国内生产总值加总，再与国外要素净收入相加，考虑统计误差项，就可以得到用生产法计算的 GDP 了。

从理论上说按上述三种方法核算出来的 GDP，应该是完全相等的。但在国民经济核算的实践中，由于资料来源、统计口径等因素的限制，三种方法的计算结果往往不相等。特别是支出法所得出的 GDP 数值与生产法、收入法的核算结果之间经常存在一定

的出入。在我国国民经济核算实践中,生产法和收入法所计算的 GDP 数值相等。这是因为,生产法和收入法都是对各个产业部门增加值的计算。支出法核算的 GDP 则与之存在一定的统计误差。

实际统计中,一般以国民经济核算体系的支出法为基本方法,即以支出法所计算出的国内生产总值为标准。

假定某国某年发生了以下活动:一银矿公司支付 7.5 万美元工资给矿工,开采了 50 磅银卖给一位银器制造商,售价 10 万美元;银器制造商支付 5 万美元工资给工人,造了一批项链卖给消费者,售价 40 万美元。试解答:
① 用支出法计算 GDP;
② 每个生产阶段生产了多少价值,用增值法计算 GDP;
③ 在生产活动中赚得的工资和利润分别为多少,用收入法计算 GDP。

分析提示
① 由题设可知项链为最终产品,故用支出法计算的 GDP 为 40 万美元。
② 开矿阶段生产 10 万美元,银器制造阶段生产 30 万美元(40−10 = 30),这样增值法计算的 GDP,即为两个阶段增值额,结果为 10+30 = 40(万美元)。
③ 在生产活动中,所获工资共计:7.5+5 = 12.5(万美元)
在生产活动中,所获利润共计:(10−7.5)+(30−5)= 27.5(万美元)
故用收入法计算的 GDP 为 12.5+27.5 = 40(万美元)
可见,用最终产品法、增值法和收入法计算出来的 GDP 是相同的。

32.3 任务分析

GDP 代表一国(或一个地区)在一定时期内生产活动(包括产品和劳务)的最终成果。它是国民经济各行各业在核算期内增加值的总和(各行各业新创造价值与固定资产转移价值之和)。由于其广泛的衡量功能和卓越的导向作用,被称为"20 世纪最伟大的发明之一"。

GDP 之所以备受关注,是因为它是最重要的宏观经济统计指标之一,可以作为一国经济的总量指标而帮助政府制定政策。从生产角度看,GDP 不仅能够反映一个国家的生产规模,而且能够反映这个国家的产业结构。从使用角度看,GDP 不仅能够反映一个国家的需求规模,而且能够反映这个国家的需求结构,也就是最终消费、资本形成和净出口及其具体构成项目在总需求中所占的份额。从地域角度看,GDP 不仅能够反映各个地区的经济总量,而且能够反映各个地区的产业结构、需求结构,通过不变价 GDP 能够计算经济增长率,它反映一个国家的经济增长和变动情况,通过 GDP 和人口数量能够计算出一个国家的人均 GDP,它反映一个国家的贫富状况和人民的平均生活水平。GDP 还在一定程度上决定一个国家承担的国际义务和享受的优惠待遇。例如,联合国根据连续 6 年的 GDP 和人均 GDP 来决定一个国家的会费;世界银行根据人均 GDP 来决定一个国家所能享受的硬贷款、软贷款等优惠待遇。因此,"没有GDP万万不能"。

但GDP也不是万能的。它虽然可以衡量经济发展的总体表现,却无法衡量一切。比如经济增长的社会成本和方式,资源的消耗和环境损失,经济的实际效益、效率和国民财富,社会就业和劳动保障,社会分配、社会公正和人民幸福等诸多方面,都是用GDP无法衡量的。

在我们的日常生活中,这样类似的例子太多了,假药、毒奶粉、注水肉、苏丹红鸭蛋、豆腐渣工程等所有伪劣产品,还有一些政府部门的形象工程、面子工程等,它们都消耗了大量的人力、物力等社会生产资料,促使社会经济活动循环运转,但这一运转却是不产生丝毫的实际效率,即对实际社会财富的增加无益,但却算进了GDP的数量。

另一方面,一个国家片面追逐GDP的快速增长,在经济总量快速增长的同时会带来一系列的负面效应。例如高失业率、通货膨胀加剧、环境污染、居民安全感及幸福指数下降。国民经济增长在追求"更快、更高、更强"的同时,忽视了货币财政政策的同步,使人民存在银行里的存款大幅缩水,这是通货膨胀导致的结果。而近几年房价涨声一片、医疗费、学费猛涨的严重性直接降低了人民的幸福指数。

这一切都说明,GDP指数高不是灵丹妙药,不是"神仙一把抓",并非可以衡量一切,有很多方面它不仅无能为力,而且还可能适得其反。GDP的这些不足之处,早些年就引起了舆论的广泛关注,国人并非没有理解,但为什么人们直到现在还一提GDP就兴奋,对GDP顶礼膜拜呢?

一些人士指出,崇拜GDP的原因乃是其被人为地抬到了太高的政治高度,有的官员几乎把它看成执政合法性的象征。于是,GDP从政策上、体制上、文化上获得了全面支持。任何其他指标,例如教育、文化、卫生、环保、拆迁居民安置等,统统要为它让路。GDP是最硬最硬的东西。对官员的考核,别的指标都是软约束,它却是硬家伙!

从现在开始,我们一方面要认识到GDP的重要性,另一方面也要看淡GDP,看淡指标,加紧"内功"锻炼,增强冲击抵抗力,在波涛汹涌、变幻莫测的世界竞争中,真正实现国富民强。

任务三十三 熟悉国民经济运行总流程

学习目标

1. 熟悉两部门、三部门、四部门经济中的主体和运转条件。
2. 掌握两部门、三部门、四部门经济中的收入流程模型与恒等式。

33.1 任务描述

国民经济如何正常运行?

2002年国家经贸委的调查数据显示,当年我国86%的商品供过于求,企业找不到赚钱的投资项目。而当时有11万亿元银行储蓄,这说明了家庭挣来的钱没花出去,直接导致了企业大量的商品没有卖出去,这样一来,经济的正常循环就出现了问题。为了保证经济的正常循环,国家想了很多的办法刺激消费和投资。如扩大财政支出、调整货币政策、加大出口等。一个国家的经济怎样才能平稳地正常运转呢?宏观经济怎样才能达到平衡?

33.2 任务精讲

33.2.1 两部门经济中的收入流程模型与恒等式

凯恩斯假设一国的宏观经济中有两个部门,即只有家庭(居民户)和企业(厂商)两个部门。家庭出卖劳动,到企业去做工,挣钱去购买企业生产的产品;企业生产产品,再把产品卖出去,收回钱来继续生产。一国的宏观经济要想平衡,其条件是:家庭挣的钱全部花了,企业生产的产品全部卖了,这样宏观经济就能正常运行了。但是现实问题是:家庭挣的钱没有都花出去,企业生产的产品也没有全部卖出去。那么宏观经济还能正常运转吗?

现实经济中没有一个家庭会把挣来的钱都花出去,他们一般是把一部分花出去,一部分存起来。同时企业也不可能一直都是简单再生产,它想扩大再生产,就需要投资。家庭不花的钱存进银行,有了储蓄。企业扩大投资时向银行贷款,有了投资。于是,宏观经济中出现了投资和储蓄,只要企业的投资和家庭的储蓄相等,宏观经济也能正常运转。所以,宏观经济平衡最重要的条件是:储蓄等于投资。在两部门经济中,总需求分为居民的消费需求和企业的投资需求,消费需求和投资需求可以分别用消费支出和投资支出来代表,所以有:

$$总需求 = 消费 + 投资$$

如果以 AD 代表总需求,C 代表消费,I 代表投资需求,上式可以写成:

$$AD = C + I$$

> **注 意**
>
> 这里所说的两部门是指一个假设的经济社会,其中只有家庭(消费者)和企业(即厂商),因而不存在企业间接税,在两部门经济中,没有税收、政府支出及进出口贸易。

总供给是全部产品和劳务供给的总和,产品和劳务是由各种生产要素生产出来的,所以总供给是各种生产要素供给的总和,即劳动、资本、土地和企业家才能供给的总和。生产要素供给的总和可以用各种生产要素得到的相应的收入总和来表示,即用工资、地租、利息、利润的总和来表示。工资、地租、利息、利润是消费者所得到的收入,这些收入分为消费和储蓄两部分。

$$总供给 = 消费 + 储蓄$$

如果以 AS 代表总需求,C 代表消费,S 代表投资需求,上式可以写成:

$$AS = C + S$$

总需求和总供给的恒等式就是:

$$AD = AS$$

即 $C + I = C + S$,于是有 $I = S$ 即消费等于投资。这也是宏观经济学中,最基本的恒等式。

两部门经济循环模型如图 33-1 所示。

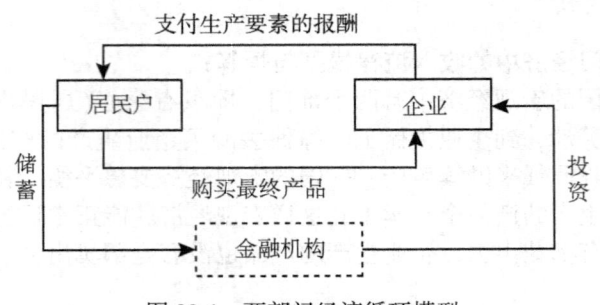

图 33-1 两部门经济循环模型

①上述的投资恒等式是国民收入恒等式的简化形式，两者是属于定义性的恒等式，都是根据国民收入以及投资与储蓄的定义得出的。在两部门的情况下，国内生产总值等于消费加投资，国民收入等于消费加储蓄，而国内生产总值又等于国民收入，所以有了投资—储蓄恒等式。

②这种恒等关系就是两部门经济的总供给（$C+S$）和总需求（$C+I$）的恒等关系。只要遵循储蓄和投资的这些定义，储蓄和投资一定相等，而不管经济是否充分就业或通货膨胀，即是否均衡。

③需要说明的是，这里所讲的储蓄等于投资，是指整个经济而言，至于某个人、某个企业或某个部门，则完全可以通过借款或贷款，使投资大于或等于储蓄。

按照凯恩斯的理论，如果要让两个部门的经济运转起来，储蓄一定要等于投资，但我们国家现实的情况一般是储蓄大于投资，很多人喜欢把钱存起来，他们要存钱给孩子交学费，看病和养老等，这些导致我国的储蓄率一直居高不下。大家减少消费，商家积压在仓库的东西就卖不出去，这样经济就会偏离正常运行的轨道，经济就会出问题。所以政府一直都在扩大内需，希望大家把储蓄的钱拿出来消费，只有大家花钱，经济才有希望增长。

为什么储蓄一定要等于投资的时候经济才会平稳呢？这是因为：当储蓄大于投资时，通货就在紧缩，因为东西卖不出去，这样企业只能降价卖，甚至赔本卖。当投资大于储蓄时，大家都想赚钱，这时需求多了，东西少了，企业就会提价卖商品，于是就会出现通货膨胀。因此，两部门经济平衡的条件是储蓄一定要等于投资。

储蓄投资恒等式是否意味着计划储蓄总等于计划投资？

分析提示

这一恒等式并不意味着人们意愿的或者说事前计划的储蓄总会等于企业想要有的投资。在实际经济生活中，储蓄和投资的主体及动机都不一样，这就会引起计划投资和计划储蓄的不一致，形成总需求和总供给不平衡，引起经济扩张和收缩。分析宏观经济均衡时所讲的投资要等于储蓄，是指只有计划投资等于计划储蓄时，才能形成经济的均衡状态。这和国民收入核算中的实际发生的投资总等于实际发生的储蓄这种恒等关系并不是一回事。

在中国，投资是发展的动力，因此在 GDP 的增长中投资唱主角，而在美国，消费是发展的源泉，GDP 组成中消费占主要份额。你认为哪种生产方式更有可持续性？为什么？

分析提示

以消费为动力的经济增长方式更具有持续性，因为投资推动型经济在始端更容易受到资源的限制，在终端可能受到需求的制约，在过剩经济普遍存在的情况下，很容易因需求不足而造成浪费，以消费为动力的经济则可以避免这一缺陷，而且体现了经济最终为人民服务的目的，现在我们国家也正在从投资推动型向消费拉动型经济转变。

33.2.2 三部门经济中的收入流程模型

社会经济生活中政府是一个不可缺少的经济主体，政府一方面向厂商与家庭征税，构成政府的税收收入，另一方面购买厂商生产的商品与家庭的生产要素，构成政府支出。政府支出分为对产品的购买与转移支付两部分，政府购买是指政府为了满足政府活动的需要而进行的对产品的购买，转移支付是不以换取产品为目的的支出，如各种补助金、救济金等。个人有了收入就要缴纳个人所得税，企业要缴纳企业所得税，还有增值税等。政府有了收入后就要支付出去。这样，整个宏观经济才能运转。如果政府的财政收入和财政支出不相等的话，就会出现财政赤字，或者出现财政盈余。

政府的转移支付

政府的转移支付大多具有福利支出的性质，如社会保险福利津贴、抚恤金、养老金、失业补助、救济金以及各种补助费等；农产品价格补贴也是政府的转移支付。由于政府的转移支付实际上是把国家的财政收入还给个人，所以有的西方经济学家称为负税收。

三部门经济流程模型如图 33-2 所示：

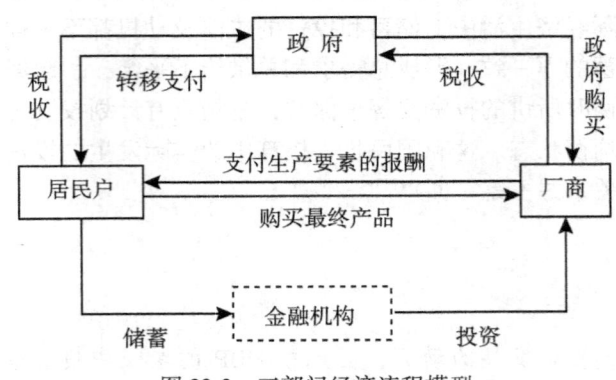

图 33-2　三部门经济流程模型

在模型的社会总需求项目下又增加了一个政府需求，即政府购买，用 G 表示，所以有：

$$总需求 = 消费 + 投资 + 政府支出$$

即
$$AD = C + I + G$$

从总供给来看，除了居民供给的各种生产要素之外，还有政府的供给，政府供给是指政府为整个社会提供的国防、立法和基础设施等"公共物品"，政府要提供这些"公共物品"就必须有相应的收入，也就是税收。因此，在价值上可以用政府税收来代表政府的供给。所以，社会总供给项目下增加了一个政府税收，用 T 来表示：

$$总供给 = 消费 + 储蓄 + 税收$$
$$AS = C + S + T$$

所以在社会总供求均衡时有：$I + G = S + T$。移项后 $I - S = T - G$，$T - G$ 是政府收支差额，差额为正时表示财政盈余，差额为负时表示财政赤字。上式可以写为：$I = S + (T - G)$，此时，如果私人储蓄不能满足私人投资的要求，则可以用公共储蓄弥补。

33.2.3　四部门经济中的收入流程模型

现代社会经济都是开放经济。随着经济全球化进程的不断发展，对外经济关系在各国经济中处于越来越重的地位，因此，我们把宏观经济置于世界市场中考察。四部门国民经济是由企业、居民、政府和国外这四种经济单位所组成的经济社会。在这种经济系统中，一方面国外部门作为供给者向国内三部门提供产品，就是进口；另一方面，国外部门作为需求者购买国内产品，就是出口。当国外部门加入进来时，宏观经济平衡的条件是：进口等于出口。

如果一国的出口大于进口，就会出现贸易顺差。如果一国的进口大于出口，就会出现贸易逆差。无论是贸易顺差还是贸易逆差，都是宏观经济不平衡的表现。这时，四部门经济中的收入流程模型如图 33-3 所示：

图 33-3 表明了四部门经济中的循环流程，即居民户、企业、政府和国外之间的经济联系，这时，总需求不仅包括居民的消费需求、企业的投资需求与政府的购买需求，而且还包

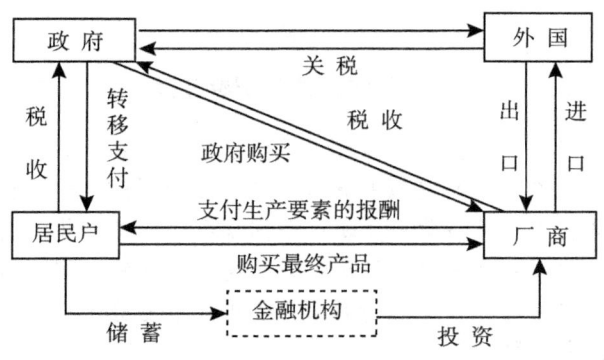

图 33-3　四部门经济中的收入流程模型

括国外的需求。国外的需求对国内来说就是出口，所以用出口来代表国外需求，于是：

$$总需求=消费+投资+政府支出+出口$$

如果用 X 代表出口，则上式可以写为：$AD=C+I+G+X$

在四部门经济的总供给中，除了居民供给的各种生产要素和政府的供给外，还有国外的供给。国外的供给对国内来说就是进口，于是：

$$总供给=消费+储蓄+政府税收+进口$$

如果以 M 代表进口，则可以把上式写为：$AS=C+S+T+M$

在社会总需求和总供给实现均衡时有：$C+I+G+X=C+S+T+M$，移项后，可变为：

$$I+G+X=S+T+M$$

在国民收入核算中，这种恒等式是一种事后的恒等关系，即在一年的生产与消费之后，从国民收入核算表中所反映出来的恒等关系，但在一年的生产活动中，总需求和总供给并不总是相等的，有时总需求大于总供给，有时总需求小于总供给。在接下来的国民收入决定理论中，我们将详细分析总需求与总供给之间的这种关系。

总结起来，两部门、三部门和四部门经济中的收入流程模型与恒等式如表 33-1 所示。

表 33-1　　　　　　　　　国民经济流程模型及其恒等式

类型	含义	储蓄-投资恒等式
两部门经济	消费者(居民)和厂商	$I=S$
三部门经济	消费者(居民)、厂商、政府部门	$I=S+(T-G)$ 表示了整个社会的储蓄(私人储蓄和政府储蓄之和)和整个社会的投资的恒等关系
四部门经济	消费者(居民)、厂商、政府部门和国外部门	$I=S+(T-G)+(M-X)$ 其中，$(M-X)$ 可以代表外国在本国的储蓄

贸易顺差与贸易逆差

在一国对外贸易中，出口总额大于进口总额称为贸易顺差，而进口总额大于出口总额称为贸易逆差。贸易差额是衡量一个国家对外贸易收支状况的一个重要标志，从一般意义上讲，贸易顺差反映一个国家在对外贸易收支上处于有利地位，表明它在世界市场的商品竞争中处于优势。而逆差则反映一国在对外贸易收支上处于不利地位，表明它在世界市场上的商品竞争中处于劣势。从长期趋势看，一国的进出口贸易额应该保持平衡。

请问：是否出口越多越好？

分析提示

首先，对外贸易包括进口和出口两个方面，缺一不可。其次，不能一概而论。因为过度的出口并非一定有利。出口的增加，如果在生产不能相应扩大的条件下，必然会抑制国内需求的满足，影响本国人民物质文化生活的需要。再次，观察对外贸易不能只看数量，还要分析外贸结构。从出口角度看，如果过多地增加原材料和初级产品的出口量，不仅对国内其他产业推动力较小，而且会失去国内深加工的机会；反之，若增加汽车出口，不仅会引起汽车工业投资的增加，而且由于产业间的连锁关系，还会导致机械、钢铁、橡胶等产业的投资和收入增加。从进口角度看，假如进口商品多属机器设备，那么，不仅会因此减轻国内在某些产品上的短缺程度，而且可以提高国内生产的效率，扩大产出能力；相反，如果进口的多属于消费品，特别是高档的奢侈品，那就不仅不能很好地促进国内生产的增长，反而会消耗大量的外汇，助长国内不正常的消费欲望和水平。

33.3 任务分析

两部门经济的收入模型中，第一个部门是家庭，第二个部门是企业。家庭出卖劳动，到企业去做工，挣来的钱去购买企业生产的产品；企业生产出来产品，再卖给家庭，收回来的钱继续生产。一国经济要想平衡，它的条件是：家庭将挣的钱全花了，企业将生产的产品全卖了，这样宏观经济就能够正常运转了。但在现实中没有一个家庭会把挣来的钱全部花光，总是有点积蓄的；作为企业来说，也不可能总是简单的再生产，它想扩大再生产就需要资本。家庭将不花的钱存进银行，有了储蓄；企业扩大再生产时去找银行借钱，有了投资。宏观经济中出现了储蓄和投资，只要企业的投资等于家庭的储蓄，宏观经济也能正常运转。这时宏观经济平衡的一个重要条件是：储蓄等于投资。任何一个国家经济，都不能没有政府，否则社会将会陷入混乱状态。所以在上述模型中，要再加入一个政府部门。政府怎样才能生存呢，它也需要收入。收入的来源是税收。有了收入，政府用它去维持政府的生存，去支付公务员的工资、支付国防、公共教育、社会福利等。这时，宏观经济要想正常运行，它的平衡条件是：财政收入等于财政支出。如果政府的财政收入等于财政支出，叫做财政平衡；财政收入大于财政支出叫做财政盈余；财政收入小于财政支出，叫做财政赤字。现在我国政府为了保障经济的平衡，扩大了财政支出，由此出现了财政赤字。在现在世界开放的大环境下，没有一个国家的经济可以封闭起来，既不出口，也不进口。所以在上述模型中又要加入一个国外部门。这时宏观经济平衡的一个条件是：出口等于进口。如果出口等于进口，就是国际收支平衡；如果出口大于进口，就会出现一个贸易顺差；出口小于进口，就会出现一个贸易逆差。我国在最近很多年都是出口大于进口，出现了贸易顺差，美国很多年来都是贸易逆差。但在一般情况下，各国追求的是出口等于进口。

任务三十四　掌握简单国民收入决定模型

学习目标

1. 理解总供给不变时总需求决定国民收入。
2. 掌握消费函数及其相关概念的含义。
3. 掌握储蓄函数、边际储蓄倾向的含义。
4. 理解乘数的概念，会进行简单的乘数计算。

34.1　任务描述

从《蜜蜂的寓言》看"节俭悖论"

18世纪，荷兰的曼德维尔博士在《蜜蜂的寓言》一书中讲过一个有趣的故事。一群蜜蜂为了追求豪华的生活，大肆挥霍，结果这个蜂群很快兴旺发达起来。而后来，由于这群蜜蜂改变了习惯，放弃了奢侈的生活，崇尚节俭，结果却导致了整个蜜蜂社会的衰败。

蜜蜂的故事说的是"节俭的逻辑"，在经济学上叫做"节俭悖论"。众所周知，节俭是一种美德，既然是美德，为什么还会产生这个悖论呢？用经济学理论该如何解释呢？

34.2　任务精讲

简单国民收入决定模型也称凯恩斯模型。它以一些重要的假设为前提。首先来看这一理论的几点假设条件：

①总需求不足导致社会资源的闲置，使得实际国民收入量小于充分就业的国民收入量。总需求是指在一定时期内，全社会在一定价格水平条件下对最终产品和劳务的需求总量。它由消费需求、投资需求、政府部门需求和出口四部分组成。

②社会总需求的变动，只会引起产量的同方向变动，而不会引起价格的变动。

社会总需求增加，使闲置的资源得到利用，而资源的价格不变，从而在产量增加的同时，产品的平均成本不变，进而产品的价格不变。由于一般价格水平不变，经济主要是通过数量调整达到均衡（数量机制与价格机制相对）。另外，在价格既定的条件下，所有变量值都是与名义变量值相对的实际变量值。

③利率不变,投资为自发投资。

由于假定需求不足导致了国民收入总是低于充分就业收入水平,国民收入随总需求的变动而变动,总供给可以是任意水平,故凯恩斯的(简单)国民收入决定理论实际上就是总需求理论,即仅由需求一方决定收入的理论。凯恩斯认为,在短期中决定经济状况的是总需求而不是总供给。这就是说,由劳动、资本和技术所决定的总供给,在短期内是既定的,因此,决定经济的就是总需求。总需求决定了短期中国民收入的水平。总需求增加,国民收入增加;总需求减少,国民收入减少。

34.2.1 消费函数与储蓄函数

(1)消费函数

消费是指人们为了满足自身的各种需要而购买产品和劳务的经济活动,影响人们消费的因素有很多,如消费者的收入水平、商品价格的水平、消费者自身的偏好、风俗习惯等,在这些因素中,具有决定性作用的是收入水平。

消费函数(consumption function)是用来描述消费与收入之间依存关系的函数,在其他条件不变的情况下,消费随着收入的增加而增加。但是随着人们收入的增加,增量收入中用于消费的比重将逐渐递减,也就是说随着人们收入的增加,消费以递减的速度增加。消费函数可以表示为:

$$C = C(Y)$$

用图形表示如图34-1所示。

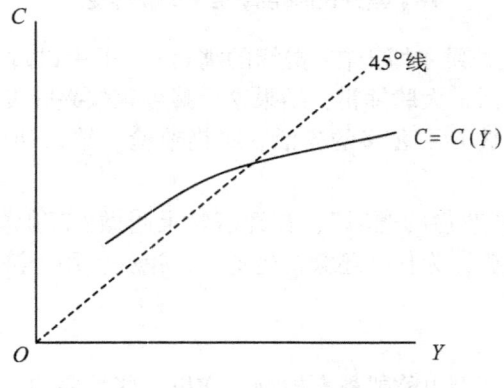

图34-1 居民消费函数曲线

如果两者是线性的,公式为:

$$C = C(Y) = a + bY$$

其中,C代表消费;Y代表收入;a是收入为零时的消费,称为自发消费,是指一个人的基本生活消费;b的经济含义指增加的每单位收入中用于消费部分的比率,bY是随着收入变化而变化的消费量,bY被称为引致消费。

一般来说,用于消费的份额大小,主要取决于收入的多少,收入多则用于消费的份额大，收入少则用于消费的份额小。因此，消费与收入成正比函数。然而，对于不同收入水平的家庭来说，其消费倾向是不同的。消费支出在收入中所占的比重是随着收入的增长而下降的。

由此引入两个表示消费与收入关系的概念，即平均消费倾向（APC）和边际消费倾向（MPC）。

平均消费倾向是指消费在收入中所占的比例，用公式表示就是：

$$APC = \frac{c}{y}$$

边际消费倾向是指增加的每单位收入中用于消费部分的比率，也即是消费函数中的系数 b。由定义可知，边际消费倾向（b）的取值范围在 0 与 1 之间。其计算公式为：

$$MPC = \frac{\Delta c}{\Delta y}$$

当收入增量和消费增量均为极小时，边际消费倾向的计算公式还可以写成导数形式：

$$MPC = \frac{dc}{dy}$$

凯恩斯通过对美国居民家庭的数据分析，发现边际消费倾向存在两个规律：

①边际消费倾向小于 1 大于 0。也就是说，人们总是倾向于将一部分收入存起来。

②边际消费倾向有递减的趋势。这条规律在后来被称做凯恩斯主义的基本定律之一。为什么要增加中低收入者的收入？一方面考虑社会公平，另一方面对于中低收入者来说，随着收入的增加，他们会把更高比例的收入用于消费。而高收入者，比如身价一亿元以上的人，如果不热衷于购买奢侈品的话，消费占收入的比重其实很小的。

表 34-1 表示某家庭的收入与消费情况。

表 34-1　　　　　　　　　某家庭消费表　　　　　　　　　（单位：元）

序号	收入（Y）	消费（C）	边际消费倾向（MPC）	平均消费倾向（APC）
1	9000	9110	0.89	1.01
2	10000	10000	0.85	1
3	11000	10850	0.75	0.99
4	12000	11600	0.64	0.97
5	13000	12240		0.94
6	14000	12830	0.59	0.92
7	15000	13360	0.53	0.89

从表 34-1 可以看出收入和消费之间的关系，表中当收入为 9000 时，消费为 9110，说明人不敷出，这个家庭要通过以前的积蓄或者是贷款来进行消费。当收入为 10000 时，达到收支平衡点。随着收入的增加，消费也在不断增加，但边际消费倾向（MPC）

却在不断减小，平均消费倾向（APC）也不断减少。

想一想

中美边际消费倾向之比较

据估算，2010年美国的边际消费倾向现在约为0.68，中国的边际消费倾向约为0.48。也许这种估算不一定十分准确，但是一个不争的事实是，中国的边际消费倾向低于美国。为什么中美边际消费倾向有这种差别呢？一些人认为，这种差别在于中美两国的消费观念不同，美国人崇尚享受，今天敢花明天的钱，中国人有节俭的传统，一分钱要掰成两半花。但在经济学家看来，这并不是最重要的。消费观念属于伦理道德范畴，由经济基础决定，不同的消费观来自不同的经济基础。还要用经济与制度因素来解释中美边际消费倾向的这种差别。美国是一个成熟的市场经济国家，经济总体上是稳定的；美国的社会保障体系较为完善，覆盖面广而且水平较高。而我国正在从计划经济转向市场经济，社会保障体系还没有完全建立起来。

讨论：

①从这个案例当中你可以得出什么结论？

②如果要提高我国的边际消费倾向，我们应该从哪几个方面入手？

分析提示

边际消费倾向是指增加的消费在增加的收入中所占的比例。中美边际消费倾向的比较说明我国边际消费倾向明显地低于美国，为什么？首先来看收入。美国是一个成熟的市场经济国家，尽管也经常发生经济周期性波动，但经济总体上是稳定的。经济的稳定决定了收入的稳定性。当收入稳定时，人们就敢于消费，甚至敢于借贷消费了。中国是一个转型中的国家，正在从计划经济转向市场经济，尽管经济增长速度快，但就每个人而言有下岗的危险，收入并不稳定。这样，人们就不得不节制消费，以预防可能出现的下岗及其他风险。其次来看制度。人们敢不敢花钱，还取决于社会保障制度的完善性。美国的社会保障体系较为完善，覆盖面广而且水平较高。失业有失业津贴，老年人有养老金，低于贫困线有帮助，上大学又可以得到贷款。这样完善的社会保障体系使美国人无后顾之忧，敢于消费。但中国过去在计划经济下的社会保障体系被打破了，新的市场经济条件下的社会保障体系还没有完全建立起来，而且受财政实力的限制也难以在短期内有根本性的改变，从而要为未来生病、养老、孩子上学等必需的支出进行储蓄，消费自然少了。最后边际消费倾向还与收入分配状况相关。在总收入既定时，收入分配越平等，社会的边际消费倾向越高，收入分配越不平等，社会的边际消费倾向越低。这是因为富人的边际消费倾向低而穷人的边际消费倾向高。中国目前的收入不平等比美国严重，因此，边际消费倾向低也是正常的。解决我国边际消费倾向偏低的问题就要从这几方面入手。

（2）储蓄函数

储蓄是指收入中未被消费的部分，在其他条件不变的情况下，储蓄随着收入增加而增加，并且随着收入的增加，增量收入中用于储蓄的比重逐渐递增，也就是说随着收入的增加，储蓄以递减的速度增加。储蓄函数是用来描述储蓄与收入之间依存关系的函数，其表达式如下：

$$S = S(Y)$$

一般普通储蓄函数的图形如图 34-2 所示。

如果消费函数是线性的，即 $C = C(Y) = a + bY$，则有：

$$S = S(Y) = Y - C = Y - (a + bY) = -a + (1-b)Y$$

它的图形如图 34-3 所示。

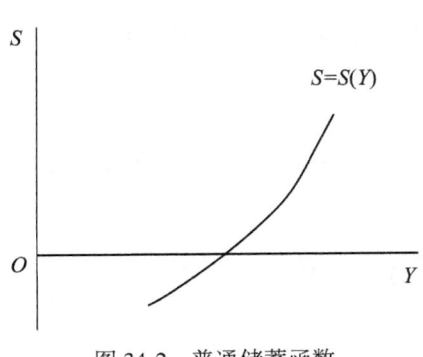

图 34-2　普通储蓄函数

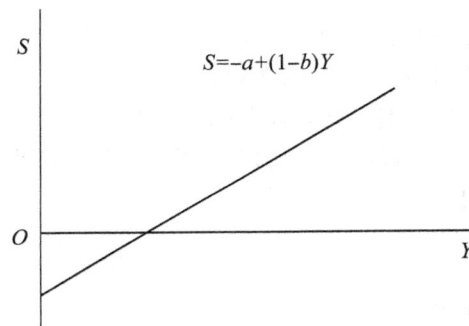

图 34-3　线性储蓄函数

其中，S 代表储蓄；Y 代表收入；$-a$ 为自发储蓄；b 的经济含义指增加的每单位收入中用于储蓄部分的比率，bY 是随着收入变化而变化的储蓄量，$(1-b)Y$ 也被称为引致储蓄。

由此引入两个表示储蓄与收入关系的概念，即平均储蓄倾向（APS）和边际储蓄倾向（MPS）。平均储蓄倾向是指储蓄在收入中所占的比例，其计算公式如下：

$$\text{APS} = \frac{S}{Y}$$

边际储蓄倾向是指增加的每单位收入中用于储蓄部分的比率，也即是消费函数中的系数 b。由定义可知，边际储蓄倾向的取值范围在 0 与 1 之间。其计算公式如下：

$$\text{MPS} = \frac{\Delta S}{\Delta Y}$$

当收入增量和储蓄增量均为极小时，边际储蓄倾向的计算公式还可以写成导数形式：

$$\text{MPS} = \frac{\mathrm{d}s}{\mathrm{d}y}$$

根据表 34-1 可以列出储蓄函数的相关数据，如表 34-2 所示。

表 34-2　　　　　　　　　　某家庭的储蓄表　　　　　　　　　　（单位：元）

序号	收入(Y)	消费(C)	储蓄(S)	边际储蓄倾向(MPS)	平均储蓄倾向(APS)
A	9000	9110	-110		-0.01
B	10000	10000	0	0.11	0
C	11000	10850	150	0.15	0.01
D	12000	11600	400	0.25	0.03
E	13000	12240	760	0.36	0.06
F	14000	12830	1170	0.41	0.08
G	15000	13360	1640	0.47	0.11

表 34-2 的数据说明：当收入增加时，储蓄随之增加，边际储蓄倾向 MPS 也在增加，且增加的幅度越来越大。

(3) 消费函数与储蓄函数的关系

对于消费函数和储蓄函数，其平均消费倾向和平均储蓄倾向互为余数，二者之和永远等于1，即：

$$APC + APS = \frac{C}{Y} + \frac{S}{Y} = \frac{C+S}{Y} = \frac{Y}{Y} = 1$$

则有：

$$1-APC=APS, \quad 1-APS=APC$$

同样，边际消费倾向和边际储蓄倾向也互为余数，二者之和也永远等于1，即：

$$MPC + MPS = \frac{\Delta C}{\Delta Y} + \frac{\Delta S}{\Delta Y} = \frac{\Delta C + \Delta S}{\Delta Y} = \frac{\Delta Y}{\Delta Y} = 1$$

同样有：

$$1-MPC=MPS, \quad 1-MPS=MPC$$

(4) 消费函数与储蓄函数的图形

由于消费函数和储蓄函数都是线性函数，并且这两个函数又是互补的，因此，可以在一个图中画出这两个函数的图形，下面以具体消费和储蓄函数为例来说明问题。

设自发消费水平为1000，边际消费倾向为0.8，由此可得消费函数和储蓄函数分别为：$C=100+0.75Y$，$S=-100+0.25Y$。纵轴代表消费，横轴代表国民收入，作图 34-4 如下。

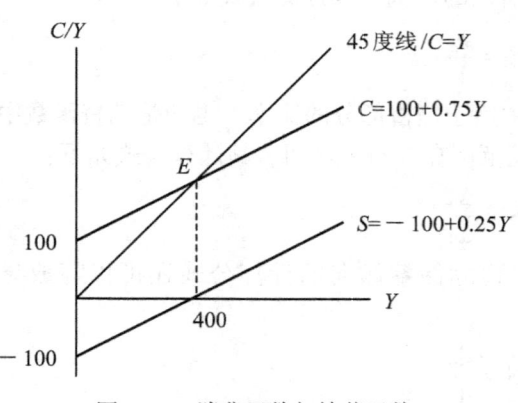

图 34-4　消费函数与储蓄函数

老百姓为什么喜爱储蓄

高储蓄率往往是高 GDP 增长的后果。道理很简单，普通老百姓收入增长后，会小心地"奖励"一下自己，但不愿大量花钱。日本在 20 世纪 70 年代 GDP 增长很快，在那个时期的储蓄存款率也是很高的。到了 90 年代，日本经济增长变缓，储蓄存款率也随之下降了。中国目前还是处在高 GDP 增长期间，较高的储蓄存款率其实是正常的。缺少有吸引力的投资渠道是高储蓄率的一个重要原因。其实，不光老百姓缺少投资渠道，近来很多企业也因缺少投资欲望而把资金存入银行。在中国，企业存款增加后，广义货币 M2（定活期存款为主）就会随之增长。2005 年的 M2 同比增长 18.3%，很多人推测这个增长主要来自企业高达 1.2 万亿元的利润。所以，老百姓不投资不是孤立的现象。中国是个高储蓄率的国家，老百姓把收入的 40% 放在银行里。但是，对中国这么一个大国来说，15 万亿元存款并不是一个很大的数目。如果让 13 亿人平摊存款余额，人均不过只有一万多元。假定那些存款都来自 5 亿城镇居民，人均不过 3 万元。一个典型的城镇三口之家，也就是大约 10 万元存款。这个平均家庭存款数，用来购买房子是不足的，用来供养车是不够的，不断上涨的医疗费和教育费也让普通家庭不敢轻易花费银行存款。与发达国家相比，中国的高储蓄率是在平均收入水平较低的基础上形成的。老百姓储蓄多是因为对养老风险和医疗风险没有信心。美国的经历证明了这一点。20 世纪 70 年代，美国经济不景气，美国人储蓄较多。随着经济改善和各种社会保险机制的建立，大多数美国人对未来的担忧没有了。2005 年，美国人的储蓄率是负数，说明他们不光不存钱，而且开始花过去的存款。不过，美国人并没有过度担心。储蓄是一种复杂的现象，需要把居民存款余额放到更大的图像里去看。美国的老百姓只想花费，不愿储蓄，而中国的情况稍稍不同，老百姓感到银行里有储蓄，心里才能获得一些安全感。目前我国 80% 以上的劳动者没有基本养老保险，85% 以上的城乡居民没有医疗保险，而培养一个孩子直到上大学需要 19.1 万元。在这种情况下，人们有钱不敢花就不难理解了。消费低并不是"节约的习惯"，而是未来要花钱的地方实在太多。

讨论题：①边际消费倾向和边际储蓄倾向的含义。
②中国老百姓偏爱储蓄的根本原因是什么？

分析提示

我们把增加的收入中所增加的消费（即增加的消费与增加的收入之比）称为边际消费倾向。凯恩斯曾提出边际消费倾向递减规律。经济学家从消费统计资料中发现，在发达国家，消费是稳定的，并不存在边际消费倾向递减。但这个规律在我国现阶段是存在的。为什么在增加的收入中，增加的储蓄这么多？凯恩斯把未雨绸缪的谨慎动机作为储蓄的原因之一。谨慎动机下的储蓄就是存钱，以应对未来的不确定性和风险。这种谨慎动机下的储蓄的多少取决于社会保障的完善程度。不确定性越高,社会保障越不完善,储蓄就越多。凯恩斯还指出了边际消费倾向递减的另一个原因是收入差距扩大。通常来说,富人的边际消费倾向极低,但穷人的边际消费倾向极高。当收入和财富主要集中在富人手中时,整个社会的边际消费倾向就低了。这种收入分化格局决定了整体边际消费倾向不高,消费不足。这种谨慎动机在我国储蓄的增加中起了重要作用。我们正处于经济转型时期,不确定性在增加,社会保障体系不够完善。

34.2.2 均衡国民收入的决定

以下将讲解两部门经济中均衡国民收入的决定。

① 两部门经济的总供求分析。

均衡的国民收入是指总需求与总供给相等时的国民收入。在国民收入核算中,社会各部门对产品和劳务的总支出代表了整个社会的总需求水平,而参与生产的所有社会生产要素得到的收入则代表了整个社会的总供给水平。当整个社会的总支出等于总收入,也就是说总需求等于总供给时,整个国民经济处于均衡状态。

两部门经济是指一个只有企业和居民两个部门的简单社会。其总支出由两个部分构成:消费支出(C)和投资支出(I);其总收入最终分解成两个部分:储蓄(S)和消费(C)。由此,可以得到两部门经济中的总需求与总供给的构成:

$$总支出 = 总需求(AD) = 消费(C) + 投资(I)$$
$$总收入 = 总供给(AS) = 消费(C) + 储蓄(S)$$

由此可得,国民收入均衡的条件是:$C+I=C+S$。

② 消费函数与均衡国民收入的决定。

在两部门经济社会中,总需求由消费与投资构成,即 $Y=C+I$,其中消费 $C=a+bY$,此时如果知道投资即可求出国民收入。为了使分析简化,在国民收入决定的简单模型中,把投资看做一个外生变量,是一个不随着利率和国民收入水平变化而变化的常量。根据这个假定,可设 $I=I_0$(I_0 为一个常量),此时,均衡国民收入决定模型如下:

$$\begin{cases} Y = AD \\ AD = C + I \\ C = a + bY \\ I = I_0 \end{cases}$$

解联立方程组,可得均衡国民收入为:

$$Y = \frac{a + I_0}{1 - b}$$

可见,如果知道了消费函数和投资水平,就可以根据上述公式求出均衡的国民收入。假设消费函数 $C=800+0.8Y$,投资为 400 亿美元,则均衡收入为 6000 亿美元,见下式:

$$Y = \frac{800 + 400}{1 - 0.8} = 6000$$

下面再用列表和作图形式说明均衡收入的决定。表 34-3 显示了消费函数 $C=800+0.8Y$ 及自发投资为 400 亿美元时均衡收入决定的情况。

表 34-3		均衡国民收入的决定	（单位：亿美元）
收入	消费	储蓄	投资
3000	3200	-200	400
4000	4000	0	400
5000	4800	200	400
6000	5600	400	400
7000	6400	600	400

从表 34-3 中看出，第一，当收入为 6000 亿美元时，总需求 $Y=C+I=5600+400=6000$ 亿美元，总供给 $Y=C+S=5600+400=6000$ 亿美元。此时，总需求等于总供给，说明 6000 亿美元是均衡的国民收入。

第二，当收入为 5000 亿美元时，总需求 $Y=C+I=4800+400=5200$ 亿美元，总供给 $Y=C+S=4800+200=5000$ 亿美元。在这种情况下，总需求大于总供给，厂商扩大生产是有利可图的，厂商会增雇工人、扩大产量，从而使收入向均衡的国民收入靠拢。

第三，当收入为 7000 亿美元时，总需求 $Y=C+I=6400+400=6800$ 亿美元，总供给 $Y=C+S=6400+400=7000$ 亿美元。在这种情况下，总供给大于总需求，厂商只有减少产量才能销出其滞销的存货，厂商会减雇工人、降低产量，从而使收入向均衡的国民收入（6000 亿美元）靠拢。

均衡国民收入的决定也可以用图形来表示，图 34-5 表示了如何用消费加投资曲线与 45°线相交决定均衡的国民收入（所用数据来自表 34-3 中的数据）。

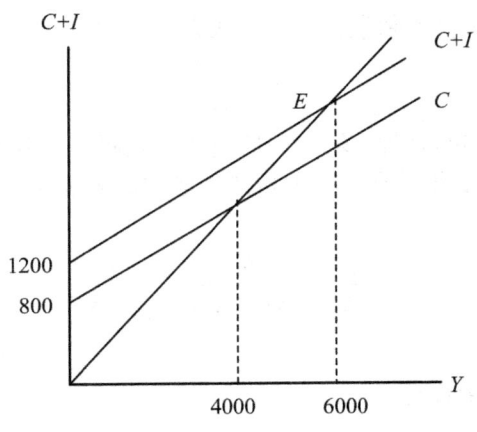

图 34-5 均衡国民收入的决定

图中横轴表示收入，纵轴表示消费加投资，在消费曲线（C）上加投资（I）得到消费投资曲线 $C+I$，这条曲线即是总支出（总需求）曲线。由于假定投资为 400 亿美元，因此，总需求曲线与消费曲线总是平行的，两条线之间的垂直距离即为 400 亿美元，总需求曲线与 45°线相交于 E 点，E 点的收入水平是 6000 亿美元，此时，总需求与总供给相等,决定了 6000 亿美元是均衡的国民收入。

③储蓄函数与均衡国民收入的决定。

由上述分析可知,当国民收入处于均衡状态时,投资等于储蓄,即 $I=S=Y-C$,同时储蓄函数 $S=-a+(1-b)Y$,将这两式联立,即可得到由储蓄函数决定的均衡国民收入。

$$\begin{cases} I=Y-C=S \\ S=-a+(1-b)Y \\ I=I_0 \end{cases} \Rightarrow Y=\frac{a+I_0}{1-b}$$

可见,通过储蓄函数求出来的均衡国民收入决定模型与根据消费函数求出来的均衡国民收入决定模型完全相同。

仍以上例来说明,消费函数 $C=800+0.8Y$,则储蓄函数 $S=-800+0.2Y$,投资为 400 亿美元,当国民收入处于均衡状态时,投资等于储蓄,也即是储蓄等于 400 亿美元,则均衡收入为 6000 亿美元($400=-800+0.2Y \Rightarrow Y=6000$)。可见,通过储蓄函数求得的均衡国民收入与通过消费函数求得的均衡国民收入完全相同,这也不奇怪,因为储蓄函数与消费函数本是一对互补的函数。

同理,也可以用表格和图形来说明储蓄函数是如何决定均衡国民收入的,其原理和方法与消费函数的完全相同,这里不再重复。

34.2.3 乘数理论

(1) 乘数的含义及计算

乘数也称为倍数,是指总需求增加所引起的国民收入增加的倍数,或者说是国民收入增加量与引起这种增加量的总需求增加量之间的比率。

我们以投资乘数为例,假设总投资增加 ΔI 时,国民收入增量 ΔY 将是投资增量 ΔI 的若干倍或 K 倍,K 就是投资乘数,其表达式为:

$$K=\frac{\Delta Y}{\Delta I}$$

由于投资增加而引起的总收入增加中还包括由此而间接引起的消费增量(ΔC)在内,即 $\Delta Y=\Delta I+\Delta C$,这使得投资乘数的大小与消费倾向有着密切的关系,两者之间的关系可用数学公式推导如下:

$$K=\frac{\Delta Y}{\Delta I}=\frac{\Delta Y}{\Delta Y-\Delta C}=\frac{1}{1-\frac{\Delta C}{\Delta Y}}$$

其中,$\frac{\Delta C}{\Delta Y}$ 为边际消费倾向。

由上式可见,边际消费倾向越高,投资乘数越大,反之则投资乘数越小。

我们以经济学中消费乘数理论为例,假设有位李先生,他的车窗玻璃不知被谁砸了。无奈之下,他花 1000 元换了新的。修车行经理得到 1000 元收入,并没全存起来,而是花 900 元买了衣服。服装店老板也和修车行经理一样,拿收入的 90%买了食品。食品店从得到的 810 元中,再拿出 90%去买面粉……这种收支不停地进行下去,可以算出李先生买玻璃支出的 1000 元,竟给其他人带来了 10000 元的收入。在这个例子中,修车行经理、服装店老板等人的边际消费倾向都是 0.9（90%），支出乘数则为 1/(1-0.9)=10。也就是说，国民收入的增加量，是消费支出的 10 倍。

又假如自发性投资增加了 100 万元，边际消费倾向为 0.8，则消费增加 80 万元，总需求增加 80 万元，然后消费又增加 64 万元，总需求增加 64 万元……最后总需求的增加为：

$$\Delta Y = 100 \times (1 + 0.8 + 0.8^2 + 0.8^3 + \cdots\cdots) = 100 \times \frac{1}{1-0.8} = 500$$

（2）乘数理论的适用条件

应当承认，国民经济各个部门之间确实存在着乘数理论所反映的这种连锁反应，实际中国民收入的增加也大于总需求的增加。但乘数理论发生作用也有一定的适用条件，具体有以下几个方面：

第一，自发需求增加引起收入多倍增加的条件是社会存在足够的闲置资源。

乘数效应以社会存在足够的闲置资源为前提。需求增加的结果不外乎两个：一是价格水平的上升，二是供给或收入的增加。只有当经济因需求不足而存在大量的闲置资源时，需求的增加才有可能不提高价格水平，而全部作用于收入的增加，乘数效应才得以充分发挥。如果经济已经实现充分就业，社会没有闲置资源。此时，需求的增加只会提高价格，不会增加供给，即没有乘数效应。可见，乘数理论仅仅适用于由需求不足导致的萧条经济。

第二，在存在闲置资源的条件下，乘数效应的发挥也受以下因素的影响。

①如果某种重要资源（我国的能源、交通等）处于"瓶颈状态"，乘数作用的发挥也会受到限制；一些重要资源的供给不足，使社会不可能利用其他闲置资源。

②投资和储蓄决定的独立性程度：如果储蓄和投资的决定有一定的联系，即储蓄不仅与收入有关，而且还与利率有关，则由投资增加引起的利率上升会增加储蓄并减少消费，降低边际消费倾向，从而部分地抵消由投资增加所引起的收入增加，缩小乘数效应。

③货币供给量能否适应支出增加的需要。如果在投资增加时，货币供给不能随着货币需求增加而增加，利率就会上升。更高的利率不但鼓励储蓄抑制消费，而且减少投资，最终将缩小乘数效应。

想一想

一把"双刃的剑"

乘数反映了国民经济各部门之间存在着密切的联系。比如建筑业增加投资 100 万元，它不仅会使本部门收入增加，而且会在其他部门引起连锁反应，从而使这些部门的支出与收入也增加，在边际消费倾向为 80% 时，在乘数的作用下最终使国民收入增加 5 倍，使国民收入增加 500 万元。为什么会有这种倍数关系？让我们举例来说明。例如，你花了 50 元去买了 10 斤苹果，这样卖水果的小贩收到 50 元后，留下 20% 即 50×20%=10 元去储蓄，拿其余的 80% 即 50×80%=40 元去购买其他商

品，这40元又会成为其他人的收益。假如这个小贩把40元用去购买蔬菜，这又使菜农收益增加了40元。菜农再拿20%即40×20%=8元去储蓄，拿其余的80%即40×80%=32元去买大米，这样，卖大米的农户又会增加32元的收益。如此连续循环下去，社会最后的收益上升到250，其计算方法是：50+50×80%+50×80%×80%+50×80%×80%×80%……=50×(1+80%+80%×80%+80%×80%×80%)=50×[1/(1-80%)]=250元。250元是最初需求增加量50元的5倍，这就是乘数效应的结果。但乘数的作用是双重的，如果上述例子相反则会使国民收入减少250元。即当自发总需求增加时，所引起的国民收入的增加要大于最初自发总需求的增加；当自发总需求减少时，所引起的国民收入的减少也要大于最初自发总需求的减少。所以，经济学家形象地把乘数称为一把"双刃的剑"。

讨论题：①乘数理论的含义是什么？
②为什么说乘数理论是一把"双刃的剑"？

分析提示

乘数是指自发总需求（包括消费、投资和政府支出）的增加所引起的国民收入增加的倍数，或者说是国民收入增加量与引起这种增加量的自发总需求增加量之间的比率。乘数理论回答总需求增加与国民收入增加量之间的关系。乘数的大小取决于边际消费倾向。边际消费倾向越高，乘数就越大；边际消费倾向越低，乘数就越小。如果上例的边际消费是90%，乘数就是10倍，最初需求50元乘以10，社会收益就是500元。这是因为边际消费倾向越大，增加的收入中就有更多的部分被用于消费，从而使总支出和国内生产总值增加得更多。但是国民经济各部门之间确实存在着乘数理论所反映的这种连锁反应，国民收入的增加也大于最初自发总需求的增加。这就是说，只有在社会上各种资源没有得到充分利用时，总需求的增加才会使各种资源得到利用，产生乘数作用。如果社会上各种资源已经得到充分利用，或者某些关键部门（如能源、原料或交通）存在着制约其他资源利用的"瓶颈状态"，乘数也无法发挥作用。如在改革开放初期，增加需求，导致加工业膨胀，但我国的基础产业和基础设施非常薄弱，无法满足新增需求，在旺盛的需求面前能源、原料等初级品供不应求价格上涨。

34.3 任务分析

宏观经济学的创始人凯恩斯对"节俭悖论"给出了让人们信服的经济学解释，他认为从微观上分析，某个家庭勤俭持家，减少浪费，增加储蓄，往往可以致富；但从宏观上分析，节俭对于经济增长并没有什么好处：公众节俭→社会总消费支出下降→社会商品总销量下降→厂商生产规模缩小、失业人口上升→国民收入下降、居民个人可支配收入下降→社会总消费支出下降……1931年1月他在广播中断言，节俭将促成贫困的"恶性循环"，他还说"如果你们储蓄五先令，将会使一个人失业一天"。凯恩斯的解释后来发展成为凯恩斯定理，即需求会创造自己的供给，一个国家在一定条件下，可以通过刺激消费、拉动总需求来达到促进经济发展和提高国民收入的目的。

由于东南亚金融危机等因素的影响，我国经济发展从1997年开始步入困难时期，而与此同时，据全国商业信息中心对我国市场主要商品供求情况的分析结果显示，1997年下半年供过于求的商品占31.8%，2001年下半年则升至83%，2002年下半年达到88%，几乎没有供不应求的商品。在这种情况下，我国政府依据凯恩斯理论原理，通过各种途径来拉动和刺激内需，如增发国债以大兴基础设施建设，实施"黄金周"的节假日政策以刺激旅游业的发展等，事实证明，这些政策对于帮助我国走出困境和提高收入水平起到了很大的推动作用。

当然，我们必须要科学地看待"节俭悖论"，"节俭悖论"的产生是有其特定的时空条件的，只有在大量资源闲置、商品供过于求、社会有效需求不足或存在严重失业时，才有可能出现这种悖论所呈现的矛盾现象。2003年以来，我国频频发生油荒、电荒、煤荒等现象，在这种情况下，节俭不但不会产生悖论，反而会给我们带来更多的好处。

经济学中有一个基本规律叫合成谬误，即当所有的局部都是正确的时候，全局往往会陷入错误。"节俭悖论"即是一个证明，当社会上每个人都节俭的时候，国民收入往往会下降，从而最终导致每个人的生活水平都会下降。明白"节俭悖论"的内涵，对于我国这样一个崇尚节俭的社会具有积极的意义，我们应该根据自身的收入水平适当消费，而不是一味地去节俭，这样对自身、对社会都具有积极作用。但是，"节俭悖论"并不是要求我们要选择一种奢侈的生活方式，我国是一个人口众多的国家，自然资源尤其是能源非常紧缺，非常有可能成为制约我国未来经济发展的主要因素，所以理性的选择是"有选择的节俭"，而不是一味的、不分场合的节俭。

技 能 训 练

一、选择题

1. 下列不列入国内生产总值的核算的一项是（　　）。
    A. 出口到国外的一批货物
    B. 经纪人为一座旧房买卖收取的一笔佣金
    C. 政府给贫困家庭发放的一笔救济金
    D. 保险公司收到一笔家庭财产保险

2. 某国名义GDP从1990年的10000亿美元增加到2000年的25000亿美元，物价指数从1990年的100增加到2000年的200，若以1990年不变价计算，该国2000年的GDP为（　　）。
    A. 10000亿美元　　B. 12500亿美元　　C. 25000亿美元　　D. 50000亿美元

3. 不属于政府购买支出的一项是（　　）。
    A. 政府为低收入者提供最低生活保障　　B. 政府为政府公务员增加工资
    C. 政府向国外购买一批先进武器　　　　D. 政府在农村新建三所小学

4. 不属于转移支付的一项是（　　）。
    A. 退伍军人的津贴　　　　　　　　　　B. 失业救济金
    C. 出售政府债券的收入　　　　　　　　D. 贫困家庭的补贴

5. 在下列情况中，应该计入当年国民生产总值的是（　　）。
    A. 去年生产而在今年销售出去的计算机

B. 当年生产的计算机
　　C. 张山去年购买而在今年转让给他人的计算机
　　D. 某计算机厂商当年计划生产的计算机
6. 下列产品中不属于中间产品的是：（　　）。
　　A. 某造船厂购进的钢材　　　　　　B. 某造船厂购进的厂房
　　C. 某面包店购进的面粉　　　　　　D. 某服装厂购进的棉布
7. 下列产品中能计入当年 GDP 的一项是（　　）。
　　A. 纺纱厂购入的棉花　　B. 某人花 10 万元买了一幢旧房
　　C. 家务劳动　　　　　　D. 某企业当年生产但没有卖掉的 20 万元产品
8. 用收入法核算 GDP 时，不应包括（　　）。
　　A. 折旧　　　　B. 间接税　　　C. 出售股票的收入　　D. 工资
9. 当 GNP 大于 GDP 时，则本国居民从国外得到的收入（　　）外国居民从本国取得的收入。
　　A. 大于　　　　B. 等于　　　　C. 小于　　D. 可能大于也可能小于
10. 在三部门模型中，居民储蓄=（　　）。
　　A. 净投资　　　　　　　　　　　B. 总投资
　　C. 总投资-政府开支+折旧　　　　D. 净投资-政府储蓄

二、判断题

1. 1995 年我国的国内生产总值比 1980 年翻了两番，这意味着我国 1995 年人们的生活水平是 1980 年的四倍。（　　）
2. 政府的转移支付是国内生产总值构成中的一部分。（　　）
3. 国民收入核算中使用的收入法是通过加总生产者的收入、利润来计算国内生产总值的。（　　）
4. 生产总值和国内生产总值一定是不相等的。（　　）
5. 你今年购买一辆汽车花费了 1 万美元，实际上这笔交易使得今年的国内生产总值也相应地增加了 1 万美元。（　　）
6. 个人收入即为个人可支配收入，是人们可随意用来消费或储蓄的收入。（　　）
7. 农民生产并用于自己消费的粮食不应计入 GDP。（　　）
8. 在国民收入核算中，产出一定等于收入，但不一定等于支出。（　　）
9. 在进行国民收入核算时，政府为公务人员加薪，应视为政府购买。（　　）
10. 储蓄要求一部分现有产品不被消费掉。（　　）
11. 用支出法计算的 GDP 包括消费支出、投资支出、政府支出和净出口的总和。（　　）
12. 用收入法计算的 GDP 中包括折旧，但折旧不属于要素收入。（　　）
13. 若某企业年生产 50 万元的产品，只销售掉 40 万元的产品，则当年该企业所创造的 GDP 为 40 万元。（　　）
14. 同样是建筑物，如被居民和企业购买属于投资，如被政府购买则属于政府购买。（　　）
15. 三部门经济的投资储蓄恒等式为 $I=S+(T-G)$。（　　）

三、简答题

1. 试述名义 GDP 和实际 GDP 的区别，为什么估计一个国家的经济增长状况通常是使用实际 GDP？
2. 国内生产总值与国民生产总值有何区别？
3. 乘数理论的适用条件有哪些？

四、计算题

1. 根据下表，按支出计算国内生产总值。

国内生产资料

项目	金额（亿元）	项目	金额（亿元）
耐用品支出	318.4	劳务	1165.7
厂房与设备支出	426	进口	429.9
政府购买支出	748	公司利润	284.5
工资和其他补助	2175.7	出口	363.7
所得税	435.1	居民住房支出	154.4
非耐用品支出	858.3	企业存货净变动额	56.8

2. 某家庭的有关经济情况如下表所示。请完成下表，并计算该家庭的 MPC 和 MPS。

某家庭的经济情况 （单位：元）

可支配收入	0	10000	20000	30000	40000
消费支出	10000	15000	20000	25000	30000
储蓄					
平均消费倾向					

3. 已知：消费函数 $C = 40 + 0.75Y$，而投资 $I = 50$。试求均衡时国民收入、消费储蓄。

4. 已知如下经济关系：国民收入 $Y = C + I + G$；消费 $C = 80 + 0.6Y$；政府购买 $G = 100$；投资 $I = 40 + 0.2Y$。试求：

（1）均衡时的 Y、C 和 I。

（2）投资乘数。

五、技能分析

2007 年 7 月，国家统计局报告：根据对全国 31 个省（区、市）6.8 万户农村住户的抽样调查结果显示，上半年农民人均现金收入 2111 元，扣除价格因素，实际增长 13.3%，增速比去年同期提高 1.4 个百分点。这其中：①农民的工资性收入人均 746 元，同比增长 19.3%。其中，农民务工收入人均 658 元，增长 20.3%。在务工收入中，本地务工收入人均 361 元，增长 18.5%；外出务工收入人均 297 元，增长 22.6%。②农民出售农产品的收入人均 884 元，同比增长 17.3%。其中，出售农业产品的收入人均 497 元，增长 16.5%；出售林产品的收入人均 25 元，增长 10.3%；出售牧业产品的收入人均 331 元，增长 21%；出售渔业产品的收入人均 31 元，与去年同期基本持平。③农民家庭二、三产业生产经营收入人均 304 元，同比增长 10.6%。其中，工业收入人均 64 元，增长 12.3%；建筑业收入人均 36 元，增长 16.8%；第三产业收入人均 204 元，增长 9.1%。④农民的财产性收入人均 57 元，增长 22.4%；转移性收入人均 103 元，增长 21.9%。

请分析：

(1) 根据消费函数理论，试分析农民消费倾向的变化情况。

(2) 根据相对收入理论，相对于城市居民收入而言，农民进城务工收入的增加会改变社会整体消费倾向吗？

(3) 政府可出台哪些措施来进一步提高农民的收入水平？

六、单项实训

资料分析——收集近五年来世界主要国家的 GDP 数据资料

实训要求：

(1) 此次实训项目以个人形式完成。

(2) 记录资料的来源。

(3) 形成书面的分析报告。数据应包括世界主要的经济实体，报告分析世界主要国家 GDP 的变动趋势，并进一步探析其结构及变化原因。

项目九　认识失业与通货膨胀

学习目标

知识目标：
1. 了解失业理论、奥肯定律。
2. 熟悉失业的种类及其影响、失业率的计算、通货膨胀率的定义及其计算，以及通货膨胀的主要类型。
3. 掌握失业的治理方法、通货膨胀产生的原因、影响及其治理办法。

能力目标：
1. 具有分析我国及世界其他各国失业原因的能力，并能提出相应的对策。
2. 能结合实际提出解决通货膨胀的对策及预防方法。

国民党统治时期的恶性通货膨胀

1935年国民党政府实行法币制度，为国民党政府推行通货膨胀政策铺平了道路。由于国民党政府过分依赖增发货币来为巨额的政府预算赤字融资，在从1935年法币开始走上中国历史舞台至1949年的短短十几年间，法币经历了一个持续而且不断加速的贬值，最后完全形同废纸。且看100元法币的购买力：1937年可买大牛两头；1941年可买猪一头；1945年可买鱼一条；1946年可买鸡蛋一个；1947年可买油条1/5根；1948年可买大米两粒；其贬值速度简直超乎人们的想象。国民党统治区延续12年的通货膨胀，对工人、农民、知识分子进行了残酷的掠夺。在通货膨胀下，物价不断上涨，而工资的提高却极其缓慢，按货币计算的名义工资虽有所增加，而实际工资则大幅度下降，工人、职员、知识分子的生活日益贫困。

失业与通货膨胀是经济发展中的顽症，任何国家在其经济发展过程中都无法避免，失业和通货膨胀会造成社会总收入下降和居民生活水平下降，上述案例即是其中最为典型的一例。

20世纪70年代以来，在西方各国的经济发展过程中也出现了失业与通货膨胀并存的局面，各种经济政策主要被用来设计对付这两种经济现象，因此失业与通货膨胀成了现代西方宏观经济学的重要组成部分。

任务三十五　熟悉失业理论

学习目标
1. 了解失业理论、奥肯定律。
2. 熟悉失业的种类及其影响、失业率的计算、失业的治理方法。

35.1　任务描述

大学生失业问题探析

据国际劳工组织统计，2013 年全球失业人口已突破 2 亿，青年失业率高达 12.7%。我国青年失业率已经超过社会平均失业率水平，其中大学生的就业形势更是一年比一年严峻。据中国科学院数据显示，2008 年大学生的失业率为 9.1%，2010 年为 12%，2011 年为 17.5%，2012 年为 16.4%。来自教育部的数据显示，2013 年全国普通高校毕业生达 699 万，被称为史上最难就业季，2014 年高校毕业生达 727 万，比 2013 年再增 28 万人。毕业即失业已经不是个别现象，大学生失业已成为必须高度重视和亟待解决的大问题。

请从经济学角度回答：什么是失业和失业率？并分析大学生失业的原因及对策。

35.2　任务精讲

35.2.1　失业及其类型
（1）失业的定义及衡量

失业这一概念是指有劳动能力并且想工作的人找不到工作的情况，即指劳动的完全闲置状态。没有劳动能力的人不存在失业问题。有劳动能力但没有职业，自身也不想就业的人，不称为失业者。对失业的规定，在不同的国家往往有所不同。在美国，失业者是指那些失去工作，而且属于以下三种情况之一的人：一是寻找工作的时间达到四周的人；二是暂时被解雇正在等待恢复工作的人；三是正等待在四周之内到新工作岗位报到的人。

①劳动力。劳动力是指年龄在 16 周岁以上的正在工作或不在工作但正在寻找工作，或被暂时辞退并等待重返工作岗位的人。但并不是所有 16 周岁以上的人都是劳动力。比如那些正在上学、退休、因病而无法工作，或由于各种原因不愿寻找工作的成年人都不能算做劳动力。因此，劳动力＝就业者＋失业者。

②就业者。就业者是指那些从事有报酬工作的人，也包括那些有工作但由于生病、罢工或休假而暂时不在工作岗位的人。另外没有报酬的家庭成员在家庭企业工作也计入就业之中。

③失业者。失业者是指在一定的年龄范围内（如 16～65 岁）、有工作能力、愿意工作并积极寻找工作而未能按当时通行的实际工资水平找到工作的人。

因此，失业率＝失业者人数÷劳动力总数×100%＝失业者人数÷(失业者人数+就业者人数)×100%。

(2) 失业的种类

一般来说，失业按其形成的原因大体可以分为以下几种类型：

①自愿失业：自愿失业是指劳动者不愿意接受现行货币工资和现行工作条件而引起的失业。由于这种失业是由于劳动人口主观不愿意就业而造成的，所以被称为自愿失业，无法通过经济手段和政策来消除，因此不是经济学所研究的范围。

②摩擦失业：摩擦性失业是指生产过程中难以避免的、由于转换职业等原因而造成的短期、局部失业。这种失业的性质是过渡性的或短期性的。它通常源于劳动的供给一方，因此被看做一种求职性失业，即一方面存在职位空缺，另一方面存在着与此数量对应的寻找工作的失业者。这是因为劳动力市场信息的不完备，厂商找到所需雇员和失业者找到合适工作都需要花费一定的时间。摩擦性失业在任何时期都存在，并将随着经济结构变化而有增大的趋势，但从经济和社会发展的角度来看，这种失业的存在是正常的。

小知识

不可避免的失业——摩擦性失业

2010年8月6日，美国劳工部发布报告称，7月份美国非农业部门减少工作工位13.1万个，失业率不变，为9.5%。报告显示，7月份美国失业者中有45%的人失业时间超过6个月。报告说，私人部门就业岗位数量增加7.1万个，其中制造业继续表现强劲，7月份增加3.6万个就业岗位。但私营部门就业人数的增长不足以弥补政府部门就业人数减少的影响。

从利的方面看，一定量的失业人员是市场经济下劳动力的"蓄水池"，它有利于企业根据生产经营状况及时吞吐劳动力；它还有利于单位选择合格的或高素质的劳动力。对失业人员的就业引入竞争机制，又可以促使失业人员努力提高自己的素质；有失业问题的存在也将使在业人员产生"可能失去饭碗"的危机感，从而努力做好本职工作，争取职业的稳定和收入的提高。这些无疑是社会进步所需要的。从弊的方面看，失业使部分劳动力失去了工作，也就失去了生活费的来源，生活水平会降低，其社会地位也会下降。长期失业还会带来婚姻家庭等方面的问题，也会引起失业人员对政府的不满等。失业人员无工作还会在社会上游荡，成为社会不稳定的一个因素。大批人员的失业会降低社会消费水平，从而影响经济的发展速度。因此，不少市场经济国家都把失业问题作为社会发展的"头号敌人"，把降低过高的失业率作为政府工作的重要内容。

③季节性失业：是指某些行业的生产具有受季节变化影响而引起的失业，比如农业工人在收获期充分就业，但一年中却有几个月无事可做，其他行业如建筑业、渔业、农产品加工业等也都如此。

自愿失业与摩擦失业在任何时期都存在,并将随着经济结构变化而有增大的趋势,但西方经济学家认为,自愿失业与摩擦失业的存在与充分就业不矛盾。

④非自愿失业或需求不足失业:非自愿失业的概念是凯恩斯提出来的。它是指劳动者愿意接受现行货币工资率与现行的工作条件,但仍然找不到工作的情况。这主要是因为社会的有效需求太低,不能为每一个想工作的人提供就业机会,即想就业的人数超过了以现行工资率为基础的职位空缺数,由此而产生的失业即为非自愿失业或需求不足型失业。它包括两种类型:一是经济循环失业,即因为经济周期运行在衰退与萧条阶段,社会总需求不足而引起的失业;二是增长不足型失业,是指因为需求的增长速度慢于劳动的增长速度和劳动生产率的提高速度而产生的失业。

⑤结构性失业与就业低下:结构性失业是指劳动力的供给和需求不匹配所造成的失业,其特点是既有失业,也有职位空缺,失业者或者没有合适的技能,或者居住地点不当,因此无法填补现有的职位空缺。结构性失业在性质上是长期的,而且通常起源于劳动力的需求方。结构性失业是由经济变化导致的,这些经济变化引起特定市场和区域中的特定类型劳动力的需求相对低于其供给。

就业低下是指大批熟练工人必须从事低于本身能力的工作。大批非熟练工人必须从事报酬低于贫困线的工作,大批受过教育的劳动者必须从事几乎无需受教育的工作。

除了这几种主要的失业类型外,经济学中常说的失业类型还包括隐藏性失业,所谓隐藏性失业是指表面上有工作,但实际上对产出并没有作出贡献的人,即有"职"无"工"的人,也就是说,这些工作人员的边际生产力为零。当经济中减少就业人员而产出水平没有下降时,即存在着隐藏性失业。美国著名经济学家阿瑟·刘易斯曾指出,发展中国家的农业部门存在着严重的隐藏性失业。

摩擦性失业与结构性失业相比,哪一种失业问题更严重?

分析提示

一般来说,结构性失业比摩擦性失业更严重。因为摩擦性失业是由于劳动力市场运行机制不完善或者因为经济变动过程中的工作转换而产生的失业。摩擦性失业的失业者都可以胜任可能获得的工作,增强失业服务机构的作用、增加就业信息、协助劳动者搬家等都有助于减少摩擦性失业。而结构性失业是由于经济结构变化、产业兴衰转移而造成的失业,是劳动力失衡造成的失业,一些部门需要劳动力。存在职位空缺,但失业者缺乏到这些部门和岗位就业的能力,而这种能力的培训需要一段较长的时间才能完成,所以结构性失业的问题更严重一些。

(3)充分就业

充分就业本意是指所有的人力、物力、财力都已得到充分利用的一种经济状态。但西方经济学中特别强调人力资源的作用,西方经济学者们认为任何经济活动都是人和其他各种生产要素共同发生作用的结果,因此他们推论,只要人有了工作,也就意味着其他各种生产要素得到了充分利用,从这个意义上说充分就业是指想要工作的劳动者,都没有多大困难地找到按现行货币工资率付酬的工作的一种经济状况。充分就业并不是指百分之百的就业。在美国,4%的失业率一般是临时性失业的正常比率,也是对充分就业来说可以容忍的最高失业水平。

能否说有劳动能力的人都有工作才是充分就业?

分析提示

不能。充分就业并不意味着100%的就业,即使经济能够提供足够的职位空缺,失业率也不会等于零,经济中仍然会存在着摩擦性失业和结构性失业。凯恩斯认为,如果消除了"非自愿失业",失业仅限于摩擦性失业和自愿失业的话,经济就实现了充分就业。所以充分就业不是指有劳动能力的人都有工作。

什么是自然失业率?哪些因素影响自然失业率的高低?

分析提示

自然失业率就是指在没有货币因素干扰的情况下,劳动力市场和商品市场自发供求力量发挥作用时应有的处于均衡状态的失业率,也就是充分就业情况下的失业率。通常包括摩擦性失业和结构性失业。

生产力的发展、技术进步以及制度因素是决定自然失业率及引起自然失业率提高的重要因素。具体包括,一是劳动者结构的变化。一般来说,青年与妇女的失业率高,而这些人在劳动总数中所占比重的上升会导致自然失业率上升。二是政府政策的影响,如失业救济制度。一些人宁可失业也不从事工资低、条件差的职业,这就增加了自然失业中的"寻业的失业";最低工资法使企业尽量少雇佣人,尤其是技术水平差的人,同时也加快了用机器取代工人的趋势。三是技术进步因素。随着新技术、新设备的使用,劳动生产率不断提高,资本的技术构成不断提高,必然要减少对劳动力的需求,出现较多失业。同时,技术进步使一些文化技术水平低的工人不能适应新的工作而被淘汰出来。四是劳动市场的组织状况,如劳动信息的完整与迅速,职业介绍与指导的完善与否,都会影响自然失业率的变化。五是劳动市场或行业差别性的增大会提高自然失业率。厂商、行业和地区会兴起和衰落,而劳动者和厂商需要时间来与之适应和配合。这些无疑会引起劳动者的大量流动,增加结构性失业。

35.2.2 失业的影响

失业会产生诸多影响,一般可以将其分成两种:社会影响和经济影响。

(1)失业的社会影响

失业的社会影响虽然难以估计和衡量，但它最易为人们所感受到。失业威胁着作为社会单位和经济单位的家庭的稳定。没有收入或收入遭受损失，户主就不能起到应有的作用。家庭的要求和需要得不到满足，家庭关系将因此而受到损害。西方有关的心理学研究表明，解雇造成的创伤不亚于亲友的去世或学业上的失败。此外，家庭之外的人际关系也受到失业的严重影响。一个失业者在就业的人员当中失去了自尊和影响力，面临着被同事拒绝的可能性，并且可能要失去自尊和自信。最终，失业者在情感上受到严重打击。

🖊 小案例

高失业率时期，往往伴随着高犯罪率、高离婚率及其他社会骚乱，并使更多的人早衰早亡。据上海、天津、南京三个城市公安部门统计，1993年7月至1994年7月一年时间，上述地区发生的抢劫、强奸、盗窃、流氓斗殴等各类案件中，平均有56.4%以上是城镇待业人员和闲置在家的企业富余职工所为。

(2) 失业的经济影响

失业的经济影响可以用机会成本的概念来理解。当失业率上升时，经济中本可由失业工人生产出来的产品和劳务就损失了。衰退期间的损失，就好像是将众多的汽车、房屋、衣物和其他物品都销毁掉了。从产出核算的角度看，失业者的收入总损失等于生产的损失，因此，丧失的产量是计量周期性失业损失的主要尺度，因为它表明经济处于非充分就业状态。20世纪60年代，美国经济学家阿瑟·奥肯根据美国的数据，提出了经济周期中失业变动与产出变动的经验关系，被称为奥肯定律。

奥肯定律的内容是：失业率每高于自然失业率一个百分点，实际GDP将低于潜在GDP两个百分点。换一种方式说，相对于潜在GDP，实际GDP每下降两个百分点，实际失业率就会比自然失业率上升一个百分点。

西方学者认为，奥肯定律揭示了产品市场与劳动市场之间极为重要的关系，它描述了实际GDP的短期变动与失业率变动的联系。根据这个定律，可以通过失业率的变动推测或估计GDP的变动，也可以通过GDP的变动预测失业率的变动。例如，实际失业率为8%，高于6%的自然失业率2个百分点，则实际GDP就将比潜在GDP低4%左右。

未来的一二十年是我国改革开放的关键时期，大量的农村富余劳动力要转移到城镇就业，城镇新增的适龄就业人员也有较大的就业需要，这就使得我国在未来这一二十年内面临着较大的就业压力，就业问题是我国政府宏观经济政策要解决的最主要问题之一。奥肯定律给我们提供了一个可能的解决方案，即一定要保持GDP的高速增长，这样一方面能迅速提高我国人民的生活水平，另一方面也能较好地减轻未来的就业压力。

 小知识

失业造成的经济损失

奥肯定律告诉我们，失业会造成产出损失，从而导致整个社会财富缩水和居民

生活水平下降,那么,失业究竟会造成多大的产出损失呢?经济学家们给出了其分析结论。表 35-1 给出了 20 世纪中的高(低)失业率期间,美国实际产出相对潜在 GDP 的减少量。

表 35-1 失业的经济损失

时 期	平均失业率(%)	产出损失	
		GDP 损失(1990 年价格,10 亿美元)	占该时期 GDP 百分比
大危机时期 (1930—1939 年)	18.2	2420	27.6
大滞胀时期 (1975—1984 年)	7.7	1480	3.0
新经济时期 (1985—1999 年)	5.7	240	0.3

(资料来源:[美]萨缪尔森:《经济学》(第十七版),人民邮电出版社 2004 年版)

从表中可知,美国最大的经济损失发生在大萧条时期。而 20 世纪 70 年代和 80 年代的石油危机与通货膨胀也使产出损失高达 1 万亿多美元。相比之下,1985—1999 年的稳定增长时期,经济周期的损失非常小。

35.2.3 失业的治理

因为失业既是一个经济问题,又是一个社会问题,所以即便是发达国家,其政府也非常重视失业问题的治理。由于失业对市场经济社会发展的巨大影响,可以说失业比通货膨胀性质还要严重许多,如果治理不善,其结果将直接影响国家大局的稳定,影响宏观经济的正常运行,因此各国政府都高度重视对失业问题的治理。

(1)摩擦性失业的治理

摩擦性失业经常被看成是一种自愿失业,其原因就在于失业局面的出现往往和求职者的不同要求有关,另外也和公共信息不畅有关,因此对摩擦性失业的治理应该从以下两个方面入手:

其一,对于劳动者来说,劳动者要对自身的情况有很清楚的了解,要清楚自己在社会上的处境和能够胜任的大致工作目标与就业方向。劳动者只有对自身有清楚的了解,才能减少寻找工作时需要的时间,同时也会相应减少变动工作岗位的频率。

其二,对于社会而言,社会应该设立较规范的职业介绍机构,定期发布劳动力需求信息,即要以尽可能多的传播途径传播就业的有关信息,以达到减少摩擦性失业的目的。

(2)结构性失业的治理

大多数国家在经济增长的过程中都会出现经济结构的变化,而经济结构的变化必然会引起结构性失业。政府要接受伴随经济增长的经济结构的变化，制订与其相适应的政策以解决失业问题。主要措施包括：加强基础教育和职业教育，促进高等教育；对青年及成年劳动力进行工作经验训练；对失业者给予训练和再训练等。同时要鼓励劳动密集型产业的发展，支持中小企业发展。目的是按照经济发展对劳动力提出的新要求来调节和改善劳动力供给，进而达到减少失业的目的。

(3) 周期性失业的治理

周期性失业是指总需求相对不足而减少劳动力派生需求所导致的失业，或者说，在经济周期中的衰退或萧条阶段因需求下降而造成的失业。它是由于"有效需求"不足引起的，也就是说它是由劳动力市场以外的原因造成的，因此对周期性失业的治理不能靠劳动力市场来解决。对于该种失业，国家应该积极干预经济，如增加政府支出、减少政府税收、增加货币供给等方法，刺激总需求的增长，从而达到增加生产、提高就业水平的目的。

我国的失业问题

"十五"期间我国面临着复杂而严峻的失业问题。主要表现在：

①劳动力供求总量矛盾突出。由于在人口出生高峰期出生的人正在跨入劳动者行列，"十五"期间新达到就业年龄的劳动力较"九五"时期平均每年多290万人。2000年城镇登记失业率为3.1%，2001年为3.6%，城镇登记失业人员681万人，国有企业下岗职工515万人，而且城镇登记失业率继续攀升，2002年年中就达到3.8%。另外，农村还有1.5亿左右的富余劳动力急待转移。与此同时，就业岗位的增加量相对减少。由于结构调整、技术进步等原因，经济增长创造的就业岗位在相对减少，20世纪90年代就业弹性系数下降到0.1左右。因此，尽管我国保持了较高的经济增长速度，但20世纪90年代每年实际净增的就业岗位只有700万个左右。2001年全年实际净增的就业岗位达到940万个，但也不到20世纪80年代平均水平的一半。劳动力明显供大于求，根据劳动和社会保障部公布的数据，2001年第四季度，100名求职者只有75个就业岗位。

②求职者发生了一些新变化。据劳动和社会保障部2001年6月的调查，青年求职者已占主体，35岁以下的求职者占七成以上，这与过去求职者主要为35岁以上大龄群体有明显的不同。且求职者文化程度较高，近一半为高中文化程度，大专以上者占1/3。

③国企下岗职工的压力较大，再就业率偏低。据劳动和社会保障部的调查，2001年协议时间到期的下岗职工占57%，2002年占33%。但由于七成下岗职工同原企业存在债务关系，而这些处于困境的企业解决不了债务和经济补偿问题，严重阻碍了下岗职工出中心和解除劳动关系。下岗职工年龄偏大，35岁以上的占72.5%，受文化素质、职业技能等因素的制约，再就业难度增大，就业困难者增

多。2001年实现再就业的下岗职工为227万人，比上年减少133万，再就业率仅为30.6%。

④加入世贸组织初期，结构性失业人员会有所增加。从长期看，加入世贸组织能够使我国对外贸易享受多边、稳定、无条件的最惠国待遇，加快我国劳动密集型产业的发展，从而增加就业机会。但在初期，面对压力，各行业、各企业将会加大结构调整的力度，进行资产重组、减员甚至破产，从而导致结构性失业人员增加。另外，经济全球化背景下的世界经济低迷以及一些发达国家失业率的居高不下，也会使就业岗位的国际化竞争加剧。总之，针对日益突出的失业问题，扩大就业已成为我国经济社会发展面临的紧迫课题。

面对严峻的失业现状该如何解决呢？

分析提示

①我国是一个人口大国，就业岗位的供不应求将是一个长期现象。在20世纪50年代初、60年代初期和末期，以及70年代末，我国都曾面临过相当严重的就业压力。90年代中后期至今，我国的就业形势再次收紧。其中国有企业职工比较集中的"下岗"问题，由于通货紧缩及市场商品供求失衡导致的企业普遍开工不足、农村剩余劳动力向城镇转移问题等构成了这个时期失业的新特征。对失业问题要辩证地来看。失业率上升，这不是一件好事，但经济结构日趋合理、企业改革深化、劳动关系理顺、城乡统筹就业以及失业从隐性走向显性，都对经济发展起到了良性的作用，应该说又是一件好事。缓解失业问题，根本上是要靠经济持续稳定健康的发展。

②经济增长是扩大就业的前提条件。从最近十几年我国的实际情况看，国内生产总值每增长1%，大约可增加100万个就业岗位；国内生产总值增长率在5%以下时，失业人员就会明显增多。因此我们必须继续实行积极的财政政策和稳健的货币政策，进一步扩大内需，保持较高的经济增长率，这是解决就业问题的根本保障。同时，要统筹兼顾公有制经济与非公有制经济的发展。近年来，非公有制经济所创造的就业岗位一直占新增就业岗位的大部分，所以我们应当努力促进非公有制经济的发展。

③加快发展第三产业，不仅是我国产业升级、经济结构调整的必然选择，也是增加就业的主要渠道。从每个产业的增加值每增长一个百分点所带动的就业增长百分点(就业弹性)来看，2000年第三产业的就业弹性为0.39，远高于第二产业的0.15和第一产业的0.25。再从每个产业的就业增长对中国总体就业增长的贡献率来看，2000年第三产业的就业贡献率为105%，远高于第一产业的37%和第二产业的39%。也就是说，过去几年中中国就业的增长，主要是靠第三产业的发展。加入WTO后，只要我们采取积极的政策，第三产业的经济增长必然加快，服务业发展的空间将会越来越大，就业的机会将会大量增加。

④加大教育培训力度，提高劳动者素质，也是缓解失业、促进就业的出路。目前我国劳动力市场上供求的结构性矛盾很突出，根据劳动和社会保障部公布的数据，2002年第二季度的中级专业技术职务，平均131个需求岗位只有100个劳动

力供给，甚至于初级专业技术职务的人员也出现了供不应求。在东部地区，对高级专业技术职务劳动力的需求是其供给数量的5倍多。另外，对技术工人的需求近年也一直在上升。因此，教育培训作为缓解结构性失业问题的主要措施，亟待加强。只要我们注意加强教育培训的针对性、有效性和实用性，把教育培训与就业需要密切结合起来，就一定能收到好的效果。

⑤还要不断加快城镇化进程，逐步把解决就业问题的重点转向农民。目前，我国城镇化水平还比较低，这既说明我国的就业结构明显落后，也说明我国城镇还有较大的就业空间。因此，逐步把就业工作的重点转移到农民有序流动到非农产业和城镇上来，有利于促使就业结构合理化和促进社会经济发展。

35.3　任务分析

①按照经济学家的观点，凡在一定的年龄段愿意工作而没找到工作的人就叫失业。充分就业并非是指人人都有工作，经济中3%~5%失业率属于充分就业。评价一个国家失业率的主要指标是失业率。失业率是指失业人数与就业人数、失业人数之和的百分比。市场经济发达国家对失业率"度"的掌握大体标准是：3%以内的失业率属劳动力供给紧张型，5%左右属劳动力供给宽松型，7%以上为失业问题严重型。我国在建设社会主义市场经济的过程中，面临的就业问题比其他国家更复杂，任务更艰巨。

②大学生失业问题的原因有：外向型经济畸形发展；第三产业发展滞后；社会资源向公权机构过分集中，导致就业市场相对失衡扭曲；人生观、价值观发生位移，缺乏就业危机感；学校的培养模式与现实企业对大学生能力的要求严重脱节；大学生缺乏创业精神，求稳成为首选；高等教育过度化。

解决大学生失业问题的对策：大力发展服务业，充分发挥现代物流、金融保险、商贸物流等行业在产业结构中的作用；鼓励和发展自由职业、微型企业和中小企业；用灵活的工时"分享"工作；提高全社会对大学生失业问题的认识水平；转变教育观念、优化教育结构、序化教育资源。

任务三十六　熟悉通货膨胀理论

学习目标

1. 理解通货膨胀率的定义及其计算，掌握通货膨胀的主要类型。
2. 掌握通货膨胀产生的原因、影响及其治理办法。

36.1　任务描述

2013年1~11月份CPI同比上涨2.7%，和2012年同期涨幅持平，2013年CPI的运行是前低后高，2013年CPI全年涨幅为2.6%，2014年"改革年"的发展蓝图以"稳中求进"作为总基调。但是我国经济运行中深层次矛盾依然突出，国内外经济运行仍面临较大的不确定性，国民经济保持持续较快的健康发展仍然面临较大的挑战，特别是2014年价格运行面临着较大的上行压力，对此必须有所警惕。

从2008年以来的CPI历史数据看，2008—2011年我国CPI分别上涨5.9%、负0.7%、3.3%、5.4%，其中：交通通信、衣着、娱乐教育文化用品及服务价格处于下跌态势。近三年来，物价上涨的情况已发生明显变化，商品价格已基本呈全面上涨态势。2012年烟酒及用品、食品、家庭设备用品及维修服务、衣着、医疗保健及个人用品、娱乐教育文化用品及服务和居住价格累计分别上涨2.9%、4.8%、1.9%、3.1%、2%、0.5%和2.1%；2013年1~11月分别上涨4.7%、0.4%、2.3%、1.5%、1.4%、1.7%和2.8%。判断是否出现通胀，不但要看价格的变化，还要看经济增长的变化。在看价格变化时，不能只看一类商品价格的变化，而要看各类商品价格的变化。2013年1~11月份全国各主要价格指数(居民消费价格指数上涨2.6%，工业生产者出厂价格指数下降2%，工业生产者原材料燃料动力购进价格指数下降2.1%)基本与上年相当，但2013年CPI新涨价因素的贡献率接近60%，物价消费水平处于高位。值得重视的是，回落的不是价格水平而仅仅是价格涨幅。以2010年的1月份价格水平为基期，2013年1~11月份每月消费价格水平均在111.8以上，也就是2013年11月份的113.3元钱只相当于2010年1月份的100元使用，10月份的价格水平是四年来最高的月份。

宏观经济基本面运行仍处于平稳较快增长区间：2013年1~3季度国内生产总值增长7.7%，增速与上年持平。总体来看，国民经济运行总体平稳，稳中向好。2013年11月末人民币贷款余额71.41万亿元，同比增长14.2%，比2012年同期低1.5个百分点；当月人民币贷款增加6246亿元，同比多增加1026亿元。2013年11月末人民币存款余额103.23万亿元，同比增长14.5%，比2012年同期高1.1个百分点；当月人民币存款增加5472亿元，同比多增733亿元。2013年1~11月人民币存款增加11.41万亿元，同比多增2.18万亿元。

2013年12月3日中央政治局召开会议，分析研究2014年经济工作。会议指出，要用改革的精神、思路、办法改善宏观调控，科学把握宏观调控政策框架，保持政策的连续性和稳定性。国家信息中心对一系列重要经济参数给出的建议是，把2014年的经济增长预期目标确定为7%，CPI涨幅控制在3.5%左右。

请从经济角度回答：推动2014年物价上涨的因素有哪些？

36.2 任务精讲

36.2.1 通货膨胀的概述

(1)通货膨胀的含义

通货膨胀(inflation)是指物价水平在一定时期内持续的、普遍的上升过程，或者说货币实际购买力在一定时期内持续的下降过程。

正确理解通货膨胀现象，要注意理解以下几点：

第一，通货膨胀是一种货币现象，它的前提是现代信用货币制度。在足值金属货币流通的条件下，一般不会出现货币过多、物价上涨的现象。因为金属货币本身具有内在价值，它可以通过自身数量的变动，自发地调节流通中的货币量，从而控制物价上涨，使货币流通与商品流通相适应,而现代信用货币没有这种功能。从某种意义上讲,通货膨胀的根源就是现代信用货币制度。通货膨胀是价值符号流通条件下的特有现象,它的充分条件是货币发行过多,必要条件是物价上涨。

第二,通货膨胀与物价上涨的关系。通货膨胀,纸币贬值,一般与物价上涨联系在一起。但我们不能说物价上涨就是通货膨胀,物价上涨还有可能是由于其他因素的影响所致。通货膨胀不是个别商品价格的上涨,而是指总的物价水平的上涨;局部性的价格上涨不能视为通货膨胀,即通货膨胀必须广泛地包括所有商品和劳务的价格在内,并且在通货膨胀过程中,商品价格上涨表现出不均衡性:紧俏商品价格上涨快于一般商品;生活必需品的价格上涨快于非生活必需品;垄断产品的价格上涨快于非垄断商品;工业品的价格上涨快于农产品;国内商品的价格上涨快于出口商品;货币集中投放地区的商品价格上涨快于其他地区。

第三,通货膨胀中物价上涨的特征是:在一定时期内的物价总水平持续上涨,而不是偶然的、一次性的、暂时性上涨。换言之,在真正的通货膨胀过程中,个别物价虽有升降,但一般物价则呈现持续上升的趋势。因此,季节性、暂时性或偶然性的价格上涨,不能视为通货膨胀。

第四,关于物价上涨与货币发行速度问题。在通货膨胀初期,物价上涨速度慢于货币发行速度,物价刚开始上涨,人们往往会认为这是物价的暂时波动,一般会等待价格回落后再购买商品,而暂时将货币储存,其结果必然造成市场上货币流通速度减慢,导致对流通中必要的货币需求量增多,从而增加货币发行;在通货膨胀中期,物价上涨速度与货币发行速度互相接近,随着通货膨胀的发展,物价上涨速度逐渐加快,人们认识到物价上涨可能遭受货币贬值的损失,纷纷抛出手中的货币,购买商品以保值,其结果造成市场货币流通速度加快,货币相对过多;在通货膨胀后期,物价上涨速度快于货币发行速度,货币流通速度加快之后,货币流通与商品流通不相适应,这时又增加货币发行,更使得物价急剧上涨。因此在通货膨胀过程中,物价上涨与货币发行速度呈螺旋状上升。

(2)通货膨胀的衡量

衡量通货膨胀的指标是物价指数。物价指数是表明商品价格从一个时期到下一个时期变动程度的指数。计算物价指数一般采用加权平均的方式,即根据某种商品在总支出中所占的比重来确定其价格的加权数的大小。物价指数的计算公式如下:

$$物价指数 = \frac{\sum P_t Q_t}{\sum P_0 Q_t} \times 100\%$$

式中,P_0、P_t是基期和本期的价格水平,Q_t是本期的商品量(注:上式中采用的是报告期加权平均法,计算物价指数还有一种方式是基期加权法,即用基期的商品量作为权数来计算物价指数)。

根据计算物价指数时包括的产品和劳务种类的不同,可以计算出三种主要的物价指数:

①消费者价格指数(简称CPI),也称零售物价指数或生活费用指数,是综合反映一

定时期内居民生活消费品和服务项目价格变动趋势与程度的价格指数。它根据具有代表性的家庭消费开支编制，包括所有消费商品和劳务（包括耐用消费品），中国从 1984 年开始编制消费物价指数。许多国家根据不同收入阶层的消费支出特点，进一步编制出不同阶层的消费物价指数。消费物价指数能够衡量消费者一定时期内生产费用上升或下降的程度，能够反映消费者商品和劳务价格变动的趋势与程度。因为消费物价指数与人们的生活直接相关，并且消费物价的变动最容易引起人们的注意，所以在度量通货膨胀程度的时候，这个指数在检验通货膨胀效应方面有其他指标难以比拟的优越性。

②生产者价格指数（简称 PPI），又称批发价格指数，是根据大宗商品，包括最终商品、中间产品及进口商品的加权平均批发价格编制的物价指数。以批发物价指数度量通货膨胀，其优点是对商品流通比较敏感，批发价格是在商品进入零售环节，形成零售价格之前，由中间商或批发企业所定，其水平取决于出厂价格或收购价格，对零售价格有决定性影响。这种指数的局限性在于统计范围狭窄，它能够反映商品流通的物价变化情况，但不能反映劳务价格情况。由于批发价格的变动幅度常常小于零售商品的价格波动幅度，因而在用批发物价指数来判断总供给与总需求的对比关系时，可能会出现信号失真的现象。

③GDP 折算指数，又称国民生产总值折算价格指数，这是涵盖范围较宽的指数，它的定义是按当年价格计算的国民生产总值对按固定价格计算的国民生产总值的比率，实际上就是名义 GNP 与实际 GNP 的比值。该指数包括的商品和劳务的范围最广泛，与 GNP 核算范围相对应，不仅包括全部物质产品和涵盖计入 GNP 的全部服务产品，也包括进出口商品。理论上，它能最全面地反映价格总水平变化，这是国民生产总值平减指数的优点所在。其缺点是资料较难搜集，公布频率不如消费物价指数快。多数国家通常为每年一次，即使在国民收入统计制度最完善的国家，目前也只能做到每季度一次，所以不能迅速地表明通货膨胀的程度和动向。

可以根据物价指数计算出一定时期内物价上升或下降的精确幅度，也就是通常所说的通货膨胀率，所谓通货膨胀率是指从一个时期到另一个时期内价格水平变动的百分比。其计算公式为：

$$通货膨胀率 = \frac{P_t - P_{t-1}}{P_{t-1}} \times 100\%$$

式中，P_t 和 P_{t-1} 分别为 t 时期和（$t-1$）时期的价格水平。假定某国去年的物价水平为 102，今年的物价水平上升到 108，那么这一时期的通货膨胀率就为（108 - 102）÷ 102 × 100% = 5.82%。

小知识

衡量通货膨胀的三种指数，以居民消费物价指数和国民生产总值平减指数较为适当，因此也最普遍地被采用为度量通货膨胀的尺度。但这两个指数也并非是最正确的尺度，因为两者都不同程度地遗漏了一些资产的价格。两种指数都只计算当年生产的商品和劳务的价格变动，并未计算以前生产的实质资产及金融资产，如房地产、古董、名书字画、金银宝石、股票债券等价格的变动,因此不能全面反映通货膨胀的程度。特别是在现代经济条件下,这些资产已深入人们生活。实际上,在通货膨胀期间,人们出于保值需要,往往将货币转化为其他资产,从而导致上述实质性资产及金融资产的价格大幅度上涨。

36.2.2 通货膨胀的类型

从不同的角度,根据不同的分类标准,可以把通货膨胀分成若干类型:

①按通货膨胀的程度,分为温和型通货膨胀、严重型通货膨胀和恶性型通货膨胀。

温和型通货膨胀,是指一般物价水平按照不太大的幅度持续上升的通货膨胀。温和型通货膨胀发展缓慢,短期内不易察觉,但持续时间很长,通货膨胀率通常在2%~5%。事实上,这一界限正在不断提高。现在许多经济学家认为,通货膨胀率在10%以下即可认为是温和的通货膨胀。

严重型通货膨胀,是指一般物价水平按照相当大的幅度持续上升的通货膨胀。一般物价上涨在10%以上,达到两位数水平,其程度介于温和型和恶性型之间。随着人们预期心理的加强,纷纷抢购商品,货币流通速度加快,单位货币购买力下降,从而使通货膨胀更为加剧。

恶性型通货膨胀,在经济学上,恶性通货膨胀是一种不能控制的通货膨胀,表现为价格飞速上涨,物价无法控制,货币贬值严重,经济活动紊乱,最后导致整个货币制度、价格体系甚至于整个国民经济完全崩溃。恶性型通货膨胀没有一个普遍公认的标准界定,多数的经济学家认为它的定义是"一个没有任何平衡趋势的通货膨胀循环"。

小知识

按国际标准,恶性通货膨胀具有四项特征:公众不愿持有现金,宁可把金钱投放在外国货币或非货币资产上;公众利用外国货币,结算自己本国货币的资产;信贷是按借款期内的消费力损耗计算,即使该时期不长久;利率、工资、物价与物价指数挂钩,而3年累积通货膨胀率在100%以上。在日常生活中,公众能轻易感受得到恶性通胀的影响。在一些知名例子中,如德国20世纪20年代初的物价,曾在每49小时增加一倍;40年代初的希腊被德国占领时,物价每28小时上升一倍;匈牙利二战后物价曾每15小时增加一倍,这种极端例子一般在战时发生,但近数十年亦时有出现:1993年10月至1994年1月,南斯拉夫的通货膨胀率就曾每16小时增加一倍;乌克兰、秘鲁、墨西哥、阿根廷、巴西等亦在20世纪80年代或90年代面临严重通货膨胀的情况。最近期的例子为津巴布韦,据津巴布韦统计局公布,2007年津巴布韦的通货膨胀率是66212%。

②按通货膨胀的表现形式,分为隐蔽型通货膨胀和公开型通货膨胀。

所谓隐蔽性通货膨胀,又称为抑制性通货膨胀,是指在市场商品的价格受到管制的情况下,货币工资水平没有下降,物价总水平也未提高,但居民实际消费水准却不同程度地有所下降的一种情况。在管制物价的前提下，市场机制作用不完全，物价由国家限定在一定的水平，这时职工工资或收入水平一般难以下降，社会需求压力过大，市场商品的供求关系一般表现为供不应求，其结果是商品的黑市价格与官方价格有较大差异，货币流通速度可能减慢，居民的实际消费水平也明显下降。政府一旦放松管制，商品价格将大幅度上涨，通货膨胀必然公开化。这种通货膨胀一般发生在实行计划经济的国家。

公开型通货膨胀，也称为显性通货膨胀，是指物价总水平明显地、直接地上涨的通货膨胀。在市场机制的作用之下，对物价的管制比较少的国家，商品价格对供求关系反应灵敏，市场商品供求对比关系的变动必然引起物价水平的波动，过度的需求可以通过价格的变动得以消除。市场经济属于开放型经济，这种通货膨胀称为开放型通货膨胀，它一般用物价指数的变动来衡量。

③按通货膨胀预期，分为预期型通货膨胀和非预期型通货膨胀。

预期型通货膨胀，指通货膨胀过程被经济主体预期到了，以及由于这种预期而采取各种补偿性行动引发的物价上升运动。在市场上，人们已经认识到通货膨胀的存在，因此，在各种交易、合同、投资中都要将未来的通货膨胀率计算在内，从而无形中加重了市场的通货膨胀压力，引起物价的进一步上涨。这种类型的通货膨胀，主要归因于一种心理作用，虽然能看到心理预期对通货膨胀的影响，但其根据却不是现实经济运行的结果。因此，很难解释通货膨胀产生的真正原因。

没有被经济主体预见的，在不知不觉中出现的物价上升，即为非预期型通货膨胀。

④按通货膨胀的成因，分为需求拉上型通货膨胀、成本推进型通货膨胀、供求混合推进型通货膨胀、结构性通货膨胀等。关于这种分类及其理论在下面分析通货膨胀产生的原因部分会详细介绍。

36.2.3 通货膨胀的成因

在现代经济学中，通货膨胀是如此常见而且影响巨大，因而探讨通货膨胀的成因便成为经济学家们责无旁贷的任务。在众多解释通货膨胀的成因的理论中，较为流行的有以下几种：

(1) 需求拉动型通货膨胀

需求拉动型通货膨胀又称超额需求型通货膨胀，是指总需求超过总供给所引起的一般物价水平普遍而持续的上涨。通俗地说，这种通货膨胀是"过多的货币追逐过少的商品"，因而物价上涨。

下面用图 36-1 来说明总需求是如何拉动物价上涨的。在图 36-1 中，横轴 Y 表示国民收入，纵轴 P 表示一般物价水平，AD 为总需求曲线，AS 为总供给曲线，总供给曲线 AS 起初为水平状态，这表示在国民收入水平较低时，总需求的增加不会引起价格水平的上涨，图中总需求从 AD_0 增加到 AD_1，国民收入也从 Y_0 的水平上升到 Y_1，但价格水平仍保持在 P_1 水平；当国民收入增加到 Y_1 时，总需求继续增加，此时将导致国民收入和一般价格水平同时上升，图中总需求从 AD_1 增加到 AD_2 时，国民收入从 Y_1 增加到 Y_2 的水平，价格也从 P_1 上升到 P_2 的水平。也就是说，在这个阶段，总需求的增加，在提高国民收入的同时也拉升了一般价格水平；当国民收入增加到潜在的国民收入水平即

Y_f 时，此时国民经济已经处于充分就业的状态，在这种情况下，总需求的增加只会拉动价格上升，而不会使国民收入增加。图中总需求从 AD_3 上升到 AD_4，国民收入仍然保持在 Y_f，但物价水平从 P_3 上升到 P_4 水平。

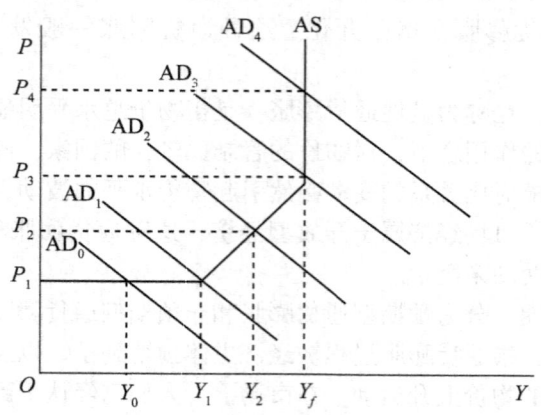

图 36-1 需求拉动型通货膨胀

也就是说，当经济体系中有大量资源闲置时，总需求的增加不会引起物价上涨，只会导致国民收入增加；当经济体系中的资源接近充分利用时，总需求的增加会同时拉升国民收入和一般价格水平，当经济体系中的资源利用达到充分就业状态时，总需求的增加不会使国民收入增加，而只会导致一般价格水平上升。

（2）成本推动型通货膨胀

成本推动型通货膨胀，又称成本通货膨胀或供给通货膨胀，是指在没有超额需求的情况下由于供给方面成本的提高所引起的通货膨胀。成本的增加意味着只有在高于以前的价格水平时，才能达到与以前同样的产量水平，即总供给曲线向左上方移动。在总需求不变的情况下，总供给曲线向左上方移动，使得国民收入减少，价格水平上升，这种价格上升就是成本推动的通货膨胀，可以用图 36-2 来说明这种情况。

在图 36-2 中，原来的总供给曲线 AS_0 与总需求曲线 AD 决定了国民收入水平为 Y_0，价格水平为 P_0，成本增加后，总供给曲线向左上方移动到 AS_1，总需求保持不变，从而决定了新的国民收入为 Y_1，价格水平为 P_1，价格水平由 P_0 上升到 P_1，这是由于成本的增加所引起的，即是通常所说的成本推动的通货膨胀。

引起成本增加的原因并不完全相同，因此，成本推动的通货膨胀又可以根据其原因的不同而分为以下几种：

①工资成本推动的通货膨胀。工资是厂商成本中的主要构成部分之一，工资水平的上升会导致厂商成本增加，厂商因此而提高产品和劳务的价格，从而导致通货膨胀。在劳动市场存在着工会的卖方垄断的情况下，工会利用其垄断地位要求提高工资，雇主迫于压力提高了工资后，就会将提高的工资加计成本，提高产品和劳务的价格，从而引起通货膨胀。工资的增加往往是从个别部门开始的，但由于各部门之间的工资攀比行为，

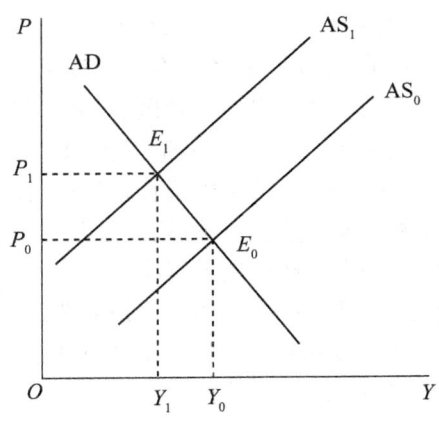

图 36-2 成本推动型通货膨胀

个别部门工资的增加往往会导致整个社会的工资水平上升，从而引起普遍的通货膨胀。而且这种通货膨胀一旦形成，还会形成"工资—物价螺旋式上升"，即工资上升引起物价上升，物价上升又引起工资上升。这样工资与物价不断互相推动，形成严重的通货膨胀。

②利润推动的通货膨胀。也称价格推动的通货膨胀，指市场上具有垄断地位的厂商为了增加利润而提高价格所引起的通货膨胀。在不完全竞争的市场中，具有垄断地位的厂商控制了产品的销售价格，从而可以通过提高价格来提高利润。这种通货膨胀是由于利润的推动而产生的，尤其是在工资增加时，垄断厂商以工资的增加为借口，更大幅度地提高物价，使物价的上升幅度大于工资的上升幅度，其差额就是利润的增加，这种利润的增加使物价上升，形成通货膨胀。西方的经济学者认为，工资推动和利润推动实际上都是操纵价格的上升，其根源在于经济中的垄断，即工会的垄断引起工资推动，厂商的垄断引起利润推动。

③原材料成本推动的通货膨胀。这是指厂商生产中所需要的原材料价格上升推动产品和劳务的价格上升而形成的通货膨胀。在现代经济中，某些能源或关键的原材料供给不足，会导致其价格上升，进而引起厂商成本的上升，如石油价格的上升，或者是某种进口原材料的价格上升等，最典型的事例是 20 世纪 70 年代覆盖整个西方发达国家的滞胀（即经济停滞和通货膨胀同时并存），其主要根源之一就在于当时石油价格的大幅上升。

(3) 结构性通货膨胀

结构性通货膨胀是指在没有需求拉动和成本推动的情况下，只是由于经济结构因素的变动，也会引起一般价格水平的持续上涨，这种原因导致的一般价格水平的持续上涨被称为结构性通货膨胀。

从生产率提高的角度来看，社会经济结构存在这样的特点，即一些部门生产率提高的速度快，另一些部门生产率提高的速度慢；从经济发展的过程看，社会经济结构存在着这样的特点，即一些部门正在迅速发展，另一些部门则日趋衰落；从与世界市场的关系看，社会经济结构存在着这样的特点，一些部门（开放部门）与世界市场的联系十分密切，另一些部门（非开放部门）与世界市场没有密切联系。一般来说，生产率提高速度快的部门工资水平提高快，而生产率提高速度慢的部门工资水平提高慢，但是处于生产率提高速度慢的部门的工人要求"公平"，由于工会的存在，他们要求提高工资水平的愿望往往会实现，从而使得整个社会的工资增长率超过劳动生产率，从而引起通货膨胀，这种通货膨胀也就是结构性通货膨胀。同样，在迅速发展的部门和日趋衰落的部门、开放部门和非开放部门之间也会产生这种情况。

当然，通货膨胀是现代经济社会中常见的、也是复杂的一个社会经济现象，其产生的根源往往不仅仅是上述三种原因中的某一种，而是由其中的两种或三种原因共同交织在一起，这就需要根据不同的情况进行具体分析。

（4）混合型通货膨胀

现实生活中，需求拉上的作用与成本推进的作用常常是混合在一起的，即所谓的"拉中有推，推中有拉"。因此人们将这种总供给和总需求共同作用下的通货膨胀称为供求混合推进型通货膨胀。

当总需求增加时，物价的上涨导致生产成本的相应提高，必然会使总供给减少，为保持经济增长和充分就业，政府不得不增加支出，总需求再次增加，从而形成由需求冲击引发的物价螺旋式上升的通货膨胀。与其相类似的是，也可能发生由供给冲击引发的通货膨胀。当发生一次性成本推进型的物价上涨时，如果需求并不增加，通货膨胀则不会持久。但如果供给的减少导致政府为避免经济下降和失业增加而扩大需求，则必然发生持续性的通货膨胀。

想一想

中国人口占世界人口的20%，而已探明的原油只占世界储量的2.2%，石油的人均可采储量仅为世界均值的8%。在过去10年，中国石油消费快速增长，目前是世界上第二大石油进口国，年进口石油超过1亿吨，国际石油价格的上涨有可能导致成本推动型通货膨胀吗？如果形成了，应该采取哪些对策？

分析提示

2008年国际原油价格出现飙涨，7月，纽约原油期货价格曾一度暴涨至每桶147.27美元的历史最高位。油价上涨，不仅对工业生产成本的上升起直接作用，还导致油品消费群体的生活成本增加；提高了粮食生产成本，增加了物价控制的难度；使粮食转化为生物能源的冲动加剧，从而更加收紧粮食供应，激发食品价格上升。因为石油是最主要的能源之一，石油价格的上升会导致厂商生产成本的上升，极有可能演变为成本推动型通货膨胀。历史上曾出现过这样的现象，即20世纪70年代发达国家的"大滞胀"，其根本原因在于当时油价的大幅上升。对策有三条：一是增加石油供应，可以扩大进口或是增加国内石油勘探、生产的规模；二是节约石油使用，提高其使用效率；三是尽可能寻找到替代品。

36.2.4 通货膨胀的影响

通货膨胀既会对个人的经济生活产生影响，也会对整个社会的经济生活产生重大影响，一般可以将通货膨胀对经济的影响分成两种，即通货膨胀的收入再分配效应和通货膨胀的产出效应。

（1）通货膨胀的收入再分配效应

通货膨胀意味着人们手中持有货币的购买力下降，从某种程度上来讲，是人们过去劳动成果的缩水，也就是说通货膨胀会导致人们的实际收入水平发生变化，这就是通货膨胀的再分配效应，但是通货膨胀对不同经济主体的再分配效应是不同的。

①通货膨胀不利于靠固定货币收入维持生活的人。对于固定收入阶层来说，其收入是固定的货币数额，落后于上升的物价水平，也就是说他们获得货币收入的实际购买力下降，其实际收入因通货膨胀而减少，如果他们的收入不能随通货膨胀率变动的话，他们的生活水平必然降低。

在现实生活中，靠政府救济金维持生活的人比较容易受到通货膨胀的冲击，因为政府的救济金发放水平的调整相对较慢。此外，工薪阶层、公务员以及其他靠福利和转移支付维持生活的人，都比较容易受到这种冲击。而那些收入能随着通货膨胀变动的人，则会从通货膨胀中得益，例如，在扩张中的行业工作并有强大的工会支持的工人就是这样，他们的工资合同中订有工资随生活费用的上涨而提高的条款，或有强有力的工会代表他们进行谈判，在每个新合同中都有可能得到大幅度的工资增长。

②通货膨胀对储蓄者不利。随着价格上涨，存款的购买力就会降低，那些持有闲置货币和在银行有存款的人会受到严重冲击。同样，像保险金、养老金以及其他固定价值的证券财产等，它们本来作为防患于未然和养老的，在通货膨胀中，其实际价值也会下降。

③通货膨胀还会在债务人和债权人之间产生收入再分配的作用。具体地说，通货膨胀牺牲了债权人的利益而使债务人得益。例如，A 向 B 借款 1 万元，约定一年以后归还，假定这一年中发生了通货膨胀，物价上升了一倍，那么一年后 A 归还给 B 的 1 万元只能购买到原来一半的产品和劳务，也就是说通货膨胀使得 B 损失了一半的实际收入。

为了反映通货膨胀对于借贷款人实际收入的影响，一般用实际利率来代替名义利率，实际利率等于名义利率减去通货膨胀率。假设银行存款利率为 5%，而通货膨胀率为 10%，则此时存款的实际收益率为负 5%（5%-10%=-5%）。

实际研究表明，第二次世界大战以来，西方国家政府从通货膨胀中获得了大量的再分配的财富，其来源有两点，第一，政府获得了通货膨胀税收入。因为政府税收中有部分税收是累进的，如个人收入所得税，在通货膨胀期间，一些个人的名义收入增加了，原来不用交税的，现在需要交税了，另一些本来就交税的人则进入更高的纳税级别，政府因而获得了更多的税收。因此，有些西方的经济学家认为，希望政府去努力制止通货膨胀是比较难的。第二，在现代经济中，政府把发行公债作为筹集资金手段和政府调控经济的手段，从而使得政府负有较大数额的国债，通货膨胀使得政府作为债务人而获益。

(2) 通货膨胀的产出效应

一般认为，温和的通货膨胀对经济发展比较有利。因为人们在消费时有"买涨不买跌"的倾向，即当人们认为物价会涨时，会采取及时消费的策略，消费增加会刺激厂商扩大生产规模，从而就业增加、国民收入上升；而当人们认为物价将下跌时，会采取持币等待的策略，消费减少会导致厂商缩小生产规模，从而失业增加、国民收入下降。当然，这只是一般的分析，通货膨胀的产出效应有三种情况：

①随着通货膨胀的出现，产出增加。这就是需求拉动型通货膨胀的刺激，促进了产出水平的提高，这种情况产生的前提条件是有一定的资源闲置。当一个经济体系有一定的资源闲置的情况下，物价温和的上涨会刺激人们的购买欲望，从而消费增加，拉动就业和产出水平的提高。

②成本推动的通货膨胀引致失业，也就是说通货膨胀引起就业和产出水平的下降。这种情况产生的前提条件是经济体系已经实现充分就业，在这种情况下，如果发生成本推动的通货膨胀，则原来总需求所能购买的实际产品的数量将会减少，也就是说，当成本推动的压力抬高物价水平时，既定的总需求只能在市场上支持一个较小的实际产出。所以，实际产出会下降，失业会上升。如 1973 年，石油输出国组织的石油价格翻了两番，从而引发了成本推动的通货膨胀，1973—1975 年美国等主要发达国家的物价水平迅速上升，与此同时，美国的失业率从 1973 年的不到 5% 上升到了 1975 年的 8.5%。

③超级通货膨胀导致经济崩溃。首先，当物价持续上升时，居民户和企业都会产生通货膨胀的预期，即估计物价会再度升高。在这种情况下，人们就不会让自己的储蓄和现行的收入贬值，而宁愿在价格上升前将货币花掉，从而产生过度的消费购买，导致储蓄和投资减少，产出水平下降。其次，随着通货膨胀而来的是生活费用的上升，劳动者会要求提高工资，企业成本上升，导致企业生产规模缩小，产出水平下降。再次，企业在通货膨胀率上升时会力求增加存货，以便在稍后按高价出售以增加利润，从而使得市场可供销售的货物减少，物价将进一步上升。最后，当出现恶性通货膨胀时，情况会变得更坏，经济体系极有可能陷入崩溃。

36.2.5 通货膨胀的治理

虽然产生通货膨胀的原因很多，但归根到底是总需求与总供给的不均衡，通货膨胀对经济发展有诸多不利影响，对社会再生产的顺利进行有破坏性作用，因此，一旦发生了通货膨胀，必须下决心及时治理。这种治理应该是多方面综合进行的。

(1) 需求管理政策

需求管理政策就是指利用货币政策与财政政策的统筹运作，改变全社会的总收入与总支出情况，控制全社会的货币供应量，从而达到控制通货膨胀的目的，主要有三条措施：

第一，控制消费支出。

控制消费支出主要是通过财政政策，提高税率，特别是提高个人所得税率，减少个人可支配收入；通过货币政策，提高储蓄利率，吸纳社会资金，减轻资金流动性泛滥带来的压力。两者可以单独使用也可协调运用，以达到最佳的效果。

第二，控制固定资产投资规模。

控制固定资产投资规模的关键作用是抑制社会总需求。通过实行市场准入、产业政策和行业规划等措施，加强对新上项目的引导、控制和监督，优化投资结构。固定资产投资的影响主要表现在三个方面：它制约流动资金的需求，因为投资规模大，对流动资金的需求也大，这将对银行信贷规模造成一种压力；固定资产投资规模膨胀，会使财政支出膨胀；固定投资规模中必然有一部分转化为消费基金，扩大对消费品的需求。可见，控制固定资产投资规模，不仅能约束投资需求本身，还可以起到"一箭双雕"的约束作用。在新中国成立以来发生的历次通货膨胀中，固定资产投资规模的膨胀都扮演了重要角色，因此，总是要把压缩固定资产投资规模作为治理通货膨胀的重要措施之一。

第三，控制政府支出。

影响政府支出的主要因素是办公经费、国防支出、社会福利支出等。这些支出是社会总需求的重要方面。控制总需求的重点是控制政府支出。但是，由于政府支出的刚性，因而控制幅度是非常有限的。

(2) 收入政策

收入政策主要针对的是成本推动型通货膨胀。其原因在于：因靠财政信用紧缩的政策虽然能够抑制通货膨胀，但由此带来的经济衰退和大量失业的代价往往过高，尤其是当成本推进引起菲利普斯曲线向右上方移动，工会或企业垄断力量导致市场出现无效状况时，传统的需求管理的措施对通货膨胀将无能为力，必须采取强制性的收入紧缩政策。收入紧缩政策主要是政府为了控制一般物价水平的上涨幅度，采取强制性或非强制性的手段，限制提高工资和获取垄断利润，抑制成本推进的冲击，其目的在于控制通货膨胀而又不陷入"滞胀"。具体可采取了以下四种形式：

①指数化方案。又称收入指数化政策，是指对与货币有关的契约或协议附加物价指数条款，使与货币有关的收入和支出能够与物价指数连锁变动的政策，是使工资、利息、各种债券收益以及其他收入随物价的变动而变动的政策与措施。这种指数化措施主要有两个功效：一是能借此剥夺政府从通货膨胀中所获得的收益，杜绝其制造通货膨胀的动机；二是可以借此抵消或缓解物价波动对个人收入水平的影响，克服由通货膨胀造成的分配不公。借此还可以稳定通货膨胀环境下的微观主体行为，避免出现抢购商品等使通货膨胀加剧的行为。

指数化方案有利于国民收入分配的公平和社会的稳定，特别是可以使固定收入者的名义工资收入得到及时调整，在一定程度上保持经济的正常发展，但是指数化方案强化工资和物价交替上升的机制，有可能使物价更加不稳定，而不是有利于通货膨胀率的下降。例如，假定农产品的歉收使得消费者价格指数上升了10%，在一个充分指数化的经济中，这将使所有的名义收入都上升10%，从而使得下一期的消费者价格指数进一步以接近于10%的比例上升。然后各种名义收入再次上升，进而引起新一轮的价格水平上升。如此继续，当这一种螺旋式的上升过程最终停止时，价格水平可能已经上升好多次。因此，指数化也只是一种消极地应付通货膨胀的政策。

②道义规劝。也就是政府劝告工资和价格制定者们"负责任地"采取行动，鼓励雇员和雇主在较低的工资增长水平上达成和解，自动限制产品价格和工资的上涨幅度，以

减轻通货膨胀的压力。其效果取决于协议双方是否认可现有工资水平并愿意遵守协议规定。

③以税收作为手段限制工资增长。即政府以税收作为奖励和惩罚的手段来限制工资和物价的增长。如果增长率保持在政府规定的范围内，政府就以减少个人所得税和企业所得税作为奖励；如果超过界限，就以增加强制税收作为惩罚。这一办法可使企业有所依靠，拒绝工会超额提高工资的要求，从而有可能与工会达成工资协议，降低工资增长率。例如，英国在 1977—1978 年，工党政府曾经许诺，如果全国的工资适度增长的话，政府将降低所得税。澳大利亚也于 1967—1968 年实行过这一政策。

④工资、价格管制。即由政府颁布法令，强行规定工资、物价的上涨幅度，在某些时候，甚至暂时将工资和物价加以冻结的一种严厉的管制措施，这其中包括：对工资和价格进行直接控制，规定厂商和工会不经政府有关部门同意，不得提高工资和价格；对工资和价格规定指导性指标，这一般在战争时期较为常见。但是当通货膨胀变得非常难以对付时，和平时期的政府也可能求助于它。例如美国在 1971—1974 年就曾实行过工资—价格管制，特别是在 1971 年，尼克松政府还实行过 3 个月的工资—价格冻结。较近一些的例子则有：1985 年的阿根廷和以色列，以及 1986 年的巴西都曾将工资—价格管制作为反通货膨胀的一揽子方案中的重要组成部分。

但是，收入紧缩政策也存在缺陷，主要表现为：如果是温和性政策或税收政策，其效果取决于劳资双方与政府能否通力合作；强制性的收入政策会妨碍市场机制对资源的有效配置。因为，市场是通过价格信号来指导生产和要素流动的；如果禁止价格上涨，价格限制也就等于取消了资源转移的动力；如果在价格管制的同时没有采取相应的紧缩需求的措施，公开的通货膨胀则变为隐蔽型的通货膨胀，一旦重新开放价格，通货膨胀会加快爆发的速度。因此，收入政策并不是治理通货膨胀的"灵丹妙药"，它充其量只能作为紧缩性财政、货币政策的一种补充。

(3) 币制改革

通常这是在经历了严重的通货膨胀后采取的措施，其做法是废除旧币、发行新币，并制订一些保证新币稳定的措施。目的是消除原来货币流通混乱的局面，在新的货币制度基础上实现稳定的货币流通。也有的是通过新旧币的兑换，附带调节个人之间的收入分配。但必须指出的是，币制改革本身不能保证消除通货膨胀，关键在于能否实施币制改革中的各项稳定措施，为消除通货膨胀提供条件。例如，巴西政府为了对付恶性通货膨胀，自 1967 年以来已经进行了五次币制改革，每改革一次，就删去几个零，或者干脆改换货币名称。在我国 20 世纪 50 年代初的抗美援朝战争时期，由需求引发的通货膨胀，导致了新中国成立以来唯一的一次币制改革，即用原来的 1 万元旧币兑换新人民币的 1 元钱。

总之，通货膨胀是一个十分复杂的经济现象，其产生的原因是多方面的，需要有针对性地根据原因采取不同的治理对策，对症下药，不能机械僵化地照搬别人或自己以往的经验，应结合其他治理方案综合进行。治理通货膨胀是一项系统工程，只有各治理方案相互配合才能取得理想的效果。

 **小案例**

玻利维亚的恶性通货膨胀

1984年7月至1985年7月一年时间里，玻利维亚的商品价格上涨了3000%，出现了恶性通货膨胀。当时，该国总统邀请"休克疗法"之父、哥伦比亚大学经济学教授萨克斯帮助寻找治理这种恶性通货膨胀的办法。萨克斯带领几个助手到该国后，开始计算各种数据，后来发现，该国恶性通货膨胀的根源是政府完全依赖中央银行来进行赤字融资方式的财政措施，而财政预算的关键是石油价格。由于政府财政收入严重依赖于对石油征收的税收，当石油价格急剧下降时，会使得整个财政预算严重恶化。因此，萨克斯建议，制止恶性通货膨胀的主要措施是一次性地大幅度提高油价，再辅之相应的财政措施。对于这个建议，当时无论是学界还是政府部门都认为，该政策不仅不能结束该国的恶性通货膨胀，还可能使通货膨胀进一步恶化。

但是，玻利维亚总统还是接纳了萨克斯的建议，在1985年8月29日开始实施该计划。首先是大幅度提高油价。随着石油价格飙升，预算赤字消失了。预算赤字的突然消失导致汇率立即稳定下来。而汇率的稳定也意味着该国货币比索价格也突然变得稳定了。在一周之内，玻利维亚的恶性通货膨胀就结束了。

 **想一想**

请问：通货膨胀与通货紧缩有什么关系？

分析提示

联系：①二者都是由社会总需求与社会总供给不平衡造成的，亦即流通中实际需要的货币量与发行的数量不平衡而造成的。

②二者都会影响正常的经济生活和社会经济秩序。因此，必须采取切实有效的措施予以抑制。

区别：①含义及实质不同：通货膨胀是指纸币的发行量超过流通中所需要的数量，从而引起纸币贬值、物价上涨的经济现象，其实质是社会总需求大于社会总供给；通货紧缩是指物价总水平在较长时间内持续下降的经济现象，其实质是社会总需求小于社会总供给。

②表现不同：通货膨胀表现为纸币贬值、物价上涨、经济过热的现象；通货紧缩则表现为物价持续下降、市场疲软、经济萎缩的现象。

③原因不同：通货膨胀主要是纸币的发行量大大超过流通中所需要的货币量引起的，另外，经济结构不合理、固定资产投资规模过大、生产资料价格大幅调整、需求膨胀等因素也是引发通货膨胀的重要原因；通货紧缩主要是因为宏观经济环境的变化，由卖方市场转变为买方市场引起的，另外，货币供应增长乏力、金融危机等因素也是引发通货紧缩的重要原因。

④危害性不同：通货膨胀的出现，直接引起纸币贬值、物价上涨，如果人们的实际收入没有增长，生活水平就会出现下降，购买力降低，商品销售困难，造成社会经济生活秩序混乱；通货紧缩，物价下降在一定程度上对人民生活有好处，但物价总水平长时间、大范围下降，会影响企业生产和投资的积极性，导致市场销售不振，对经济的长远发展和人民的长远利益不利。

⑤解决办法不同：要抑制通货膨胀，主要是实行适度松紧的货币政策和量入为出的财政政策，控制货币供应量和信贷规模；抑制通货紧缩主要是采取积极的财政政策和稳健的货币政策，加大投资力度，扩大内需，调整出口结构，努力扩大出口。

36.3 任务分析

2014年价格上涨的主要原因有：第一，资源性产品价格改革步入深水区，水、电、气、油等资源产品定价市场化改革步伐加快；第二，土地等要素价格呈刚性上涨趋势；第三，猪肉价格涨幅将扩大，对CPI的拉动作用增强；第四，上游产品价格有望结束持续下跌局面，将推升消费品价格；第五，输入性通胀压力影响不断增强，治理污染，抑制落后产能释放，大宗商品环保等成本提高；第六，人力成本上升成为物价上涨的长期压力；第七，农产品价格上涨是工业化中后期必然面临的问题，食品价格上涨是一个长期的过程。

2014年我国经济将继续保持稳中有进的增长态势，价格平稳运行虽然有了良好的宏观环境基础，但综合宏观、微观影响价格运行的因素来分析，2014年价格上涨的压力或将大于2013年，但是整体通胀压力将处于可控范围。

技 能 训 练

一、单项选择题

1. 失业率是指（　　）。
    A. 失业人口与全部人口之比
    B. 失业人口与全部就业人口之比
    C. 失业人口与全部劳动人口之比
    D. 失业人口占就业人口与失业人口之和的百分比
2. 某人正在等待着某项工作，这种情况可归类于（　　）。
    A. 就业　　　　B. 失业　　　　C. 非劳动力　　　　D. 就业不足
3. 周期性失业是指（　　）。
    A. 经济中由于正常的劳动力流动而引起的失业
    B. 由于总需求不足而引起的短期失业
    C. 由于经济中一些难以克服的原因而引起的失业
    D. 由于经济中的一些制度原因而引起的失业

4. 由于经济衰退而形成的失业属于( )。
   A. 摩擦性失业　　B. 结构性失业　　C. 周期性失业　　D. 自然失业
5. 下列人员中，不属于失业人员的是( )。
   A. 在调动工作的时间内歇在家休养者　B. 半日工
   C. 季节工　　　　　　　　　　　　　D. 对薪水不满意而待业在家的大学毕业生
6. 奥肯定理说明了( )。
   A. 失业率和实际国民生产总值之间高度负相关的关系
   B. 失业率和实际国民生产总值之间高度正相关的关系
   C. 失业率和物价水平之间高度负相关的关系
   D. 失业率和物价水平之间高度正相关的关系
7. 通货膨胀是指( )。
   A. 一般物价水平普遍、持续的上涨
   B. 货币发行量超过流通中的黄金量
   C. 货币发行量超过流通中的商品的价值量
   D. 以上都不是
8. 可以称为温和的通货膨胀的情况是：( )。
   A. 通货膨胀率在10%以上，并且在加剧的趋势
   B. 通货膨胀率以每年5%的速度增长
   C. 在数年之内，通货膨胀率一直保持在2%~3%的水平
   D. 通货膨胀率每年在50%以上
9. 经济中存在着通货膨胀的压力，由于政府实施了严格的价格管制而使得物价并没有上升，此时( )。
   A. 不存在通货膨胀　　　　　　　B. 存在着温和的通货膨胀
   C. 存在着恶性通货膨胀　　　　　D. 存在着隐蔽的通货膨胀
10. 下列表述中，正确的是( )。
    A. 在任何情况下，通货膨胀对经济的影响都很小
    B. 在通货膨胀可以预期的情况下，通货膨胀对经济的影响也很大
    C. 在通货膨胀不能预期的情况下，通货膨胀有利于雇主而不利于工人
    D. 在任何情况下，通货膨胀对经济的影响都很大
11. 需求拉动通货膨胀( )。
    A. 通常用于描述某种由供给因素所引起的价格波动
    B. 通常用于描述某种由总需求的增长所引起的价格波动
    C. 表示经济制度已调整过的预期通货膨胀率
    D. 以上均不是
12. 抑制需求拉动通货膨胀，应该( )。
    A. 控制货币供应量　B. 降低工资　　C. 解除托拉斯组织　　D. 减税
13. 由于工资提高而引起的通货膨胀是( )。
    A. 需求拉动通货膨胀　　　　　B. 成本推动通货膨胀

C. 需求拉动和成本推动型通货膨胀　　D. 结构性通货膨胀

14. 在下列通货膨胀的原因中，（　　）最可能是成本推动通货膨胀的原因。
    A. 银行贷款的扩张　　　　　　　B. 预算赤字
    C. 进口商品价格的上涨　　　　　D. 投资率下降

15. 成本推动通货膨胀（　　）。
    A. 通常用于描述某种由供给因素所引起的价格波动
    B. 通常用于描述某种由总需求的增长所引起的价格波动
    C. 表示经济制度已调整过的预期通货膨胀率
    D. 以上都不是

16. 菲利普斯曲线是一条描述（　　）。
    A. 失业与就业之间关系的曲线　　B. 工资与就业之间关系的曲线
    C. 工资与利润之间关系的曲线　　D. 失业与通货膨胀之间交替关系的曲线

17. 一般来说，菲利普斯曲线是一条（　　）。
    A. 向右上方倾斜的曲线　　　　　B. 向右下方倾斜的曲线
    C. 水平线　　　　　　　　　　　D. 垂线

18. 菲利普斯曲线的基本含义是（　　）。
    A. 失业率和通货膨胀率同时上升　B. 失业率和通货膨胀率同时下降
    C. 失业率上升，通货膨胀率下降　D. 失业率与通货膨胀率无关

19. 根据菲利普斯曲线，降低通货膨胀率的办法是（　　）。
    A. 减少货币供给量　　　　　　　B. 降低失业率
    C. 提高失业率　　　　　　　　　D. 增加工资

20. 根据短期菲利普斯曲线，失业率和通货膨胀率之间的关系是（　　）。
    A. 正相关　　B. 负相关　　C. 无关　　D. 不能确定

二、多项选择题

1. 按失业产生的原因，我们可将失业分为（　　）。
   A. 摩擦性失业　B. 结构性失业　C. 周期性失业　D. 自愿性失业
   E. 季节性失业

2. 长期中存在的失业称为自然失业，以下属于自然失业的是（　　）。
   A. 摩擦性失业　B. 结构性失业　C. 周期性失业　D. 自愿性失业
   E. 季节性失业

3. 失业对经济的影响主要反映为（　　）。
   A. 浪费劳动力资源　　　　　　　B. 减少国内生产总值
   C. 影响社会安定团结　　　　　　D. 影响社会福利
   E. 企业减产

4. 下列因素中，可能造成需求拉动通货膨胀的有（　　）。
   A. 过度扩张性的财政政策　　　　B. 过度扩张性的货币政策
   C. 消费习惯的突然改变　　　　　D. 农业的歉收
   E. 劳动生产率的突然降低

5. 按照价格上涨幅度加以区分，通货膨胀包括(　　)。
   A. 温和的通货膨胀　　　　　　B. 奔腾的通货膨胀
   C. 平衡式通货膨胀　　　　　　D. 非平衡式通货膨胀
   E. 恶性的通货膨胀
6. 从市场机制作用角度，通货膨胀可分为(　　)。
   A. 预期的通货膨胀　　　　　　B. 非预期的通货膨胀
   C. 放开的通货膨胀　　　　　　D. 抑制的通货膨胀
   E. 混合的通货膨胀
7. 菲利普斯曲线表明(　　)。
   A. 失业率低，通货膨胀率越低　　B. 失业率越高，通货膨胀率越高
   C. 失业率越高，通货膨胀率高　　C. 失业率越高，通货膨胀率越低
   E. 失业率与通货膨胀率存在负相关关系
8. 菲利普斯曲线的特征有(　　)。
   A. 菲利普斯曲线斜率为负
   B. 菲利普斯曲线是一条直线
   C. 菲利普斯曲线与横轴相交的失业率为正值
   D. 菲利普斯曲线不是一条直线
   E. 菲利普斯曲线与横轴相交的失业率为 0

三、技能分析

1. 1921 年 1 月的德国，一份报纸为 0.3 马克。而不到两年时间，1922 年 11 月，一份同样的报纸价格为 7000 万马克。而当时整个德国所有的物价也都疯狂地上升。这是历史上最惊人的通货膨胀事件。而类似的情况在 20 世纪 40 年代的中国也发生过。那么，什么是通货膨胀？简单地说就是经济中物价总水平发生大幅度的持续性的上升。又是什么原因引起通货膨胀？在大多数严重或持续的通货膨胀的情况下，罪魁祸首都是相同的货币量的增长。当一个政府发行了大量本国货币时，货币的价值就下降了。政府有各种各样的理由多印钞票，比如，在一些税制不健全的国家，政府为了负担开支，就要通过增印钞票来暗中征税；另外，政府为了增加教育、基础建设或国防的开支，或为了援助灾民，也会增印钞票。增印钞票的理由数之不尽，有些是正当的，有些是不正当的——更准确地说，对某些人来说是正当的，而对另外一部分人来说是不正当的。正当与否，经济学无法做出"科学的"判断。但不管怎样，经济学要指出的是，通货膨胀的成因，就是政府发行了过量的钞票。由于高通货膨胀会给社会带来各种各样的影响福利的成本与代价，所以世界各国都把保持低通货膨胀作为经济政策的一个目标。

通过阅读以上材料，讨论：
（1）通货膨胀的含义。
（2）通货膨胀产生的深刻原因。

2. 从 2008 年开始，中国的物价便经历了一路的全面上涨，从建筑业、服务业、大宗原材料，到日常用品、普通食品都经历了一定幅度的上涨，极大地影响了经济的发展和广大人民的生活。

我们感触到最实在的通胀是在日常生活中，青菜、肉、油等价格都翻倍上涨，面对生活成本上涨而工薪小幅度上升的通胀压力，广大人民群众有很多的不满、恐慌、怨言和争议。一种普遍的大众心态，从刚开始的抱怨到现在容忍了这种物价的上涨。然而更多的政府部门、学者、专家开始寻找物价上涨的原因、改善的措施、政策等，希望制订出好的实施方案。

中国央行2010年以来已经10次提高存准率，大型金融机构存准率再次刷新历史纪录，达到20.5%的高位。此外，2009年10月以来，中国央行已经加息4次。央行将综合运用好公开市场操作、存款准备金率、利率等多种工具来抑制通货膨胀，稳定经济的发展。

请用相关的经济学理论分析此种现象。

四、单项实训

1. 市场调查——近年来大学生就业状况

实训要求：(1)此实训项目以团队形式完成；

(2)大学生就业状况调查表如下表所示，完成此表，并记录资料的来源。

大学生就业状况调查表

年份	全国大学生就业状况		所在专业大学生就业状况		
	毕业人数(万)	就业人数(万)	本专业毕业人数(万)	就业率(%)	对口就业率(%)
2010					
2011					
2012					
2013					

2. 课外实训——今年来我国消费物价指数、生产者物价指数的走势及成因分析

实训要求：

(1)此实训项目以团队形式完成。

(2)收集我国近年的CPI、PPI数据，分析其所具有的意义，探讨工资与CPI之间是否具有联动关系。

项目十 认识经济增长与经济周期

知识目标：

了解经济增长和经济发展的概念、经济周期的概念和分类。

能力目标：

1. 能理解经济增长的几个典型理论。
2. 能根据所学理论分析我国及世界上的经济增长现象。

美国在 20 世纪 30 年代萧条与 40 年代繁荣的原因

20 世纪 30 年代初的经济灾难称为大萧条，而且是美国历史上最大的经济下降。从 1929 年到 1933 年，实际 GDP 减少了 27%，失业从 3% 增加到 25%。同时，在这四年中，物价水平下降了 22%。在这一时期，许多其他国家也经历了类似的产量与物价下降。经济史学家一直在争论大萧条的原因，但大多数解释集中在总需求的大幅度减少上。

许多经济学家主要抱怨货币供给的减少：从 1929 年到 1933 年，货币供给减少了 28%。另一些经济学家提出了总需求崩溃的其他理由。例如，在这一时期股票价格下降了 90% 左右，减少了家庭财富，从而也减少了消费者支出。此外，银行的问题也阻止了一些企业为投资项目进行的筹资，而且，这就压抑了投资支出。当然，在大萧条时期，所有这些因素共同发生作用，使得总需求紧缩了。

第二个重大时期——20 世纪 40 年代初的经济繁荣是容易解释的。这次事件显而易见的原因是二战。随着美国在海外进行的战争，联邦政府不得不把更多资源用于军事。从 1939 年到 1944 年，政府的物品与劳务购买几乎增加了 5 倍。总需求这种巨大扩张几乎使经济中物品与劳务的生产翻了一番，并使物价水平上升了 20%。失业从 1939 年的 17% 下降到 1944 年的 1%，这是美国历史上最低的失业水平。

（资料来源：http：//yingyu.100xuexi.com/view/specdata/20100816/349AB2CA-E640-4531-9D5A-437EA9E2AC7A.html，2014-06-23）

任务三十七　熟悉经济周期

学习目标
1. 了解经济周期的含义和分类。
2. 理解传统经济周期、乘数—加速数原理和实际经济周期理论。

37.1　任务描述

根据有关研究数据，自1951年至2003年，日本经济可以划分为11个周期，平均每一个周期的波长为4.7年；其中最长的波长达9年，最短的波长为3年。1951—1974年，日本经济高速增长，经济增长率年平均高达9.1%。从1975年以来，日本经济进入稳定增长阶段，经济增长率年平均为2.7%，下降幅度高达6.4个百分点，这是平稳增长期。

在这个过程中，投资发挥的作用是不同的。根据日本学者金森久雄等人的研究，1955—1968年资本的增长贡献度年平均大概是3%，1970—1973年资本的增长贡献度在5.6%~6.7%，1974年降至4.5%，此后就进一步明显下降，1975—1990年平均大体是2.2%。资本高速增长的原因是由高速增长的设备投资来支撑的，1955—1972年，民间设备投资年平均增长17.3%；1973—1990年设备投资年平均增长仅6.3%。平均而言，投资对日本经济增长的贡献度在3%左右。

对中国经济增长数据的研究显示，中国每轮经济周期的平均长度为5.2年，最长的波长也是9年，最短的波长为4年。根据国家统计局的数据，2002年，中国投资拉动GDP增长4.1个百分点，2003年为6个百分点，2004年投资贡献度在6个百分点以上。从这种不完全对比中可以看到，中国近几年的投资对经济增长的贡献度，与日本当年经济高速增长时的投资贡献度所在区间，是基本吻合的。

①从以上资料可以看出，日本的经济周期大多属于什么周期？
②上面的资料对理解索洛经济增长模型的意义何在？
③如果要保持中国经济长期稳定增长，你认为需要注意哪些方面？

37.2　任务精讲

世界各国经济增长的方式并不是以稳定的速度一成不变地增长，在增长中都存在着周期性的波动。某些国家在经历了几年的繁荣之后，接下来也许会经历一场衰退，经济总产出下降，失业率增加，当经济衰退到谷底时，便开始复苏，启动下一轮的经济扩张。掌握世界经济波动的规律，对于加强国际经济协调、促进经济稳定持续的增长具有重要的意义。

37.2.1　世界经济周期的含义和分类
（1）经济周期的含义

经济周期（Business cycle）：也称商业周期、经济循环，它是指经济运行中周期性出现的经济扩张与经济紧缩交替更迭、循环往复的一种现象，是国民总产出、总收入和总就业的波动，是国民收入或总体经济活动扩张与紧缩的交替或周期性波动变化。

如图37-1所示，从中可以看出经济周期萧条、复苏、繁荣和衰退的过程：图中纵轴Y代表国民收入，横轴代表时间（年份），向右上方倾斜的直线N代表正常的经济活动水平。A为顶峰，A—B为衰退，B—C为萧条，C为谷底，C—D为复苏，D—E为繁荣，E为顶峰，从A到E即为一个周期。A—C，即衰退与萧条，就是收缩阶段，C—E，即复苏与繁荣，就是扩张阶段；收缩阶段总的经济趋势是下降，扩张阶段的经济趋势是上升。

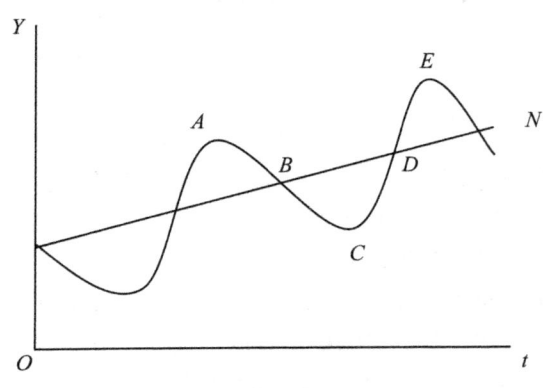

图37-1 经济周期

以下是对四个经济周期四个阶段的分析，第一，衰退是指周期波峰过去，经济开始向下滑坡。衰退期的特征表现为：需求萎缩，从而导致生产和就业下降；工作时间减少或者失业导致家庭收入减少，又导致需求进一步萎缩，企业利润也随之下降，经营困难。在繁荣时期经济情况看好时所进行的投资，现在已变得无利可图，投资急剧降至最低水平。衰退情形严重时，大量生产能力被闲置起来，磨损设备暂不需添补重置，就可应付生产的需要。第二，萧条是经济周期接近低谷的部分。此阶段的特点是劳动力失业率高，消费者购买力下降，企业生产能力大量闲置，存货积压，利润低甚至亏损，企业对前景缺乏信心，不愿冒新投资的风险。第三，当复苏开始时，即已经到达周期的最低点。促使复苏的因素是多种多样的，例如大批机器经多年磨损需要更换，存货减少需要补充，企业订单开始增加；就业、收入和消费支出均得到增加，使生产销售增加，随之利润上升。经济前景看好，投资的乐观主义代替了萧条时的悲观主义。由于需求增加，生产的顺利扩大基本上是由萧条时闲置的生产能力和解雇后又返回工厂的工人所完成。第四，繁荣体现为经济周期的波峰。因为在繁荣时期，现有生产设备已经得到充分利用，而劳动力特别是技术熟练劳动力开始缺乏，工人的工作时间增加，就业率上升。生产所需要的主要原材料也开始供应不足。由于这些原因，增产的困难越来越大。这时只有增加投资、扩大生产能力，才能扩大产量。而投资建设需要时间，生产的增加满足不了需求的增长，价格不断上涨，生产要素需求的急剧增长促使要素成本上升，但由于商品价格也同时上涨，企业生产仍有较为丰厚的利润可图。由于经济前景看好，投资量可能超过现有销售水平。

写出当经济进入衰退时下降的两个宏观经济变量的名字。写出当经济进入衰退时上升的一个宏观经济变量的名字。

分析提示

当经济进入衰退时，实际GDP和投资支出下降，失业率上升。

小案例

冬季的天气已经很冷，一个小孩问妈妈："天这么冷，我们为什么不烧煤？"妈妈告诉自己的孩子说："因为你爸爸失业了，我们没钱买煤。"

"爸爸为什么失业？"小孩又问。

"因为煤太多了。"妈妈无奈地说。

这个故事发生在1929年的世界性经济大萧条期间，说明了当时经济危机对家庭造成的影响。1929年10月之前，美国一直是连续多年经济繁荣，因为在近10年的时间里，美国的经济规模增长了50%以上，年均工业增长近4%，但与此同时，社会失业率不断增加，最高时达到25%。在经济一片繁荣的背后，却有60%的家庭处于温饱线上。这说明经济繁荣的背后很有可能蕴藏着经济衰退，而经济衰退也预示着下一个经济增长点的到来。

（2）经济周期的类型

根据经济周期性波动的持续时间，一般将经济周期分为四种类型：周期长度为45～60年的长周期，也称康德拉季耶夫周期；周期长度为15～25年的建筑业周期，也称库兹涅茨周期；周期长度为7～11年的投资周期，也称朱格拉周期；周期长度为3～5年的短周期，也称短周期或称基钦周期。

①康德拉季耶夫周期。1926年俄国经济学家N.康德拉季耶夫出版《经济生活中的长期波动》一书，书中提出了著名的"长波理论"。他认为在经济生活中有一种平均长度为50年左右的长期循环。

②库兹涅茨周期。S.库兹涅茨是对经济周期和增长都颇有研究的美国经济学家，他在1930年出版的《生产和价格的长期变动》中分析了美国、英国、德国、法国、比利时1866—1925年53种商品的历史统计资料，认为经济中存在着长度为15～25年不等的长期波动。这种波动在美国的许多经济活动中，尤其是在建筑业中表现得特别明显，所以库兹涅茨周期又被称为"建筑业周期"。他把1873年、1890年和1913年作为这种周期的顶点，而1878年和1896年则处于谷底。在研究建筑业时库兹涅茨还分析了人口、资本形成、收入、国民生产总值及其他因素。

③朱格拉周期。朱格拉认为经济中存在一个长度为 7~11 年的经济周期。奥地利经济学家 J. 熊彼特把这种周期称为中周期或朱格拉周期。美国经济学家 A. 汉森则把这种周期称为"主要经济周期",并重新分析了美国 1795—1937 年的统计资料,认为这些年间共有 17 个朱格拉周期,其平均长度为 8.35 年。

④基钦周期。J. 基钦提出经济周期实际包括大周期和小周期两种周期。小周期平均长度为 3.5 年(约 40 个月),而一个大周期则包括两个或三个小周期。熊彼特则把这种约 40 个月的周期称为短周期或称基钦周期。

37.2.2 传统经济周期理论概述

自从 19 世纪中期以来,学者们提出的经济周期理论有几十种之多,其中比较著名的有以下七种理论。

(1) 纯货币周期理论

这种用货币因素来解释经济周期的理论由英国经济学家霍特里在 1913—1933 年的一系列著作中提出,属于内生周期理论。纯货币理论认为,经济周期是一种纯货币现象。并且认为货币供应量和货币流通度直接决定了名义国民收入的波动,而且极端地认为,经济波动完全是由于银行体系交替地扩张和紧缩信用所造成的,尤其以短期利率起着重要的作用。商人运用的资本主要来自银行信用。当银行体系降低利率、扩大信用时,商人就会向银行增加借款,从而增加向生产者的订货。这样就引起生产的扩张和收入的增加,而收入的增加又引起对商品需求的增加和物价上升,经济活动继续扩大,经济进入繁荣阶段。但是,银行扩大信用的能力并不是无限的。当银行体系被迫停止信用扩张,转而紧缩信用时,商人得不到贷款,就减少订货,由此出现生产过剩的危机,经济进入萧条阶段。根据这一理论,其他非货币因素也引起局部的萧条,但只有货币因素才能引起普遍的萧条。现代货币主义者在分析经济的周期性波动时,几乎一脉相承地接受了霍特里的观点。但应该明确肯定的是,把经济周期性循环的原因只归结为货币信用的扩张与收缩是欠妥的。

(2) 投资过度周期理论

投资过度理论把经济的周期性循环归因于投资过度。这种理论认为,无论是什么原因引起了投资的增加,这种增加都会引起经济繁荣。这种繁荣首先表现在对投资品(即生产资料)需求的增加以及投资品价格的上升,这更加刺激了对资本品的投资。资本品的生产过度发展引起了消费品生产的减少,从而形成经济结构的失衡。而资本品生产过多必将引起资本品过剩,于是出现了生产过剩危机,经济进入萧条。拥有这种观点的经济学家对最初引起投资增加的原因有不同的解释。奥地利经济学家哈耶克和密塞斯等人认为是货币量的增加引起投资增加。他们用货币因素来说明经济结构的失调,以及由此所引起的经济波动,被称为货币投资过度理论。瑞典经济学家卡塞尔、威克塞尔和德国经济学家斯皮托夫等人认为是新发明、新发现、新市场开辟等因素引起了投资增加。他们用非经济因素(技术、领土、人口等)来说明经济结构的失调,以及由此所引起的经济波动,被称为非货币投资过度理论。

(3) 创新周期理论

创新(Innovation theory)是由熊彼特提出的,用以解释经济波动与发展的一个概念。

所谓创新是指一种新的生产函数，或者说是对生产要素的重新组合，比如采用新生产技术、新的企业组织形式，开辟新产品、新市场等。生产要素新组合的出现会刺激经济的发展与繁荣。当新组合出现时，老的生产要素组合仍然在市场上存在。新的要素组合带来了更高的生产效率和更高的利润，会引起其他企业纷纷效仿，形成创新浪潮，而一旦技术扩散，被大多数企业获得，最后的阶段——停滞阶段也就临近了。在停滞阶段，因为没有新的技术创新出现，因而很难刺激大规模投资，从而难以摆脱萧条。这种情况直到新的创新出现才被打破，才会有新的繁荣出现。而且创新浪潮也使得银行信用扩大，对投资的需求增加，引起经济繁荣。随着创新的普及，盈利机会的消失，银行信用紧缩，对资本品的需求减少，这引起经济衰退。直至另一次创新出现，经济再次繁荣。该理论把周期性的原因归为科学技术的创新，而科学技术的创新不可能始终如一、持续不断地出现，从而必然有经济的周期性波动。

(4) 消费不足周期理论

这是一种历史悠久的理论，主要用于解释经济周期危机阶段的出现以及生产过剩的原因，并没有形成为解释经济周期整个过程的理论。这种理论的早期代表人物是英国经济学家马尔萨斯和法国经济学家西斯蒙第，近期代表人物是英国经济学家霍布森。该理论把经济的衰退和萧条归因于消费品的需求赶不上社会中消费品生产的增长。而消费品需求不足又引起对资本品需求不足，进而使整个经济出现生产过剩性危机。消费不足的根源则主要是由于国民收入分配不公平所造成的穷人购买力不足和富人储蓄过度。这种理论属于内生性经济周期理论。该理论有一个很大的缺陷是，它只解释了经济周期危机产生的原因，而未说明其他三个阶段。因而在周期理论中，它并不占有重要位置。

(5) 心理周期理论

心理理论和投资过度理论是紧密相连的。该理论强调心理预期对经济周期各个阶段形成的决定作用，主要代表人物是英国经济学家庇古和凯恩斯。这种理论认为，经济的循环周期取决于投资，而投资大小主要取决于业主对未来的预期，预期对人们的经济行为有决定性的影响。乐观与悲观预期的交替引起了经济周期中繁荣与萧条的交替。当任何一种原因刺激了投资活动，引起高涨后，人们对未来预期的乐观程度一般总会超过在合理的经济考虑下应有的程度。这就导致了过多的投资，形成了经济的过度繁荣。而当这种过度乐观的情绪所造成的错误被察觉以后，又会变成不合理的过分悲观的预期。由此过度减少投资，引起经济萧条。凯恩斯认为，萧条的产生是由于资本边际效率的突然崩溃，而造成这种崩溃的正是人们对未来的悲观预期。

(6) 太阳黑子周期理论

太阳黑子理论把经济的周期性波动归因于太阳黑子的周期性变化。因为据说太阳黑子的周期性变化会影响气候的周期变化，而这又会影响农业收成，而农业收成的丰歉又会影响整个经济。太阳黑子的出现是有规律的，大约每十年左右出现一次，因而经济周期大约也是每十年一次。

该理论由英国经济学家杰文斯(W. S. Jevons)于1875年提出。该理论用太阳黑子活动来解释经济周期，把经济的周期性波动归因于太阳黑子的周期性变化。该理论认为，太阳黑子的周期性决定了经济的周期性。具体来说，太阳黑子活动频繁就使得农业生产减产，农业的减产影响到工业、商业、工资、购买力、投资等方面，从而引起整个经济的萧条。相反，太阳黑子活动的减少则使农业丰收，从而导致整个经济的繁荣。他们用长期中太阳黑子活动周期与经济周期基本吻合的资料来证明这种理论。这种理论把经济周期的根本原因归结为太阳黑子的活动，是典型的外生经济周期理论。现代经济学家认为，太阳黑子对农业的影响是非常有限的。而农业生产对整个经济的影响更是非常有限的，因此，这种理论难以成立。

(7) 政治周期理论

政治周期理论也是一个典型的外生经济周期理论。该理论把经济周期性循环的原因归为政府的周期性决策，认为是政府交替运用紧缩性与扩张性财政政策和货币政策调节经济活动，而带来经济周期性变化的理论。波兰经济学家卡来茨基等人认为，政府企图维持经济稳定，实际上却造成了经济不稳定。为了实现充分就业，政府实行扩张性财政政策和货币政策，结果会带来财政赤字和通货膨胀，这样在政治上会受到人民的责问和反对。于是，政府又不得不转而实行紧缩性财政政策和货币政策，从而引起经济衰退与停滞，这样又会导致人民的不满，政府又会转而实行扩张性财政政策和货币政策，从而又引起通货膨胀。这就是国家干预经济所造成的新型的经济周期，其根源在于充分就业和物价稳定这两个目标之间存在矛盾，而且很难协调。政治性周期的产生有三个基本条件：第一，凯恩斯国民收入决定理论为政策制定者提供了刺激经济的工具；第二，选民喜欢高经济增长、低失业以及低通货膨胀的时期；第三，政治家喜欢连选连任。

小案例

改革开放后我国的经济周期分析

我国经济四轮增长周期划分：

①第一轮是 1978—1984 年，处于体制改革的探索时期。这一时期我国经济持续三年增速低于 8%，1981 年的经济增速只有 5.2%，出现了所谓的经济硬着陆，形成了这轮周期的最低点，这轮周期我国经济年均增速只有 9.47%，经济增速呈现"V"字形走势，呈现大起大落、忽冷忽热的增长格局，投资驱动和体制问题是造成上述走势的根本原因。

②第二轮是 1984—1992 年，处于体制改革的突破时期。这一时期我国经济形成了 1989 年 4.4% 与 1990 年 3.84% 的两次明显谷底，这轮周期我国经济年均增速是 9.6%，经济增速呈现出"W"形走势，沿袭了大起大落、忽冷忽热的增长格局，体制改革的难题与内部经济波动特别突出。

③第三轮是 1992—2003 年，处于明确向市场经济体制转轨时期。中国经济第一次开创了年均 9.8% 以上的增长周期，这一轮增长的底部是 1999 年的 7.6%，这是在对抗 1998 年东南亚金融危机与长江特大洪水的内外冲击下所取得的成绩，这一轮经济发展使得中国经济第一次走出"硬着陆"的周期性表现，显现了中国经济的自主性。

④第四轮是2003—2013年，年均增速接近10.3%，实现了又好又快的经济增长时期，2012年和2013年成为本轮增长周期的一个明显底部，但季度增速仍然高于1999年的经济增速。

对既往四轮经济增长周期的分析：

①自第三轮周期向市场经济体制成功转轨以来，我国经济增速呈现出逐步企稳加速的增长态势，我们要积极挖掘经济持续增长的内部动力。第三轮、第四轮的增长表明，我国经济增长的潜在动力正在充分释放过程之中。

②相比而言，前两轮周期都是在旧体制下进行的内部改革探索期，最大的风险和冲击主要来自内部因素，外部因素冲击并不显著；后两轮周期都面对了外部要素的冲击，特别是第四轮周期时全球金融危机恶化了我国外向型经济发展的外部环境，如果我们能够有效利用这一战略机遇，促进我国经济的内部循环和产业转型升级，则我国经济发展不均衡的区域差距将提供广阔的经济发展空间和动力，因此要充分释放经济增长的区域动力。

③当前，社会主义市场经济体制已经基本确立，稳定的制度预期与制度保障，将成为我国经济持续增长的巨大制度红利。我们要继续优化并改进社会主义市场经济体制，有效释放中国经济的改革动力。

（资料来源：张建君，《我国经济增长的周期及前景》，载《中国国情国力》2014年第3期）

37.2.3 乘数—加速数原理

乘数—加速数原理相互作用理论是把投资水平和国民收入变化率联系起来解释国民收入周期波动的一种理论，是最具影响的内生经济周期理论。乘数—加速数原理相互作用理论是由凯恩斯主义者提出的。凯恩斯主义认为引起经济周期的因素是总需求，在总需求中起决定作用的是投资。这种理论正是把乘数原理和加速数原理结合起来说明投资如何自发地引起周期性经济波动。

（1）加速数原理

在国民经济中，投资与国民收入是相互影响的。乘数原理说明了投资变动对国民收入变动的影响，而加速数原理则说明国民收入变动对投资变动的影响。所以说，加速数原理是论证投资取决于国民收入（或产量）变动率的理论。

加速数原理的作用以下述假设条件为前提：

①假设技术水平不变，资本—产量比率不变。从历史发展的观点来看，技术的进步从来没有停止过，因此，资本与产量的比率亦是不断变化的。但是，加速数原理的分析必须以假定技术水平不变为前提，即假定产量增加同资本存量的增加保持同步增长。

②假设企业没有闲置的生产设备。加速数原理的主要参数加速系数是以固定的资本—产量比率为假定条件，要增加产量，必须增加资本存量，所以，一定要假设企业的设备已得到充分利用，那么，增加产量就要添置新的设备。当然，如果企业有闲置的生产设备，在需要增加产量时，企业只要动用闲置设备就行了，就不必添置新设备，这样就不会增加净投资。

③假设社会上还有可利用而尚未利用的资源。这样一来，为增加产出而增加的净投

资，就能购买到新的设备。

加速数原理可用下列公式说明：

$$I_t = I_0 + D = a(Y_t - Y_{t-1}) + D$$

在上式中，I_t代表总投资，它分为净投资和重置投资，净投资即新增加的投资I_0，重置投资即折旧D。I_t的大小取决于加速系数a和本期收入Y_t与上期收入Y_{t-1}的差异。

加速系数a指产量增加一定量所需要增加的净投资量，即净投资量与产量增加一定量所需要增加的技术水平。例如，如果在一定的生产技术水平下，增加100万元的产量需要增加的净投资为200万元，则加速系数a为2。与加速系数相关的另一个概念是资本——产量比率，也就是生产一单位产量所需要的资本数量。在技术不变的条件下，加速系数与资本——产量比的数值相同。

(2) 乘数——加速数模型的含义

乘数——加速数模型在对经济周期理论进行解释时，认为在经济中投资、国民收入和消费相互影响和调节，如果政府不干预经济而靠市场经济自发的力量进行调节，就会形成经济周期。经济周期中各个阶段的出现，正是乘数与加速数原理互相作用的结果。在这种市场自发的调节中，投资是引起经济周期的关键性因素。乘数与加速数原理相互作用而引起经济周期的过程是：假设新发明引起投资增加，投资数量的增加会通过乘数作用引起产量增加，收入多倍增加。产量的增加又引起投资的更大增加，由此，经济周期进入繁荣阶段。然而，产量达到一定水平后由于资源的限制和社会需求容量的限制达到极限，又由于加速数原理的作用会使得投资减少，这在乘数原理的作用下会使得产量继续减少，乘数——加速数原理相互作用又使得经济进入萧条阶段。萧条持续一定时期后企业开始重置投资，产量回升，从而使投资增加、产量增加，经济进入下一次繁荣。正是由于乘数与加速数原理的共同作用，经济中形成了从繁荣到萧条，又由萧条走向繁荣的周期性波动。

(3) 乘数——加速数模型

由萨缪尔森提出的乘数——加速数模型的基本方程如下：

$$Y_t = C_t + I_t + G_t \tag{37-1}$$

$$G_t = \beta Y_{t-1}, \quad 1 < \beta < 1 \tag{37-2}$$

$$I_t = a(C_t - C_{t-1}), \quad V > 0 \tag{37-3}$$

公式(38-1)为产品市场的均衡公式，即收入恒等式。式子(37-2)是消费函数，表明本期消费是上一期收入的线性函数。在公式(37-3)中，a为加速数，由于一般情况下消费量和收入大致会表示固定的比率，所以该式是用本期和前期消费的改变量来表示的加速原理。

联立以上方程解得：

$$Y_t = \beta Y_{t-1} + a(C_t - C_{t-1}) + G_t \tag{37-4}$$

在表37-1中，假设边际消费倾向$\beta = 0.5$，加速数$a = 1$，政府每期开支$G_t = 1$亿元，若不考虑第一期以前的情况，那么，从上期国民收入中来的本期消费为0，引致投资也为0，因此，第一期国民收入总额就是政府在第一期的投资1亿元。根据公式(37-4)可以做出表37-1，如表所示乘数加速数的相互作用。

表 37-1　　　　　　　　　　　乘数和加速数的相互作用

时期 t	政府购买 G_t	从上期国民收入中来的本期消费 C_t	引致本期私人投资 I_t	国民收入总额 Y_t
1	1	0	0	1
2	1	0.5	0.5	2
3	1	1.0	0.5	2.5
4	1	1.25	0.25	2.5
5	1	1.25	0	2.25
6	1	1.125	-0.125	2
7	1	1.0	-0.125	1.875
8	1	0.9375	-0.0625	1.875
9	1	0.9375	0	1.9375
10	1	0.96875	0.03125	2
11	1	1	0.03125	2.03125
12	1	1.015625	0.015625	2.03125
13	1	1.015625	0	2.015625
14	1	1.0078125	-0.0078125	2

通过加速数，社会经济中上升的收入和消费引致新的投资，通过乘数，投资又使收入进一步增长，假定政府支出是既定的，靠经济自身力量调节，即在公式(37-3)中，G_t、α、β 都是不变的，就会自发形成经济周期。但如果政府运用经济政策改变这些变量，则经济周期的波动是可以减轻的，甚至可以消除。比如，政府采取刺激投资的政策，给企业进行创新技术革命提供良好的软环境，或采取鼓励消费的措施，可以缓和经济衰退或萧条的程度。

注　意

"加速数原理"与"乘数论"所要说明的问题各不相同。"乘数论"是要说明投资的轻微变动为何会导致收入发生巨大的变动，而"加速数原理"则要说明收入的轻微变动为何也会导致投资发生巨大变动。但二者所说明的经济运动又是相互影响、相互补充的。经济学正是利用所谓"加速数"和"乘数"的相互作用，来"解释"经济的周期性波动。

小案例

自从 18 世纪工业革命以来，人类便对经济增长充满乐观情绪。但这种乐观最终被 20 世纪发生的一系列环境问题击碎。20 世纪发生的一系列公害事件，促使人类开始反思经济增长的模式：1948 年美国宾州多诺拉烟雾事件、1961 年日本四日市哮喘病事件、1955 年开始的日本富士山县骨痛病事件等。

1962 年，美国生物学家卡森发表著作《寂静的春天》，该书描述了杀虫剂，特别是滴滴涕对鸟类和生态环境所造成的毁灭性危害。书中提到的"可持续性"一词，逐渐成为流行概念。1968 年，来自全球（主要是欧洲）的 100 多位学者、名流聚在罗马，成立了一个名为"罗马俱乐部"的组织。他们讨论人类面临的困境与出路，研究人口增长、工业发展、粮食生产、资源耗费和环境污染等重大问题。4 年后，这个组织发表了震动世界的研究报告《增长的极限》。报告预言：在未来一个世纪中，人口和经济增长，将导致地球资源耗竭、生态破坏和环境污染；除非人类自觉限制人口增长和工业发展，否则这一悲剧将无法避免。

报告给出了一个激烈的解决方案：零增长。这显然有失偏激，但在"可持续发展"大行其道之后，这个闪耀着人类自我反省光辉的报告，被"绿色行动组织"奉为"圣经"。

1972 年，联合国人类环境会议在斯德哥尔摩举行，同年联合国环境署（UNEP）成立。联合国选择了"可持续发展"的经济增长模式。1983 年 11 月，联合国成立世界环境与发展委员会（WECD）。

WECD 于 1987 年发表了《我们共同的未来》报告，正式提出了"可持续发展"的模式，强调需要从当代和后代两个维度谋划发展，并注意生态环境的保护与改善。1992 年，联合国环境与发展大会（UNCED）通过了《21 世纪议程》，更进一步确认和明晰了"可持续发展观"的理念与内涵。

不少国家在自己的经济赶超阶段都声明，自己不会重复"先发展、后治理"的老路——然而结果还是很不理想。

想一想

杜克大学的胡佛教授说："1934 年在华盛顿的一家酒店的房间中，当我正准备与凯恩斯共进晚餐时，他善意地讽刺了我在搁架上挑选毛巾而避免弄乱其他毛巾时的小心谨慎。他用胳膊扫一下就将两三条毛巾扫到了地板上。他开玩笑地说道：'我确信与你非常谨慎地避免浪费相比，我对于美国经济更加有用，因为通过弄乱这些毛巾可以刺激就业。'"凯恩斯的这句话应该怎样理解呢？

分析提示

这里面的逻辑就是"乘数效应"。顾客弄乱毛巾，酒店就必须多雇服务员来整理，而服务员岗位的增加，意味着更多的人通过当服务员获得了收入，他们的消费又刺激了其他行业的发展，从而形成一系列的拉动效应。

37.2.4　经济周期的相应对策

为了稳定经济，避免经济周期性波动，西方经济学家提出了许多相应的对策。归纳起来无非包括两个方面——货币政策和财政政策,关于这两个政策的含义,我们将在项目十一中做详细解释。

37.3 任务分析

从资料中可以看出,日本的经济周期大多是短周期和中周期。索洛增长模型是从集约化形式的生产函数推导而来,这说明一个社会中的人均储蓄量有两个用途,一部分用于人均资本拥有量的增加,也叫资本的深化;另一部分用于为每一位新增人口提供平均资本装备,也叫资本的广化。以上资料显示投资对日本经济增长的贡献度是3%左右,说明日本的国民储蓄转化为投资的比例是相当高的,主要由投资来拉动经济增长;尤其是在经济高速增长的1970—1973年,经济增长率年平均高达9.1%,而资本的增长贡献度也高达5.6%~6.7%。由"资本的高速增长是由高速增长的设备投资来支撑的"可以看出,日本经济高速增长时期的资本深化程度很高。

中国的经济增长和日本有相似之处,投资也是拉动经济增长的主要动力,但是,在我国的投资中,存在的主要问题是投资缺乏效率,重复投资和过度投资很多,长此以往,就会形成粗放式经济增长,导致资源短缺、能源紧张,环境污染加重,经济可持续发展也会受到影响。

任务三十八 熟悉经济增长

学习目标

1. 了解经济增长和经济发展的概念。
2. 区分经济增长的类型,了解经济增长的决定因素。

38.1 任务描述

从1959年到1973年,美国的生产率每年增长3.2%。从1973年到1994年,每年生产率增长只有1.3%。这种生产率增长放慢反映在实际工资和家庭收入增长的减少上,它也反映在一般人对经济的忧虑上。由于生产率的逐年放慢,生产率增长下降1.9%对收入有严重的影响。如果生产率增长没有放慢,现在美国人的平均收入应该会高出50%左右。

究竟是什么原因导致经济增长放慢?

38.2 任务精讲

38.2.1 经济增长与经济发展

在日常生活中和一些文献中,经济增长和经济发展常常被混为一谈,实际上,这两个概念有着重大的区别。经济增长是指社会财富即社会总产品量的增加,一般是用排除了物价变动因素,反映一国国民产品量真实变动的实际GDP或者实际GNP来表示。经济增长并不一定代表发展,举例来讲,A国每生产1吨钢材需要2吨的煤,而同样生产

1 吨钢材，B 国只要 1 吨的煤，那么从 GDP 的角度讲，假设这就是两国全部的经济事件，那么 A 国的 GDP = 1 吨钢材+2 吨煤，而 B 国的 GDP = 1 吨钢材+1 吨煤。所以 A 国的 GDP 是大于 B 国的，但是很显然 A 国的生产效率是落后于 B 国的。另外还有一个著名的例子，假如美国高速公路上相向而来的两辆汽车错身而过则对本年度 GDP 统计不会有任何的影响；反而，如果两辆车发生了车祸，则需要出动警车、消防车、救护车，并且增加了清理路面的工作、保险金的赔偿以及未来新车的需求，反映在 GDP 上可能会有上百万美元的增加。然而这一事件的本质是一个意外，而不是生产力的发展。

经济发展和经济增长相比，经济增长主要强调"量"的变化，而经济发展主要强调"质"的变化，经济发展当然包括经济增长，同时也包括经济结构的变化。这些变化包括：

第一，生产要素投入的变化。从简单劳动到复杂劳动，从手工操作到机械化操作，从传统的生产方法到现代生产方法，从劳动密集型技术转到资本密集型和知识密集型技术，生产组织和管理形式从传统的小生产转到现代的大公司。

第二，产业结构的变化。随着经济的发展，产业结构呈现出不断优化的趋势，即第一产业的比重趋于下降，第二产业比重趋于上升，知识技术密集型、附加值高的第三产业比重逐渐扩大，最终成为经济中最大的部门。每个部门内部的结构也相应地发生变化，逐渐趋向平衡。

第三，产品构成的变化与质量的改进。社会中生产出来的产品和服务构成不断适应消费者需求的变化，产品与服务质量不断提高，品种更加丰富，更加多元化。

第四，人民生活水平的提高。具体表现在：人均收入持续增加，一般居民营养状况、居住条件、医疗卫生条件和受教育程度明显改善，文化生活更加丰富多彩，人均预期寿命延长，婴儿死亡率下降，物质与文化环境比以前更加舒适。

第五，分配状况的改善。收入和财产的不平等程度趋于下降，贫困人口趋于减少。

由上文可见，经济发展包含的内容要更加复杂，然而，没有经济增长就不会有经济发展，经济增长是经济发展的必要条件。

注　意

经济增长究竟有多重要呢？多一个百分点和少一个百分点有什么关系呢？假如有两个国家，它们的人均实际国内生产总值相等，只是甲国生产率以平均每年 2.5% 的速度增长，乙国生产率以每年 3.5% 的速度增长，相差一个百分点，那么，在一两年之间，这两个国家的经济水平将差不多，但是 30 年之后，甲国的财富将只是乙国的 3/4。为什么会出现这么大的差别呢？因为生产率的增长也像某些银行业务一样，是计算复利的。

比如，在 19 世纪末时，阿根廷还是一个跟德国差不多富裕的国家，但是现在两国人均收入相差两倍，就是因为德国的经济增长率每年比阿根廷多了仅仅 0.2 个百分点！

项目十　认识经济增长与经济周期

中国经济何时能赶上美国

国家行政学院副院长、著名经济学家韩康教授认为：如果中国经济增长长期保持在7%，而后工业国家长期保持2.5%的经济增长，则中国经济总量将在2046年超过或者接近美国。

韩康教授认为，20世纪90年代中期中国经济曾经出现过热的问题，但从2000年特别是2003年以后中国经济的快速增长，完全不同于20世纪90年代中期出现的经济全面过热，最重要的区别是经济增长的机制发生了根本性的改变。20世纪90年代中期出现的加速增长，主要的带动力、刺激力是以政府投资项目为主导刺激起来的加速增长，或者说是由大量非市场性投资项目带动起来的项目增长，所以不具有市场持续性；而这一轮经济的增长，就其主流说是由市场发展带动起来的，有深厚的市场基础。新一轮经济增长的重要原因，是1.5亿~2亿元的中等收入阶层把我们国家的房地产、汽车等新兴消费领域刺激了起来，中国经济增长就有了持续性的动力。

国务院发展研究中心巴曙松研究员则指出，对中国经济总量何时成为世界第一的预测有不同的版本，有人说2046年，有人说2041年，有人说2050年，这些预测的模型很精巧，但基本上是假定。他认为，中国经济总量即使成为世界第一，但人均的GDP却不会很高。中国经济增长的历史为什么在每次繁荣过后，发展的步伐又逐步缩小，有一个很重要的原因是，商人创造财富，但赚钱之后把钱藏起来，这使得整个财富的扩张速度在缩小。新增的居民财富运用效率怎么样？是拿去赌博，还是藏起来？还是投入到更有用的领域？这种途径的选择，涉及中国经济下一步的命运。他认为，未来20年或40年为个人创造财富提供了足够的机会，但机会的把握取决于我们对财富的管理能力。

（资料来源：毕式明，《经济学家乐观估计：2046年中国经济总量赶上美国》，《南方日报》，2005-03-07）

分析提示

赶超发达国家，重新取得世界经济领导地位，是新中国成立以来几代国人的共同心愿，在经历了改革开放以来的经济高速增长后，国人终于看到了赶美超英的希望，我们有理由为此感到高兴。但是正如上文中所述，对于中国经济何时成为世界第一的预测都是假定，何时才能实现这一梦想，需要全体中国人的共同努力，努力保持经济持续增长和人民生活水平持续上升是实现这一梦想的唯一途径。

38.2.2　经济增长的基本类型

经济增长可以分为两大类：一类是因生产要素的投入增加，包括原料、劳动和资本的增加而引起的生产力增长，称做外延经济增长；另一类是因为生产要素生产效率的提高而引起的生产力增长，称做内涵的经济增长。

(1) 外延经济增长

外延的经济增长是由可获得的生产要素的增加而引起的。更多的生产要素意味着更大的生产能力，但并不意味着这些生产要素被更有效地利用。在总产量增加的同时，每单位总要素投入的产出量没有改变。

(2) 内涵的经济增长

内涵的经济增长是由生产要素的生产效率的提高而引起的生产力的增长，它可以在生产要素数量不增加的情况下实现。内涵的经济增长既包括总生产要素的生产效率的提高，也包括各个生产要素的生产效率的提高。因此，当生产效率提高时，每单位劳动的产量、每单位资本的产量和每单位原料的产量都会提高。内涵的经济增长总是能使人们的平均生活水平提高，而不必投入更多的资源。因此，在人类与资源的稀缺性作斗争时，它是最有力的武器。同外延的经济增长相比，它可以用同样的资源满足人们更大的需求。

38.2.3 经济增长的决定因素

经济增长是产量的增加，通常经济学家使用总生产函数来表明这些因素之间的关系。总生产函数是生产中使用的全部生产要素投入量与总产量之间关系的数学表达式，用公式表示是：

$$Q = A \times F(K, L, R)$$

式中，Q 代表产量，K 代表资本，L 代表劳动，R 代表自然资源，A 代表技术，F 代表产量与生产要素投入量之间的函数关系。由于自然资源是一个常数，因此，从上式可以看出，经济增长的决定因素是资本、劳动和技术。

(1) 资本

资本是指物质资本。物质资本又称有形资本，是指道路、设备、厂房、存货等的存量。现代经济学家认为，在经济增长中，人均资本量增加是人均产量提高的前提。尽管在经济增长的初期以及后来的阶段，资本增加对经济增长所作的贡献有所不同，即在初期其贡献较大，而在后来其相对作用有所下降，但二战后西方国家经济增长的事实仍然说明了资本增加多的国家经济增长率较高。因此，许多经济学家都比较重视资本积累。大多数经济高速发展的国家，都将10%～20%的产出用于净资本的形成。

(2) 劳动

劳动指劳动力。劳动力包括劳动力数量与劳动力质量两个方面。劳动力数量的增加和劳动力质量的提高都会引起经济增长。

劳动数量的增加可以有三个来源：人口增加、人口就业率的提高、劳动时间的增加。劳动力质量的提高则是指其文化技术水平和健康水平的提高。劳动力是数量与质量的统一。一个高质量的劳动力，可以等于若干质量低的劳动力。劳动力数量的不足，可以用质的提高来弥补。

(3) 技术进步

技术进步在经济增长中的作用体现在生产率的提高上，即同样的生产要素投入量能提供更多的产品。

技术进步主要包括资源配置的改善、规模经济和知识进展。资源配置的改善是指资源从生产率较低的用途转向生产率较高的用途；规模经济是指随着经济规模的扩大，使得采用节约要素投入的新技术成为可能，从而使单位投入的产量增加；知识进展是技术进步中最重要的内容，它包括科学技术的发展及其在生产中的运用，新工艺的发明与采用等，它不仅包括自然科学与技术科学的进展，而且也包括管理科学的进展。

在影响经济增长的诸多因素中，技术进步在经济增长中起了最重要的作用。

自从民族独立以来，非洲国家在寻求捐赠国——通常是它们以前的殖民统治者——以及国际金融机构对其经济增长的指导。实际上，自从20世纪80年代非洲债务危机开始以来，指导已经变成一种经济监管，许多非洲国家的政策似乎是在与IMF、世界银行捐赠者和债权人永无止境的会议中决定的。

非常遗憾的是，好主意很多，但成果很少。1978—1987年，非洲人均产量下降了0.7%，1987—1994年又下降了0.6%。对1995年的估算是有某种增长，但也仅仅是0.6%——远远低于快速增长的发展中国家……

如果非洲是在结构上无法达到世界其他地方表现出来的增长率，或者说非洲大陆的低增长是一个难解之谜，那么，IMF和世界银行就可以对这种低增长不负什么责任。但是，非洲的增长率并不是什么了不起的谜。

试阐述非洲长期增长困境产生的原因。

分析提示

对各国经济增长率的研究表明人均增长与下列因素相关：

①与一国初始的收入水平相关，穷国往往比富国增长得快；

②与整体市场方向程度相关，包括贸易的开放程度、国内市场自由化程度、私有制而不是国有制、保护私人产权，以及低边际税率；

③与国民储蓄率相关，而储蓄率又受政府本身的储蓄率的强烈影响；

④与一个经济的地理与资源结构相关。

这四个因素可以广泛地作为非洲长期增长困境的原因。尽管人均收入较低，但非洲国家应该比其他发展中地区增长快(从而"追赶"增长的机会更大)，可实际上非洲增长较慢。这主要是因为许多高贸易壁垒：过高的税率，较低的储蓄率以及不利的结构条件，其中包括相当多的地区不靠近海洋(53个国家中有15个是内陆国)。

中国经济快速增长的原因主要有哪些？

根据索洛的经济增长模型，可以把中国经济高速增长归因于中国的高资本形成率、丰富而廉价的劳动力和日益提高的全要素生产率。根据人力资本投资和制度变迁理论，则侧重于中国的教育事业、体制改革以及良好的投资环境(如基础设施)对中国经济成长的贡献。具体来讲：

第一，"高投资"驱动了中国经济高速增长。支持中国经济高速增长的高投资不仅来源于国内储蓄，而且来源于大量的国外直接投资。众多的外国公司被中国广阔的国内市场和丰富廉价的劳动力资源所吸引，大举投资中国。据中国世界银行统计，截至2005年年底，中国累计利用外资总额达到6180亿美元。外资的大量流入，不仅补充了经济发展所需的资本，而且为中国的技术进步和出口竞争力的提高作出了巨大贡献。

第二，丰富廉价的劳动力资源保证了中国经济高速增长。中国不仅每年都有近1000万的新增就业人口，而且在广大乡村有超过1.5亿人的剩余劳动力等待到城市就业。此外，"人优价廉"。中国的劳动力价格不仅价格便宜，而且质量很高。

第三，效率改进促进了中国经济高速增长。中国的效率改进和全要素生产率的提高归因于技术改善和劳动力技能的提高。一方面，随着中国的经济体制从僵化的集权计划体制向市场经济体制转变，各种生产要素被配置到效率更高的部门或经济领域，使各种生产要素得到更加高效的利用；另一方面，外国的直接投资不仅带来了资本，而且也带来了技术和管理经验，这也是提高全要素生产率的重要因素。同时，随着中国教育事业的发展，劳动力质量也有很大的提高，这无疑也是提高全要素劳动生产率的因素。

第四，剧增的国际贸易拉动支持了中国经济的高速增长。中国政府不仅主动减少国际贸易的政府垄断和控制，降低贸易壁垒，而且积极谋求加入世界贸易组织，而这些政策都极大地促进了中国国际贸易的快速发展，使中国在世界贸易总额中的比重逐年增加，进而迅速成为当今世界位居美国和德国之后的第三贸易大国。

第五，体制改革与制度创新保证了中国经济高速增长。毫无疑问，中国经济近30年的高速增长，得益于改革开放。经济体制改革为中国经济增长和生产率提高提供了强大动力。

38.2.4 对未来经济增长的争论

(1) 增长极限论

增长极限论是指20世纪60年代末出现的反经济增长理论。该理论的基本观点是：假定世界上自然的、经济的和社会的关系没有重大变化，那么由于世界粮食的短缺、资源的耗竭和污染的严重，世界人口和工业生产能力将会发生非常突然和无法控制的崩溃。为了避免这种灾难性前途，必须停止人口增长和工业投资增长，以达到零增长的全球性均衡。所以，经济增长是有极限的，即使可以增长，增长也是不可取的。

(2) 经济增长怀疑论

如果增长是可能的，或者说经济增长不会导致人类社会毁灭，那么经济增长是值得的。美国经济学家米香对经济增长的价值提出了怀疑：第一，持续的经济增长使人们失去闲暇、新鲜的空气、秀丽的景色和安静的环境、生态的平衡，使生存质量下降。第二，人类幸福不仅仅局限于物质享受，对幸福的理解取决于个人在社会上的相对地位，虽然增长能增加个人的绝对收入，但不一定能提高他在社会上的相对地位。经济增长带来的结构变动、心理紧张使人类得到的幸福、福利大打折扣。米香认为，应停止经济增长，恢复过去那种田园式的生活。

(3)"无意外"世界蓝图

在西方学术界增长与反增长的激烈论战中，卡恩以未来经济增长的乐观派而著称。他强烈反对零增长论，认为"无增长只能使穷国永远贫困下去，而且只能加剧'富国'与'穷国'之间的紧张关系。"他认为在经济增长过程中出现的某些消极的趋势和倾向，是基本上能解决的问题。他相信可以利用技能，实施健全的管理和明智的政策。正是基于对人类未来的充足信心，卡恩在一系列论著中，考察了人口增长、经济发展、能源、原料、粮食和环境等重大问题的长期发展趋势，并指出，如果不出现惊人的、出乎意料的"革新和进步"，在20世纪末或21世纪初，在那些最先进的国家将会出现超工业经济，不久后又出现后工业经济，而且所有国家最后都会发展到超工业经济和后工业经济阶段。由此，他向人们提出了关于未来的"无意外"世界蓝图，或称"谨慎的乐观主义世界"。

小知识

世界末日离我们有多远？

经济增长能持续多久？早在19世纪初，英国的马尔萨斯就在其《人口论》中说这种经济增长"甚至三十年不到，就会被一个单纯的人口理论完全破坏"，他认为人口按几何级数增加，而土地是有限供给，粮食是按算术级数增加的，这样人口的增加和粮食的不足，会导致大量的贫穷和犯罪，使经济遭到破坏。

但是经济的发展却与他的预言不符，因为由于农业技术的进步，粮食的产量大大提高了，人口增长率也在20世纪开始下降了，所以经济依然在继续增长。虽然现在大部分经济学家认为，世界末日离我们还很远，但是，在经济增长过程中也确实产生了一些副作用，如环境污染、能源消耗等，这些都是我们要考虑的问题。人的幸福不单单是经济方面，而是涉及生活的各个方面，从经济到文化，从商品到环境，从教育到人权，都应该得到改善。

38.3 任务分析

究竟是什么原因导致了前文所说的美国经济的增长放慢？有两个事实确定无疑。第一，经济增长放慢是一个世界性现象。在20世纪70年代中期，除美国外，包括加拿大、法国、德国、意大利、日本、英国在内的工业化国家，都发生了经济增长放慢的情况。因此，为了解释美国经济增长放慢，必须超出美国来观察。第二，这种放慢不能追溯到那些最容易衡量的生产要素。经济学家可以直接衡量工人所得到的物质资本数量和以正规教育年限为形式的人力资本。显然，生产率放慢主要并不是由于这些投入增长的

减少。

技术看来是剩下的少数几个可归咎的原因之一。事实正是，20世纪90年代以来，计算机信息技术所带来的技术革命，使得生产率大大提高，技术和经济的融合，掀起了全球范围的经济增长浪潮。

技 能 训 练

一、单项选择题

1. 经济增长的最基本特征是(　　)。
   A. 国民生产总值的增加　　　　　　B. 技术进步
   C. 制度与意识的相应调整　　　　　D. 以上三者都是
2. 在经济增长中起着最大作用的因素是(　　)。
   A. 资本　　　　　B. 劳动　　　　　C. 技术进步　　　　　D. 制度
3. 假定资本量为100万元，所生产的产量为50万元，则资本—产量比率为(　　)。
   A. 50/100 = 0.5(万元)　　　　　　B. 100/50 = 2(万元)
   C. 100/(100+50) = 0.67(万元)　　　D. (100+50)/100 = 1.5(万元)
4. 根据哈罗德模型，当资本—产量比率为4，储蓄率为20%时，则经济增长率为(　　)。
   A. 5%　　　　　B. 80%　　　　　C. 20%　　　　　D. 15%
5. 假如要使经济增长率从5%提高到8%，在储蓄率为20%的条件下，根据哈罗德模型，资本—产量比率应该是(　　)。
   A. 4　　　　　B. 2.5　　　　　C. 6　　　　　D. 5
6. 根据哈罗德模型，当有保证的增长率大于实际增长率时，经济中将出现(　　)。
   A. 均衡增长　　　B. 累积性的扩张　C. 累积性的收缩　D. 不能确定
7. 在实际的资本—产量比率大于合意的资本—产量比率时，资本家的反应是(　　)。
   A. 增加投资　　　B. 减少投资　　　C. 保持原投资水平　D. 增雇工人
8. 经济周期中的两个主要阶段是(　　)。
   A. 繁荣和衰退　　B. 衰退和复苏　　C. 繁荣和危机　　D. 危机与复苏
9. 经济周期中的顶峰是(　　)。
   A. 繁荣阶段过渡到衰退阶段的转折点
   B. 繁荣阶段过渡到危机阶段的转折点
   C. 危机阶段过渡到复苏阶段的转折点
   D. 繁荣阶段过渡到危机阶段的转折点
10. 中周期的每一个周期为(　　)。
    A. 8~9年　　　　B. 8~10年　　　　C. 10~11年　　　　D. 3~5年

二、多项选择题

1. 经济周期繁荣阶段的特征是(　　)。
   A. 生产迅速增加　　B. 投资增加　　C. 价格水平上升　　D. 失业严重
2. 按照一个经济周期时间的长短,经济周期分为(　　)。
   A. 短周期　　B. 中周期　　C. 长周期　　D. 建筑周期
3. 经济增长的源泉是(　　)。
   A. 资本　　B. 劳动　　C. 战争　　D. 技术进步
4. 哈罗德模型的假设包括(　　)。
   A. 社会只生产一种产品
   B. 生产中只使用劳动和资本两种生产要素
   C. 规模收益不变
   D. 不考虑技术进步
5. 哈罗德模型提出的三个增长率的概念是(　　)。
   A. 实际增长率　　　　　　　　B. 技术进步增长率
   C. 有保证的增长率　　　　　　D. 自然增长率
6. 新古典增长模型与哈罗德模型的差别在于(　　)。
   A. 前者考虑生产两种产品,后者考虑生产一种产品
   B. 前者假定生产中资本与劳动的比率是可变的,后者则假定资本与劳动的比率是不变的
   C. 前者假定规模收益递增,而后者假定规模收益递减
   D. 前者考虑了技术进步情况,而后者则没有考虑

三、简答题

经济增长就是 GDP 的增长,这种理解对吗?

四、技能分析

自然资源受增长的限制吗?

现在世界的人口远远多于一个世纪以前,但许多人享有高得多的生活水平。关于人口和生活水平的增长能否持续到未来始终存在争论。

许多评论家认为,自然资源是世界经济可以增长多少的一个限制。乍一看,这种观点似乎很难忽视。如果世界只有固定的不可再生性自然资源的供给,人口、生产和生活水平的长期持续增长和提高又怎么可能呢?最终石油和矿藏的供给不会开始耗尽吗?当这些资源的短缺开始发生时,不仅经济增长会停止,也许还会迫使生活水平下降吧?

尽管这些观点看来言之成理,但大多数经济学家并不像想象的那样关注这种增长的限制。他们认为,加速进步会提供避免这些限制的方法。如果我们比较今天的经济与过去的经济,我们就会发现各种使用自然资源的方法得到了改进:现代汽车耗油更少;新脂肪有更好的隔热设备,所需要的用于调节室温的能源也少了;更有效的石油钻机在采油过程中对石油的浪费更少;资源回收使一些不可再生资源被重复利用;可替代燃料的开发,例如用乙醇代替石油,使我们能用可再生性资源来替代不可再生性资源。

所有以上这些努力足以使经济持续增长吗？

五、单项实训

下表是我国1990—2004年GDP增长速度的有关数据。

实训要求：

(1)请据此画出这期间内我国的经济周期活动图。

(2)如果这其中有一个完整的经济周期，请划分其各个阶段并说明理由。

我国1990—2004年GDP增长速度数据

年份	1989	1990	1991	1992	1993	1994	1995	1996
GDP增长率(%)	4.1	3.8	9.2	14.2	13.5	12.6	10.5	9.6
年份	1997	1998	1999	2000	2001	2002	2003	2004
GDP增长率(%)	8.8	7.8	7.1	8.0	7.3	8.0	9.1	9.5

(资源来源：历年《国民经济和社会发展统计公报》，中国统计信息网)

项目十一　逆向行驶的宏观调控

 学习目标

知识目标：
1. 了解宏观经济政策的目标、类型。
2. 掌握财政政策的内容构成、工具、运用。
3. 掌握货币政策的内容构成、工具、运用。

能力目标：
能对社会上出现的经济萧条和经济高涨现象给出相应的宏观经济措施。

 案例导入

谁要为经济萧条负责

确定一次萧条开始的时间是一件非常讲究技巧的事情，可能引致重要的政治后果。回顾最近的 1980—1982 年以及 1990—1991 年的两次经济下滑，我们可以看到这一点。

萧条的典型定义是 GDP 连续两个季度没有增长，套用这个定义，20 世纪 80 年代早期美国发生了两次萧条。一次始于 1980 年 1 月，同年 7 月结束；另一次则始于 1981 年 7 月，次年 11 月结束。许多经济学家将这两次萧条合并称为一次下滑趋势，中间出现了停滞现象，相当多的政治争论围绕这一事实展开。如果将两次萧条看做是一次，这次超级萧条应该开始于卡特总统的任职期内，另一方面，如果认定是两次的话，很多人就可以将萧条归结为里根总统上任后实施的新预算政策。

事实上，两位总统很可能都不是导致 20 世纪 80 年代初期经济萧条的主要原因。主要原因包括 1979 年伊朗政府垮台以后油价上升以及联邦储备局打击通货膨胀的决定，哪怕这可能同时打击经济。

10 年以后，另一次萧条导致了新的政治争论，这次的问题不在于这一次或是二次萧条，而是萧条究竟是什么时候开始的。1991 年 4 月，美国国家经济研究局的一个委员会选择 1990 年 7 月作为萧条的开端，政府解释这次萧条是由萨达姆·侯赛因在 1990 年 8 月入侵科威特，导致油价因此飙升几个月而引起的。这种解释暗示布什总统没能防止萧条。但是萨达姆·侯赛因直到 8 月份才入侵了科威特，而国家经济研究局将 7 月作为萧条的开端，这说明经济在入侵以前已经在退步，因此，布什政府的政策应该成为谴责目标。

（资料来源：[美]斯蒂格利茨，《经济学小品和案例》，中国人民大学出版社 1998 年版）

任务三十九　认识宏观经济政策的目标及其类型

学习目标

1. 了解宏观经济政策的四大主要目标并能理解目标之间的关系。
2. 熟悉宏观经济政策工具。

39.1　任务描述

应对金融危机，中国果断出击

2008年3月，贝尔斯登被摩根大通以2.4亿美元低价收购，次贷危机持续加剧首次震动了华尔街。9月，美国政府宣布接管"两房"（美国两大住房抵押公司房地美和房利美）；雷曼兄弟宣布申请破产保护。由此，国际金融危机达到白热化阶段，并席卷全球。许多企业纷纷宣布破产，我国也不例外。自2008年全球金融危机爆发后，中国连续采取的宏观经济政策为"积极的财政政策"和"适度宽松的货币政策"。那么，中国的宏观经济政策为什么会连续实行？这样会对中国金融、经济带来怎样的效应？

39.2　任务精讲

39.2.1　宏观经济政策目标

（1）宏观经济政策目标

经济学家认为，宏观经济政策应该同时达到四个目标：充分就业、物价稳定、经济增长、国际收支平衡。

①充分就业。充分就业是指包含劳动在内的一切生产要素都以愿意接受的价格参与生产活动的状态。充分就业包含两种含义：一是指除了摩擦失业和自愿失业之外，所有愿意接受各种现行工资的人都能找到工作的一种经济状态，即消除了非自愿失业就是充分就业；二是指包括劳动在内的各种生产要素，都按其愿意接受的价格，全部用于生产的一种经济状态，即所有资源都得到充分利用。失业意味着稀缺资源的浪费或闲置，从而使经济总产出下降，社会总福利受损。因此，失业的成本是巨大的，降低失业率、实现充分就业就常常成为西方宏观经济政策的首要目标。

②物价稳定。物价稳定是指物价总水平的稳定。一般用价格指数来衡量一般价格水平的变化。价格稳定不是指每种商品价格的固定不变，也不是指价格总水平的固定不变，而是指价格指数的相对稳定。价格指数又分为消费物价指数（CPI）、批发物价指数（PPI）和国民生产总值折算指数（GNP deflator）三种。物价稳定并不是指通货膨胀率为零，而是允许保持一个低而稳定的通货膨胀率，所谓低，就是通货膨胀率在1%~3%，所谓稳定，就是指在相当时期内能使通货膨胀率维持在大致相等的水平上。这种通货膨胀率能为社会所接受，对经济也不会产生不利的影响。

③经济增长。经济增长是指在一个特定时期内经济社会所产生的人均产量和人均收

入的持续增长。它包括：一是维持一个高经济增长率；二是培育一个经济持续增长的能力。一般认为，经济增长与就业目标是一致的。经济增长通常用一定时期内实际国民生产总值年均增长率来衡量。经济增长会增加社会福利，但并不是增长率越高越好。这是因为经济增长一方面要受到各种资源条件的限制，不可能无限地增长，尤其是对于经济已相当发达的国家来说更是如此。另一方面，经济增长也要付出代价，如造成环境污染，引起各种社会问题等。因此，经济增长就是实现与本国具体情况相符的适度增长率。

④国际收支平衡。国际收支平衡具体分为静态平衡与动态平衡、自主平衡与被动平衡。静态平衡，是指一国在一年的年末，国际收支不存在顺差也不存在逆差；动态平衡，不强调一年的国际收支平衡，而是以经济实际运行可能实现的计划期为平衡周期，保持计划期内的国际收支均衡。自主平衡，是指由自主性交易即基于商业动机，为追求利润或其他利益而独立发生的交易实现的收支平衡；被动平衡，是指通过补偿性交易即一国的货币当局为弥补自主性交易的不平衡而采取调节性交易而达到的收支平衡。国际收支平衡的目标要求做到汇率稳定，外汇储备有所增加，进出口平衡。国际收支平衡不是消极地使一国在国际收支账户上的经常收支和资本收支相抵，也不是消极地防止汇率变动、外汇储备变动，而是使一国外汇储备有所增加。适度增加外汇储备被看做是改善国际收支的基本标志。同时一国国际收支状况不仅反映了这个国家的对外经济交往情况，还反映出该国经济的稳定程度。

小知识

国际收支平衡，指一国国际收支净额即净出口与净资本流出的差额为零。即：国际收支净额＝净出口－净资本流出；或 $BP = NX - F$。在特定的时间段内衡量一国对所有其他国家的交易支付。如果其货币的流入大于流出，国际收支是正值。此类交易产生于经常项目，金融账户或者资本项目。国际收支平衡被视做一国相关价值的另一个经济指标，包括贸易余额、境外投资和外方投资。

(2) 宏观经济目标之间的关系

以上四大目标相互之间既存在互补关系，也有交替关系。互补关系是指一个目标的实现对另一个目标的实现有促进作用。如为了实现充分就业水平，就要维护必要的经济增长。交替关系是指一个目标的实现对另一个有排斥作用。如物价稳定与充分就业之间就存在两难选择。为了实现充分就业，必须刺激总需求，扩大就业量，这一般要实施扩张性的财政和货币政策，由此就会引起物价水平的上升。而为了抑制通货膨胀，就必须紧缩财政和货币，由此又会引起失业率的上升。又如经济增长与物价稳定之间也存在着相互排斥的关系，因为在经济增长过程中，通货膨胀是难以避免的。再如国内均衡与国际均衡之间存在着交替关系，这里的国内均衡是指充分就业和物价稳定，而国际均衡是指国际收支平衡。为了实现国内均衡，就可能降低本国产品在国际市场上的竞争力，从而不利于国际收支平衡。为了实现国际收支平衡，又可能不利于实现充分就业和稳定物价的目标。

由此，在制定经济政策时，必须对经济政策目标进行价值判断，权衡轻重缓急和利弊得失，确定目标的实现顺序和目标指数的高低，同时使各个目标能有最佳的匹配组合，使所选择和确定的目标体系成为一个和谐的有机的整体。

39.2.2 宏观经济政策工具

宏观经济政策工具是用来达到政策目标的手段。在宏观经济政策工具中，常用的有需求管理、供给管理、国际经济政策。

（1）需求管理

需求管理是指通过调节总需求来达到一定政策目标的宏观经济政策工具。它包括财政政策和货币政策。需求管理政策是以凯恩斯的总需求分析理论为基础制定的，是凯恩斯主义所重视的政策工具。

需求管理是要通过对总需求的调节，使总需求等于总供给，达到既无失业又无通货膨胀的目标。它的基本政策有实现充分就业政策和保证物价稳定政策两个方面。在有效需求不足的情况下，也就是总需求小于总供给时，政府应采取扩张性的政策措施，刺激总需求增长，克服经济萧条，实现充分就业；在有效需求过度增长的情况下，也就是总需求大于总供给时，政府应采取紧缩性的政策措施，抑制总需求，以克服因需求过度扩张而造成的通货膨胀。

小案例

2008年的全球性金融危机给世界经济造成重创，中国政府迅速、及时地做出反应，于2008年11月推出4万亿元投资计划以及一系列扩大内需的刺激措施，为中国经济率先复苏和世界经济增长作出了重要贡献。4万亿元投资计划按照"调结构、转方式、促民生"的基本方针安排投资，对扩大内需和加强经济社会薄弱环节发挥了重要作用。从2008年4季度到2010年年底，新增了中央政府投资11800亿元，带动地方政府投资8300亿元、银行贷款14100亿元、企业自有资金等其他投资5800亿元，共同完成4万亿元的投资工作量。着力加强了七大重点领域投入，包括：保障性安居工程；农村民生工程和农村基础设施；铁路、公路和机场等重大基础设施；医疗卫生、教育、文化等社会事业；节能减排和生态建设；自主创新和产业结构调整；汶川地震灾后恢复重建。

（2）供给管理

供给学派理论的核心是把注意力从需求转向供给。供给管理是通过对总供给的调节，来达到一定的政策目标。在短期内影响供给的主要因素是生产成本，特别是生产成本中的工资成本。在长期内影响供给的主要因素是生产能力，即经济潜力的增长。供给管理政策具体包括控制工资与物价的收入政策、指数化政策、人力政策和经济增长政策。

①收入政策。收入政策是指通过限制工资收入增长率从而限制物价上涨率的政策，

因此，也叫工资和物价管理政策。之所以对收入进行管理，是因为通货膨胀有时由成本（工资）推进所造成的（参见成本推进的通胀）。收入政策的目的就是制止通货膨胀。它有以下三种形式，一是工资与物价指导线。根据劳动生产率和其他因素的变动，规定工资和物价上涨的限度，其中主要是规定工资增长率。企业和工会都要根据这一指导线来确定工资增长率，企业也必须据此确定产品的价格变动幅度，如果违反，则以税收形式加以惩戒。二是工资物价的冻结。即政府采用法律和行政手段禁止在一定时期内提高工资与物价，这些措施一般是在特殊时期采用，在严重通货膨胀时也被采用。三是税收刺激政策。即以税收来控制增长。

②指数化政策。指数化政策是指定期地根据通货膨胀率来调整各种收入的名义价值，以使其实际价值保持不变。主要有：一是工资指数化；二是税收指数化，即根据物价指数自动调整个人收入调节税等。

③人力政策又称就业政策。是一种旨在改善劳动市场结构，以减少失业的政策。主要有：一是人力资本投资，由政府或有关机构向劳动者投资，以提高劳动者的文化技术水平与身体素质，使其适应劳动力市场的需要；二是完善劳动市场。政府应该不断完善和增加各类就业介绍机构，为劳动的供求双方提供迅速、准确而完全的信息，使劳动者找到满意的工作，企业也能得到其所需的员工；三是协助工人进行流动。劳动者在地区、行业和部门之间的流动，有利于劳动的合理配置与劳动者人尽其才，也能减少由于劳动力的地区结构和劳动力的流动困难等原因而造成的失业。对工人流动的协助包括提供充分的信息、必要的物质帮助与鼓励。

④经济增长政策。一是增加劳动力的数量和质量。增加劳动力数量的方法包括提高人口出生率、鼓励移民入境等；提高劳动力质量的方法有增加人力资本投资。二是资本积累。资本的积累主要来源于储蓄，可以通过减少税收、提高利率等途径来鼓励人们储蓄。三是技术进步。技术进步在现代经济增长中起着越来越重要的作用。因此，促进技术进步成为各国经济政策的重点。四是计划化和平衡增长。现代经济中各部门之间协调的增长是经济本身所要求的，国家的计划与协调要通过间接的方式来实现。

(3) 国际经济政策

国际经济政策是对国际经济关系的调节。现实中每一个国家的经济都是开放的，各国经济之间存在着日益密切的往来与相互影响。一国的宏观经济政策目标中有国际经济关系的内容（即国际收支平衡），其他目标的实现不仅有赖于国内经济政策，而且也有赖于国际经济政策。因此，在宏观经济政策中也应该包括国际经济政策。

39.3 任务分析

宏观经济政策目标是国家实行宏观经济政策的目的与出发点，各国都根据当前的市场环境来决定相关的宏观经济政策，并借用一定的调控工具，来确保本国经济的发展。2008年中国连续采取的宏观经济政策为"积极的财政政策"和"适度宽松的货币政策"，正是根据金融危机后，中国所面临的国际、国内市场环境做出的抉择，其目的在于促进投资平稳较快增长、提升就业率、鼓励进出口、促进中国经济的平稳健康发展，为世界的经济发展作出重要的贡献。

任务四十　财政政策分析

学习目标

1. 了解财经政策的定义。
2. 熟悉财政政策的支出工具、收入工具、财政政策的运用。
3. 理解内在稳定器与斟酌使用，功能财政与预算盈余，赤字财政政策与公债等财政政策工具的运用。
4. 了解财政政策的局限性。

40.1　任务描述

政府的钱从哪里来，又到哪去？

政府的钱从哪里来，又到哪去？这就是我们要探讨的财政收入和财政支出。为了更好地发挥政府作用，使钱来得合理、用得恰当，政府就必须制定合适的财政政策。在美国流行着这样的说法："每个人有两件事情不可避免，一件是死亡，另一件就是纳税。"政府的钱是从这里来的，税收是财政收入的主要来源，除此还有债务收入、企业收入和其他收入。现在我国和国外大多对个人收入实行的是累进税，但利息税在我国实行的是20%的比例税，富人和穷人都按利息收入的20%纳税，富人和穷人按同比例纳税，前者负担轻，后者负担重，所以比例税不利于调节收入分配。在美国利息税不是一个独立的税种，而是纳入个人的总收入，一并征收个人收入所得税，实行超额累进税率。无论是发达国家还是不发达国家，政府财政收入主要是从税收中来。税收的特点是强制性，而且是无偿的。我国现在税收管理体制分为国家税和地方税两部分，国税归中央政府所有，地税归地方政府所有。税收是一个政府赖以生存的经济基础，没有税收收入，政府将难以维持运转。所以纳税是每一个公民的义务，如果大家都不纳税的话，政府就无法运转了。有了收入就要进行支出。比如我们公立学校的教师收入，是从政府的税收而来的，是大家交的税款养活了教师。大家缴税给政府，政府财政部把这笔钱拨出一部分给教育部，教育部拨给全国的学校，学校再给教师发一部分的工资。我们有几百万人的军队，有国家的公检法机构，有教育、体育、文化、科技部，还有庞大的公务员队伍，这些都需要财政去养活，都是由政府发工资。这些支出叫财政的经常性支出，就是每个月都要支出，绝不能停发。否则就没人给政府干活，政府机构就无法运转。

请运用财政政策相关理论讨论：
①财政政策的主要内容什么？②财政收入的主要来源是什么？③财政支出的主要内容是什么？

40.2　任务精讲

40.2.1　财政政策的内容与运用

(1)财政政策的内容

宏观财政政策是国家调控经济，实现政策目标最主要的政策工具之一。所谓财政政策(fiscal policy)，就是指政府为提高就业水平，减轻经济波动，防止通货膨胀，实现稳定增长而采取的税收、借债水平和政府支出的政策，即政府为了实现其宏观经济政策目标而对其收入和支出水平所作出的决策。

财政政策的主要内容包括政府支出与税收。政府支出包括政府公共工程支出、政府购买，以及转移支付。政府税收主要是个人所得税、公司所得税和其他税收。

①政府支出体系。

第一，政府支出内容。主要包括：社会福利支出；退伍军人的福利支出；国家防务和安全支出；债务利息支出；教育和职业训练支出；公共卫生和保健支出；科学技术研究费用；交通、公路、机场、港口和住宅的支出；自然资源的环境保护支出；国际交往与国际事务的支出。

第二，政府支出方式。主要有：政府购买和政府转移支付。政府购买是指政府对商品和劳务的购买。其特点是以商品和劳务作为有偿支出。它是一种实质性的支出。它可以使经济资源的利用从私人部门转到公共部门。由于政府购买有着商品和劳务的实际交易，因而直接形成社会需求和社会购买力，是国民收入的一个组成部分，作为计入GNP的四大需求项目(消费、投资、政府购买和出口余额)之一。

政府转移支付是指政府单方面的、无偿的资金支付，包括社会保障、社会福利支出、政府对农业的补贴以及债务利息支出、捐赠支出等。其特点是不以商品和劳务作为报偿的支付。它是货币性支出，是通过政府把一部分人的收入转给另一部分人，整个社会的收入总量并没有变化，变化的仅是收入总量在社会成员之间的分配比例。正是由于政府转移支付只是资金使用权的转移，并没有发生相应的商品和劳务交换的特点，因此它不能计入GNP，不能算做国民收入的组成部分。

小案例

我国财政支出结构现状

第一，地区间支出差异大。

2007至2011年间，西藏、上海、北京、河北、河南这五地都表现出地方财政支出的上升趋势，我国自2000年实施西部大开发战略以来，西部地区的支出增幅很大，除了四川、广西两省，西部其他地区人均财政支出都达到了全国平均水平，西藏在2011年人均财政支出达到了24995元，成为全国之最。而中部地区人均财政支出基本低于全国平均水平。

第二，项目间支出结构偏离民生财政目标。

项目间支出结构是指财政资金在经济建设、行政费用、民生支出等项目之间的分配结构。

①2007年以前财政支出按功能性质分类。

自1994年实行分税制以来，我国财政支出数不断增加，按功能性质分类经济

建设费所占比重最高，社会文教费次之。在此期间财政用于经济建设方面的支出确实有力地促进了经济发展。另外，在1994年至2006年的13年间，行政管理费增速最快，2006年的行政管理费达到了1994年的8.93倍。经济建设费在财政支出总量中占比不断下降，从1994年到2006年下降了14个百分点左右，但直至2006年占比仍达26.6%；行政管理费从2000年开始上升，达到19%左右；社会文教费略有上升，但幅度很小，一直保持在27%左右。

②2007年以来我国主要财政支出分布情况。

我国自2011年开始，科教文卫、社会保障和就业支出有了一定增长，达到2007年的两倍多。2009年开始增加了保障性住房支出，而且支出数额增长较快，2012年支出数达2009年的6.2倍。2007—2012年科教文卫、社会保障和就业、住房保障等民生性支出占国家财政支出总额的比例基本保持不变。而行政管理费"虽然呈下降的趋势，但下降幅度偏小，绝对数额仍然偏大"。以上种种可以看出我国的财政支出已经开始向保障民生方向转变，但是速度较为缓慢。

（资料来源：王银梅、张亚琼，《完善预算管理制度优化我国财政支出结构》，载《宏观经济研究》2014年第6期）

②政府收入体系。

政府的收入主体上来源于税收和公债两个部分。

i. 税收。税收是政府收入中最主要的部分，它是国家为了实现其职能按照法律预先规定的标准，强制地、无偿地取得财政收入的一种手段。各国的税收通常由许多具体的税种所组成，且依据不同的标准可以对税收进行不同的分类。

第一，按照课税对象的性质，可将税收分为财产税、所得税和流转税三大类。财产税是对不动产或房地产，即土地和土地上的建筑物等所征收的税。主要包括财产税、遗产税、赠与税等。所得税是指对个人或公司的收入所征收的税，例如个人的工薪收入和股票债券存款等资产的收入，公司的利润税。所得税是大多数西方国家的主体税种。因此，所得税税率或税收的变动对经济活动会产生重大影响。流转税则是对流通中的商品和劳务买卖的总额征税，它包括增值税、消费税、营业税、关税等，流转税是目前我国最大的税类。

第二，按税负能否转嫁，税收又可分为直接税和间接税两种。直接税是指直接征收的，不能再转嫁给别人的税，如财产税、所得税和人头税。间接税是指间接地向最终消费者征收的作为生产商和销售商的原来纳税人能最终转嫁给最终消费者的税，如消费税、营业税和进口税。

第三，按照收入中被扣除的比例，税收可以分为累退税、累进税和比例税三种。累退税是指税率随征税对象数量的增加而递减的一种税，即收入越大，税率越低。累进税是税率随征税对象数量的增加而递增的一种税，即课税对象的数额越大，税率也越高。上述的财产税和所得税一般是累进税。比例税是指税率不随征税对象数量的变动而变动的一种税，即按固定比率从收入中征税。多适用于流转税，如财产税、营业税和大部分关税，一般属于比例税。

政府支出的主要来源是税收。政府当年的税收和支出之间的差额叫做预算余额(budget balance)。预算余额为零时叫做预算平衡(balanced budget)，为正数时叫做预算盈余，为负数时叫做预算赤字。如果政府增加支出而没有相应地增加税收，或者减少税收而没有相应地减少支出，这种做法叫做赤字财政(deficit financed)。

 小知识

拉弗曲线：税收不是越高越好

拉弗曲线的产生是在1974年某一天，经济学家阿瑟·拉弗和一些著名的记者与政治家坐在华盛顿的一家餐馆里。他拿来一块餐巾并在上面画上了一个图来说明税率如何影响税收收入。然后拉弗提出，美国已处于这条曲线向下的一边上。他认为，税率如此之高，以至于降低税率实际上会增加税收收入。很少有经济学家认真地考虑拉弗的建议。就经济理论而言，降低税率可以增加税收收入的思想可能是正确的，但值得怀疑的是实际上并非这样。还没有证据可以证明拉弗的观点。当里根1980年当选总统时，他进行的减税就是这个政纲的一部分。他总是说："第二次世界大战期间我拍过电影赚过大钱。"在那时，战时的附加所得税达90%。"你只能拍四部电影就达到最高税率那一档了。"他继续说。"因此，我们拍完四部电影就停止工作，并到乡下度假。"高税率使人们少工作，低税率使人们多工作。他的经历证明了拉弗曲线是正确的。里根认为，税收如此之高，以至于不鼓励人们努力工作。他认为，减税将给人们适当的工作激励，这种激励又会提高经济福利，或许甚至可以增加税收。由于降低税率是要鼓励人们增加他们供给的劳动数量，所以拉弗和里根的观点就以供给学派经济学而闻名。

ⅱ. 公债。当政府发生预算赤字时，就可以通过发行公债向公众借钱或增发货币来弥补。

公债是政府依据认用原则获取财政收入的一种特定方式，是一种特殊的财政活动。当国家财政一时之间支出大于收入，遇到临时急需时，发行公债比较简捷，可济急需。从长远看，公债还是筹集建设资金的较好形式。一些投资大、建设周期长、见效慢的项目，如能源、交通等重点建设，往往需要政府积极介入。

(2) 财政政策的运用

财政政策就是要运用政府开支与税收来调节经济。具体来说，第一，在经济萧条时期，总需求小于总供给，经济中存在失业，政府就要采取扩张性的财政政策，包括增加政府支出与减税。减税可以增加企业和居民的可支配收入，从而增加消费和投资；政府支出的增加则直接刺激总需求，从而可能使经济走出萧条。第二，在经济繁荣时期，总需求大于总供给，经济中存在通货膨胀，政府则要通过紧缩性的财政政策来压抑总需求，以实现物价稳定。紧缩性的财政政策包括减少政府支出与增税。减少政府支出则直接使总需求下降；征税可以减少居民和企业的消费和投资。扩张性财政政策和紧缩性财

政政策的政策目标和特点可通过表 40-1 来反映。

表 40-1　　　　　　　　　财政政策的目标和特点

政策目标	政策特点	财政收入政策	财政支出政策
实现充分就业	扩张性财政政策	减少政府税收	增加政府支出
抑制通货膨胀	紧缩性财政政策	增加政府税收	减少政府支出

小知识

稳健财政政策的基本含义

①稳健财政政策要配合宏观调控，不给经济带来扩张性的影响。针对 2003 年以来我国部分行业出现的投资过热，中央银行采取了提高法定存款准备金率、提高利率等一系列手段控制银行信贷的过快增长，迄今为止宏观调控已经取得明显效果，但是宏观调控的微观基础并不稳固。为巩固宏观调控的基础，稳健财政政策要适当控制和减少长期建设国债和财政赤字的规模，避免给经济带来扩张性的效应。

②稳健财政政策要突出其结构调整功能。与西方发达国家的宏观调控政策一般是总量控制不一样，在中国经济转型的背景下，宏观调控政策要为我国的经济体制改革和经济的长期持续稳定发展创造良好的宏观经济环境，因此，中国的宏观调控政策既包括总量控制又包括结构调整。

③稳健财政政策意味着要抓住财政收入增长加快的有利时机进一步推进税制改革，加大农业税减免力度。我国政府今年已经积极酝酿和推行税制改革、完善操作方案以及积极推进出口退税机制改革。

④稳健财政政策要加强财政支出结构的调整力度，从支持经济增长转变为促进经济结构优化和经济社会协调发展。过去我国的财政支出过多地注重支持经济增长，而在经济社会协调发展方面欠债很多。在稳健的财政政策框架下要调整国债资金使用方向，更多注重财政资金在社会保障制度建设方面的投入，加大对社会性基础设施建设的支持，重点转向农村、医疗卫生、教育、环保等方面。要按照公共财政理论及政策框架确立我国的公共财政制度，使财政功能由经济建设型转为公共服务型，从而实现社会经济和谐稳定的发展。

（资料来源：全景网，《对实行稳健的财政政策的解读和内容建议》，2005-01-18）

小知识

　　酌情使用的财政政策是政府根据经济形势的分析，主动采用的增减政府收支的决策。例如，当认为总需求非常低，即出现经济衰退时，政府应通过削减税收、降低税率、增加支出或双管齐下以刺激总需求。反之，当认为总需求非常高，即出现通货膨胀时，政府应增加税收或减少支出以抑制总需求。

40.2.2　内在稳定器与斟酌使用

（1）内在稳定器（自动稳定器）

内在稳定器（built-in stabilizers）是指财政制度本身所具有的能够调节经济波动，维持经济稳定发展的作用。也就是说经济系统本身存在的一种减少各种干扰对国民收入冲击的机制，能够在经济繁荣时期自动抑制膨胀，在经济衰退时期自动减轻萧条，无须政府采取任何行动。

内在稳定器的作用特点表现在：当国民收入下降时，它会自动地引起政府支出的增加和税收的减少，从而阻止国民收入进一步下降；当国民收入增加时，它又会自动地引起政府支出的减少和税收的增加，从而避免经济的过度膨胀。

（2）内在稳定器的功能

①累进税制度。当经济繁荣时，随着生产扩大、就业增加，人们收入随之增加，而通过累进的所得税所征收的税额也自动地以更快的速度增加，税收以更快的速度增加意味着人们的可支配收入的增幅相对较小，从而使消费和总需求增幅也相对较小，最终遏制总需求扩张和经济过热的作用。当经济衰退时，国民产出水平下降，个人收入和公司利润普遍下降，在税率不变的条件下，政府税收会自动减少，留给人们的可支配收入也会自动地减少一些，从而使消费和总需求也自动地下降一些，从而起到缓解经济衰退的作用。

因此，在税率既定不变的条件下，税收随经济周期自动地同方向变化，税收的这种自动变化与政府在经济繁荣时期应当增税，在经济衰退时期应当减税的意图正相吻合，因而它是经济体系内有助于稳定经济的自动稳定因素。

②政府转移支付制度。同税收的作用一样，政府转移支付有助于稳定可支配收入，从而有助于稳定在总支出中占很大比重的消费支出。大家知道，政府转移支付包括政府的失业救济和其他社会福利支出，按照失业救济制度，人们被解雇后，在没有找到工作以前可以领取一定期限的救济金，另外，政府也对穷人进行救济。这些福利支出对经济具有稳定作用。当经济出现衰退与萧条时，由于失业人数增加，穷人增多，符合救济条件的人数增多，失业救济和其他社会福利支出就会相应增加，从而间接地抑制人们的可支配收入的下降，进而抑制消费需求的下降。当经济繁荣时，由于失业人数减少和穷人减少，福利支出额也自行减少，从而抑制可支配收入和消费的增长。

③农产品价格维持制度。经济萧条时，国民收入下降，农产品价格下降，政府按照支持价格收购农产品，可使农民的收入和消费维持在一定水平；经济繁荣时，国民收入上升，农产品价格上升，政府减少对农产品的支持，并抛售农产品，限制农产品价格的上升，抑制了农民收入的增长，减少了总需求。农产品价格维持制度有助于减轻经济波动，故被认为是稳定器之一。

总之，政府税收和转移支付的自动变化，以及农产品价格维持制度都是财政制度的内在稳定器，是政府稳定经济的第一道防线，它在轻微的经济萧条和通货膨胀中往往起着良好的稳定作用。但是，当经济发生严重的萧条和通货膨胀时，它不但不能使经济恢复到没有通货膨胀的充分就业状态，而且还会起到阻碍作用。例如，当经济陷入严重萧条时，政府采取措施促使经济回升，但是当国民收入增加时，税收趋于增加，转移支付却会减少,使经济回升的速度减缓,这时内在稳定器的变化都与政府的需要背道而驰。所以,在关键时期还是要靠财政货币政策的干预,内在稳定器只能起到配合的作用。

(3)酌情使用的财政政策

酌情使用的财政政策是政府根据经济形势的分析,主动采用的增减政府收支的决策。例如,当认为总需求非常低,即出现经济衰退时,政府应通过削减税收、降低税率、增加支出或双管齐下以刺激总需求。反之,当认为总需求非常高,即出现通货膨胀时,政府应增加税收或减少支出以抑制总需求。前者称为扩张性(膨胀性)财政政策,后者称为紧缩性财政政策。究竟什么时候采取扩张性财政政策,什么时候采取紧缩性财政政策,应由政府对经济发展的形势加以分析权衡,斟酌使用。它是凯恩斯主义的需求管理的内容。凯恩斯分析的是需求不足型的萧条经济,因此他认为调节经济的重点应放在总需求的管理方面,使总需求适应总供给。当总需求小于总供给,出现衰退和失业时,政府应采取扩张性财政措施以刺激经济,当总需求大于总供给,出现通货膨胀时,政府应采取紧缩性财政措施以抑制总需求。

但是,在采用以上财政政策过程中会遇到许多制约因素影响其作用的发挥。一是时滞。认识经济形势、做出决策、实施财政政策都需要一定的时间,因此,财政政策往往不能起到很好的作用。二是不确定性。实行财政政策时,政府主要面临乘数大小难以准确确定,以及从采取财政政策到实现预定目标之间的时间难以准确预测的问题。三是外在的不可预测的随机因素的干扰,也可能导致财政政策达不到预期效果。四是"挤出效应"的存在。政府增加支出,会挤占私人投资支出的减少,从而使财政政策的效果也减小。

想一想

酌情使用的财政政策是如何采用的?

分析提示

酌情使用的财政政策是政府根据经济形势的分析,主动采用的增减政府收支的决策。例如,当认为总需求非常低,即出现经济衰退时,政府应通过削减税收、降低税率、增加支出或双管齐下以刺激总需求。反之,当认为总需求非常高,即出现通货膨胀时,政府应增加税收或减少支出以抑制总需求。

40.2.3 功能财政与预算盈余

(1)功能财政

功能财政是指政府在财政方面的积极财政政策主要是为实现无通货膨胀的充分就业水平;为实现这一目标,预算可以盈余,也可以为赤字,而不能以预算平衡为目的。

功能财政思想是凯恩斯主义者的财政思想。他们认为,不能机械地用财政预算收支平衡的观点来对待财政赤字和财政盈余,而应从反经济周期的需要来利用预算赤字和预算平衡。当国民收入低于充分就业的收入水平(即存在通货膨胀紧缩缺口)时,政府有义务实行扩张性的财政政策,增加政府支出和减少税收,以实现充分就业。如果起初存在财政盈余，政府有责任减少盈余甚至不惜出现更大赤字，坚定地实行扩张政策。反之，当存在通货膨胀缺口时，政府有责任减少政府支出，增加税收。如果起初存在财政预算赤字，就应该通过紧缩减少赤字，甚至出现盈余。

总之，功能财政思想认为，在一个功能存在缺口的经济中，政府不能以平衡预算为目标来对待预算盈余和赤字，而应从反经济周期的需要来利用预算赤字和盈余，否则就不能在总支出不足时避免衰退，也不能消除过度支出带来的物价水平上涨。

（2）预算盈余

充分就业预算盈余的概念是由美国经济学家 C. 布朗(Brown)在 1956 年提出的，是指既定的政府预算在充分就业的国民收入水平，即潜在的国民收入水平上所产生的政府盈余。充分就业预算盈余概念的提出，具有两个十分重要的作用：

①把收入水平固定在充分就业的水平上，消除经济中收入水平周期性波动对预算状况的影响，从而能更准确地反映财政政策对预算状况的影响。

②使政策制定者注重充分就业问题，以充分就业为目标确定预算规模，从而确定财政政策。但这一概念同样存在一定的缺陷，因为充分就业的国民收入或潜在国民收入本身就是难以准确估算的。

40.2.4 赤字财政政策与公债

（1）凯恩斯主义经济学家主张运用赤字财政政策的理由

①在经济萧条时期，财政政策是增加政府支出，减少政府税收，这样就必然出现财政赤字。凯恩斯认为，财政政策应该为实现充分就业服务，因此必须放弃财政收支平衡的旧信条，实行赤字财政政策。

②凯恩斯主义经济学家认为，赤字财政政策不仅是必要的，而且是可能的。第一，债务人是国家，债权人是公众。国家与公众的根本利益是一致的。第二，政府的政权是稳定的。这就保证了债务的偿还是有保证的，不会引起信用危机。第三，债务用于发展经济，使政府有能力偿还债务，弥补赤字。

③政府实行赤字财政政策是通过发行公债来进行的。公债是直接卖给中央银行，而不是直接卖给公众。

（2）公债政策

公债(national debt)是指政府的举债行为。它一般与财政赤字相联系，当年的公债与同期财政赤字相等，而累积的公债则等于历年的财政赤字再减去财政结余。公债的持有者有：银行部门持有、私人持有、公司持有和国外持有。政府公债政策的益处有：

①有利于政治上的稳定。特别是财政支出大幅度增加时，如果用大幅度的提高税率来弥补赤字，往往会引起纳税人的普遍不满，以致影响整个社会的稳定。如果以借债的形式筹措资金，人们是比较容易接受的。

②有助于将项目收益者和纳税人联系在一起。政府用大量财政支出所举办的公共工程。例如，公路、水利工程、学校等，受益者可能要分布或延续到几代人中去，如果用大量征税的办法来支付这些建设项目的费用，结果是把整个费用重担都压到了项目建设时期那些纳税人身上，真正的或大多数的受益者反而没有负担任何费用。如果采用举债的办法，可在短期内筹措大量资金，使这些公共项目尽快上马，然后再从税收中将这些

资金收回来，使这些项目所需资金更多地负担到它的收益人身上。

③有助于刺激经济。增加税收，公众的收入降低，会对经济产生紧缩的作用。而公债与税收不同，它是政府暂时将公众手中的部分钱借走，对经济是有刺激作用的。

 想一想

我国出现赤字怎么办

当政府财政收入少而支出多的时候，就会出现财政赤字。国际上衡量财政赤字有两条警戒线标准：

第一条警戒线是：财政赤字占 GDP 的比重不能超过 3%。一旦超过，就会出现财政风险。例如，我国 GDP 的总量在 2001 年是 10 万亿元人民币，10 万亿元的 3% 是 3000 亿元。如果我国的赤字大于 3000 亿元，它就超出了警戒线。我国 2002 年财政赤字是 3098 亿元，只超了一点，风险还不是很大，但如果再多就有一定的风险了。

第二条警戒线是：政府的财政赤字不能超出财政总支出的 15%。我们说了，政府的钱不够花，可以去借债，但不能借债太多，一国政府的财政赤字不能超出这个百分比，如果超出就说明赤字太大了。

当政府出现了财政赤字，怎么来弥补呢？有两种解决办法：第一是透支，第二是发行国债。

什么是透支？财政部在银行里有一个账户，其支出超出了账户上的存款，在账户上出现了"红字"即负数，这叫透支。但是用透支的方法解决财政赤字是不可以轻易使用的。因为政府透支的钱实际上是我们储户在银行的存款，尽管我们储户的存折上一分钱都不少，但在实际上却有了一个"洞"，如果我们去银行支取自己的存款，银行没钱，只能印钞票，这就意味着一国的通货膨胀开始了。对于老百姓来说，等他们把钱取出来的时候，钱已经贬值，买不到原来那么多的商品了。因此当一国财政有困难找银行去透支，实际上就是变相把老百姓的钱悄悄塞进政府的口袋里。

第二种就是发行国债。目前我国和世界其他各国都这么做。发行国债就是让人们自愿来买。发行的时候告诉大家发多少，期限有多长，利息是多少。这种方法比透支好，因为大家自愿买国债是用自己没有花的钱，没有增加货币总量。政府出售国债获得的资金，用于基本建设投资，加大政府支出来拉动经济增长，再从经济增长中获得更多的税收，增强了还债能力，政府不用多印钞票，也就不会造成通货膨胀。国债有内债与外债、短期与长期之分。我国的外债发行的是长期国债，内债基本上短期、中期和长期都有。在 20 世纪 80 年代初，我国每年发国债的规模是 50 亿元人民币。在 21 世纪初每年发债规模已经上升到 3000 亿~4000 亿元，而且继续呈上升趋势。由于过去发行的长期国债陆续到期，因此现在发行的国债不仅要弥补

当年的财政赤字，还要加上到期还本付息的部分，就是借新债还旧债。虽然我国债赤字不少，但是政府靠国债给我们留下了25000亿元的优质资产，为我们铺设了高速公路，提供了如三峡工程等基础设施和很多的公共物品，为中国经济的起飞打下了基础。

讨论题：①什么是财政赤字？②弥补财政赤字的主要方法是什么？

分析提示

财政赤字是一个国家政府财政年度支出超过年度收入的差额。如果财政收入大于支出，就会出现财政盈余；当财政收入等于支出就是财政平衡。当财政收入小于支出，就会出现财政赤字。

弥补财政赤字的主要方法是发行公债。公债有外债和内债之分。内债完全不同于外债。外债对一个国家来说是一种负担，太多了会关系到国家的安全。而内债，是向自己国家的人民借债，表面上看国家是债务人，人民是债权人，而实际上是人民自己欠自己的债，就整个国家来说债权和债务正好相抵消。政府可以以借债创造的新财富来偿还对公众的借债，也可以发新债还旧债，只要政府维持良好的信誉，它就可以不断地借新债还旧债，而借新还旧的过程是向后推移的过程，因为子子孙孙是没有穷尽的。实际上就是借人民的钱不用还了。这正是西方经济学家讲的公债哲学。我国目前弥补财政的主要方法是发行公债。

40.2.5 财政政策局限性

财政政策实施中遇到的困难及局限性主要体现在以下几个方面：

(1) 有些财政政策的实施会遇到阻力

如增税一般会遭到公众的普遍反对；减少政府购买可能会引起大垄断资本的反对；削减政府转移支付则会遭到一般平民的反对。

(2) 财政政策会存在"时滞"

首先，财政政策的形成过程需要较长的时间。因为财政政策的变动一般是一个完整的法律过程，这个过程包括议会与许多专门委员会的讨论，政府部门的研究，各利益集团的院外活动等。这样，在财政政策最终形成并付诸实践时，经济形势可能已经发生意想不到的变化。因此，就会影响其所要达到的目标。其次，财政政策发挥作用也有时滞。有些财政政策对总需求有即时的作用。如政府购买的变动对增加总需求有直接而迅速的作用，减税对增加个人可支配收入有即时的作用，但对消费支出的影响则要在一定时间后才会产生。

(3) 公众的行为可能会偏离财政政策的目标（动态不一致）

如政府采取增支减税政策扩大总需求时，人们并不一定会把增加的收入用于增加支出，也可能转化为储蓄。

(4) 非经济因素

除此之外，财政政策的实施，还要受到政治因素的影响（如选举）。

我国财政转移支付的现状

第一，转移支付的规模呈逐年扩大趋势。

从表40-2可以看出：转移支付总量从1994年的2389.09亿元增加到2012年的45383.47亿元，增长了近19倍。长期以来，转移支付占中央公共财政支出的比重除个别年份（1999年、2000年）外一直维持在50%以上。但近年来，这一比重发生了较大变化，自2007年开始超过60%，2012年则超过了70%。这说明我国中央财政的财力集中度在不断增强，中央对地方财政的影响力在不断强化。同期，除个别年份（1997年、1998年）外，转移支付占地方公共财政收入的比例也基本维持在40%以上，使地方财政形成对中央财政持续的高度依赖。

表40-2　　1994—2012年中央对地方财政转移支付总规模情况表

年份	转移支付总量（含税收返还）（亿元）	中央财政支出（亿元）	转移支付占中央公共财政支出的比重(%)	地方财政收入（亿元）	转移支付占地方公共财政收入的比重(%)
1994	2389.09	4143.52	57.66	4700.69	50.82
1995	2534.06	4529.45	55.95	5519.64	45.91
1996	2722.52	4873.79	55.86	6469.44	42.08
1997	2856.67	5389.17	53.01	7280.89	39.24
1998	3321.54	6447.14	51.52	8305.49	39.99
1999	4086.61	8238.94	49.60	9681.48	42.21
2000	4665.31	10185.16	45.80	11071.37	42.14
2001	6001.95	11769.97	50.99	13805.25	43.48
2002	7351.77	14123.47	52.05	15866.77	46.33
2003	8261.41	15681.51	52.68	18111.39	45.61
2004	10407.96	18302.04	56.87	22301.33	46.67
2005	11484.02	20259.99	56.68	26584.78	43.23
2006	13501.45	23492.85	57.47	31805.03	42.50
2007	18137.89	29579.95	61.32	38970.86	46.54
2008	22990.76	36334.93	63.27	51640.55	44.52
2009	28563.79	43819.58	65.18	61166.38	46.70
2010	30611.00	46660.00	65.60	66481.00	46.04
2011	37310.00	56435.32	66.11	81170.00	45.96
2012	45383.47	64148.27	70.74	106460.80	42.63

（资料来源：2006年之前的基础数据来自《中国财政年鉴》；2007年之后的数据来自财政部财政决算数据）

第二，财政转移支付的结构逐步趋向合理化。

从图 40-1 可以看出近年来（由于统计口径的变化，本部分数据主要从 2007 年开始分析），尽管大多数年份一般性转移支付占中央财政转移支付总额的比重低于专项转移支付所占比重，但一般性转移支付占中央财政转移支付总额的比重总体呈逐步上升的趋势；与此同时，专项转移支付占中央财政转移支付的比重则开始缓慢下降，这均说明我国财政转移支付的结构正在逐步趋向合理化。

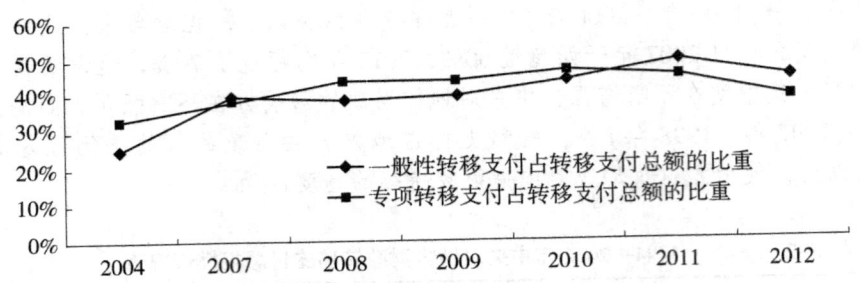

图 40-1 2004—2012 年我国财政转移支付结构图

（数据来源：根据 2007—2011 年财政部年财政决算数据和 2012 年财政部预算执行数据计算得出）

请分析我国财政转移支出存在的问题和解决对策。

分析提示

存在的问题：转移支付规模较大；转移支付结构不合理；转移支付资金管理多头化。

对策：合理界定政府间的事权与财权；确保预算的细化和公开透明；制定转移支付管理法规。

40.3 任务分析

财政政策是指政府为了达到既定的经济目标或者说国家其他目标而对财政收入和财政支出以及公债的发行、公债的偿还做出的决策。财政收入主要是来源于税收，有了收入就要进行支出。财政支出大体可分为政府购买和政府转移支付两大类。政府购买作为计入 GNP 的四大需求项目（消费、投资、政府购买和出口余额）之一，根据政府对商品和劳务的购买，包括购买军需品、警察装备用品、机关办公用品以及支付给政府雇员的工资薪金。政府转移支付包括社会保障社会福利支出，政府对农业的补贴以及公债利息。我们知道，如果财政收入大于支出，就会出现财政盈余；如果财政收入小于支出，就会出现财政赤字；如果财政收入等于支出就是财政平衡。税收是一个政府赖以生存的经济基础，没有税收，政府难以维持运转。所以纳税是每一个公民的义务，如果大家都不纳税的话，政府就无法运转了。

任务四十一 货币政策分析

> **学习目标**
> 1. 了解货币政策的定义、中央银行的性质与职能、活期存款的创造。
> 2. 熟悉完整的货币乘数、影响货币供给量的因素。
> 3. 掌握货币政策工具的具体运用。
> 4. 了解货币政策的局限性。

41.1 任务描述

宽松货币政策刺激内需　推动英国经济增长

2001年英国全年经济增长率为2.2%，虽然略低于预算设定的2.25%~2.75%的增长目标，但是在西方主要工业国家中的增长幅度仍属最高。这种情况一改以前历次全球性衰退中英国经济总是最差的历史，使英国人在发达国家行列中感觉良好。

回顾2001年英国的经济运行情况，显而易见，在维持经济增长的投资、出口和内需三驾马车中，旺盛的内需是减缓英国经济降速的主要支撑因素。房地产市场一直是英国经济中的一个亮点，20世纪90年代以来一直处于上升势头，2001年这个市场进入了新一轮上涨周期，全年平均上涨幅度达到10%。英国的零售业也强劲不衰，物价指数平稳。2001年最后4个月，英国许多零售部门都达到了月增长15%或高于15%的水平。特别是耐用消费品如汽车，销售量超过1989年230万辆的高峰，达到240万辆。

这些得益于英国央行2001年实施的宽松货币政策。2001年，在通货膨胀率较低的背景下，英国央行连续7次降息，把利率从6%调低到4%，不足1990年(15%)的1/3，为38年来的最低水平。基本利率的连续下调，延缓了制造业的衰退速度，支持了脆弱的股市信心，更大大刺激了各类消费信贷，从而有效地刺激了人们的消费热情。在英国消费信贷门槛较低的前提下，各个商业金融机构为争取客户展开激烈竞争，2001年下半年，一些信贷银行甚至实行零利率，信用卡消费成为主要购物手段，不论是大超市，还是小店铺，80%以上的零售商店都可以用信用卡购物，既方便消费，也刺激消费。

低失业率是提升消费热情的又一个重要因素。去年英国的就业机会一直在不断增加，虽然制造业的工作机会减少了，但服务业和其他部门的就业机会增多，从而弥补了制造业失去的就业岗位。

(资料来源：新华网，2002-03-29)

请问这一经济现象说明了什么问题？

41.2 任务精讲

货币政策(monetary policy)是指中央银行通过对货币供给量的调节来调节利息率，再通过利息率的变动来影响总需求。所以，凯恩斯主义货币政策的直接目标是利息率，最终目标是总需求变动。凯恩斯主义之所以认为货币量可以调节利息率，是以人们的财富只有货币与债券这两种形式的假设为前提的。

它与财政政策的不同之处在于：财政政策是直接影响社会总需求的规模，中间不需要任何变量；而货币政策则是通过当局货币供给量的变化来调节利率，进而间接地调节总需求，因而货币政策是间接地发挥作用的。

41.2.1 中央银行的性质与职能

(1) 中央银行的性质

中央银行的性质是由其业务活动的特点和所发挥的作用决定的。中央银行具有国家机关的性质，但与一般的行政机关又有很大不同：

①中央银行履行其职责主要是通过特定金融业务进行的，对金融和经济的管理调控基本上是采用经济手段，如调整利率和准备金率、在公开市场上买卖有价证券等，这些手段的运用更多地具有银行业务操作的特征，这与主要依靠行政手段进行管理的国家机关有明显不同；

②中央银行对宏观经济的调控是分层次实现的，即通过货币政策工具操作、调节金融机构的行为和金融市场运作，然后再通过金融机构和金融市场影响到各经济部门，其作用比较平缓，市场的回旋空间较大，这与一般国家机关的行政决定直接作用于各微观主体而又缺乏弹性有较大不同；

③中央银行在政策制定上有一定的独立性，这在后面还将专门论及。

总之，从中央银行业务活动的特点和发挥的作用看，中央银行既是为商业银行等普通金融机构和政府提供金融服务的特殊金融机构，又是制订和实施货币政策、监督管理金融业、规范与维护金融秩序、调控金融和经济运行的宏观管理部门。这可以作为对中央银行性质的基本概括。

(2) 中央银行的职能

①中央银行是"发行的银行"。

中央银行是发行的银行，是指国家赋予中央银行集中与垄断货币发行的特权，是国家唯一的货币发行机构(在有些国家，硬辅币的铸造与发行由财政部门负责)。中央银行集中与垄断货币发行权是其自身之所以成为中央银行最基本、最重要的标志；也是中央银行发挥其全部职能的基础。几乎在所有国家，垄断货币发行权都是与中央银行的产生与发展直接相连的。从商业银行逐步演变成为中央银行的发展进程看，货币发行权的独占或垄断是其性质发生质变的基本标志；从国家直接设立的中央银行看，垄断货币发行权是国家赋予的最重要的特权之一，是所有授权中首要的也是最基本的特权。一部中央银行史，首先是一部货币发行权逐渐走向集中、垄断和独占的历史。

②中央银行是"银行的银行"。

中央银行是银行的银行，这是指：中央银行的业务对象不是一般企业和个人，而是商业银行和其他金融机构及特定的政府部门；中央银行与其业务对象之间的业务往来仍具有银行固有的办理"存、贷、汇"业务的特征；中央银行为商业银行和其他金融机构提供支持、服务，同时也是商业银行和其他金融机构的管理者。"银行的银行"这一职能，最能体现中央银行是特殊金融机构的性质，也是中央银行作为金融体系核心的基本条件。中央银行对商业银行和其他金融机构的活动能够施以有效影响也主要是通过这一职能。

③组织、参与和管理全国的清算。

在存款准备金制度建立后,各商业银行都在中央银行设立了存款账户,这给中央银行负责全国的资金清算带来了极大便利。各金融机构之间的清算通过其在中央银行的存款账户进行转账、轧差,直接增减其存款金额便可完成。中央银行办理金融机构同城票据交换和同城、异地的资金清算,具有安全、快捷、可靠的特点。这一方面加速了资金周转,减少了资金在结算中的占用时间和清算费用,提高了清算效率,解决了非集中清算带来的困难;另一方面,中央银行通过组织、参与和管理清算,对金融机构体系的业务经营能够进行全面及时的了解和把握,为中央银行加强金融监管和分析金融流量提供了条件。目前,大多数国家的中央银行都已成为全国资金清算中心。

④中央银行是"政府的银行"。

中央银行是政府的银行,这是指:

第一,中央银行根据法律授权制定和实施货币政策,对金融业实施监督管理,负有保持货币币值稳定和保障金融业稳健运行的责任;

第二,中央银行代表国家参加国际金融组织,签订国际金融协定,参与国际金融事务与活动;

第三,中央银行为政府代理金库,办理政府所需要的银行业务,提供各种金融服务。此外,许多国家中央银行的主要负责人是由政府任命;绝大多数国家中央银行的资本金为国家政府所有或由政府控制股份;还有些国家的中央银行直接是政府的组成部门。

小案例

央行货币政策肩负重任,成本巨大

当百亿热钱敲打国门、气势汹汹地下注人民币升值时,当国内居民已不再愿意持有美元时,被各界期望扮演雷霆救兵的货币政策,委实肩负了太多的重任。

至少有两件事已经让中国人民银行头痛不已:

第一件事是外汇占款造成基础货币的快速膨胀。在当前人民币钉住美元的汇率制度下,为了维持1美元兑8.27元人民币的固定汇率,央行必须在外汇市场上买入所有愿意按照这个价格出售的外汇,无论它是来自贸易或者直接投资的顺差,或者是出于人民币升值预期的短期资本流入。但是在基础货币供给中举足轻重的外汇占款,却无法为央行所控制。就这样外汇占款成为我国基础货币供给的主要渠道。2003年1月,外汇占款为23323亿元,占央行当期基础货币总供给的44.5%;2003年年底的外汇占款余额达到了近3万亿元;2004年5月,外汇占款达到34160亿元,占当期央行基础货币总供给的52%。

第二件事是央行必须发行票据以冲销外汇占款带来的基础货币膨胀。为了冲销外汇占款导致的基础货币快速增长,除了削减对商业银行的再贷款外,央行开始自己发行大量的债务票据来回笼基础货币。2003年4月22日~12月底,央行一共发行了63期央行票据,发行总额为7226.8亿元,发行余额为3376.8亿元。2004年,央行票据到目前为止也已发行了86期。随着央行票据发行数量的增加,利息负担也越来越重。据社科院金融研究所曾刚大致测算,若不考虑其他发行费用,仅2003年一年,央行就必须承担高达数十亿元以上的票据应付利息总额。而2004年所发行的央行票据规模远远超过了去年,利息费支出将会更高。

央行已经开始尝试从总量上控制货币政策操作成本。有一个例子发生在2004年10月28日加息前后的公开市场操作中。10月19日,央行公开市场发行了1年期价格为96.62元的400亿央行票据,参考收益率为3.4982%。10月26日,央行再次以同样的价格、收益率和期限发行票据240亿。到了11月2日,就是加息后的第一次公开市场操作,央行再次贴现发行1年期票据80亿元,但价格已降到96.55元,参考收益率为3.5733%。

并不仅仅是巧合。在人民银行其他公开市场交易日中,部分3个月期限的央行票据在加息前后也有类似的价格变动。

加息前,央行相对以较低成本的价格发行动辄200亿元、400亿元的央行票据,而在加息后,央行票据规模立即缩水至80亿元、100亿元。该学者认为,这种操作手法的原因之一正是基于成本考虑。

从国际上看,中央银行应该是个稳当赢利的机构。不需要像支付准备金利息,也没有央行票据利息费用的担忧。公开市场操作完全靠吞吐国债就能完成。

(资料来源:《21世纪经济报道》,2004-11-17)

41.2.2 活期存款的创造

(1)存款准备金与法定准备率

存款准备金就是中央银行(中国人民银行)根据法律的规定,要求各商业银行按一定的比例将吸收的存款存入在人民银行开设的准备金账户,对商业银行利用存款发放贷款的行为进行控制。商业银行缴存准备金的比例,就是准备金率。

在现代金融制度下,金融机构的准备金分为两部分,一部分以现金的形式保存在自己的业务库,另一部分则以存款形式存储于央行,后者即为存款准备金。

存款准备金分为"存款准备金"和"超额准备金"两部分。央行在国家法律授权中规定金融机构必须将自己吸收的存款按照一定比率交存央行,这个比率就是存款准备金率,按这个比率交存央行的存款为"存款准备金"存款。而金融机构在央行存款超过存款准备金的部分为超额准备金存款,超额准备金存款与金融机构自身保有的库存现金,构成超额准备金(习惯上称为备付金)。超额准备金与存款总额的比例是超额准备金率(即备付率)。金融机构缴存的"存款准备金",在一般情况下是不准动用的。而超额准备金,金融机构可以自主动用,其保有金额也由金融机构自主决定。

 小知识

银行也会"借鸡下蛋"——存款准备金

"银行"(bank)一词起源于"板凳"(bench)一词。起初银行只是为顾客兑换货币,后来增加了新业务:替有钱人保管金银,别人把金银存放在它的保险柜,它给人开张收据,并收取一定的保管费。天长日久,有聪明人看出其中的门道,虽然每天都有人存,有人取,但他们的保险柜里总有些金银处于闲置状态,很少有被提空的情况。兑换商玩起"借鸡下蛋"的把戏,别人每存一笔钱,他们只在手中保留一部分,剩下的则悉数贷出去。被兑换商保留在手里的那部分金银就是后来的存款准备金。

(2)活期存款的创造

商业银行以经营工商业存款、放款为主要业务,并为顾客提供多种服务。商业银行的资金来自活期存款、储蓄存款、定期存款及自己发行股票、债券等,商业银行的资金运用在贷放短期放款、中期放款和长期放款上,而且还可以办理信托放款、租赁业务、有价证券投资等。

中央银行发行的现金,只占货币的一部分。除现金之外的货币是怎样产生的?从银行体系的总体来看,它能够创造存款——派生存款,存款是货币,所以说,商业银行也可以创造货币。

要理解商业银行体系如何创造存款,我们可以通过一个虚拟的例子来说明:

假定商业银行的准备金率为20%。首先,假设某储户A,把100万元现金存入某商业银行(简称为银行1),银行将存入银行1的20万元作为准备金存入自己在中央银行的账户上,将剩余80万元全部贷出。假定将这80万元放贷给B,B把80万元用于购买机器设备,结果这80万元到了机器设备销售者C的手中,我们假设C把钱全部存入银行2;这样,银行2增加了80万元存款,然后,它留下20%的准备金存入自己在中央银行的账户上,即16万元,把其余的64万元放贷给客户D,客户D用之购买钢材,结果这64万元流到了钢材销售商E的手中,E把它存入银行3,这样,银行3增加了64万元的存款。银行3把12.8万元用做准备金,存入自己在中央银行的账户上,然后再贷出51.2万元。由此不断存贷下去,各银行的存款总和就是:

100+80+64+51.2+⋯

$= 100 \times (1+0.8+0.8^2+0.8^3+\cdots+0.8^{n-1})$

$= 100/(1-0.8)$

$= 500(万元)$

而贷款总和是:

80+64+51.2+⋯

$= 100 \times (0.8+0.8^2+0.8^3+\cdots+0.8^n)$

$= 400$

由此可见，存款总和(用 D 表示)同这笔原始存款(用 R 表示)及法定准备率(用 R_d 表示)之间的关系为：

$$D = R/r_d$$

银行体系创造货币的结果表明：商业银行可以创造货币——派生存款，但其能力受制于中央银行，原因是，准备金率中的很大一部分属于法定准备金率，中央银行改变法定准备金率，就可以对商业银行的创造派生存款的能力施加重要影响。

现在的银行比米店多

过去我们抨击资本主义"金钱至上"，说它们"银行比米店多"。而如今我们大街小巷的银行也比米店多，因为我们生活的方方面面都离不开银行。在现代社会，货币的供给是由银行创造的。这一点大家很难理解，我们一般人认为，我们手中的货币是由印钞厂印刷出来的。人们不理解银行为什么能创造货币呢？通过活期存款创造，我们知道是银行通过信用活动创造出来的，商业银行具有创造货币的功能。我们经济生活中的货币供应，是在银行循环往复的存贷过程中创造出来的。为什么现在的银行比米店多，是每个银行都在那创造货币。现代社会经济是一环一环地扣在银行身上而加速运行的。当有一天大家都不到银行存钱，或把钱从银行取出来放到自己床下藏起来，整个经济的链条就断掉了。

讨论题：①为什么银行能创造货币？②为什么把钱放在家中保存对经济的危害性很大？

分析提示

为什么银行就能创造出货币来，简单地说，在每一个环节上都有新的财富创造出来。到银行存款的人，他为什么有这笔钱呢？因为他销售了产品或为别人提供了服务，获得了劳动报酬，而那些从银行借钱去经营的人，他最终也要通过劳动获得报酬，才能再把这笔钱还给银行。所以，这里每一个环节都在创造着财富。那么银行通过信用机制创造货币的供给，也是实实在在的。银行能创造货币的关键在于现代银行的部分准备金制度，即只把一部分存款作为准备金的制度。这就是说，银行不用把所吸收的存款都作为准备金留在金库中或存入中央银行，只要按中央银行规定的法定准备率留够准备金就可以，其他存款则可以作为贷款发放出去。法定准备率是由中央银行规定的银行所保持的最低准备金与存款的比率。

41.2.3 完整的货币乘数与影响货币供给量的因素

（1）基础货币

在现代经济中，每个国家的基础货币都来源于货币当局的投放。货币当局投放基础货币的渠道主要有三条：一是直接发行通货；二是变动黄金、外汇储备；三是实行货币政策。具体又有以下 11 项决定因素，其中前 6 项为增加基础货币的因素，后 5 项为减少基础货币的因素。这 11 项因素是：

①中央银行在公开市场上买进有价证券；
②中央银行收购黄金、外汇；
③中央银行对商业银行的再贷款或再贴现；
④财政部发行通货；
⑤中央银行的应收而未收款项；
⑥中央银行的其他资产；
⑦政府持有的通货；
⑧政府存款；
⑨外国存款；
⑩中央银行在公开市场上卖出有价证券；
⑪中央银行的其他负债。

基础货币是中央银行的负债，是商业银行及整个银行体系赖以扩张信用的基础。基础货币通过货币乘数的作用改变货币供给量。在货币乘数一定的情况下，基础货币增多，货币供给量增加；基础货币减少，货币供给量减少。

（2）货币乘数

货币乘数，也称货币扩张系数，是用以说明货币供给总量与基础货币的倍数关系的一种系数。

在基础货币一定的条件下，货币乘数决定了货币供给的总量。货币乘数越大，则货币供给量越多；货币乘数越小，则货币供给量就越少。所以，货币乘数是决定货币供给量的又一个重要的，甚至是关键的因素。但是，与基础货币不同，货币乘数并不是一个外生变量，因为决定货币乘数的大部分因素都不是决定于货币当局的行为，而决定于商业银行及社会大众的行为。

货币乘数的决定因素主要有五个，它们分别是活期存款的法定准备率、定期存款的法定准备率、定期存款比率、超额准备金率及通货比率。其中，法定准备率完全由中央银行决定，成为中央银行的重要政策工具；超额准备金比率的变动主要决定于商业银行的经营决策行为，商业银行经营决策又受市场利率、商业银行借入资金的难易程度、资金成本的高低、社会大众的资产偏好等因素的影响；定期存款比率和通货比率决定于社会公众的资产选择行为，又具体受收入的变动、其他金融资产的收益率、社会公众的流动性偏好程度等因素的影响。

货币乘数是指货币供给量对基础货币的倍数关系，简单地说，货币乘数是一单位准备金所产生的货币量。在货币供给过程中，中央银行的初始货币提供量与社会货币最终形成量之间客观存在着数倍扩张（或收缩）的效果或反应，这即是所谓的乘数效应。货币乘数主要由通货—存款比率和准备金—存款比率决定。通货—存款比率是流通中的现金与商业银行活期存款的比率。它的变化反向作用于货币供给量的变动，通货—存款比率越高，货币乘数越小；通货—存款比率越低，货币乘数越大。准备金—存款比率是商业银行持有的总准备金与存款之比，准备—存款比率也与货币乘数有反方向变动的关系。

基础货币是具有使货币供给总量倍数扩张或收缩能力的货币。它表现为中央银行的负债，即中央银行投放并直接控制的货币，包括商业银行的准备金和公众持有的通货。

完整的货币(政策)乘数的计算公式是：$k=(R_c+1)/(R_d+R_e+R_c)$。其中 R_d、R_e、R_c 分别代表法定准备金率、超额准备率和现金在存款中的比率。而货币(政策)乘数的基本计算公式是：货币供给/基础货币。货币供给等于通货(即流通中的现金)和活期存款的总和；而基础货币等于通货和准备金的总和。

(3) 影响货币供给量的因素

货币供应量，是指一国在某一时期内为社会经济运转服务的货币存量，它由包括中央银行在内的金融机构供应的存款货币和现金货币两部分构成。世界各国中央银行货币估计口径不完全一致，但划分的基础依据是一致的，即流动性大小。所谓流动性，是指一种资产随时可以变为现金或商品，而对持款人又不带来任何损失，货币的流动性程度不同，在流通中的周转次数就不同，形成的货币购买力及其对整个社会经济活动的影响也不一样。

一般说来，中央银行发行的钞票具有极强的流动性或货币性，随时都可以直接作为流通手段和支付手段进入流通过程，从而影响市场供求关系的变化。商业银行的活期存款，由于可以随时支取、随时签发支票而进入流通，因此其流动性也很强，也是影响市场供求变化的重要因素。有些资产，如定期存款、储蓄存款等，虽然也是购买力的组成部分，但必须转换为现金，或活期存款，或提前支取才能进入市场购买商品，因此其流动性相对较差，它们对市场的影响不如现金和活期存款来得迅速。

货币供给量决定于基础货币与货币乘数这两个因素，且是这两个因素的乘积。这两者又受多种复杂的因素影响。

综上所述，货币供给量是由中央银行、商业银行及社会公众这三个经济主体的行为所共同决定的。

41.2.4 货币政策的具体运用

(1) 货币政策概述

货币政策(monetary policy)是指中央银行通过对货币供给量的调节来调节利息率，再通过利息率的变动来影响总需求的。所以，凯恩斯主义货币政策的直接目标是利息率，最终目标是总需求变动。凯恩斯主义之所以认为货币量可以调节利息率，是以人们的财富只有货币与债券这两种形式的假设为前提的。它与财政政策的不同之处在于：财政政策是直接影响社会总需求的规模，中间不需要任何变量；而货币政策则是通过货币当局对货币供给量的变化来调节利率进而间接地调节总需求，因而货币政策是间接地发挥作用的。

(2) 货币政策的工具

在凯恩斯主义的货币政策中，中央银行一般通过公开市场业务、调整再贴现率和改变法定存款准备金这三种主要的货币政策工具来改变货币供给量，以达到宏观经济调控的目的。

①公开市场业务。由于公开市场业务在调节基础货币时具有主动性、微调性和前瞻性等特点，因此，它是目前各国中央银行控制货币供给量的最重要也是最常用的工具。

所谓公开市场业务(open market operation)是指中央银行在金融市场上公开买卖政府债券,以控制货币供给和利率的政策行为。中央银行在金融市场上公开买进或卖出政府债券,通过扩大或缩减商业银行存款准备金,从而导致货币供给量的增减和利率的变化,最终决定物价和就业水平。

公开市场业务过程大致如下:当经济过热时,即中央银行认为市场上货币供给量过多,出现通货膨胀时,便在公开市场上出售政府债券,承购政府债券的既可能是各商业银行,也可能是个人或公司。当商业银行购买政府债券后,准备金会减少,可以贷款的数量也减少。通过货币乘数的作用,整个社会的货币供给量将会成倍数地减少。反之,如果经济萧条时,市场上出现银根紧缩,这时中央银行可在公开市场上买进政府债券,商业银行通过政府的购买增加了准备金,个人或公司出售债券所得现金也会存入银行。这样各商业银行的准备金即可增加,银行的贷款能力也可以扩大,再通过货币乘数的作用,整个市场的货币供给量成倍数增加。同时中央银行买卖政府债券的行为,也会引起债券市场上需求和供给的变化,进而会影响到债券价格和市场利率。有价证券市场是一个竞争性市场。其证券价格由供求双方决定。当中央银行购买证券时,证券的需求就会增加,证券的价格也会随之上升,从而利率下降,利率的下降又会使投资和消费需求上升,从而刺激经济,增加国民收入。反之则相反。因此,中央银行可以通过公开市场业务增加或减少货币供给量,以达到宏观经济调控的目的。

小知识

中国人民银行从1998年开始建立公开市场业务一级交易商制度,选择了一批能够承担大额债券交易的商业银行作为公开市场业务的交易对象,2012年公布的公开市场业务一级交易商共包括49家。这些交易商可以运用国债、政策性金融债券等作为交易工具与中国人民银行开展公开市场业务。从交易品种看,中国人民银行公开市场业务债券交易主要包括回购交易、现券交易和发行中央银行票据。其中回购交易分为正回购和逆回购两种,正回购为中国人民银行向一级交易商卖出有价证券,并约定在未来特定日期买回有价证券的交易行为,正回购为央行从市场收回流动性的操作,正回购到期则为央行向市场投放流动性的操作;逆回购为中国人民银行向一级交易商购买有价证券,并约定在未来特定日期将有价证券卖给一级交易商的交易行为,逆回购为央行向市场上投放流动性的操作,逆回购到期则为央行从市场收回流动性的操作。现券交易分为现券买断和现券卖断两种,前者为央行直接从二级市场买入债券,一次性地投放基础货币;后者为央行直接卖出持有债券,一次性地回笼基础货币。中央银行票据即中国人民银行发行的短期债券,央行通过发行央行票据可以回笼基础货币,央行票据到期则体现为投放基础货币。

②调整再贴现率。贴现和再贴现是商业银行和中央银行的业务活动之一,一般商业银行的贴现是指所持有未到期票据的客户,因急需使用资金,而将这些票据出售给商业银行,兑现现款以获得短期融资的行为。商业银行在用现金购进未到期票据时,可按该

票据到期值的一定百分比作为利息预先扣除，这个百分比就叫做贴现率。商业银行将贴现后的票据保持到票据规定的时间，再向票据原发行单位自然兑现。但商业银行若因储备金临时不足等原因急需现金时，则商业银行可以将这些已贴现的但仍未到期的票据售给中央银行，请求再贴现。中央银行作为银行的银行，有义务帮助解决银行的流动性的职责。这样一来，中央银行从商业银行手中买进已贴现了的但仍未到期的银行票据的活动就称为再贴现。并且在再贴现时同样要预先扣除一定百分比的利息作为代价，这种利息就叫做中央银行对商业银行的贴现率，即再贴现率。这就是再贴现率的本意。但在当前美国，商业银行主要不再用商业票据而是用政府债券作为担保向中央银行借款。所以，现在都把中央银行给商业银行及其他金融机构的借款称为"贴现"，将相应的放款利率称为"贴现率"。

中央银行通过变动再贴现率可以调节货币供给量。若中央银行感到市场上银根紧缩，货币供给量不足时，便可以降低再贴现率，商业银行向中央银行的"贴现"就会增加，从而使商业银行的准备金增加，可贷出去的现金增加，通过货币乘数的作用使整个社会货币供给量成倍数增加。反之，若市场上银根松弛，货币供给量过多，中央银行可以提高再贴现率，商业银行就会减少向中央银行的"贴现"，于是商业银行的准备金减少，可贷出去的现金也减少，通过货币乘数的作用，社会上的货币供给量将成倍数减少。

中央银行调整贴现率对货币供给量的影响不是很大，实际上中央银行调整贴现率更多的是表达自己的意图，而不是发挥调整贴现率对货币供给量的直接影响。

小案例

雪中送炭最给力——再贴现政策

2001年9月1日，在恐怖分子撞毁了纽约世界贸易中心的几个小时之后，尽管远在瑞士开会的格林斯潘因为禁飞令无法回到美国，但是联邦储备委员会还是立即宣布向美国各地的银行运送现金，以保证银行的支付，即实行贴现政策。

为了保证整个美国银行系统和金融机构的正常运行，恐怖袭击后的第二天，美联储已经向美国银行系统补充了382.5亿美元的特别临时储备金；9月14日，美国联邦储备委员会再次通过公开市场操作向商业银行放款812.5亿美元，相当于恐怖事件发生前3天向商业银行放款总额的16倍。

于是，一场本来可能造成严重后果的支付危机，甚至还没有来得及冒头，就被成功地化解了。在危机爆发后的30天里，在美国，没有一个城市发生挤提存款事件，没有一家银行因为支付危机而倒闭，甚至也没有一家银行出现支付困难。

③调整法定存款准备率。中央银行有权在一定范围内调整法定准备金比率，从而影响货币供给量。在经济萧条时，为刺激经济的复苏，中央银行可以降低法定准备率。在商业银行不保留超额储备的条件下，法定准备率的下降将给商业银行带来多余的储备，

使它们得以增加贷款。这样一来，商业银行的存款和贷款将发生一轮一轮的增加，导致货币供给量的增加。货币供给量的增加又会降低利率，从而刺激投资的增加，最终引起国民收入水平的倍数增加。反之，在经济过热时，中央银行可用提高法定准备率的方法减少货币供给，以抑制投资的增长，减轻通货膨胀的压力。

在以上三大主要货币政策工具中，从理论上说，调整法定准备率是中央银行调整货币供给最简单的办法。但由于法定准备率的变动，在短期内会导致较大幅度的货币扩张或收缩，引起宏观经济活动的震动，其作用十分猛烈，所以这一政策手段在实践中很少使用。调整再贴现率政策除了上述所讲的期限短等限制外，还有它在实行过程中比较被动的缺点。这是因为中央银行可以通过降低贴现率使商业银行来借款，但它不能强迫商业银行来借款。若商业银行不向中央银行借款，或借款数量很小，则贴现率政策的执行效果就不明显。尽管再贴现率政策对银行的影响较小，但实施再贴现率政策的意义却很重大，这是因为实施再贴现率政策是利率变化和信贷松紧的信号。一般来说，在贴现率变化以后，银行的利率也随之改变。

公开市场业务与上述两项政策工具相比有下述优点。第一，公开市场业务可以按任何规模进行，中央银行既可以大量也可以小量买卖政府债券，使货币供给量发生较大的或迅速的变化。第二，公开市场业务比较主动和灵活，且可以连续进行。在公开市场业务中，中央银行可根据经济情况的需要自由决定有价证券的数量、时间和方向，即使中央银行有时会出现某些政策失误，也可以及时纠正。第三，公开市场业务还可以比较准确地预测出其对货币供给的影响。一旦买进或卖出一定数量金额的证券，就可以根据货币乘数估计出货币供给量增加或减少了多少。基于上述原因，公开市场业务就成为中央银行控制货币供给量最重要、最常用的工具。

除了上述三种调节货币供给量的主要工具外，中央银行还有其他一些次要的货币政策工具。例如道义上的劝告、控制利息率的上限以及"垫头规定"的局部控制等。

（3）货币政策的运用

①在经济萧条时，AD<AS，为了刺激 AD，就要采用扩张性的货币政策。即在公开市场上买进有价证券，降低贴现率并放松贴现条件，降低准备率等。扩张性货币政策可以提高货币供给量，降低利息率，刺激总需求增长。

②在经济繁荣时，AD>AS，为了抑制 AD，就要采用紧缩性的货币政策。即在公开市场卖出有价证券，提高贴现率并严格贴现条件，提高准备率等。紧缩性的货币政策可以减少货币供给量，提高利息率，抑制总需求增长。

 小案例

尼克松的"新经济政策"

面对"滞胀"并发症，1970 年，尼克松在美国的货币政策上来了个 180°的大转变，他从一个货币主义者突然变成一个凯恩斯主义者，大力推行刺激经济的扩张信用政策。显然，他把重点押在遏止经济衰退和失业上面，而把通货膨胀暂时搁置下

来。联邦银行的贴现率逐步下降，从1970年年初的8.78%降到1971年年底的4.5%；银行对大企业放款的优惠利率也从1969年6月的8.5%降到1971年年底的5.25%。货币供应量也逐步增加，从1969年年均增长率3.5%提高到1970年的6%。这些政策为更剧烈的通货膨胀创造了条件，同时会导致过头的经济景气，从而也为新的经济危机创造了条件。

小知识

货币主义是20世纪五六十年代在美国出现的一个经济学流派，亦称货币学派。其创始人为美国芝加哥大学教授弗里德曼。货币学派在理论上和政策主张方面，强调货币供应量的变动是引起经济活动和物价水平发生变动的根本的和起支配作用的原因。人们的财富具有多种形式：货币、债券、股票、住宅、珠宝、耐用消费品等。货币主义学派理论主要由现代货币数量论和自然率假说构成。

①现代货币数量论——货币主义学派把货币作为影响经济的最重要因素，认为物价水平或名义收入水平是货币需求与货币供应均衡的结果。但货币供应由法律和货币当局的政策决定，是外生的。因此，货币数量论主要研究货币需求的决定。弗里德曼说："货币数量论首先是货币需求理论，而不是关于产量、货币收入或价格水平的理论。"

②自然率假说——货币主义学派认为私人经济具有内在的有效性和稳定性，国家干预会破坏其稳定性。这种内在的有效性和稳定性被称做"自然率假说"。它认为自由市场经济具有内在的动态平衡机制，外生力量只能产生短期影响，而不能影响其长期均衡。其他主要论点包括：一是货币数量变动导致了货币收入的短期波动；二是货币数量在长期只影响价格和货币收入，不影响实际收入和就业量。因此通货膨胀归根到底是一种货币现象；三是货币供给量在短期影响实际国民收入和就业量。弗里德曼强烈反对国家干预经济，主张实行一种"单一规则"的货币政策。这就是把货币存量作为唯一的政策工具，由政府公开宣布一个在长期内固定不变的货币增长率，这个增长率(如每年增加3%~5%)应该是在保证物价水平稳定不变的条件下与预计的实际国民收入在长期内会有的平均增长率相一致。

想一想

财政政策与货币政策如何混合使用？

分析提示

当经济萧条时，可以将扩张性财政政策与扩张性货币政策混合使用；当经济出现严重通货膨胀时，可采用紧缩性财政政策与紧缩性货币政策的组合；当经济萧条但又不太严重时，可以将扩张性财政政策与紧缩性货币政策相混合；当经济中出现通货膨胀但又不太严重时，可采用紧缩财政政策与扩张性货币政策相配合的办法。

41.2.5 货币政策评价

第一，从货币市场均衡的情况看，通过增加或减少货币供给来影响利率的话，必须以货币流通速度不变为前提。

如果这一前提并不存在，货币供给变动对经济的影响就要打折扣。在经济繁荣时期，中央银行为抑制通货膨胀需要紧缩货币供给，或者说放慢货币供给的增长率，然而，那时公众一般说来会增加支出，而且物价上升快时，公众不愿把货币持在手上，而希望尽快花费出去，从而货币流通速度会加快，这无异在流通领域增加了货币供给量。这时候，即使中央银行减少货币供给，也无法使通货膨胀率降下来。反之，在经济衰退时期，货币流通速度下降，这时中央银行增加货币供给对经济的影响也就可能被货币流通速度下降所抵消。货币流通速度加快，意味着货币需求增加，流通速度放慢，意味着货币需求减少，如果货币供给增加量和货币需求增加量相等，LM 曲线就不会移动，因而利率和收入也不会变动。

第二，在不同时期政策效果不同。

在通货膨胀时期实行紧缩的货币政策可能效果比较显著，但在经济衰退时期，实行扩张的货币政策效果就不明显。那时候，厂商对经济前景普遍悲观，即使中央银行松动银根、降低利率，投资者也不肯增加贷款以从事投资活动，银行为安全起见，也不肯轻易贷款。特别是由于存在着流动性陷阱，不论银根如何松动，利息率都不会降低。这样一来，货币政策作为反衰退的政策，其效果就相当微弱。即使从反通货膨胀看，货币政策的作用也主要表现于反对需求拉上的通货膨胀，而对于成本推进的通货膨胀而言，货币政策效果就很小。这是因为，物价的上升若是由工资上涨超过劳动生产率上升幅度而引起或由垄断厂商为获取高额利润引起，则中央银行想通过控制货币供给来抑制通货膨胀就比较困难了。

第三，货币政策作用的外部时滞也影响政策效果。

中央银行变动货币供给量，要通过影响利率，再影响投资，然后再影响就业和国民收入，因而，货币政策的作用要经过相当长一段时间才会得到充分发挥。尤其是，市场利率变动以后，投资规模并不会很快发生相应变动。利率下降以后，厂商扩大生产规模，需要一个过程，利率上升以后，厂商缩小生产规模，更不是一件容易的事。总之，货币政策即使在开始采用时不要花很长时间，但执行后到产生效果却要有一个相当长的过程，在此过程中，经济情况有可能发生和人们原先预料的相反变化，比方说，经济衰退时中央银行扩大货币供给，但未到这一政策效果完全发挥出来时经济就已转入繁荣，物价已开始较快地上升，则原来扩张性货币政策不是反衰退，而是为加剧通货膨胀起了火上浇油的作用。

41.3 任务分析

这个案例说明了这样几个问题：第一，英国于 2001 年实施的货币政策能够起到很好的效果，其原因在于利率的降低，从而刺激了消费；第二，英国 2001 年强劲的内需有效地抑制了经济的下滑，比较平稳的增长又奠定了内需旺盛的基础，最终形成一种良性循环；第三，刺激内需的手段除了货币政策之外，还需要相应的就业政策和财政政策的配合。

技 能 训 练

一、选择题

1. 宏观经济政策的目标是（　　）。
   A. 充分就业和物价稳定　　　B. 物价稳定和经济增长
   C. 同时实现充分就业、物价稳定、经济增长和国际收支平衡
2. 根据需求管理的原理，应该抑制总需求的条件是（　　）。
   A. 总需求大于总供给　　　B. 总需求等于总供给　　　C. 总需求小于总供给
3. 在以下三种政策工具中，属于需求管理的是（　　）。
   A. 收入政策　　　　　　　B. 人力政策　　　　　　　C. 货币政策
4. 当经济中存在失业时，应该采取的财政政策工具是（　　）。
   A. 增加政府支出　　　　　B. 提高个人所得税　　　　C. 提高公司所得税
5. 属于紧缩性财政政策工具的是（　　）。
   A. 减少政府支出和增加税收
   B. 减少政府支出和减少税收
   C. 增加政府支出和减少税收
6. 紧缩性货币政策的运用会导致（　　）。
   A. 减少货币供给量，降低利息率
   B. 增加货币供给量，提高利息率
   C. 减少货币供给量，提高利息率

二、判断题

1. 不同的政策工具可以达到相同的政策目标。（　　）
2. 凯恩斯主义所重视的政策工具是需求管理。（　　）
3. 需求管理包括财政政策和货币政策。（　　）
4. 扩张性的财政政策包括增加政府支出和增税。（　　）
5. 内在稳定器自发地稳定经济的作用，但并不能代替财政政策的运用。（　　）
6. 收入政策以控制工资增长率为中心，其目的在于制止成本推动的通货膨胀。
（　　）

三、技能分析

"钱从这里滚出去"

中央银行用什么办法把钱投放到市场上，又是用什么办法把钱抽走的呢？在美联储前主席格林斯潘的办公桌上放着这样一个牌子，上面写着："钱从这里滚出去"。他非常形象地说明了中央银行控制着货币的供给。中央银行主要用以下"三大法宝"控制货币的多少。公开市场业务就是中央银行在金融市场上买进或卖出有价证券以调节货币供给量。比如，有些企业手中有一笔闲钱，既不想投资，也不想扩大再生产，更不想进入

股市，担心风险太大。于是他们决定买债券，因为债券利息高于银行利息，风险又小于股票。中央银行发现经济过冷时就买进，买进有价证券实际上就是发行货币，从而增加货币供给量，鼓励人们去消费、去投资，从而刺激经济的回升。中央银行发现经济过热时就卖出，卖出有价证券实际上就是中央银行回笼货币，减少市场货币流通量，人们消费和投资的钱就少，经济就会适度地降温。公开市场业务能够灵活而有效地调节货币量，针对市场资金多余和短缺的具体时间和领域进行操作。贴现是商业银行向中央银行贷款的方式。比如说，一个人手中有一张1万元的国债，还没到期，但他现在急需要一笔钱，于是他把这1万元的国债拿到银行去换成现金。这时银行收取一些手续费，这就是贴现。贴现的期限一般较短，为一天到两周。商业银行收下1万元的国债，暂时还不需要钱时，它就可以放在手里，等到期时兑现，以赚取利息。如果商业银行也急需现金，它就可以到中央银行去贴现贷款。中央银行收下1万元的国债后，按照中央银行规定的贴现率支付给该商业银行。这个贴现率在我国叫做再贴现率。中央银行降低贴现率或放松贴现条件，这样商业银行可以得到更多的资金，就可以增加它对客户的放款，放款的增加又可以通过银行创造货币的机制增加流通中的货币供给量，降低利息率。相反，中央银行提高贴现率或严格贴现条件，使商业银行资金短缺，这样就不得不减少对客户的放款或收回贷款，贷款的减少也可以通过银行创造货币的机制减少流通中的货币供给量，提高利息率准备金率是商业银行吸收的存款中用做准备金的比率，准备金包括库存现金和在中央银行里的存款。通俗地说，当人们把1000元钱存进银行，银行就必须把一笔钱放在中央银行。假如准备金率是10%，商业银行只能往外贷款900元。中央银行变动准备率则可以通过准备金的影响来调节货币供给量。假定商业银行的准备率正好达到了法定要求，这时，中央银行降低准备率就会使商业银行产生超额准备金，这部分超额准备金可以作为贷款放出，从而又通过银行创造货币的机制增加货币供给量，降低利息率。相反，中央银行提高准备率就会使商业银行原有的准备金低于法定要求，于是商业银行不得不收回贷款，从而又通过银行创造货币的机制减少货币供给量，提高利息率。

讨论题：（1）什么是货币政策？货币政策的主要工具是什么？
（2）在不同时期如何运用货币政策？

四、单项实训

交流讨论——收集并分析中国1998年以来的宏观经济政策变化的背景及效果。

实训要求：

（1）此次实训以个人形式完成。

（2）记录资料的来源。

（3）形成书面分析报告，内容应包括中国1998年以来的宏观经济政策及相应的数据，并分析我国宏观经济政策转变的原因。

参 考 文 献

[1] [英]亚当·斯密. 国民财富的性质和原因的研究[M]. 北京：商务印书馆，1981.

[2] [美]保罗·萨缪尔森，威廉·诺德豪斯. 经济学(第十七版)[M]. 北京：人民邮电出版社，2004.

[3] [英]迈克尔·帕金. 经济学[M]. 北京：人民邮电出版社，2003.

[4] [美]约瑟夫·斯蒂格利茨. 经济学(第二版)[M]. 北京：中国人民大学出版社，2001.

[5] [美]曼昆. 经济学原理(第二版)[M]. 北京：北京大学出版社，2002.

[6] [美]斯蒂格利茨. 经济学小品和案例[M]. 北京：中国人民大学出版社，1998.

[7] 高鸿业. 西方经济学(第五版)[M]. 北京：中国人民大学出版社，2011.

[8] 梁小民. 经济学是什么[M]. 北京：北京大学出版社，2002.

[9] 梁小民. 微观经济学纵横谈[M]. 北京：生活·读书·新知三联书店，2002.

[10] 厉以宁. 西方经济学[M]. 北京：高等教育出版社，2000.

[11] 范家骧，高天虹. 西方经济学[M]. 北京：中国经济出版社，1992.

[12] 胡田田. 经济学基础与应用[M]. 上海：复旦大学出版社，2010.

[13] 徐辉. 经济学基础[M]. 北京：电子工业出版社，2013.

[14] 卢进强. 应用经济学[M]. 北京：北京交通大学出版社，2009.

[15] 陈福明. 经济学基础[M]. 北京：高等教育出版社，2011.

[16] 陈国栋，赖文艳. 经济学基础[M]. 北京：经济科学出版社，2009.

[17] 邹伟，谭少杰. 经济学基础[M]. 广州：华南理工大学出版社，2009.

[18] 陈国栋，赖文艳. 经济学基础[M]. 北京：经济科学出版社，2009.

[19] 郑健壮，王培才. 经济学基础(第二版)[M]. 北京：清华大学出版社，2009.

[20] 徐美银. 经济学原理[M]. 北京：高等教育出版社，2008.

[21] 缪代文. 微观经济学与宏观经济学(第三版)[M]. 北京：高等教育出版社，2008.

[22] 黄泽民. 经济学基础(第三版)[M]. 北京：清华大学出版社，2010.

[23] 刘源海. 经济学基础[M]. 北京：高等教育出版社，2006.

[24] 钱明义. 世界上最有趣的经济学故事[M]. 北京：中国戏剧出版社，2011.